AF126036

Mikhail Dragomirov

Abriss des österreichisch-preussischen Krieges

im Jahre 1866

Mikhail Dragomirov

Abriss des österreichisch-preussischen Krieges
im Jahre 1866

ISBN/EAN: 9783743308466

Hergestellt in Europa, USA, Kanada, Australien, Japan

Cover: Foto ©ninafisch / pixelio.de

Manufactured and distributed by brebook publishing software
(www.brebook.com)

Mikhail Dragomirov

Abriss des österreichisch-preussischen Krieges

Abriß

des

österreichisch-preußischen Krieges

im Jahre 1866

von

M. Dragomirow,

Oberst im Kaif. Ruff. Generalstabe und Professor an der Nikolaus-Militair-Akademie.

Vom Verfasser autorisirte Uebersetzung.

Berlin.
Verlag von A. Bath.
1868.

1) C. v. Winterfeld. Geschichte der Preußischen Feldzüge von 1866. Potsdam. 1867.

2) W. Rüstow. Der Krieg von 1866 in Deutschland und Italien, politisch-militairisch beschrieben in 4 Abtheilungen. Zürich. 1866.

3) G. v. G. Preußens Feldzug 1866 vom militairischen Standpunkt. Berlin. 1866.

4) A. Borbstädt. Preußens Feldzüge gegen Oesterreich und dessen Verbündete im Jahre 1866. Berlin. 1866.

5) Fr. Hoffmann. Preußens Krieg für Deutschlands Einheit. Berlin. 1867.

6) Georg Hiltl. Der Böhmische Krieg. Bielefeld und Leipzig. 1867.

7) Feldzug der Nordarmee und ihre Kämpfe vom 23. Juni bis 22. Juli 1866. Wien. 1866.

8) Die Theilnahme der II. Armee unter dem Ober-Commando Sr. kgl. Hoh. des Kronprinzen von Preußen am Feldzuge von 1866. Berlin. 1866.

9) Fr. v. Zychlinski. Antheil des 2. Magdeburg. Infant.-Regim. Nr. 27 an dem Gefecht bei Münchengrätz und an der Schlacht von Königgrätz. Halle. 1866.

10) Rud. Bröcker. Erinnerung an die Thätigkeit der 11. Infanterie-Division und ihrer Artillerie während des Feldzuges 1866. Berlin. 1867.

11) Mr. Hozier. Der Feldzug in Böhmen und Mähren, Berichte und Schilderungen des Correspondenten der Times im Hauptquartier der I. Armee. Berlin. 1866.

12) Der Krieg im Jahre 1866, kritische Bemerkungen über die Feldzüge in Böhmen, Italien und am Main.

13) Oesterreichs System als die einzig wahre Ursache seiner Niederlage vom militairischen Standpunkt. Leipzig. 1866.

14) Oesterreichische militair. Zeitschrift von Streffleur. Wien. 1866—1867.

Die Benutzung dieser Quellen war dem Verfasser nur möglich dadurch, daß Herr F. A. Feldmann sich der Mühe unterzogen hatte, sie ins Russische zu übersetzen.

M. Dragomirow.

I.

Anfänge und Ursachen des Krieges.

Der Kampf zwischen Preußen und Oesterreich hat nicht erst 1866 begonnen und kaum darf man behaupten, daß er mit diesem Jahr beendigt sei. Preußen wuchs und wächst noch: auf Kosten Oesterreichs. Sieg und Niederlage ist für beide gleichbedeutend mit Leben und Tod. Daher kann ihr Ringen erst mit dem völligen Unterliegen eines von beiden endigen. Die Epoche Friedrich's des Großen zeigte zuerst dieses Wachsthum Preußens, welches vor unsern Augen Oesterreich an den Rand des Verderbens brachte. Aber die Verhältnisse hatten Preußen hierzu auch in ungewöhnlichem Maße begünstigt. Alles schlug für Preußen vortheilhaft aus: sowohl die Eitelkeit Friedrich's I., des Großvaters Friedrichs des Großen, wie der Geiz seines Vaters, geschweige denn sein eigenes Genie und endlich, in ihren Folgen, sogar die Erschütterungen durch die französische Revolution.

Selbstverständlich konnte die Gunst der Verhältnisse allein nicht die Resultate herbeiführen, welche Preußen erreicht hat, wenn nicht die Kraft des preußischen Stammes selbst ein gewichtiges Unterpfand für den Erfolg dargeboten hätte. Ich erlaube mir die schärfsten Züge in dem Charakter dieses Volkes zu bezeichnen: es ist darin Vieles, was dem rein deutschen Elemente fehlt. Der hervorragendste Charakterzug der Preußen ist ein unerschütterliches, jugendliches Vertrauen zu ihrer Kraft und Ueberlegenheit, welches sie im Verkehr mit fremden Elementen zuweilen sogar die Form vergessen läßt. Diese Eigenschaft ist nicht anziehend, aber sie gewährt große Chancen für den Erfolg. Denn so lange der Gegner überrascht ist, hat man die Möglichkeit, unterdeß seinen Vortheil wahrzunehmen. Diese rein=

praktische Seite, welche dem deutschen Charakter nicht eigenthümlich ist, erklärt sich bei den Preußen auf historischem Wege. Die preußische Nationalität entstand aus einer Ansiedlung von Deutschen auf fremder Erde. Auswanderungen*) bestehen immer aus energischen Leuten, welche um so fester gehärtet werden, je schwerer der Kampf ist, den sie mit der Natur und den Menschen führen müssen; in solcher Lage kann man nicht träumen — wider Willen wird man ein praktischer Mensch. Dies ist ein allgemeines Gesetz, anwendbar auf jede Emigration; es bewährt sich bei den Nord=Amerikanern und gilt ebenso für den großrussischen Volksstamm in jener Zeit, als er sich im finnischen Osten gebildet hatte und von dort zur Vereinigung Rußlands vorrückte. Ueberall dieselbe unerschütterliche Beharrlichkeit in der Assimilirung fremder Stämme; dieselbe Kühnheit und dieselbe Befähigung, sich Gefahren auszusetzen. Ist ein Unterschied vorhanden, so liegt er wohl nur in der Art und Weise, wie die eine oder die andere Nationalität ihre Aufgabe ausführt.

Mit dieser, wenn ich mich so ausdrücken darf, Grund=Anlage für praktisches Wesen und Energie vereinigten sich noch zwei Elemente, welche die Entwicklung jener ersten Eigenschaften in hohem Grade gefördert haben: ich meine die bürgerlichen Rechtsverhältnisse und das Lutherthum. Die Achtung vor dem Gesetz ist jedem Preußen, wel= chem Stande er auch angehören mag, zum Bewußtsein ge= kommen. Wem ist nicht die Anekdote von Friedrich dem Großen und dem Müller bekannt? Wem nicht die pedantische Unbestechlichkeit der Beamten? Wer kennt nicht die Ordnung in den preußischen Finanzen? Wer endlich weiß nicht, daß die Verpflichtung zum Militairdienst die Preußen schwerer belastet, als irgend ein anderes Volk, und daß trotz dessen das Land blüht?

Dies Alles entsproßte ein und derselben Wurzel: Gefühl für Recht und Gesetz. Wir werden in der Folge sehen, daß dies Gefühl den Preußen auch im Kriege sehr zu Statten kam, denn die Erkennt= niß der militairischen Pflichten ist nichts Anderes, als eben ein ein= zelnes Symptom dieses Rechtsgefühls. Das Lutherthum zwang das Volk zum Lesen, und es ist, was die Massen betrifft, unbedingt richtig, daß, wo man mehr liest, man auch mehr denkt, diejenige

---

*) Im allgemeinsten Sinne des Wortes.

Masse aber, welche in geistiger Arbeit stark ist, wird immer die schlagen, welche darin nur schwach ist.

Ausnahmen von diesem Gesetz können nur in dem Falle statt=finden, wo ein schwach entwickeltes Volk, welches sich aber durch einen Vorrath von ursprünglicher, ungebändigter Energie auszeichnet, mit einem andern zusammenstößt, welches, obgleich geistig entwickelt, doch ohne Energie ist. Bei den Preußen hatte aber aus den angeführten Gründen die geistige Entwicklung die Energie nicht beeinträchtigt. Sie begreifen die Bedeutung der ersteren sehr wohl und Jeder von ihnen führt es im Munde, daß Preußens Kraft in seiner Intelligenz und darin liegt, daß es nicht verschuldet ist.

Und dieser Anspruch auf Intelligenz ist, abgesehen davon, daß er sich häufig ein wenig prahlerisch kundgiebt, sehr, sehr begründet. Augenblicklich können sich nicht viele Länder Europa's einer solchen Anzahl begabter Männer rühmen, als sie Preußen besitzt, von Bismarck an bis zu seinem Gegner Virchow.

Kehren wir zurück zu den Anfängen des Kampfes zwischen Preußen und Oesterreich.

Das erste Signal dazu gab Friedrich der Große. Er nahm Schlesien in Besitz unter dem Vorwand von Rechten, welche mittelst sehr gezwungener Entwicklungen hergeleitet waren. Es begann ein Krieg, welcher damit endigte, daß im Jahre 1742 Schlesien an Preußen kam und trotz aller folgenden Kriege in seinem Besitz blieb.

Aus diesen Kriegen hebe ich nur die Campagne von 1757 her=vor. Sie ist interessant, weil sie eine sehr große Analogie mit der des vorigen Jahres darbietet. Dieselbe Configuration des Kriegs=theaters, welches zwischen beiden Gegnern durch das Erzgebirge und die Sudeten getheilt wird, theilweis sogar derselbe Plan des Ein=marsches; ein Beweis, daß die Nachkommen Friedrichs die ihnen von diesem großen Manne testamentarisch hinterlassene Beurtheilung der Oesterreicher nicht verloren hatten. 1757 bringt Friedrich von vier Seiten zugleich in Böhmen ein: mit zwei Heersäulen aus Sachsen, auf dem linken Ufer der Elbe, mit zweien auf dem rechten Elbufer von Görlitz und Glatz her. Für die beiden linken Colonnen, welche dieselben Richtungen verfolgten, die die Preußen 1866 wählten, war als Vereinigungsort die Strecke zwischen Turnau und Gitschin be=stimmt; im vergangenen Jahre sahen wir dasselbe.

Der Feldzug von 1757 zeigt einen kühnen Anmarsch gegen den

Feind durch Gebirgsdefileen in getrennten Maſſen; 1866 findet ſich dieſelbe radikale Abweichung von den Lehren der Theorie, welche räth, den Punkt der Concentrirung nicht dahin zu verlegen, wo uns der Feind zuvorkommen kann. — Und in beiden Fällen haben wir den gleichen Erfolg dieſes durch ſeine Kühnheit glänzenden Manoeuvres.

Die Zertrümmerung des Jahres 1806 ſollte Preußen, das ſo eben begonnen hatte, ſtark zu werden, wie es ſchien, für immer vernichten; in Wirklichkeit brachte ſie aber nur das energiſche Erwachen des Nationalgefühls hervor. Sie ſchuf eine Volks-Armee, die allgemeine Wehrpflicht und die Befreiung der Bauern. Sie begründete Preußens moraliſche Autorität in Deutſchland, als desjenigen Staates, welcher ſich zuerſt gegen das napoleoniſche Joch erhob, und brachte ſchließlich noch eine beträchtliche territoriale Vergrößerung ein.

Die Kriege im Anfange unſeres Jahrhunderts führten aber auch noch zu einer anderen, für Preußen höchſt wichtigen Folge. Ebenſo wie ſie ſeine Autorität in der germaniſchen Welt wieder gehoben hatten, vernichteten ſie zugleich diejenige Oeſterreichs. Das zweibeutige Benehmen des letzteren in den Jahren 1813 und 1814 bewies handgreiflich für jeden Deutſchen, in welchem Maße man auf daſſelbe als den ſicheren Vorkämpfer der germaniſchen Intereſſen zählen konnte. Indeſſen blieb aber, nach dem Wiener Tractat, Oeſterreich doch der officielle Vertreter der deutſchen Intereſſen, da es nicht den Scharfblick beſaß, gutwillig und bei Zeiten dem zu entſagen, was es nicht im Stande war, feſtzuhalten. Es iſt nicht ſchwer, ſich die Art der Beziehungen zu vergegenwärtigen, welche in Folge deſſen zwiſchen Preußen und Oeſterreich unfehlbar entſtehen mußten. Sie zeigte ſich denn auch bald bei den erſten Ausbrüchen, welche in Folge der ſeit Napoleon's Sturz auf Europa laſtenden Reaction eintraten.

Uebrigens hatte Preußen, bevor es zu offener Feindſchaft kam, bereits und nicht ohne Erfolg Verſuche gemacht, auf friedlichem Wege ſeine moraliſche Autorität zu befeſtigen. Zu denjenigen Maßregeln, welche ihm hierzu am meiſten behülflich geweſen waren, muß man den Zollverein rechnen.

Alle derartigen Schritte aber mußten unabwendbar gleichzeitig auch zu einer Erweiterung der Rechte des Volkes und zu einer Einſchränkung der Prärogative der deutſchen Fürſten führen. Es war demnach ſelbſtverſtändlich, daß, wenn Preußen an Zuneigung der

Nation gewann, es zugleich die Antipathie der deutschen Regenten erregte. Die letzteren neigten sich ganz und gar Oesterreich zu. Dieses konnte, seiner inneren Zusammensetzung gemäß, sein Heil nur in strengem Conservatismus erblicken und mußte folglich diesen auch in den angrenzenden Ländern unterstützen.

Die Ereignisse der Jahre 1848 und 1849 schienen die Hegemonie Preußens in Deutschland für immer befestigen zu sollen, doch geschah dies nicht. Man mußte eine neue Gelegenheit abwarten, und niemals bleibt ein Volk, welches sich berufen fühlt, ein bestimmtes Ziel zu erreichen, auf seinem Wege stehen. Die Ereignisse der letzten zehn Jahre hatten in Preußen den Glauben, daß sein Beruf die Einigung Deutschlands sei, mehr und mehr gekräftigt. Die Proclamirung des Nationalitätsprinzips unter Napoleons III. Mitwirkung in Italien war ein hinreichender Beweggrund, den Versuch seiner Anwendung auch auf Deutschland zu machen, um so mehr, als das Phantom deutscher Einigkeit schon lange umherirrte und bis dahin nur ein Mann gefehlt hatte, der fähig gewesen wäre, es in's Leben zu rufen. Dieser Mann erschien in der Person des Grafen Bismarck, welcher im September 1862 zum Premierminister des jetzt regierenden Königs von Preußen ernannt worden war.

Die Idee der Einheit Deutschlands hat an dem Grafen Bismarck einen langjährigen und beharrlichen Adepten. Diejenigen, welche diesen merkwürdigen Mann schon früher kannten, behaupten, daß er diese Idee offen bekannt habe, lange bevor er sich in der Lage befand, zu dem praktischen Versuch ihrer Realisirung überzugehen.

Eiserne Beharrlichkeit, Fähigkeit, auf dem Wege zu dem vorgesteckten Ziele sich durch Nichts aufhalten zu lassen und trotz der Schärfe seines Tones eine bis jetzt unübertroffene diplomatische Gewandtheit, dies sind die hervorragenden Züge in dem Charakter Bismarck's. Alles dient ihm zur Erreichung seines Zieles, sowohl das Nationalitätsprinzip, trotzdem es revolutionär ist, als auch der äußerste Conservatismus der preußischen Adelspartei. Auf diesen gestützt erledigte Bismarck Fragen von höchstem Interesse für den Staat, welche, unserer Meinung nach, für den wohlmeinenden aber kurzsichtigen Liberalismus des Abgeordnetenhauses unergründlich blieben. Nicht minder wußte er die in ihrem eigenen Netz gefangene Schlauheit der französischen Staatsmänner und die Käuflichkeit der französischen Presse zu benutzen, ja endlich sogar die revolutionäre ungarische Emigranten=Partei. Hieraus ist schon ersichtlich, daß seine Unpopularität als Ultra=Absolutist und Conservativer kaum begründet ist. In Allem, was eben angedeutet worden, ist nicht viel vom Con=servativen enthalten. Mit mehr Wahrscheinlichkeit läßt sich anneh=men, daß er ein Mann ist, welcher zur richtigen Zeit dasjenige Werk=zeug benutzt, welches zur Erreichung seines Zweckes am geeignetsten ist. Er ist keiner von den Männern, welche den Parteien dienen, sondern er benutzt sie. Man wird seine frühere Unpopularität, wie mich bedünken will, weniger dem, was er durchgeführt, als der Art und Weise, wie er es durchgeführt hat, zuzuschreiben haben. Er ant=wortet seinen Gegnern fast immer sarkastisch und scheut hierbei vor keiner Schärfe zurück. Er streitet nicht, er macht keine Erwiderungen, er schlägt mit Worten, aber nicht tödtlich, sondern nur von Neuem anreizend. Zur Bestätigung dessen verweise ich auf den Fall, wo er das Gesetz über die Anmaßung der Diener gegen die Herrschaft auf das Abgeordnetenhaus anwandte, und auf die Depesche an Oester=reich vor dem Kriege, von welcher ich noch weiter sprechen werde und worin er ausführt, daß Oesterreich den Krieg wolle, um seine Finanzen durch preußische Contributionen zu verbessern oder den Bankerott durch den unglücklichen Ausgang des Krieges zu ent=schuldigen.

Die Veranlassung zum Beginn der Einigung Deutschlands ge=währten die Herzogthümer Schleswig und Holstein, nach deren Besitz Preußen schon lange gelüstete, da sie eine vortreffliche maritime Po=sition darboten. Ein geeigneter Vorwand zum Kriege fand sich so=wohl in der Zwitterstellung Holsteins als dänischer Provinz und Glied des deutschen Bundes, als auch in der unvermeidlich bevorstehenden Nothwendigkeit, die deutsche Bevölkerung Schleswigs, zu schützen, welche von den Dänen unterdrückt sein sollte.

Aber Oesterreich durchschaute die Absichten Preußens und beschloß, sie dadurch zu durchkreuzen, daß es Theil nahm am schleswig=holsteinischen Kriege. Die österreichischen Staatsmänner rechneten dar=auf, daß schon das Factum der gemeinsamen Eroberung an und für sich sie in den Stand setzen werde, aus den Herzogthümern einen selbstständigen Staat des deutschen Bundes zu machen und die ge=waltsame Besitzergreifung durch Preußen nicht zuzulassen.

Doch kam es anders, weil Preußen der Möglichkeit eines Zu=sammenstoßes furchtlos entgegensah, ihn wünschte und darauf vor=

bereitet war. Die österreichischen Diplomaten hatten, wie es schien, Bismarck auch nicht im Entferntesten begriffen, wenn sie ihn für Ihresgleichen ansahen und glaubten, er werde nach ihrem Belieben mit sich unterhandeln lassen, niemals aber vom Wort zur That übergeben.

Ich halte es nicht für uninteressant, eine kurze Skizze der Differenzen zwischen Oesterreich und Preußen in der Herzogthümerfrage zu entwerfen, denn sie ist das Motiv des österreichisch=preußischen Krieges.

Nach dem Friedens=Abschluß mit Dänemark am 30. Octbr. 1864 traten Preußen und Oesterreich den Besitz der Herzogthümer an und ließen dort ein Occupations=Corps zurück, bestehend aus 6 Regimentern Infanterie, 2 Regimentern Cavallerie und 3 Batterien preußischerseits, und der Brigade Kalik: 7 Bataillone, 2 Escadrons, 1 Batterie österreichischerseits.

Bald nach dem Friedensschluß machte Oesterreich Preußen den Vorschlag, die Herzogthümer an Friedrich von Augustenburg abzutreten, bei welcher Gelegenheit es klar ward, daß Preußen durchaus nicht gewillt war, das Eroberte aufzugeben. Oesterreich, sich auf seine Rechte als Miteroberer und auf den Frankfurter Bundestag stützend, glaubte Preußen durch hochklingende Worte, wie die: „der Bund dürfe nicht dulden, daß ein nicht selbstständiges Mitglied in seinen Verband trete", einzuschüchtern. Preußen hingegen antwortete hierauf, daß das Haus Brandenburg ebenfalls Anrechte auf das eroberte Gebiet habe, und daß das Factum der Eroberung allein alle übrigen Erbrechte aufhöbe.

Uebrigens theilte Preußen, Ende Februar 1865, dem österreichischen Cabinet diejenigen Bedingungen mit, unter benen es sich bereit erklären könnte, mit Wahrung seiner und der allgemeinen Interessen Deutschlands, die Herzogthümer an einen der Prätendenten abzutreten.

Nach der Meinung des preußischen Cabinets forderten diese Interessen:

1. daß die bewaffnete Macht der Herzogthümer zu Lande und zur See einen integrirenden Theil der preußischen Armee bilde, die Eisenbahn= und Telegraphen=Verwaltung mit der preußischen verschmolzen werde und daß zugleich die Herzogthümer in den Zollverein treten;

2. daß die Unterhaltung der bewaffneten Macht der Herzogthümer, gegen eine gewisse jährliche, von diesen zu zahlende Geldentschädigung, Preußen übertragen werde;

3. daß das System der Vertheidigung der Herzogthümer, in Uebereinstimmung der beiderseitigen Regierungen, auf Grund der — von Preußen anerkannten — gemeinschaftlichen militairischen Absichten und Anforderungen festgestellt werde;

4. daß zur Vertheidigung der Herzogthümer an Preußen abgetreten werde:

a) Sonderburg und ein Rayon auf beiden Seiten des AlsenSundes,

b) das erforderliche Territorium zur Sicherung des Kieler Hafens und die Festung Friedrichsort nebst entsprechendem Gebiet,

c) das erforderliche Terrain an den Mündungen des projektirten Kanals und die Oberaufsicht auf der ganzen Ausdehnung desselben.

Auch ohne Erklärung leuchtet ein, daß bei solchen Bedingungen Schleswig-Holstein nur eine nominelle, keine wirkliche Selbstänbigkeit genoß.

Oesterreich konnte in solche Bedingungen doch nicht willigen, und Mensdorf sprach diese Meinungsverschiedenheit Anfangs März ziemlich bestimmt aus, indem er unverhohlen andeutete, daß die so gestellten Forderungen nicht die deutschen, sondern Preußens SonderInteressen im Auge hätten.

Die Unterhandlungen blieben einige Zeit ausgesetzt, da sie die Situation nicht geklärt, sondern nur noch mehr zu deren Spannung beigetragen hatten. Oesterreich konnte diese Angelegenheit nicht in solchem Zustande lassen, denn seiner Entfernung, wie der mangelnden Mittel wegen, konnte es nicht daran denken, in den Herzogthümern einen Einfluß dauernd zu behalten, der dem preußischen überlegen oder wenigstens doch gleich gewesen wäre. Daher entschloß es sich, durch den Bund zu wirken. Die Mehrzahl der Mitglieder desselben wie der Vertreter der kleinen Gebiete, deren Fürsten klar absehen konnten, daß das Schicksal, welches Schleswig-Holstein getroffen, früher oder später auch sie erwarte, war durchaus geneigt, den öster-

reichischen Antrag in Betreff der Candidatur des Prinzen von Au=
gustenburg zu unterstützen.

Daher ging im April 1865 *) bei dem Bundestag die Vorlage
ein, „er wolle die vertrauensvolle Erwartung aussprechen, es möge
„den Regierungen von Oesterreich und Preußen gefallen, die Herzog=
„thümer dem Prinzen von Augustenburg zu übergeben, bezüglich
„ihrer Entschließungen wegen des Herzogthums Lauenburg aber der
„Bundes=Versammlung Mittheilung zu machen."

Die Vorlage wurde mit Stimmenmehrheit angenommen. Ob
der Bund die Mittel hatte, diesen Beschluß auch aufrecht zu erhal=
ten, darüber konnte kein Zweifel sein: er besaß diese Mittel nicht.
Seine Verfügungen, wie ehemals die des Amphictyonen=Bundes,
konnten nur dann eine Bedeutung haben, wenn man ihnen zu ge=
horchen für gut fand.

Dies allein zeigt schon, daß die Metternich'sche Organisation
aller Lebenskraft entbehrte und daß, wenn sie nicht früher zerfallen
war, sie dies nur künstlichen Stützen verdankte.

Bei weniger Entschlossenheit Bismarck's und einem weniger
klaren Verständniß desjenigen, was Preußen von dem Bundestage
zu erwarten habe, hätte eine derartige Erklärung vielleicht selbst die
Preußen einigermaßen erschreckt. Bismarck aber, fest dabei stehen
bleibend, daß die Einigung Deutschlands Preußens Beruf sei, über=
sah vollkommen klar, daß er im Bundestage nur auf Opposition
stoßen könne.

Was Preußen im Falle eines offenen Bruches hauptsächlich zu
befürchten hatte, war schließlich doch die fremde, nämlich französische
Einmischung, aber nach dieser Seite hatte Bismarck sich vorzüglich
gestellt. Er hatte es verstanden, das französische Cabinet einzuschlä=
fern, ohne sich gleichzeitig durch irgend welche bestimmte Verpflich=
tungen gebunden zu haben. Vielleicht wäre ihm dies auch nicht ge=
lungen, wenn nicht in Frankreich allgemein die Ueberzeugung ver=
breitet gewesen wäre, Preußen würde im Fall eines Krieges mit
Oesterreich geschlagen werden. Bei dieser Ueberzeugung hatte das
französische Cabinet nicht nur kein Interesse, die Preußen aufzuhal=

---

*) Dieses und alle folgenden Citate sind nicht nach ihrem ursprünglichen Wort=
laut, sondern nach dem russischen Text wiedergegeben.

Anm. d. Uebers.

ten, sondern es mußte ihm im Gegentheil vortheilhaft erscheinen, sie
möglichst zum Kriege zu veranlassen. Einen unglücklichen Ausgang
des letzteren angenommen, war es möglich, im kritischen Augenblicke
als Vermittler aufzutreten, natürlich gegen sichere Entschädigung auf
dem linken Rheinufer. Freilich ist das nur eine Hypothese, aber
wir können uns die ruhig zuschauende Stellung, in welcher Frankreich sogar bis zur Schlacht bei Königgrätz verharrte, nicht anders
erklären, als dadurch, daß man dort auf die Niederlage Preußens
rechnete. Nicht weniger gewandt benahm sich Bismarck gegen einen
andern, in unserer Zeit sehr wichtigen Factor, nämlich gegen die sogenannte öffentliche Meinung. Daß dieselbe in unserer Zeit eine
sehr große Macht ist, darüber kann kaum gestritten werden, aber daß
sie nicht selten eine blinde Macht ist, die man durch die Zeitungen
beliebig lenken kann, das dürfte ebenfalls keinem Zweifel unterliegen.
Man möge sich erinnern, wie mächtig mit Hülfe französischer
Zeitungen die öffentliche Meinung des westlichen Europas in der
Epoche des polnischen Aufstandes gegen uns bearbeitet wurde und
man wird uns sicherlich beistimmen. Preußen vollzog eine Eroberung, noch dazu im Mittelpunkt Europas, und ordnete Alles
so geschickt an, daß im Augenblick der Ausführung die französischen
Zeitungen fast nicht davon sprachen, und als einige von ihnen zu
schreien anfingen, das Werk bereits vollendet war.

Und so hinderten die Regierung und die öffentliche Meinung
Frankreichs, wenn sie auch nicht davon entzückt waren, doch keineswegs die Bestrebungen Preußens, um so weniger, als sie deren Ausgang nicht vermuthen konnten.

Man kann bei dieser Gelegenheit nicht umhin, der genialen Gewandtheit, mit welcher Bismarck sich nach allen Seiten zu benehmen
wußte, Gerechtigkeit widerfahren zu lassen. Es ist wahrscheinlich
noch Allen erinnerlich, wie man bei dem Beginn des Krieges sagte,
er werde nur darum hervorgerufen, um die Aufmerksamkeit des preußischen Volks von den inneren Angelegenheiten abzulenken, in Preußen selbst glaubte man es; wahrscheinlich ebenfalls in Frankreich nach
den gemachten persönlichen Erfahrungen. Wem konnte es unter solchen Verhältnissen in den Sinn kommen, daß die Sache mit der Ver-
schmelzung des größten Theiles von Deutschland endigen werde?
Wenden wir uns zu Schleswig-Holstein zurück. Die Collisionen
zwischen den österreichischen und preußischen Bevollmächtigten gingen
.

ihren Gang. Sie waren unvermeidlich, denn Preußen wollte die Herzogthümer um jeden Preis, wenn auch unter Beschränkungen, besitzen; Oesterreich hingegen wollte diese gewaltsame Aneignung, in welcher Form sie sich auch zeigen mochte, nicht zulassen.

Dies mußte die Gegner bestimmen, in neue Unterhandlungen zu treten. An aufrichtiger Neigung, die Angelegenheit gütlich beizulegen, fehlte es nicht, zum Beweis dafür dient, daß die Herrscher Oesterreichs und Preußens in Gastein zusammentrafen, um sich zu einigen; doch neben dieser Neigung war auch das beiderseitige Streben nicht minder stark, — wenn nicht stärker — die eigenen geheimen Absichten durchzuführen, welche einander diametral entgegengesetzt waren.

Nichtsdestoweniger kam eine, wenn auch nur imaginaire, Uebereinstimmung in der Gestalt des am 20. August 1865 ratificirten Gasteiner Vertrages zu Stande.

Er war für Preußen entschieden ein Sieg, denn er lenkte Oesterreich von dem Gesichtspunkte ab, den Grund-Satzungen des Deutschen Bundes streng logisch zu folgen, welchen es bisher aufrecht zu erhalten bemüht gewesen war.

Nach diesem Vertrage wurde die Verwaltung der Herzogthümer zwischen Preußen und Oesterreich getheilt, ersteres nahm Schleswig, das letztere Holstein, aber zugleich wurde die Gemeinsamkeit der Hoheitsrechte beider Mächte über das ganze eroberte Gebiet als Princip anerkannt.

Oesterreich und Preußen verpflichteten sich, gleichzeitig dem Bundestag einen Antrag über die unbedingte Nothwendigkeit der Errichtung einer Bundesflotte vorzulegen; in der Erwartung der Bestätigung dieser Vorlage seitens des Bundes, sollten die preußische und auch die österreichische Flotte*) gemeinsam den Kieler Hafen benutzen können, aber das Hafen-Commando, die polizeiliche Aufsicht und alle territorialen Rechte, welche zum allseitigen Schutz des Kieler Hafens unerläßlich erforderlich sind, werden Preußen übertragen.

Die übrigen Punkte betreffen die Etappenstraße für Preußen durch Holstein, die Telegraphen- und Eisenbahnlinie, die Erklärung Rendsburgs zur Bundesfestung und den Bau des Nordkanals.

———————

*) Wie sollte aber die letztere nur in diesen Hafen gerathen?

Der letzte Punkt, bezüglich des Herzogthums Lauenburg, lautete, daß der Kaiser von Oesterreich seine Rechte auf daſſelbe an den Kö=
nig von Preußen für 2,500,000 Thlr. abtritt. So begann die An=
eignung eines Landes, welches Eigenthum des Deutſchen Bundes war.
Der Gaſteiner Vertrag erregte keinen geringen Lärm: gegen ihn
proteſtirten England und Frankreich, von den kleinen deutſchen Herr=
ſchern gar nicht zu reden. Wie es ſcheint, begannen ſie damals ein=
zuſehen, daß ſie kaum überlegt gehandelt, als ſie zugelaſſen hatten,
daß der ſchleswig=holſteiniſche Krieg zu Ende geführt werde. Außer=
dem erblickte die nationale Partei darin eine bespotiſche, eigenmäch=
tige Aneignung von Bundesgebiet. Schließlich äußerte auch noch
das preußiſche Abgeordnetenhaus ſeine Unzufriedenheit über die Ein=
verleibung Lauenburgs ohne Zuſtimmung der Kammern. Denn nach
der Conſtitution darf der König von Preußen nicht Herrſcher fremder
Länder ſein, aus deren Beſitz Schwierigkeiten für Preußen entſtehen
könnten. Aber man war bereits an die Oppoſition der Kammer ge=
wöhnt, und auch daran, nicht mehr darauf zu achten. Ohne die
Frage zu erörtern, wie weit ein ſolches Verhältniß zu den Vertretern
des Landes conſtitutionsgemäß ſei, kann man nicht umhin, anzuer=
kennen, daß es ziemlich gerechtfertigt war, — gerechtfertigt durch den
Mangel an ſtaatsmänniſchem Tact und Scharfblick ſeitens der Ab=
geordneten in vielen Fragen und beſonders in der Armee=Reorga=
niſations=Frage, von welcher ich weiter unten reden werde.

Der König von Preußen bezahlte die bedungene Summe aus
ſeiner Chatoulle und am 18. September beſetzten die Preußen Lauen=
burg.

Zugleich räumten ſie Holſtein, zu deſſen Gouverneur Gablenz
ernannt, während zu ſeiner Unterſtützung für die Civil=Verwaltung
Halbhuber dort belaſſen wurde. Gouverneur von Schleswig wurde
Manteuffel und bei ihm Chef der Civil=Verwaltung: Zeblitz.

In der erſten Zeit nach Abſchluß des Gaſteiner Vertrages glaubte
man, daß zwiſchen den Verbündeten Uebereinſtimmung herrſche. Als
Antwort auf den Proteſt gegen den Vertrag von Gaſtein richteten
ſie einmüthig eine drohende Note an den Bundestag, gleich einträch=
tig antworteten ſie ablehnend auf den Antrag des Bundestages in
Bezug auf ſchleunigſte Einberufung der Stände Holſteins zur Ent=
ſcheidung über ihr Schickſal und auf ſeine Mitwirkung bei der Auf=
nahme Schleswigs in den Verband des Deutſchen Bundes.

Doch dauerte diese Einmüthigkeit nicht lange. Bald erneuerte sich dasselbe, was vor dem Gasteiner Vertrage stattgefunden hatte, nur mit einigen Variationen. Als man aber unterdessen in Preußen die Frage über das Besitzrecht der Entscheidung der Kronjuristen unterbreitete und diese erkannten, daß alle Rechtsansprüche auf die Herzogthümer aus dem Frieden vom 30. October herzuleiten seien, daß dieser aber das Anrecht des Augustenburger Hauses, wenn es vordem überhaupt vorhanden gewesen, aufhebe, fuhren die österreichischen Behörden in Holstein fort, die Agitation zu Gunsten des Prinzen von Augustenburg nicht nur gewähren zu lassen, sondern sogar zu ermuthigen. Es geschah dies trotz der Erklärung Bismarck's, daß eine derartige Agitation als Hochverrath betrachtet werden müsse, denn sie sei gegen die Souverainetäts-Rechte der Herrscher von Oesterreich und Preußen über die Herzogthümer gerichtet.

Diese Auffassung war in der Note vom 20. Januar 1866 zum Ausdruck gekommen, in welcher auch schon die Andeutung gemacht wurde, daß das Verfahren der österreichischen Verwaltung Holsteins zur Vernichtung des guten Einvernehmens führen könne, welches bisher zwischen beiden Cabineten bestanden habe.

Bismarck blieb nicht bei dieser einen Note stehen. Die Versammlung des schleswig-holsteinischen Vereins in Altona, welcher sich sehr scharfe Ausfälle gegen Preußen erlaubt hatte, gab das Motiv zu einer neuen Note. In derselben spricht Bismarck, nachdem er an die schönen Tage von Gastein und Salzburg erinnert hatte, wo ihn der Gedanke belebt, daß Preußen und Oesterreich vereint gegen die revolutionairen Tendenzen handeln würden, von der Enttäuschung solcher Hoffnungen.

„Sollte man in Wien geneigt sein, der revolutionairen Ausartung der seit langer Zeit durch ihren conservativen Sinn bekannten „und ausgezeichneten Bevölkerung Holsteins ruhig zuzusehen, so ist „Preußen entschlossen, dies nicht zu thun. ..."

„Der Vertrag von Gastein — fährt Bismarck fort — gestattete „die Theilung der Herzogthümer nur für eine gewisse Zeit; aber „Preußen hat das Recht, zu fordern, daß während dieser Uebergangsperiode Oesterreich den status quo in Holstein ganz ebenso erhält, wie Preußen verpflichtet ist, ihn in Schleswig aufrecht zu erhalten. Die preußische Regierung ersucht das Cabinet von Wien,

„diefem Umftand feine Aufmerkfamkeit zuwenden und demgemäß
„handeln zu wollen."

„Im Falle einer ausweichenden oder verneinenden Antwort wird
„Preußen zu der Ueberzeugung gelangen, daß Oefterreich unter
„dem Einfluß des trabitionellen Antagonismus nicht
„auf die Dauer gemeinfame Wege mit Preußen zu gehen gedenkt.
„Diefe Ueberzeugung würde fehr fchmerzlich fein, aber Preußen fei
„gezwungen, fich die Wahrheit klar zu machen. Wenn man ihm in
„biefer Weife die Möglichkeit nehme, einig mit Defterreich zu han=
„deln, fo müffe es gerade baburch volle Freiheit für feine Po=
„litik erhalten und von diefer feinen Intereffen entfprechenden Ge=
„brauch machen."

Die Sache lag nun, meiner Meinung nach, klar. Auf eine fo
bündige, beftimmte Erklärung wäre es, wie mich dünkt, für Oefter=
reich am einfachften gewefen, zu antworten, baß es nicht in der Lage
fei, die Befeftigung der Herrfchaft Preußens in den Herzogthümern
zuzulaffen, und baß es mit allen ihm zu Gebote ftehenden Mitteln
dem entgegenarbeiten werde; aber es liegt nicht in der Gewohnheit
der Diplomaten Defterreichs, unumwunden zu antworten.

Die Antwort vom 7. Februar erfolgte ausweichenb. Das öfter=
reichifche Cabinet weift die Verantwortung dafür, baß die Elbherzog=
thümer fich noch in keinem geregelten Zuftande befinden, von fich;
was die Verwaltung Holfteins während der Uebergangsperiode be=
trifft, fo erachtet es fich vollkommen frei und kann in diefer Bezie=
hung Niemandes Controle zulaffen u. f. w. Bismarck beantwortete
diefe Note nicht, demnach erhielt Preußen in feinen politifchen Hand=
lungen „volle Freiheit."

Diefes Schweigen mußte fchließlich Defterreich beforgt machen.
Einige Zeit darauf äußerte fich diefe Unruhe in Geftalt einer freund=
fchaftlichen Erkunbigung, mit welcher fich der Gefandte Defterreichs
in Berlin, Graf Karolyi, an Bismarck wandte in Betreff deffen, was
Letzterer unter „Freiheit der Politik" verftände. Bismarck antwor=
tete auf diefe Erkundigung, es bedeute, baß Preußen und Defter=
reich fich wieder in folchen Beziehungen befänden, als vor dem Jahr
1864.

Die Symptome waren in folchem Grabe beforgnißerregend, baß
die unvermeidliche Nothwendigkeit, auf alle Fälle vorbereitet zu fein,
fich fehr ftark fühlbar zu machen begann, umfomehr, als auch die

unvorsichtigen Worte Lamarmora's in der Deputirtenkammer am 8. März Veranlassung gaben, ein geheimes Einverständniß zwischen Preußen und Italien zu argwöhnen. Der Kaiser Franz Joseph ver= sammelte in Wien die Commandanten der Armeen, der Corps und einige andere Generale zur Berathung. Das Ergebniß derselben war der Entschluß, die Rüstungen zu beginnen, da Oesterreich bei seinem militairischen System mehr Zeit bedürfe, um die Armee auf den Kriegsstand zu setzen, als Preußen. Die Vorbereitungen wurden noch im Februar 1866 getroffen, zugleich schritt man zu Unterhand= lungen mit den am meisten befreundeten deutschen Fürsten zweiten Ranges, und zwar mit jedem einzeln, um sich auch deren Mitwir= kung zu sichern.

Im Monat März nahmen die Rüstungen in Oesterreich und den kleinen Staaten einen solchen Character an, daß Preußen nicht um= hin konnte, ihnen seine Aufmerksamkeit zuzuwenden und sich entschloß, die Frage zu stellen, welche Ursachen Oesterreich bestimmten, sie vor= zunehmen.

Die Antwort, welche man erhielt, war seltsam. „Die Rüstun= gen würden durch die grausamen Verfolgungen der Juden seitens der czechischen Bevölkerung verursacht." Sie war um so seltsamer, als die Regimenter an der preußischen Grenze concentrirt wurden, wo von Judenverfolgungen nicht die Rede gewesen war. Preußen beantwortete diese Mobilmachung durch eine Verfügung, welche jeden Versuch, die Herrschaft des Königs von Preußen und des Kaisers von Oesterreich in den Herzogthümern zu schädigen, mit schweren Strafen bedrohte.

Dies gab Veranlassung zu einer erneuten Erkundigung des Gra= fen Karolyi: ob Preußen den Vertrag von Gastein mit Gewalt zer= reißen wolle? Bismarck antwortete verneinend, fügte aber hinzu, daß in derartigen Angelegenheiten mündliche Erklärungen nichts zu be= deuten hätten, denn sie würden unrichtig aufgefaßt und übel ausge= legt, und daß, wenn es dem österreichischen Gesandten beliebe, um= ständlichere Erklärungen zu erhalten, es ihm unbenommen sei, seine Fragen schriftlich zu formuliren. Dies geschah nicht, und unterdessen nahmen die Rüstungen einen mehr und mehr bedrohlichen Charac= ter an.

Die Sache war unter der Hülle der Intrigue und des diplo= matischen Geheimnisses hinlänglich gereift, um sie auf das Gebiet offener Entscheidung mit den Waffen überführen zu können. Es trat an die Gegner der Augenblick heran, ihre Kräfte zu zählen.

Oesterreich, welches, jedem Fortschritte feind, als Grundbedingung seines Bestehens den unbedingten Conservatismus auffaßte, entsprach vollkommen den Tendenzen der deutschen Particularisten und konnte folglich, für den Fall eines Kampfes, auf ihre Mitwirkung rechnen. Es erschien als der natürliche Vertheidiger der in Deutschland bestehenden Ordnung und war daher der Sympathien aller kleinen Herrscher Deutschlands sicher, mit Ausschluß nur derjenigen, welche nach der geographischen Lage ihrer Gebiete sich unter Preußens unmittelbarem Einfluß befanden.

Sicher bildete, soweit ein Urtheil hierüber möglich, die Mitwirkung dieser kleinen Fürsten und der Umstand, daß Preußen in Mitten Deutschlands isolirt erschien, einen Hauptfactor bei den Berechnungen, welche das österreichische Cabinet über den Erfolg des bevorstehenden Kampfes anstellte. — Aber Oesterreich irrte sich in Einem. Diese kleinen Fürsten, zu irgendwelcher politischen Rolle nicht berufen, hatten nie allzugroßes Interesse, ihre bewaffnete Macht auch in Friedenszeiten in gehörigem Zustande zu erhalten, daher konnte die Mobilisirung derselben nur mit großem Zeitaufwand ausgeführt werden. Zudem konnten diese Fürsten, wenn man selbst ihre Einigkeit angesichts der gemeinsamen Gefahr voraussetzte, sich nicht vollständig der Nebenbuhlerschaft unter einander entschlagen. Mit einem Wort, es war eine vollständige Illusion, darauf zu rechnen, daß diese Contingente hätten schnell zusammengezogen werden und etwas brauchbares Einheitliches bilden können.

Man kann hierbei nur über das Eine sich wundern: daß nämlich die österreichischen Staatsmänner den verborgenen Zweck bei Errichtung des Deutschen Bundes ganz vergessen hatten, wie er doch von ihrem Stammvater Metternich — dessen verwirklichte Idee derselbe ist — klar ausgesprochen worden war. „Sie (die Mitglieder des Deutschen Bundes) mögen sich winden und drehen, wie sie wollen, sie können doch niemals etwas thun." In diesem Sinne betrachtet, war die Organisation in der That vorzüglich, der größte Theil der Mitglieder des Deutschen Bundes konnte nichts thun; und seltsam ist's, daß Oesterreich jetzt dachte, Kraft dort zu finden, wo es früher bemüht gewesen war, Kraftlosigkeit zu erzeugen.

Preußen zweifelte nicht an der ihm feindseligen Stimmung der kleinen Fürsten, doch war es darum nicht besorgt. Bismarck gehört zu den Männern, welche die Dinge sehen, wie sie sind; er fürchtete diese Feindschaft nicht nur nicht, sondern er wünschte sie; je offenkundiger sie sich äußerte, desto weniger Grund würde vorhanden sein, mit Demjenigen, welcher sie geäußert hat, später große Umstände zu machen. Man mußte Bundesgenossen außerhalb Deutschlands suchen. Bismarck hatte zu der Dauer des Bündnisses mit Oesterreich schlechtes Vertrauen gehabt und bereits früher dafür Sorge getragen, daß Preußen im Fall eines Bruches nicht allein stände gegen die vereinigten Kräfte Oesterreichs und Deutschlands. Es bot sich ein durchaus aufrichtiger Bundesgenosse dar, weil das Bündniß auch in seinem Interesse lag: dies war Italien. Das Werk war seit langer Zeit begonnen. Mitte 1865 trat Preußen mit Italien in Unterhandlungen über den Abschluß eines Handelsvertrages zwischen Italien und dem Zollverein. Unmittelbare Folge dieser Unterhandlungen war die Anerkennung des Königreichs Italien durch diejenigen kleinen deutschen Fürsten, welche zum Zollverein gehörten und später der am 31. December 1865 abgeschlossene Handelsvertrag. Danach fehlte es an Ursachen zur Annäherung nicht; das Resultat war, daß im Falle eines Krieges mit Oesterreich sich beide Theile nicht allein zu gemeinsamer Action gegen den gemeinschaftlichen Feind verpflichteten, sondern daß auch festgesetzt wurde, daß kein Theil das Recht haben sollte, ohne Zustimmung des anderen einen Separatfrieden oder einen Waffenstillstand zu schließen. Die Angelegenheit wurde durch Graf Govone, März 1866, zum Abschluß gebracht.

Unterdeß war es, Dank der Initiative Oesterreichs, Preußen möglich, auch bei sich zu Hause zu Rüstungen zu schreiten. Vor dem Beginn derselben sprach man in Preußen bereits ganz unverhohlen aus, was dasselbe zu erstreben beabsichtige. In der Depesche vom 24. März zeigte Bismarck den kleinen und Mittel-Staaten die unvermeidliche Nothwendigkeit an, in welche Preußen durch die Rüstungen Oesterreichs versetzt worden sei, auch seinerseits Maßregeln zum Schutze Schlesiens zu treffen. Zugleich fragte er, um die Situation zu klären, bei den erwähnten Staaten an, inwieweit Preußen auf sie rechnen könne, im Falle ernstere Collisionen entstünden.

Es ward hinzugefügt, daß der Bund in seiner gegenwärtigen Gestaltung seinen Zweck nicht erfülle, daß im Falle eines unvermutheten Angriffs von Seiten Oesterreichs Preußen nicht auf die Unterstützung des Bundes, sondern nur auf die derjenigen einzelnen Staaten rechnen könne, welche sich entschlössen, ihm diese Unterstützung dem Geist des Bundes entgegen zu gewähren. Indem es zu wissen wünscht, von wem es eine derartige Unterstützung zu gewärtigen habe, theilt Preußen zugleich im Voraus mit, daß, wie auch die Antwort auf diese Frage ausfalle, es auf der unumgänglichen Nothwendigkeit einer politischen und militairischen Reform des Bundes bestehen werde. Den wichtigsten Theil dieser Depesche bildete natürlich die Drohung mit einer Bundes-Reform, welche den kleinen Fürsten nicht gefallen konnte, da sie nur eben einen Ausgang haben mußte, nämlich die Beschränkung ihrer Selbständigkeit mit der Aussicht auf völlige Beseitigung.

Die Kleinstaaten beantworteten diese Anfrage mit dem Artikel 11 der Bundes-Acte, kraft dessen die Bundesglieder sich verpflichten, in keinem Fall einander zu bekriegen, sondern alle Streitigkeiten, welche sich zwischen ihnen erheben könnten, der Entscheidung des Bundestages zu unterbreiten; dieser trifft Maßregeln zur Versöhnung der Gegner und beschließt, falls diese mißlingt, die Ausschließung der Schuldigen aus dem Bunde.

Unterdessen befahl Preußen durch die Cabinets-Ordres vom 27. und 29. März den Beginn des Ueberganges auf den Kriegsstand. Die Bataillone in den vom Feind zunächst bedrohten Provinzen sollten sich auf den verstärkten Friedens-Etat setzen. Die Feld-Artillerie wurde auf Kriegsstärke augmentirt und mit der Armirung der Festungen begonnen. Dies gab Veranlassung zu einer diplomatischen Polemik, deren Ton mehr und mehr unparlamentarisch wurde. Sie ist eine fast unvermeidliche Erscheinung vor dem Beginn eines jeden Krieges und besteht aus gegenseitigen Vorwürfen, des Inhalts, wer zuerst zu rüsten anfing, aus Vorschlägen abzurüsten, Erwiederungen, daß es unmöglich sei, abzurüsten, wenn man nicht daran gedacht habe, zu rüsten, daß Oesterreich nicht gegen Preußen, sondern gegen Italien rüste, und noch dazu nicht in eigenem, sondern in Deutschlands Interesse u. s. w.

Wir werden deshalb, ohne uns bei den Einzelheiten dieses Notenwechsels aufzuhalten, welcher noch niemals dazu geführt hat, eine Sache gütlich beizulegen, nur die hauptsächlichsten Phasen desselben bis dahin andeuten, wo es zum endgültigen Bruch zwischen Oesterreich und Preußen kam.

Diejenige Depesche, welche der Entwickelung der Ereignisse einen neuen Anstoß gab, enthielt eine Aufforderung Mensdorff's an Bismarck, die schleswig-holsteinische Angelegenheit noch einmal in ernsthafte Erwägung zu ziehen — in der Uebersetzung bedeutete dies, Schleswig-Holstein dem Prinzen von Augustenburg abzutreten, — ohne gleichzeitig an Preußen diejenigen Zugeständnisse zu machen, welche Letzteres in seinem und dem deutschen Interesse gefordert hatte. Als Antwort hierauf erklärte Bismarck entschieden den Willey Preußens, den Wiener Frieden und den Gasteiner Vertrag zu befolgen, durch welche jede Einmischung eines Dritten, folglich auch des Deutschen Bundes, ausgeschlossen sei. Zugleich wurde Oesterreich eingeladen, mit Preußen vereint in der Reform des Bundes zu handeln.

Die Antwort war vorauszusehen.

Es war hinzugefügt, daß Preußen bereit sei, auf Unterhandlungen einzugehen, unter welchen Bedingungen Oesterreich seinen Anrechten auf Holstein entsagen könne.

Der Vorschlag einer Bundesreform wurde wirklich am 9. April gemacht. Ich werde mich bei ihm nicht aufhalten, denn es folgte ihm schnell seine nur energischere Wiederholung. Ich bemerke nur, daß der Bundestag den Versuch machte, sich dieser Vorlage zu entziehen, dadurch, daß er zu ihrer Prüfung den möglichst längsten Weg einschlug.

Es genügt zu erwähnen, daß die Commission zu seiner Prüfung erst am 21. April ernannt wurde.

Da die Rüstungen fortdauerten, wandte sich Preußen an Sachsen, als seinen nächsten Nachbar, mit der Anfrage: inwieweit dasselbe Rüstungen ausgeführt habe und forderte, daß dieselben eingestellt würden. Beust antwortete auf diese Forderung mit der Bitte an den Bundestag: ob derselbe nicht für gut befinden wolle, über diese Vorlage Preußens Entscheidung zu treffen, damit dem Bunde auf Grund des Artikels 11 der Bundes-Acte volle Beruhigung gewährt werde. Dieser Antrag wurde am 24. Mai angenommen, ungeachtet des Protestes des preußischen Gesandten gegen die Anwendung des Artikels 11, indem Preußen Sachsen gar nicht angreifen wolle. Die Antwort auf die Vorlage wurde von beiden Theilen zum 1. Juni gefordert.

In diese Zeit fällt auch der Versuch der Großmächte, die Angelegenheit im Wege einer Conferenz beizulegen, — ebenfalls eine

Erscheinung, welche bei der europäischen Diplomatie fast zur Gewohn=
heit geworden ist, obgleich auch sie mehr zum Zeitverlust, als zu
irgend etwas Positivem führt.

Der erste Juni kam heran; die Polemik, welche sich schon so
lange hingezogen hatte, wiederholte sich Angesichts des Bundestages
noch ein Mal. Der Gesandte Oesterreichs erklärte, daß Oesterreich
in seinen Zugeständnissen an Preußen bereits so weit gegangen sei,
als es ihm seine eigene Würde und das Recht des Deutschen Bun=
des nur gestatteten.

„Preußen sei in seinen Forderungen immer anmaßender gewor=
„den und bestrebe sich, sie zu verwirklichen, es geschehe, was da
„wolle. Aehnlich, wie es nach dem Wiener Frieden gedroht hätte,
„die Räumung der Herzogthümer von den Bundestruppen zu er=
„zwingen, so verführe es auch gegen Oesterreich in der Herzogthü=
„mer=Frage in demselben Geiste, indem es dieselbe als eine Frage
„der Macht behandelte, und sich auf auswärtige Hülfe stützte. Dies
„habe sich klar in der Zeit des Vertrages von Gastein gezeigt und
„in dem Augenblick erneuert, als Oesterreich sich weigerte, Holstein
„auf der Grundlage der Principien der Annexions=Politik zu ver=
„walten."

„Von zwei Seiten bedroht, habe Oesterreich zu Rüstungen schrei=
„ten müssen, aber es sei bereit, dieselben gegen Preußen sofort ein=
„zustellen, wenn garantirt werde, daß es keinen Angriff, weder auf
„eigenem, noch auf verbündetem Gebiet zu befürchten habe."

„In Betreff der Herzogthümer=Angelegenheit bleibe es zunächst
„dabei stehen, dieselbe der Beurtheilung des Bundes zu unterbreiten,
„doch könne es trotz aller Anstrengungen Preußen hierzu nicht be=
„wegen. Es habe die Zusammenberufung der holsteinischen Stände
„angeordnet, um die Meinung der Bevölkerung kennen zu lernen und
„in Erwägung nehmen zu können."

Hierauf erwiderte der Gesandte Preußens beim Bunde v. Sa=
vigny, daß die Mobilmachung der preußischen Streitkräfte durch die
Rüstungen Oesterreichs hervorgerufen worden und daß die Rückfüh=
rung derselben auf den Friedensfuß nur in dem Falle eintreten
werde, wenn nicht allein Oesterreich, sondern auch die übrigen Bun=
desmitglieder ihre Rüstungen einstellten und eine weniger bedrohliche
Stellung gegen Preußen annähmen.

„Wenn, wider Erwarten, der Bundestag nicht im Stande sein

„sollte, Bürgschaften für den Frieden zu gewähren, und wenn seine
„Mitglieder sich der als so unumgänglich nothwendig auch von Allen
„anerkannten Reform widersetzen sollten, so wird Preußen gezwungen
„sein, daraus den Schluß zu ziehen, daß der Bund in seiner gegen=
„wärtigen Gestalt seiner Aufgabe nicht entspricht, und es wird
„diese Ueberzeugung allen seinen weiteren Entschließun=
„gen zu Grunde zu legen haben.“

Hierzu fügte der preußische Gesandte noch die üblichen Berich=
tigungen in Betreff der Herzogthümerfrage.

In allen Handlungen Oesterreichs erblickte Bismarck den vollen=
deten Bruch des Vertrages von Gastein, er wandte sich auch sofort
in dieser Beziehung mit einem Protest nach Wien und richtete zu=
gleich an alle Bevollmächtigten Preußens bei den europäischen Höfen
die bekannte Depesche vom 4. Juni, in welcher er Oesterreich der
Herausforderung zum Kriege beschuldigt, indem er dieselbe durch die
Absicht motivirt, die Lage seiner Finanzen entweder durch preußische
Contributionen oder durch einen ehrenvollen Bankerott, unter dem
Vorwand eines erzwungenen Krieges, zu verbessern.

Die Annalen der europäischen Diplomatie weisen in der ganzen
Zeit, seit Napoleon I., kaum ein Dokument auf, welches entschiedener
gehalten wäre. Bismarck sagte sich darin vollkommen los von der
umschreibenden Ausdrucksweise und Behutsamkeit, welche einen ge=
meinsamen Zug der europäischen Diplomaten bilden.

Gleichzeitig mit dieser Depesche war dem Gouverneur von Schles=
wig befohlen worden, sobald nur Gablenz die holsteinischen Stände
einberiefe, unverzüglich Holstein zu besetzen, den Oesterreichern anheim=
stellend, dagegen Garnisonen in Schleswig zu beziehen, wie es bis
zum Gasteiner Vertrag gewesen war. Am 5. Juni hatte Gablenz den
Zusammentritt der Stände angeordnet, am 7. rückten die Preußen in
Holstein ein und Manteuffel wandte sich an Gablenz mit dem Vor=
schlag, gemeinsam die Verwaltung von Schleswig=Holstein zu orga=
nisiren.

Die Oesterreicher wollten nicht in die Situation vor dem Ga=
steiner Vertrage zurückkehren, und da mit der schwachen Brigade Kalik
an einen Widerstand auch nur zu denken unmöglich war, so zog sich
Gablenz, nachdem er seine Truppen in der süd=westlichen Spitze Hol=
steins concentrirt hatte, über Hamburg nach Hannover zurück. In
den Herzogthümern war der Bruch erfolgt.

Natürlich mußte sich Oesterreich bemühen, seine Angelegenheit zu einer allgemein deutschen zu machen.

Zum 11. Juni war eine außerordentliche Sitzung anberaumt worden, in welcher der österreichische Gesandte erklärte, daß durch das Benehmen Preußens in den Herzogthümern der Gasteiner Vertrag vernichtet und der Bundesfrieden gebrochen sei. Zur Wiederherstellung des letzteren forderte er die Mobilmachung der Bundes-Armee binnen 14 Tagen; zugleich schlug er vor, dafür Sorge zu tragen, daß auch die Ersatz-Truppentheile gebildet und alle Maßregeln getroffen würden, die Armee in schlagfertigen Zustand zu versetzen.

Der preußische Gesandte theilte hierauf mit, daß er nicht ermächtigt sei, auf irgend welche neuen Vorschläge zu antworten.

Zugleich bestand der österreichische Gesandte auf möglichst schleuniger Beschlußfassung. Im Gegensatz zu den Gewohnheiten des Bundestages, denen zufolge die allerunbedeutendste Sache in nicht weniger als drei Sitzungen entschieden wurde, beschloß man hier, Oesterreich nicht später als am 14. Juni eine Antwort zu geben. So groß waren die durch Preußen eingeflößten Befürchtungen. Dies war für Bismarck genug, um auch dem Bunde gegenüber offen hervorzutreten. Noch unter dem 10. Juni überreichte er den deutschen Regierungen den definitiven Reform-Vorschlag, welcher in der Voraussicht des lange ersehnten und nun so gewandt herbeigeführten Augenblicks bei guter Zeit so weit vorbereitet war, um ihn in's Leben treten zu lassen.

Der erste Artikel dieser Vorlage nimmt in den Bestand des Bundes alle bisher darin befindlichen Länder auf, exclusive der kaiserlich österreichischen und der königlich niederländischen. In den folgenden Punkten wurde neben Angelegenheiten von gemeinsamem Interesse noch vorgeschlagen: eine deutsche Flotte, mit einem allgemeinen Budget, und Kiel und Jahde als Bundeshäfen unter Oberleitung Preußens zu begründen und die Streitkräfte zu Lande in zwei Armeen, eine nördliche und eine südliche, einzutheilen. Der Oberbefehl gebührt in Friedenszeiten über die erste dem König von Preußen, über letztere dem König von Bayern. Jede von beiden soll ihr gemeinsames Budget haben, welches in Uebereinstimmung mit den Vertretern der Nation festgestellt wird. Jede Armee wird durch einen besonderen, unter dem Oberbefehl der erwähnten Höchstcommandirenden stehenden Kriegsrath verwaltet, der aus den Delegirten der Staaten besteht, welche die Contingente zu den resp. Armeen stellen. Dieser Rath ist verpflichtet, alljährlich dem Parlament Rechenschaft von seinem Wirken abzulegen. Jeder Staat trägt, nach Verhältniß des aufgestellten Contingents, zu den Ausgaben für Unterhaltung der Armeen bei.

Die Ersparnisse im Militair = Budget werden Eigenthum der Bundes=Kriegskasse.

Es versteht sich von selbst, daß das — nach officieller Redaction — Bundes=Parlament und die Bundes=Armee in der Praxis sich in das preußische Parlament und die preußische Armee verwandeln mußten. Es ist nicht schwierig, abzusehen, in wie weit dies Project den kleinen Fürsten gefallen konnte, deren jeder gewöhnt war, sich als selbständigen Herrscher zu betrachten und wenn auch nur eine winzig kleine, doch seine eigene Armee zu haben. Was die Beziehungen des Bundes zu den deutschen Provinzen des Kaisers von Oesterreich betraf, so schlug das Project vor, dieselben später, nach Einberufung des Parlaments, festzustellen. Zugleich sprach Bismarck aus, daß, da der Antrag vom 9. April keinen Erfolg gehabt habe und der gegenwärtige Stand der Unterhandlungen auch nicht hoffen lasse, daß er überhaupt eine Entscheidung erhielte, dies Preußen bewogen habe, sich mit der letzten Vorlage direct an die Bundesglieder zu wenden und sie zu bitten, sich ein für alle Mal zu entschließen, ob sie, falls ein Krieg die jetzigen Bundesverhältnisse vernichtete, geneigt seien, auf den angeführten Grundlagen einen neuen Bund mit Preußen zu schließen.

Der für Deutschland verhängnißvolle Tag des 14. Juni kam endlich heran, und mit ihm die Frage: Wird Oesterreichs Vorschlag angenommen werden, oder nicht? Der preußische Gesandte protestirte gegen jede geschäftliche Behandlung dieses Gegenstandes, denn derselbe widerspräche nach Form und Inhalt allen Rechts = Bedingungen des Bundes. Es kam zur Abstimmung: die Majorität stimmte für Oesterreich.

Darauf erklärte Savigny, er sei verpflichtet, dem Bundestage den Beschluß Preußens anzuzeigen: daß der Vorschlag Oesterreichs der Verfassung des Bundes widerspräche und als ein Bruch derselben aufgefaßt werden müsse. Die Rechte des Bundes gegen die Mitglieder reichten nicht weiter, als bis zur Execution, für welche bestimmte Formen vorgeschrieben, welche aber in der österreichischen

Vorlage nicht beachtet seien. Außerdem könne das Verfahren Oester=
reichs in Holstein in keinem Fall als unter dem Schutze der Bundes=
Verträge stehend angesehen werden.

Nach der Meinung Preußens mußte der Bund den Vorschlag
Oesterreichs, als unrechtmäßig, ablehnen.

„Da indessen
„dies nicht geschehen ist,
„da Oesterreich seit drei Monaten rüstet und hierzu auch die übrigen
„Mitglieder des Bundes aufreizt,
„da nach allem Diesem von einer Bedeutung des §. 2 der Bundes=
„Acte, welcher die Sicherheit nach Außen und Innen als Hauptzweck
„des Bundes bezeichnet, nicht mehr die Rede sein kann,
„da allen Handlungen Oesterreichs das geheime Einverständniß mit
„den übrigen Bundesmitgliedern zu Grunde liegt,
„so bleibt Preußen nur übrig, die Auflösung des Bundes
„als eine vollendete Thatsache anzuerkennen.“

Diese Wendung der Dinge hatten die österreichischen Diplomaten
aller Wahrscheinlichkeit nach nicht erwartet: die Aufbietung des Bun=
des gegen Preußen hatte die Auflösung dieses Institutes zum Re=
sultat. Aber dies hieß so viel, als sich gegen das gemeinsame
Vaterland wenden. Bismarck war im diplomatischen Streit ein viel
zu versuchter Kämpe, um seinen Gegnern diese Chance zu lassen.
Savigny schloß seine Erklärung über die Auflösung des Bundes fol=
gendermaßen:

„Preußen ist darum nicht weniger weit entfernt von dem Ge=
„danken, die nationalen Grundlagen, auf denen der Bund begründet
„worden, für zerstört zu betrachten, sondern im Gegentheil ist es nur
„seine Absicht, diese Grundlagen und die Einheit der deutschen Nation,
„welche ihm höher steht, als alle wandelbaren Formen, kräftigst auf=
„recht zu erhalten, und es erklärt sich bereit, auf der Basis des
„Reform=Entwurfs vom 10. Juni einen neuen Bund mit denjenigen
„deutschen Regierungen abzuschließen, welche darauf einzugehen ge=
„neigt sind.“

Nachdem der preußische Gesandte zum Schluß noch die Unver=
letzlichkeit der Rechte Preußens auf seinen Antheil am Bundes=
Eigenthum und eine Verwahrung in Betreff der Verwendung der
Bundesgelder ohne Preußens Zustimmung ausgesprochen hatte, ver=
ließ er die Versammlung.

Damit war der diplomatische Feldzug zu Ende, es kam die Zeit, vom Wort zur That überzugehen. Hierin muß man Bismarck Gerechtigkeit widerfahren lassen: Seine Züge waren mit so viel Geschick geführt, daß nicht allein die diplomatische List Oesterreichs und seiner Partisane von ihnen überrascht wurde. Von den Schwächen des Bundes Vortheil ziehend, verleitete er ihn von einem unüberlegten Schritt zum andern und zeigte seine ganze Kraftlosigkeit, welche den letzten Schlag gegen sein Bestehen in vollem Maße rechtfertigte.

II.

Die Streitkräfte der Gegner.

Das Königreich Preußen hatte vor dem Kriege 5,094 ☐Meilen und eine Bevölkerung von 18,500,000 Seelen. Seine jährlichen Einnahmen beliefen sich auf 144,000,000 Thaler, die Ausgaben waren gewöhnlich nicht höher, als die Einnahmen. Die Staats= schuld betrug nach dem Ausweis vom Jahr 1864 nicht mehr als 280,000,000 Thaler, der Baarvorrath 80,000,000. Auf den Unter= halt der Armee kam 39,300,000 Thlr., auf die Flotte 2,300,000 Thlr.

Die gegenwärtige Militair=Organisation Preußens, welche im Jahr 1860 eine gründliche Verbesserung erfahren hat, beruht auf den Principien, welche bereits nach der Catastrophe des Jahres 1806 angenommen worden waren. Die Preußen nach dem tilsiter Frieden von Napoleon auferlegte Verpflichtung, nicht mehr als 40,000 M. Truppen zu halten, versetzte die damaligen leitenden Staatsmänner in die Nothwendigkeit, das Ergänzungs=System derartig einzurichten, daß man bei einem so geringen stehenden Heere, in der Masse der Bevölkerung eine möglichst große Reserve von im Kriegsdienst aus= gebildeten Mannschaften habe. Es war nur unter der Bedingung möglich, dies Problem zu lösen, daß man, unter möglichster Ver= kürzung der Dienstzeit, die ganze Jugend des Volkes durch die stehende Armee hindurch führte. Bei einem solchem System der Organisation erscheint das stehende Heer mehr als ein Cadre von Lehrern zur Aus= bildung der Armee, denn als active bewaffnete Macht. — Eine derartige Organisation bot auch eine andere schwache Seite dar: Eben durch die Art ihrer Pflichten verwandelte sich die stehende Armee in einen Stand von schulmäßigen Pedanten, in welchem wenig kriegerischer Geist sein konnte.

Dieses Resultat war unvermeidlich bei einem dauernden Frieden, in Folge dessen diejenigen Männer, welche den Krieg gesehen und die Jugend unter dem Einfluß der Gefechts-Eindrücke unterrichtet hatten, nach und nach durch Friedens-Soldaten ersetzt wurden. Diese fingen natürlich an, in ihrem Unterricht den Nachdruck nicht darauf zu legen, wie man den Feind schlägt, sondern wie man eine gute Haltung, ge=wandte Ausführung der Griffe und Gleichmäßigkeit im Marsch erzielt. Wir glauben, daß dies auch unumgänglich nöthige Dinge sind, aber sie bilden nicht ausschließlich das Kriegshandwerk, auch nicht einmal die Hauptsache dabei.

Die Folgen von all Diesem sind klar: der junge, kaum in den Dienst getretene Soldat war mehr darauf bedacht, bald wieder los zu kommen, als den Dienst gründlich zu erlernen, während seine Lehrer allmählig dahin kommen mußten, die Details des militairischen Daseins und des Dienstes als deren wichtigsten Theil aufzufassen. Diejenigen Leute schließlich, welche ihre Dienstzeit im stehenden Heere abgeleistet hatten, waren sehr geneigt, zu glauben, daß sie ihre Pflicht nun schon erfüllt hätten und dachten nur mit Mißvergnügen an die Gelegenheiten, welche sie wieder unter die Fahnen zurückrufen konnten.

Die maßgebenden Persönlichkeiten Preußens und an ihrer Spitze der König selbst, erkannten klar diese Mängel der Armeeorganisation, welche sich auch in vollem Maße bei den Mobilmachungen 1850, 1854, 1859 geäußert hatten. Die Erfahrung zeigte hierbei, daß die Landwehr sehr schwer in Bewegung zu setzen war, sie trennte sich ungern vom häuslichen Heerde. Der König, durchdrungen von der Idee der hohen Bestimmung, welche mit Recht Preußen in der ger=manischen Welt zukam, mußte daher seine Sorge darauf richten, seine bewaffnete Macht in den Zustand zu bringen, welcher jenem Beruf entsprach. Er erreichte sein Ziel im Jahre 1860, ungeachtet der Opposition des spießbürgerlich=liberalen Abgeordnetenhauses.

Bis zum Jahr 1860 war die Dienstzeit in der Feld=Armee auf 12 Jahr festgesetzt, und zwar: 3 Jahr im stehenden Heer, 2 Jahr in der Reserve, 7 Jahr in der Landwehr I. Aufgebots. Die Armee war so organisirt, daß die Brigaden der Infanterie und Cavallerie zur Hälfte aus Linien=, zur Hälfte aus Landwehr=Regimentern zu=sammengesetzt waren. Die Reorganisation des Jahres 1860 bestand darin, daß das stehende Heer um 117 Bataillone, 72 Escabrons, 31 Artillerie=, 18 Pionier=Compagnien und 9 Train=Bataillons ver=

mehrt wurde; die Landwehr schied aus der Feld=Armee, indem man ihr die Bestimmung als Reserve derselben gab. Zugleich wurde auch die Dienstzeit abgeändert. Jeder Preuße ist vom zurückgelegten 20. Lebensjahre ab zu dienen verpflichtet, 3 Jahr im stehenden Heer, 4 Jahr in der Reserve, 4 Jahr in der Landwehr I.=, 5 Jahr in der Landwehr II. Aufgebots.*)

Somit ist die Dienstzeit in der Reserve, welche im Kriegsfall noch in's Feld rücken soll, auf 4 Jahr erhöht und die Anzahl der Truppen= körper der Linie, insbesondere der Infanterie, auf diejenige Zahl gebracht worden, welche früher für Linie und Landwehr I. Aufgebots zusammen festgestellt worden war.

Durch diese Reform gewann die Armee nicht allein an Präsenz= zahl im Frieden, sondern auch an Schlagfertigkeit, denn die Cadres aller Truppentheile, welche man in Preußen im Kriege aufstellt, sind bereits im Frieden vorhanden; so daß man bei einer Mobilmachung nur die Etats durch Reservisten zu completiren braucht.

Die preußische Armee ergänzt sich nach Armee=Corps=Bezirken, was übrigens keineswegs zur Entwickelung eines schäblichen Pro= vinzialismus in den Truppen führt.

Vor Eröffnung des Feldzuges hatte die preußische Armee fol= genden Bestand:

Infanterie: Garde: 9 Infanterie=Regimenter und 2 Jäger= Bataillone, 12 Grenadier=Regimenter, 8 Füsilier=Regimenter, 52 In= fanterie=Regimenter, 8 Jäger=Bataillone, zusammen 81 Regimenter oder 243 Bataillone und 10 Bataillone Jäger.

Preußen hat die traditionelle Eintheilung der Infanterie in Grenadiere, Füsiliere und Musketiere beibehalten. Dieser Unterschied in der Benennung ist durch die Auswahl der Leute bedingt, außerdem haben die Füsilier=Regimenter (wie die Jäger) etwas kürzere Gewehre als die übrige Infanterie; die Jäger haben ferner ein Hau=Bayonnet.

Die gesammte Infanterie wurde bis 1858 mit Zündnadelgewehren bewaffnet. Die unterscheidende Eigenschaft derselben ist: — außer=

---

*) Diese Normirung der Dienstzeit ist stets nur ein Project geblieben. Die Reorganisation von 1860 änderte in der Bestimmung der Dienstzeit nichts. Erst das Wehrgesetz für den norddeutschen Bund setzte die Dienstpflicht auf 3 Jahr im stehenden Heer, 4 Jahr in der Reserve, 7 Jahr in der Landwehr fest.

Anm. d. Uebers.

orbentliche Schnelligkeit des Labens und folglich auch die Möglichkeit, in einer gegebenen Zeit eine sehr große Anzahl von Schüssen abzugeben. Doch verwerthen die Preußen diese in strenger Berücksichtigung des Grundsatzes Suworows: Schieße wenig, aber triff! In Treffsicherheit und Treffweite stehen die preußischen Gewehre den jetzigen Vorderladungs=Systemen Europa's bedeutend nach, dies kommt nicht daher, daß sie Hinterlader sind, sondern es ist eine nachtheilige Eigenschaft des preußischen Systems.*) Jeder Soldat ist mit 60 Patronen ausgerüstet, außerdem trägt er im Tornister 30 Hülsen und 30 Zündspiegel, um im Nothfall, wenn man ihm Pulver und Geschoß liefert, selbst Munition anfertigen zu können.

Jedes Regiment hat 3 Bataillone. Bei den Garbe=, Grenadier= und Infanterie=Regimentern sind die 3. Bataillone Füsilier=Bataillone. Sie stellen ein Mittelding zwischen Jägern und Linien=Infanterie vor in dem Sinne, daß sie im Regiment aus den gewandteren und kräftigeren Leuten formirt und für den Dienst als leichte Infanterie verwendet werden. So schickt man sie z. B. vorzugsweis vor anderen Truppen zur Avantgarde und an solche Orte, wo zerstreutes Gefecht nothwendig ist.

Die Jäger=Bataillone haben besonders, wenn auch nicht als ausschließlichen, so doch als vorzugsweisen Dienstzweig das Genauschießen auf weite Entfernungen. Die Jäger werden größtentheils compagnieweise abcommandirt, indem ihre Organisation in Bataillons nicht durch tactische Erwägungen, sondern rein öconomische und administrative Erfordernisse bedingt wird. Da sie fast ausschließlich zu einem einseitigen speciellen Zweck, dem Schießen, bestimmt sind, bilden sie einen verhältnißmäßig unbedeutenden Theil im Bestand der Armee=Corps, eins von 29. —

Alle Bataillone haben 4 Compagnien. Im Kriege wird bestimmungsmäßig per Regiment 1 Ersatz=Bataillon, per Jäger=Bataillon 1 Ersatz=Compagnie formirt.

Das Bataillon zählt auf Kriegsstärke: 1025 Köpfe, inclusive 22 Officiere**). Zusammen in 253 Feld=Bataillonen nach dem Etat: 260,000 M.; in 83½ Ersatz=Bataillonen: 85,000 M.

---

*) Die Wirksamkeit des preußischen Gewehrs reicht nicht weiter als bis 800 Schritt.
**) und 1 Zahlmeister.

Anm. d. Uebers.

Die Infanterie rangirt in 3 Gliedern, mit Ausnahme der Jäger, welche in 2 Gliedern rangiren. Uebrigens besteht auch in der Infanterie die 3gliebrige Aufstellung nur mehr pro Forma, als dem Geist nach. Das 3. Glied bildet nämlich, wie in unserem früheren Reglement 2gliebrige Schützenzüge und da diese im Gefecht fast immer formirt bleiben, um gefechtsbereit zu sein, so geht daraus hervor, daß die Preußen, so zu sagen, officiell bei der 3gliebrigen Aufstellung bleibend, factisch doch zur 2gliebrigen übergegangen sind. Allerdings bietet das eine Unbequemlichkeit, insofern·es das Reglement complicirt macht, aber die Preußen sind in ihren Neueinführungen außerordentlich vorsichtig.

Alle Compagniechefs der Infanterie sind beritten, was im höchsten Grade rationell ist. Der Officier lernt hierdurch, bis er ein Bataillon erhält, auf dem Pferde mehr zu Hause zu sein, und ist andererseits, da er auf dem Marsch weniger ermüdet, beim Einrücken ins Quartier oder Bivouac mehr geneigt, sich um seine Compagnie zu kümmern, als dies sonst wohl der Fall sein würde. — Im Gefecht sitzen alle berittenen Officiere des Bataillons ab.

Cavallerie: Garde: schwere Regimenter 2, Dragoner 2, Husaren 1, Ulanen 3. Linie: Cürassiere 8, Dragoner 8, Husaren 12, Ulanen 12; — Summa 48 Regimenter.

Alle Regimenter zu 4 Escabrons, mit Ausnahme von 4 Ulanen und 4 Husaren-Regimentern, welche 5 Escabrons hatten. Die Escabron auf Kriegsstärke besteht aus 5 Officieren und 150 Unterofficieren und Gemeinen; außerdem wird per Regiment 1 Ersatz-Escabron formirt von 200 Köpfen bei der schweren, (Cürassiere) 250 Köpfen bei der leichten Cavallerie.

Die Summa der Feld-Cavallerie nach den Kriegs-Etats beläuft sich auf 32,000 Combattanten, Ersatz-Truppen 10,750 M.*)

Artillerie: nach der Anzahl der Armee-Corps in 1 Garde- und 8 Linien-Brigaden, jede aus 1 Feld- und 1 Festungs-Artillerie-Regiment organisirt. Das Feld-Regiment besteht aus 1 reitenden und 3 Fuß-Abtheilungen, jede zu 4 Batterien à 6 Geschütze. Bei dem Ausbruch des Krieges waren die Preußen noch nicht damit fertig,

----

*) 232 Escabrons à 150 Pferde = 34,800 Pferde.

Anm. d. Uebers.

die broncenen Geschütze alten Modells mit gezogenen gußstählernen zu vertauschen, daher bestand die Artillerie jedes Armee=Corps aus 6—4 pfünbigen gezogenen, 4—6 pfünbigen gezogenen und 6—12= pfünbigen glatten Batterien. Folglich waren von den 96 Geschützen der Artillerie des ·Armee=Corps: 60 gezogene, 36 glatte, 72 Fuß und 24 reitende, letztere sämmtlich glatte Geschütze.

Bei der Ueberführung auf den Kriegsstand formirt jedes Re=giment 1 Ersatz=Abtheilung, in der alle Arten und Caliber der Ar=tillerie enthalten sind, denn sie besteht aus 1—12 pfünbigen Fuß, 1—12 pfünbigen reitenden, 1—6 pfünbigen gezogenen, 1—4 pfünbigen gezogenen Batterie; die Batterie zu 4 Geschützen. Diese Abtheilung bleibt in der Friedensgarnison des Regiments zurück, tritt unter den Befehl des Commandeurs des Festungs=Regiments und beschäftigt sich mit der Ausbildung der Rekruten.

Genie=Truppen: Die Pionier=Bataillone bestehen aus 1 Pon=tonnier=, 2 Sappeur=, 1 Mineur=Compagnie. Jede Compagnie zählt auf dem Kriegs=Etat 150 Köpfe, incl. der Unteroffiziere. Sie trägt 80 Spaten, 30 Schaufeln, 20 Aexte und 15 Beile, letztere tragen die Unteroffiziere.

Zu größeren Arbeiten dient das bei jeder Compagnie mitgeführte, auf 2—4 spännigen· Wagen verladene Handwerkszeug. Auf dem einen wird transportirt: Tischler=, Zimmermanns= und Schlosserwerk=zeug, Meßgeräthschaften; auf dem andern außer den schon angeführten Werkzeugarten noch das, welches der speciellen Bestimmung der Com=pagnie entspricht.

Bei der Mineur=Compagnie befindet sich außerdem noch ein 2 räbriger Karren zum Transport· des Pulvers und anderen zum Miniren erforderlichen Zubehörs.

Die Ponton=Colonne*) ist der 1. Compagnie zugetheilt. Sie enthält 40—4 und 6 spännige Wagen und 1—2 spännigen Wagen zum Transport des Officier=Gepäcks und der Vorrathsstücke.

Davon führen 32 Wagen: Pontons, Streckbalken, Belag, Anker und alles, was zur Brücke von Ponton zu Ponton erforderlich ist;

---

*) Hier, wie bei den in „Mobilmachung und Eintheilung in Armeen" ge=gebenen Etatszahlen sind die geringen Abweichungen derselben von den factisch be=stehenden Etats gleich im Text nachgetragen worden.

Anm. d. Uebers.

auf 2 wird alles das mitgeführt, was zur Verbindung der Brücke mit den Ufern nöthig ist; 1 Feldschmiede, 1 Wagen zum Transport von Kohlen und Eisen, 2 Werkzeug=Wagen, 2 Train=Requisiten= Wagen für Taue, Vorrathsräder und dergl.

Die Mittel einer Ponton=Colonne reichen hin, um eine Brücke von 450 Fuß rhein. zu schlagen.

Zur 2. Compagnie gehört der Avantgarden=Brücken=Train, aus 13 Fahrzeugen, incl. des Officier=Equipage=Wagens bestehend. — Davon transportiren 6 je 1 Biragoschen Bock und das nöthige Be= lag=Material, 4 je 1 Biragosches Ponton mit zugehörigem Belag, 2 (Requisiten=Wagen) verschiedene Vorrathsstücke und Vorrathsholz. Das Material eines Avantgarden=Brücken=Trains reicht für eine Brücke von 180 Fuß rhein. aus.

Das Schlagen dieser letzteren Brücke müssen nicht nur die Pon= tonnier=, sondern auch die beiden Sappeur=Compagnien verstehen.

Bei der 3. Compagnie befindet sich 1 Schanzzeug=Colonne von 6—4spännigen Wagen zum Transport des Schanzzeugs zur Aus= führung größerer fortificatorischer Arbeiten. So z. B. sollen mit= geführt werden: 2060 Spaten, 800 Schaufeln, 300 Aexte u. s. w.

Der Train bildet in Preußen kein beständiges Zubehör der Truppen im Frieden, sondern er wird ihnen erst im Bedarfsfalle, d. i. im Kriege gegeben. Die Vorzüge dieser Organisation liegen darin, daß 1. der Bestand an Mannschaften außer Reih und Glied nicht auf Kosten der in der Front Stehenden übermäßig anwachsen kann, was zuweilen auf die Frontstärke einen sehr nachtheiligen Ein= fluß übt, 2. bei Central=Werkstätten eine Oeconomie an Arbeitskraft und 3. zugleich die Benutzung mechanischer Hilfsmittel bei der An= fertigung, z. B. Maschinen möglich wird, was bei dem Vorhanden= sein von Werkstätten bei jedem Regiment undenkbar ist.

Die Train=Bataillone sind eine besondere Einrichtung; bei den= selben werden als Rekruten Leute eingestellt, welche die zum Dienst in der Front erforderlichen Bedingungen nicht besitzen, im Frieden verbleiben sie*) nicht länger als 6 Monate im Dienst, in deren Ver= lauf sie Unterricht im Reiten, der Pferdepflege und Beaufsichtigung von Wagen erhalten, dann werden sie in die Heimath entlassen und

---

*) zum Theil.

Anm. d. Ueberf.

neue Rekruten treten an ihre Stelle. Auf Kriegsstärke besteht jedes Train=Bataillon aus 1229 M. mit 1566 Pf.

Der Train ist eins der schwersten Gewichte an den Füßen einer Armee. In Preußen ist Alles gethan, ihn möglichst zu vermindern, trotzdem ist er immer noch ungemein groß. Die Construction der Fuhrwerke ist sehr zweckmäßig, bei den Proviant=Trains hat man sogar die strenge Gleichmäßigkeit aufgegeben, indem man nur den Laderaum der Fuhrwerke bestimmte und anheim stellte, die Wagen nach den ländlichen Gewohnheiten und Bequemlichkeiten der Provinz zu bauen, in welcher das betreffende Corps sich ergänzt. So sind z. B. im 5. Armee=Corps (Posen) und 1. (Preußen) geflochtene Wagenkasten*) eingeführt, nach Art der Fuhrmannswagen, welche in unseren west= lichen Provinzen sehr viel im Gebrauch sind.

Eins der wirksamsten Mittel, die Trains möglichst gering zu erhalten, liegt natürlich in einer unabläsigen Aufsicht darüber, daß das Officiersgepäck nicht zu groß werde, aber die Erfahrung hat ge= zeigt, daß diese Aufsicht — im Interesse der Personen selbst — ein fast unmögliches Ding ist. Darum haben die preußischen Militairbehörden eine solche Vorschrift auch nicht gegeben, sondern die Aufgabe einfacher und kürzer gelöst, indem sie selbst den Transport des Gepäcks der Officiere übernahmen. Hierbei gewannen die Officiere sowohl, wie die Armee: erstere, indem sie eine Sorge weniger haben, letztere aber, indem das Officiersgepäck nach Gewicht und Umfang einer streng bestimmten Norm unterliegt, welche zu überschreiten, bei dem Trans= port auf den dienstlichen Fuhrwerken, unmöglich ist. Hieraus ergiebt sich der ungeheure Vortheil, daß das sämmtliche Officiersgepäck eines Bataillons nach neuem Modell nur 4—2spänniger Karren bedarf. Auf jeden Karren kommt das Gepäck der Compagnieofficiere und außerdem: 10 vollständige Anzüge und 30 Paar Stiefeln. Die Norm des Gewichts ist sehr beschränkt; doch ist es ja auch bekannt, daß der Mensch ein Wesen ist, welches sich auch in dem kleinsten Raum einrichtet und sich mit Wenigem begnügt, wenn ihm unmöglich ge= macht wird, seinen Wünschen freien Spielraum zu gewähren. Uebrigens giebt es noch Truppentheile, welche die Fahrzeuge alter Art behalten haben: die Musketier= und Grenadier=Bataillone, deren Compagnien

*) altes Material.

Anm. d. Ueberj.

3

äußerst selten detachirt verwendet werden, haben 1—4 spännigen Wagen für die Officiere des Bataillons. In Preußen dient Alles seine Zeit aus, was überhaupt noch brauchbar ist, aber nur dann, wenn dies ohne Nachtheil für die Zweckmäßigkeit angängig ist. Die erste Charge, welche das · Recht auf ein besonderes, vom Staate gestelltes Fahrzeug hat, ist die des Regiments-Commandeurs, doch ist er verpflichtet, das Gepäck des Regiments-Stabes mit zu transportiren. Ueber die Vertheilung des vom Staat gestellten Trains wird weiter unten noch gesprochen werden.

Das Material des Trains war während des Krieges in aus= gezeichnetem Zustande, die Pferde gesund und gut bei Leibe, das An= gespann aus festem, frischen Leder, die Fahrzeuge völlig brauchbar.

Die Landwehr I. Aufgebots ist stark: 1. 116 Bataillone, in Regimentern zu je 3 Bataillone formirt — mit Ausnahme von 8 selbstständigen Bataillonen — 118,900 M. 2. 48 Escadrons in 12 Regimentern — 7000 Pf.

Landwehr-Infanterie war der böhmischen Armee nicht zugetheilt, aber Landwehr-Cavallerie, welche denselben Dienst, als die Linien= Regimenter that. —

Die Landwehr II. Aufgebots besteht ebenfalls aus 116 Bataillonen à · 800 M. Summa 92,000 M. Außerdem kann im Nothfall per Bataillon 1 Escadron von 100 Pferden formirt werden.

Eine solche Organisation ist nur unter einer Bedingung denkbar: bei der allergenausten Führung der Listen. nämlich sowohl derjenigen Mannschaften, welche einstellungspflichtig sind, als der Leute, welche die Pferde auf Requisition zu stellen haben. Und diese Listen werden richtig geführt.

Aus dieser Skizze ist ersichtlich, daß man es in Preußen verstanden hat, 2 anscheinend unvereinbare Dinge zu vereinigen: eine hohe Civilisation und ein Militair-System, welches sonst nur jenen niederen Cultur-Stufen eigenthümlich zu sein pflegt, wo der Mensch und sein ganzes Besitzthum, soweit es für kriegerische Zwecke brauchbar ist, im entscheidenden Augenblicke zur Herstellung der be= waffneten Macht verwendet wird. Die Durchführung eines solchen Systems in einem civilisirten Volke war nur möglich, bei der aller= strengsten Handhabung der Gesetze und einem staunenswürdigen Zu= sammenwirken aller Organe der höhern Administration. In diesem letzteren Sinne bietet Preußen eine in ihrer Art einzige Erscheinung

bar: die verschiedenen Ressorts sind in Beziehungen zu einander ge=
stellt, welche überall anderswo zu endlosen Reibungen und Wider=
sprüchen führen würden.

Aber hier wirkt Alles zusammen, wie in einem harmonischen
Chor; alle Anstrengungen sind auf die Förderung der gemeinsamen
Sache des Vaterlandes gerichtet.

Ich weise, als ein Beispiel, auf die Organisation des Kriegs=
Ministeriums hin: die Verwaltung der bewaffneten Macht ressortirt
in Preußen von drei, von einander vollkommen unabhängigen Be=
hörden: 1) das Kriegs=Ministerium, im Besonderen, steht der
Oeconomie, Ergänzung, mit einem Wort — allem das materielle
Wohl der Truppen im weitesten Sinne Betreffenden vor, 2) das
Militair=Cabinet ordnet das Avancement, die Belohnungen und
Auszeichnungen, Versetzungen der Officiere u. s. w., endlich 3) der
Chef des Generalstabes der Armee regelt die Dislocation
der Truppen und die Bearbeitung des historischen und statistischen
Materials u. s. w.

Die Chefs der erwähnten Behörden sind von einander unab=
hängig, jeder hält dem Könige besonders Vortrag; dennoch hat man
nie von irgend welchen Collisionen gehört.

Daneben besteht zwischen dem Kriegs=Department und der Ober=
Verwaltung der Eisenbahnen eine sehr enge Verbindung, doch auch
hieraus entstand nirgends ein Zweifel.

Bemerkungen über den Geist der Armee und den Character ihrer Ausbildung.

Pflichtgefühl und Pflichterfüllung in allen Obliegenheiten des
Dienstes bis zu den letzten Kleinigkeiten bilden den auszeichnenden
Character=Zug der preußischen Armee, von den niedrigsten bis hin=
auf zu den höchsten Stufen der militairischen Hierarchie. Auf den
ersten Blick scheint es, als ob diese Art der Pflichterfüllung in klein=
liche unnütze Pedanterie ausarte, doch man trete der Thätigkeit des
militairischen Organismus nur etwas näher und es wird klar, daß

3*

diese Pedanterie nicht ohne Lebenskraft ist, daß sie bei den Preußen das Wesen nicht erstickt.

Die Soldaten der preußischen Armee besitzen nicht die Lebhaftig= keit, welche den Franzosen auszeichnet, vielleicht nicht ebensoviel per= sönliche Findigkeit, Elan, Fähigkeit, sich zu begeistern, aber ihre in= nere Ordnung, die Hartnäckigkeit, die Standhaftigkeit selbst in schwie= riger Lage wird unbedingt größer sein.

Was zunächst in der preußischen Armee schlagend entgegentritt, ist die Uebereinstimmung der Anschauungen der Officiere in allen Fragen, welche das geistige Element in allem Militairischen betreffen. Was der Eine auf Fragen der Disciplin oder gewisser bienstlicher Verpflichtungen antwortet, werden 10 Andere Euch beinahe mit den nämlichen Worten wiederholen. Kaum wird man in der preußischen Armee die betrübende Erscheinung wahrnehmen, welche zuweilen in anderen Armeen angetroffen wird, daß der Officier, der doch frei= willig dient, sich durch den Dienst gewissermaßen überlastet fühlt.

Von einem Unterschied der Anschauungen, in Folge der Ver= schiedenheit der Nationalitäten ist keine Rede, trotz der Versuche katholischer Kanzelredner, einen solchen hervorzubringen.*)

Jeder Officier, welcher Provinz er auch entsprossen sein möge, ist vor Allem Officier, dem, so lange er dient, die Pflicht als Sol= dat höher steht, als nationale oder irgend sonstige Anschauungen. Auch trifft man in der preußischen Armee nicht Herren, welche an= nehmen, daß sie nur für die Anzahl von Thalern, welche sie erhal= ten, zu dienen brauchen, und welche sich das Recht anmaßen, das Maß von Arbeit zu bestimmen, welche sie für jene Anzahl Thaler leisten können. Jeder begreift sehr wohl, daß es Dinge giebt, deren Werth nicht nach Thalern abgeschätzt werden kann, und wenn es ge= schieht, höchstens in geworbenen, nicht aber in nationalen Armeen.

In der Zeit des Jahres 1848 begannen in der preußischen Ar= mee hier und da Officiere und Soldaten zum Vorschein zu kommen,

---

*) So erfuhr man bereits am Anfange des Krieges, daß einige von ihnen die katholischen Soldaten zu überreden versucht, nicht auf die österreichischen Glaubensbrüder zu schießen, und andere Rathschläge in demselben Genre gegeben hatten.

(Zu diesen Ausführungen haben den Herrn Verfasser wohl die zu jener Zeit circulirenden, jedoch unverbürgten Gerüchte veranlaßt.

Anm. d. Ueberf.)

welche, obgleich sie doch die Uniform trugen, den Soldatenstand mit
Mißachtung ansahen. Der damalige Chef des Cabinets des Königs,
General Manteuffel,*) erkannte dieses Uebel indessen rechtzeitig und
vertilgte es im Entstehen. Seit jener Zeit hat man von dergleichen
Erscheinungen in der preußischen Armee nie wieder gehört. Sollten
Ausnahmen vorkommen, so sind sie doch äußerst selten und dauern
nicht lange, Dank den Ehrengerichten der Officiere, welche über die
Sitten wachen und zur Erhaltung gleichartiger Auffassungen und
Ueberzeugungen innerhalb der Officier-Corps wesentlich beitragen.

Sehr behülflich ist dem auch die Anordnung der Beförderung
zum Officier. Derjenige, welcher auf Grund seiner Bildung und der
gesellschaftlichen Stellung seiner Familie Anspruch auf Beförderung
machen zu können glaubt, tritt bei einem Truppentheil ein und
bittet, auf Beförderung dienen zu dürfen. Ergiebt sich nach den ein=
gezogenen Erkundigungen, daß er hinreichende Gewähr bietet, dereinst
ein tüchtiger Officier zu werden, so legt man ihn nicht mit den Sol=
daten zusammen und gewährt ihm die Möglichkeit, sich zum Examen
vorzubereiten. Nachdem er dies bestanden, entscheidet das Officier=
corps, ob es ihn für würdig erachtet, in seine Mitte zu treten.
Wird die Frage bejaht, und sind Vacanzen, so giebt man ihn zur
Beförderung ein.

Wie ich bereits sagte, erfüllt der preußische Officier die klein=
lichen Förmlichkeiten des Dienstes ohne die geringste Abweichung, zu=
gleich aber läßt er auch die wesentlichen Obliegenheiten nicht außer
Acht. Folglich tödtet die Form das Wesen nicht, und zwar aus
dem einfachen Grunde, weil diese Form in Preußen eben
durchaus heimisch, weil sie das Erzeugniß des preußi=
schen Nationalgeistes ist.

Hierin liegt auch die Lösung für die auf den ersten Blick selt=
same Erscheinung, daß die Pedanterie in Preußen Niemand in Auf=
regung versetzt, daß sie dort nicht den ganzen Menschen in solchem
Grade absorbirt, daß er über der Form die Sache vollständig ver=
gißt. Von dieser Seite betrachtet, erscheint der preußische Formalis=
mus als durchaus nichts Aeußerliches, von Außen her Angeeignetes,
sondern eben nur als die Form, in welcher das Gesetz auftritt, als

---

*) General Manteuffel war zu jener Zeit noch nicht Chef des Militair=Ca=
binets.   Anm. d. Uebers.

das National-Coſtüm, wenn man ſich ſo ausbrücken darf. Jeder
Preuße iſt im Geiſt ein Pedant, aber ein conſequent handelnder Pedant, — Pedant nicht nur Andern, ſondern auch ſich ſelbſt gegenüber, nicht nur, wo es ihm angenehm iſt, ſondern auch in dem, was
ihn perſönlich benachtheiligt und beeinträchtigt.

In Preußen iſt auch der Eiſenbahn-Conducteur Pedant — er
zeigt dieſelbe Kenntniß des Berufes, die nämliche Pflichterfüllung und
ein gleiches eckiges, kurzes Benehmen; auch der Intendantur-Beamte
iſt Pedant, denn er . . . . . ſucht ſeinen Vortheil nicht; der Mann
in Amt und Macht iſt auch Pedant, denn, da er einmal die Ueberzeugung von dem Nachtheil der Willkür erlangt hat, geſtattet er auch
ſeiner eigenen keinen Spielraum, ſogar in ſolchen Fällen nicht, in
denen z. B. der Franzoſe ſie als etwas vollkommen Natürliches,
ſelbſt Unvermeidliches anſehen würde.

Hier ein Beiſpiel:

General Steinmetz hatte die vortreffliche Gewohnheit, das Armee-
corps auf jedem Marſch vor ſich befiliren zu laſſen. Man marſchirte
bei ihm vorbei; der Eine hatte eine Blume am Helm-Adler, der Andere im Knopfloch, einzelne Officiere in Plaids — darauf wurde
nicht geachtet; ſah aber der General eine aufgeknöpfte Achſelklappe,
ſo machte er eine Bemerkung — die ziemlich eindringlich war. Dieſe
Pedanterie iſt nicht ohne belebende Kraft: warum ſoll man dem Soldaten oder dem Officier nicht eine Abweichung von der ſtrengen Form
in dem nachſehen, was ihm Freude macht oder aus unvermeidlicher
Nothwendigkeit geſchieht? Abcr gleichzeitig ſind unzuläſſig und dürfen
nicht ungerügt bleiben ſolche Abweichungen, welche nur Nachläſſigkeit
zeigen. Andere gingen in freier Auffaſſung der formellen Seite der
Sache noch weiter. So marſchirte man in den Corps der I. Armee
ſtatt mit Helmen mit Feldmützen, und trug die Helme am Säbel.

Prinz Friedrich Carl iſt der Vertreter einer neuen Schule von
Generalen der preußiſchen Armee, der er ungeheure Dienſte geleiſtet
hat hinſichtlich der Befreiung von erdrückenden Kleinlichkeiten und der
Verbreitung rationeller Gefechtsanſchauungen.

Dieſe Pedanterie, welche ich nach dem Geſagten eher eine ge-
wiſſenhafte Auffaſſung des Geſetzes, welches eine Form
angenommen hat, wie ſie zu den nationalen Eigenthümlichkeiten paßt, nennen möchte, tritt in Allem hervor: bei der
Sorge für die Bedürfniſſe des Soldaten, bei der Beförderung des

Officiers, wie bei dem Verkehr aller Grade der militairischen Hier=
archie unter einander.

Das Avancement in der preußischen Armee ist außerordentlich
langwierig, Beförderung für Auszeichnung giebt es nicht, im Mittel
wird man nach 32jähriger Dienstzeit Oberst. Trotzdem ist jeder mit
seiner Stellung zufrieden, denn er findet, daß es nicht anders sein
kann. Dieser Umstand erklärt sich sehr einfach: in der preußi=
schen Armee finden von der angeführten Norm von 32
Jahren Ausnahmen fast nicht statt. Um dies zu erreichen,
gleicht man durch Versetzungen von einem Truppentheil zum andern
die Zahl von Stellen aus, welche aus irgend einer Ursache zu rasch
vacant geworden sind. Es wird hierbei noch darauf gesehen, daß
die Vacanz, welche durch einen Todesfall offen geworden ist, in den
meisten Fällen dem Truppentheil verbleibt; eine Vacanz aber, welche
in Folge irgend eines Scandals entstanden ist, wird unfehlbar auf
Anordnung des Militair=Cabinets durch Einschub besetzt. Letztere
Maßregel verdient auch darum besondere Aufmerksamkeit, weil sie
gewissermaßen eine Strafe für dasjenige Officiercorps ist, welches
nicht soviel moralische Autorität über eins seiner Mitglieder besaß,
um es von seinem Vergehen abzuhalten und ferner deshalb noch,
weil sie den Versuch, auf dem Wege der Intrigue Vacanzen zu
schaffen, unmöglich macht.

Die Gewöhnung an die Beobachtung strenger, auf das Gesetz
begründeter Gerechtigkeit nicht allein in der Beförderung, sondern
auch in den Ernennungen hat in solchem Grade Wurzel gefaßt, daß
sogar dann schon ein Gerede entsteht, wenn z. B. Jemand eine Bri=
gade bekommt, der kein Regiment commandirt hat. Die Compagnie
(oder die Escadron), das Bataillon muß ein Jeder durchmachen, so=
gar die Officiere des Generalstabes machen in dieser Beziehung keine
Ausnahme, sie dienen abwechselnd, bald im Generalstabe, bald, nach=
dem sie den entsprechenden Rang erreicht haben, werden sie zu Com=
pagniechefs, Bataillons=, Regiments= und Commandeuren größerer
Truppenkörper ernannt.

Der Verkehr der Officiere verschiedenen Ranges unter einander
überrascht durch den Ton der Gleichheit außer dem Dienst und tiefes
Verständniß der Subordination im Dienst. Der Stab des Generals
Steinmetz speiste stets mit ihm zusammen, an der Unterhaltung nah=
men alle Personen des Stabes gleichen und völlig zwanglosen An=

theil; aber es durfte nur einer der Commandeure sich mit einem
dienstlichen Auftrag an einen Officier wenden, der vielleicht eine Mi=
nute zuvor neben ihm am Tisch gesessen und sich mit ihm unter=
halten hatte, — und sofort verschwand der Tischgenosse und nur der
Untergebene kam zum Vorschein.

Mäßigkeit in den Ansprüchen bildet einen nicht minder der Auf=
merksamkeit werthen und übrigens nicht den Officieren allein, son=
dern allen Preußen eigenthümlichen Zug. Sie bietet ein sehr wich=
tiges Hülfsmittel, die Truppe moralisch in gutem Zustand zu erhal=
ten, denn ein Jeder ist mit dem zufrieden, was er empfängt, und
darum zufrieden, weil das Erhaltene zum Leben hinreicht.

Die Art und Weise des Verkehrs des preußischen Officiers mit
Denjenigen, welche nicht Uniform tragen, und mit den Soldaten ist
nicht sympathisch, denn sie ist mit einer bedeutenden Dosis Stolz
versetzt. Mit gewöhnlichen Sterblichen spricht der preußische Officier
auf eine seltsame Art: in einer abgerissenen, commandoartig aus
einzelnen Worten bestehenden Redeweise, in scharfem Tone und rasch
herausgestoßen.

Obgleich ich diese Eigenthümlichkeit keineswegs rechtfertigen
will, gestatte ich mir dennoch zu ihrer Entschuldigung einen milder=
den Umstand anzuführen: nämlich den, daß die Mitglieder einer
jeden, sich durch geistige Einheit auszeichnenden Corporation unver=
meidlich ihre scharfen, zuweilen sogar unangenehmen Besonderheiten
haben werden. Uebrigens muß bemerkt werden, daß auch diese Be=
sonderheit vorzugsweis den Infanterie= und Cavallerie=Officieren alt=
preußischer Herkunft eigen ist. Bei den Artilleristen und Ingenieuren
sowie bei den Officieren von nicht altpreußischer Herkunft ist diese
Schärfe ungleich weniger bemerkbar.

Im Verkehr mit dem Soldaten ist der preußische Officier scharf
und barsch, man bemerkte auch wohl hier und da — aber äußerst
selten — eine handgreifliche Zurechtweisung.

Ein anderer characteristischer Zug des Umgangs mit dem Sol=
daten sind die endlosen Belehrungen. Bei jedem Appell wird eine
lange, belehrende Rede vorgelesen. Wiederum das nationale Ver=
fahren, welches in der preußischen Armee vorzügliche Resultate er=
giebt, denn es macht den jungen Soldaten mit seinem Berufe be=
kannt und wird Keinem lästig, weil es eben eigenthümlich, angeboren
und heimisch ist.

Der Deutsche kann eben nicht kurz reden, ohne alle möglichen „Darum" und „Wenn"; es versteht sich von selbst, daß er auch als Soldat so bleiben muß, wie er einmal ist. Auf uns angewendet, würde dies abstumpfend wirken, dort ist es sehr gut. Ich will damit nicht sagen, daß man bei uns Belehrungen und Erklärungen entbehren könnte, sondern ich behaupte nur, daß sie bei uns in eine schärfere, mehr präcise und möglichst kurze, knappe Form gebracht werden müssen, nach Art der Instructionen Suworow's.

Ausbildung, Erziehung und tactische Begriffe.

In der preußischen Armee, deren Organisation die Bedingung einer kurzen Dienstzeit zu Grunde liegt, müssen die schriftlichen Instructionen erschöpfend, vollständig und umständlich sein. Nach der Beschaffenheit der Rekruten, welche fast sämmtlich lesen können, kann dies auch Niemandem besondere Schwierigkeiten verursachen. Wiederum erklärt sich durch die Kürze der Dienstzeit die Nothwendigkeit, die Anforderungen bei der Ausbildung möglichst präcis und bestimmt hinzustellen.

Die Gewöhnung der Rekruten an die Disciplin bietet gewöhnlich keine Schwierigkeiten dar, sowohl wegen des Mangels an Lebhaftigkeit in ihrem Character, wie auch deshalb, weil sie durch die ganze Natur des Lebens außerhalb der Armee in sehr wirksamer Weise darauf vorbereitet werden, den militairischen Gesetzen die gehörige Achtung zu erweisen.

Indem ich zur Frage von der Ausbildung im Besonderen übergehe, weise ich hin:

1) auf die Ausbildung der Officiere; 2) auf die Ausbildung der Unterofficiere und Gemeinen im Schießen, in dem Gebrauch des Bayonnets, in der Benutzung des Terrains und im geschlossenen Gefecht. Ich halte es für meine Pflicht, zu erklären, daß bei der Kürze der Zeit, welche ich in Preußen zugebracht, ich den Gang der Ausbildung des Soldaten nicht wirklich selbst kennen lernen konnte, und daher bezüglich des Geistes derselben nur das biete, was mir durch Fragen zu entnehmen gelang.

Die Einheit der Anschauungen im Officiersstande, auf die ich bereits oben hinwies, wirkt in der allergünstigsten Weise mit zur Aufrechterhaltung des Bestrebens, sich in seinem Berufe weiter fort= zubilden. Es giebt in der preußischen Armee keinen Officier, der nicht eine ziemlich gründliche Vorstellung von der Theorie der Kriegs= kunst hätte, keinen, der nicht Karten studirte. Deshalb nicht, weil auch die außer Dienst geführten Gespräche zum Theil militairische Gegenstände betreffen, und Derjenige, welcher sich bei solcher Ge= legenheit schwach zeigt, auf keine Nachsicht der Kameraden rechnen darf. Unter diesen Umständen geht das, was man sich vor der Be= förderung zu eigen gemacht hatte, nicht verloren, sondern im Gegen= theil, es wird befestigt und entwickelt. Der Mensch ist ein von sei= ner äußeren Umgebung im höchsten Grade abhängiges Wesen; Der= jenigen, welche eine Sache lediglich aus innerem Beruf treiben, sind sehr wenige; unendlich größer ist die Zahl Derjenigen, welche sich mit ihr aus persönlichem Interesse beschäftigen, letzteres natürlich nicht in dem engen Sinne des materiellen Interesses verstanden. Die Or= ganisation des preußischen Officier=Corps ist auch dadurch so vorzüg= lich, daß sie dem Einzelnen diese äußere Umgebung schafft, durch welche er in die zwingende Nothwendigkeit versetzt wird, sich zu be= schäftigen. Kenntnisse und gewissenhafte Erfüllung seiner Dienst= pflichten stellen dort den Officier in der allgemeinen Meinung höher, als andere, obgleich auch glänzende, aber doch zu dem militairischen Beruf in keiner Beziehung stehende Eigenschaften. Diese Erweite= rung der Begriffe der Kriegskunst auf theoretischem Wege bringt ein sehr wesentliches Resultat hervor, insofern nämlich, als die pedantisch= strengen Anforderungen in der Ausführung des Dienst=Reglements im Frieden nicht den tödtenden Einfluß auf die Thätigkeit des Ge= dankens ausüben, von welchem derartige Forderungen begleitet zu sein pflegen, wenn das Officier=Corps außer dem Reglement nichts kennt und kann. Dies erklärt sich auf sehr einfache Weise. Der= jenige, welcher durch tactische Studien die schulmäßigen Formationen kennen gelernt hat, wird schon allein in Folge dessen dieselben unbe= fangener auffassen. Die Tactik lehrt ihn nämlich, daß diese For= mationen im Kampfe selbst nicht in ihrer Friedens=Gestalt angewen= det werden können und daß dort nicht irgend eine Angriffs=Colonne oder ein Carré vor der Niederlage schützt, wenn nicht der Mensch

Anstrengungen persönlicher Ueberlegung, persönlicher Energie macht, um den Feind zu vernichten.

Zum Beweise, daß dies nicht allein meine Ansicht sei, führe ich Thatsachen an:

General Steinmetz wendet in seinem Armee-Corps die Forma=tion in Halbbataillonen an, weil er findet, daß die Compagnie-Co=lonne an und für sich zu schwach˙ sei und daß man der Aufstellung in Halbbataillons leicht die für das Bataillon gegebenen Bestimmun=gen anpassen könne, indem man statt der Züge Halbzüge setzt. In anderen Armee-Corps zieht man Compagnie-Colonnen in 2 Gefechts=Linien, die hinteren beiden Compagnien gekoppelt, vor. Prinz Fried=rich Carl räth in seiner vor dem Kriege geschriebenen Instruction zum Empfang von Cavallerie-Attaquen Aufstellung in 2 oder 4 Glie=dern; General Steinmetz hält die Ueberzeugung fest, daß für diesen Zweck das Carré besser sei, und Keinem fällt es bei, seine Anschauung als einzig Richtiges hinzustellen, dafür irgend welche Norm zu geben.

Man begreift folglich in Preußen sehr gut, daß das Wesen der Sache darin liegt, daß das Ziel erreicht werde, nicht aber darin, daß es nun auch in der Form erreicht werde, welche dem Verfasser des Reglements als die beste erschien. Ich kann mir diese Freiheit in Bezug auf die Form, trotz ihrer pedantischen Beachtung im Frie=den, und das Verständniß dafür, daß sie im Kampfe nicht das We=sentlichste ist, durch nichts anderes erklären, als durch die Verbrei=tung gesunder tactischer Anschauungen unter der Masse der Of=ficiere.

Die Officiere der Specialwaffen zeichnen sich durch einen höhe=ren Grad von Bildung aus, aber auch bei ihnen liegt das Wesen gleichfalls weniger in der Masse der Kenntnisse oder der Tiefe des Wissens, als in der Fähigkeit, die Kenntnisse im Dienst anzuwenden. Dies konnte ich besonders bei den Officieren des Generalstabes wahr=nehmen. Sie sind vollkommen frei von der deutschen Leidenschaft, zu systematisiren und folglich von theoretischer Einseitigkeit der An=schauungen über Kriegskunst im Allgemeinen. Auch die Artilleristen sind außerordentlich vorurtheilsfrei in Betreff der Eigenthümlichkeiten ihrer Waffe.

Der Feldzug gab keine Gelegenheit, über die practischen Eigen=schaften der Ingenieure im Gefecht zu urtheilen; aber die Organisa=

tion der Pionier-Bataillone mit allen dazugehörigen Trains zeichnet sich durch diejenige practische Vollendung und Durchdachtheit aus, welche man gewöhnlich nicht findet, wo in einer Special-Waffe die theoretische Richtung vorherrscht.

Die practische Tüchtigkeit der Officiere des Generalstabes zeigte sich in Allem: sowohl in der Anordnung der Märsche, wie in der Abfassung von Dispositionen, und in den Urtheilen, welche man über den Feldzug hörte.

Der Grund hierfür liegt in der Art und Weise, wie der preußische Generalstab geleitet wird. Das Verdienst, sie begründet zu haben, gebührt vorzugsweise dem General Moltke. Ich habe bereits oben ausgeführt, daß es dem preußischen Generalstabs-Officier unmöglich gemacht wird, sich einer bestimmten Specialität seines Faches, sei es der bureaukratischen, oder der wissenschaftlichen, oder der theoretisch-tactischen ausschließlich hinzugeben, denn je nach seiner Anciennetät muß er succesfive eine Compagnie, ein Bataillon u. s. w. commandiren. Unabhängig hiervon giebt man ihm im Frieden Aufträge, welche ihn in ununterbrochene practische Berührung mit den Truppen und auch mit anderen Berufsfächern bringen. So ging nicht einer der letzten Kriege vorüber, ohne daß preußische Officiere dabei gewesen wären: eine Anzahl Officiere war in der italienischen Campagne von 1859, im mexicanischen und den nordamerikanischen Feldzügen. Die Vereinbarung mit der Ober-Verwaltung der Eisenbahnen über den Transport der Truppen wird ebenfalls Officieren des Generalstabes übertragen.

Die Kriegs-Akademie, eine Schule, in welcher der Geist des General Clausewitz noch lebendig ist, dient ihnen nicht wenig als Vorbereitung dafür, sich vor irgend welcher einseitigen Theorie zu hüten.

Die practische Tüchtigkeit der Artillerie-Officiere tritt klar hervor sowohl in der Annahme des Hinterladungs Geschützes, wie auch darin, daß die Geschütze aus Gußstahl gemacht werden, weil Preußen dies Metall selber besitzt. Auch darin zeigt sich dieselbe, daß man, ohne sich von dem Wunsche nach idealer Vollkommenheit fortreißen zu lassen, nicht immer nur bei Versuchen blieb, sondern eine Gleichartigkeit der Artillerie herstellte, welche für ein Uebergangs-Studium sehr vortheilhaft war; endlich auch in der vortrefflichen einheitlichen Construction des Fuhrwerks.

Der Unterricht im Schießen.

Die Preußen betrachten, und vollkommen mit Recht, das genaue Schießen auf weite Entfernungen als eine nur Wenigen erschlossene Kunst und daher weihen sie nur die Jäger = Bataillone besonders in dieselbe ein. In diesen Bataillonen wird das Schießen auf die für das Zündnabel = Gewehr möglichen Entfernungen mit aller Sorgfalt betrieben. Bei der Linien = Infanterie, obgleich auch sie das Schießen in zerstreuter Fechtart übt, sieht man das Tirailleur = Feuer doch als etwas Nebensächliches und bei weitem nicht als die Hauptsache an. Man hofft in geschlossener Ordnung mehr von der Salve, für welche auch das Hinterladungs = Gewehr ganz besonders geeignet ist. Es ist nicht gestattet, zum Salvenfeuer früher überzugehen, als auf 2—300 Schritt vom Feinde. Auf diese Entfernung hat man allerdings den Verlust des kalten Blutes und ein ordnungsloses Feuer zu be = fürchten, welchem ein Hinterladungs = Gewehr so großen Vorschub leistet. Der Beseitigung dieses Umstandes wendeten auch die Preußen besondere Aufmerksamkeit zu von dem Augenblick der Einführung der Zünd = nabelgewehre an; bei der Unterweisung im Schießen trugen sie mehr Sorge, das Feuer vollständig in die Hand des Führers zu geben, als eine große Fertigkeit im Treffen zu erzeugen. Es ist längst be = kannt, daß jede neue Vervollkommnung in der Militair = Technik nicht so sehr zu Neuem in der Form des Gefechts, sondern vielmehr dazu führt, die Eigenschaften des schon längst Bekannten, nnr schlecht Ver = standenen zu erläutern. So geschah es auch mit dem Hinterladungs = gewehr. Die Besorgniß vor zu häufigem Schießen lenkte unwillkürlich die Aufmerksamkeit darauf, den Soldaten jedenfalls von einem un = verständigen Knallen, dem ein schnell zu ladendes Gewehr allen Vor = schub leistet, abzuhalten. Dies erreichten die Preußen dadurch, daß in den meisten Fällen das Gewehr nicht längere Zeit, sondern erst unmittelbar vor der Abgabe des Schusses geladen wird. Als die Operation des Ladens ungefähr ³/₄ Minute erforderte, war dies un = möglich, und war das Gewehr einmal geladen, so konnte man nicht darauf rechnen, daß nicht im Bataillon 1 Mann war, der das kalte Blut soweit verloren hatte, daß er ohne Commando schoß, — worauf dann dem 1. Schuß 100 andere folgen, die Wirkung des Feuers verloren geht und es fast unmöglich wird, es wieder einzustellen. —

Bleibt aber das Gewehr bis unmittelbar vor dem Augenblick des Schusses ungeladen, so ist ein derartiger Zufall weit weniger möglich, denn sich zu getrauen, ohne Commando zu laden und zu feuern, ist weit schwieriger, als bloß abzudrücken.

So trug die Furcht vor einer zu großen und nutzlosen Munitions=Vergeudung bei dem schnellschießenden Gewehr im Gegentheil mit dazu bei, die Munition zu sparen, mit einem Wort „wenig zu schießen, aber zu treffen."

Ausgesprochen war dies schon lange, practisch durchgeführt ward es erst jetzt und gerade mittelst der Vervollkommnung der Waffe, welche, allem Anschein nach, versprach, dieses Aphorisma zu einem veralteten und ungültigen zu machen. Zugleich that das schnell=schießende Gewehr die völlige Irrationalität des rottenweisen Feuers in geschlossener Aufstellung dar. Wiederum nichts Neues, sondern nur eine mehr rationelle Auffassung des Geistes der geschlossenen Ordnung, in welcher eben nichts ohne Commando ausgeführt werden soll. Allerdings ist bei den Preußen auch das Rottenfeuer gestattet, aber erstens nur mehr ausnahmsweise und zweitens ist nicht Alles gut, was die Preußen thun. Daher haben die Preußen sehr wohl begriffen, daß das Einzel=Feuer nur für eine, höchstens zwei Minuten vor dem Handgemenge denkbar ist, und wie es die That=sachen bewiesen, haben sie auch in ihrem Friedens=Unterricht darauf gehalten, daß dieses Princip, mit sehr seltenen Ausnahmen, auch im Gefecht die allerstrengste Geltung behielt.

Noch ein anderer Umstand lenkt bei der preußischen Ausbildung im Schießen die Aufmerksamkeit auf sich: nämlich das Verständniß dafür, daß im Gefecht der Schuß möglichst rasch abgegeben werden muß, d. h. daß das Zielen und Abkommen des Soldaten mehr jäger=mäßig geschehen und möglichst wenig Zeit rauben muß. Sie erreichten diesen Zweck mit Hülfe beweglicher (Zug=) und sogenannter ver=schwindender (Kopf=) Scheiben. Mir scheint, daß bei der Anwendung der ersteren eine Beschleunigung des Zielens factisch in geringerem Maße erreicht wird, als wenn man den Unterricht von Anfang an mit scharfen Patronen ertheilte. Aber das Rationelle der Anwendung von verschwindenden Kopfscheiben bei denjenigen Truppentheilen, in denen das Schießen des einzelnen Mannes zur möglichsten Vollkommen=heit gebracht werden muß, unterliegt keinem Zweifel. Der Ba=yonnet=Fechtunterricht der Preußen ist mit einer starken Dosis von

Pebanterie und mit dem Vorwiegen des befensiven gegen das offen=
five Element versetzt und bietet darum kaum viel Lehrreiches.

Die Terrainbenutzung wird nach der bekannten Methode Walderfee
gelehrt. Es liegen derselben zwei durchaus vernunftgemäße Principien
zu Grunde: 1. man darf die zerstreute Fechtart nur auf durch=
schnittenem Terrain lehren, denn das Lehren derselben auf der Ebene
verzerrt die richtigen Vorstellungen davon; 2. man muß gleichzeitig
die passive und active Benutzung des Terrains lehren, b. i. die
Deckung hinter Terrain=Hindernissen und das gewandte Ueberschreiten
derselben.

In ihrer Verwirklichung erscheinen aber diese Elemente wiederum
in nationalem Kostüm, b. i. sie werden mit einer übermäßigen und
überflüssigen Bestimmtheit der Regeln und Formen eingeprägt. Ohne
Zweifel, wenn der Soldat jung ist und nicht lange im Dienst bleibt,
dann mag diese Genauigkeit unumgänglich sein; vielleicht wäre es
aber doch noch besser, sich hier mehr auf den gesunden Sinn des
Menschen zu verlassen, als auf die Vollständigkeit des Erlernens.
Der Erfolg der letzten Campagne dient diesem System noch keines=
wegs als Bestätigung, aus dem Grunde, weil, wenn eine derartige
reglementarische Behandlung eines im höchsten Grade willkürlichen
Dienstzweiges auch den Unternehmungsgeist des preußischen Soldaten
unterdrückt hatte, dies sich doch nicht allzu schädlich äußern konnte
im Zusammentreffen mit einem Feinde, der nie Unternehmungsgeist
besaß. Nun darf man nicht vergessen, daß zum Erfolg im Kampfe
nicht absolute Freiheit von Mängeln, sondern nur eine geringere
Anzahl, als der Gegner besitzt, erforderlich sind. So weit ich zu
urtheilen vermag, ist an diesem Systeme die übermäßige Sorge um
Deckung ebenfalls nicht gut. Diese kann bei dem einzelnen Menschen
sehr viel weiter gehen, als es im Gefecht geschehen darf, wenn man
auf sie im Frieden zu viel Gewicht legt.

In der moralischen Fähigkeit, Entbehrungen zu ertragen, erwies
sich die preußische Infanterie vortrefflich. Der Soldat war munter
und lustig und wurde nicht matt; materiell war er allerdings nicht
genügend vorbereitet und konnte es auch nicht sein. Nach dem
System der preußischen Organisation machen die Truppen nämlich
im Frieden keine großen Märsche; außerdem ist der Soldat zu jung.

Die preußische Cavallerie ist vortrefflich für das geschlossene
Gefecht ausgebildet, im Einzelgefecht aber ist sie kaum gewandt, was

die Preußen auch selbst wissen, obgleich sie es natürlich nicht zugeben. Im Sicherheitsdienst erwies sie sich nicht schlecht, im Gefecht völlig zufriedenstellend, ebenso in der Conservirung der Pferde. Allerdings waren die Verluste an letzteren ziemlich beträchtlich, doch kam dies zum Theil auch von den anbauernden Märschen her. Die Escadrons hatten bei Beginn des Feldzuges 17 Rotten per Zug, zu Ende blieben bei der schweren Cavallerie 13 und 14 Rotten, bei der leichten 11 Rotten per Zug.*) Die Pferde waren bis zum Ende der Campagne gut im Futterzustande geblieben, natürlich darunter nicht Fett, sondern Muskeln und hartes Fleisch verstanden.

Die preußische Artillerie schoß sicher, manövrirte gut und hielt ihr Material in vortrefflichem Zustande. Dagegen herrscht die Neigung, dem Verlust von Geschützen eine zu große Bedeutung beizulegen, und die Ueberzeugung, daß bei ihrer jetzigen Tragweite und Wirksamkeit die Artillerie die übrigen Waffengattungen nicht mehr ununterbrochen begleiten könne, sondern selbstständig in rückwärtigen Positionen verbleiben und, von diesen aus die Infanterie und Cavallerie unterstützen müsse.

Ein in unserer Zeit höchst wichtiger Ausbildungszweig — der Transport auf Eisenbahnen — befand sich vor dem Kriege bei den Preußen in glänzendem Zustande: es genügt zu sagen, daß ein Bataillon oder eine Escadron ein- und aussteigt in nicht länger als einer Viertelstunde, allerhöchstens in einer halben Stunde. Um diese Schnelligkeit gebührend zu würdigen, genügt es zu bemerken, daß bei einer ungeübten Truppe, besonders Cavallerie, hierzu nicht weniger als zwei Stunden erforderlich sind. Dies war dadurch erreicht worden, daß auch im Frieden die Beförderung der Truppen nicht anders, als unter den für den Krieg zu stellenden Bedingungen stattfand. Man forderte von der Eisenbahn-Verwaltung, daß die Beförderungen nicht getheilt, sondern in ganzen Truppenkörpern erfolgten, von den Truppen rasches Ein- und Ausladen.

---

*) Uebrigens gestatten diese Zahlen keinen richtigen Schluß auf die Verluste, denn die Preußen ergänzten sich zum Theil durch erbeutete und requirirte Pferde.

Vorbereitungen zum Kriege.

Die Preußen rüsteten zum Kriege bereits lange vor demselben und mit der Gründlichkeit, welche sie in Allem auszeichnet. Allen Fragen, welche nicht die Interessen Deutschlands im Besonderen betrafen, waren sie, wie bekannt, fern geblieben. Dieser Umstand gewährte ihnen die Möglichkeit einer außerordentlichen Anstrengung in dem Punkte — welcher gegenwärtig in allen europäischen Staaten den Erfolg zu lähmen pflegt — im Punkte der Finanzen.

Eine andere sehr bedeutsame Maßregel in Betreff rechtzeitiger Kriegsbereitschaft war die Reorganisation der Armee und die Vorbereitung nicht allein der letzteren, sondern auch aller Seiten des nationalen Lebens für die Anforderungen des Krieges. Besondere Aufmerksamkeit verdient in dieser Beziehung das geordnete Aufstellen der Listen sowohl derjenigen Leute, welche im Fall einer Mobilmachung in die Armee eintreten müssen, wie auch für die Pferde, welche durch Requisition für die Landwehr-Cavallerie und den Train bestimmt waren.

Es ist überflüssig, von der Massenhaftigkeit einer solchen Arbeit zu reden, und daß sie geleistet wurde, nur allein zu erklären durch die preußische Pünktlichkeit und Beharrlichkeit und dadurch, daß die Civil-Behörden bei der Arbeit nicht nur nicht hinderten, sondern im Gegentheil in vollem Maße mitwirkten. Besondere Commissionen bereisten in jedem Kreise alle Ortschaften, um Mannschaften und Pferde zu besichtigen und die einen wie die anderen nach ihren Eigenschaften zu vertheilen. Diese Arbeit wurde nicht eher als einige Monate vor dem Kriege vollendet.

Eine weitere, gleichfalls sehr wichtige Maßregel war die Vorbereitung der Eisenbahn-Verwaltung für einen möglichst raschen Transport der Truppen. Ich gehe bei diesem Gegenstande etwas mehr in's Detail, weil man ihm in unserer Zeit besondere Aufmerksamkeit zuwenden muß.

In Preußen sind seit 1861 vorhanden: 1) die Instruction für den Transport von Truppen und Lasten auf den Eisenbahnen, mit einem Anhange über den Transport von Verwundeten und Kranken; 2) Grundsätze für den Transport größerer Massen auf Eisenbahnen.

In diesen Bestimmungen ist unter Anderem festgesetzt, daß die Beförderung der Truppen ohne Wagenwechsel unterwegs stattzufinden hat; daß Conducteure und Maschinisten nur auf den Linien, auf denen sie bereits im Frieden dienen, verwendet werden dürfen. Die Zahl der Züge in 24 Stunden ist auf 8—12 festgestellt.

Auf jedem Zuge sollen verladen werden: entweder 1 Bataillon, oder 1 Escadron, oder 1 Batterie von 6 Geschützen, oder ⅔ einer Munitions = Colonne (22—23 Fahrzeuge), was den Bestand eines Zuges auf 60 bis 100 Achsen stellt. Folglich kamen auf die Achse ungefähr 16 Mann, 3—4 Pferde mit Wartungsmannschaft (1 oder 2 Mann), ½ oder ⅓ Fahrzeug. Die Schnelligkeit der Bewegung ist für Militairzüge auf 3 bis 3½ Meilen in der Stunde bestimmt; auf jede 8 oder 10 Stunden ist ein Aufenthalt von 1 oder 2 Stunden gerechnet, um die Mannschaft zu speisen, die Pferde zu füttern. An diesen Haltepunkten müssen für die Truppen bedeckte Räume hergerichtet sein.

Alle Einrichtungen für den Transport der Truppen sind der Central=Commission in Berlin übertragen, welche aus 3 Stabsofficieren des Generalstabes und 3 Mitgliedern der Ministerien des Handels, des Innern und des Oeconomie=Departements des Kriegsministeriums zusammengesetzt sind.

Einer der Generalstabs=Officiere und das Mitglied des Handels= ministeriums bilden die Ausführungs=Commission, welche im Frieden alle für den Transport der Truppen erforderlichen Anordnungen trifft und die Aufsicht über die preußischen Eisenbahnen führt, im Kriege auch über die in Feindesland besetzten Linien. Im Kriege können auch mehrere Ausführungs=Commissionen bestehen.

Die Commissionen sehen darauf: daß der Transport nach den Reglements ausgeführt wird, daß auf den entsprechenden Stationen Maßregeln zum Ein= und Ausladen der Züge, zur Beschaffung der Lebensmittel für die Truppen getroffen werden; daß die Züge be= fohlenermaßen zusammengesetzt sind und rechtzeitig zur Disposition stehen; daß zwischen den einzelnen Zügen der gehörige Abstand ge= halten wird.

Um dies Alles auszuführen, treten die Commissionen in Ein= vernehmen mit den Agenten der Betriebsdirectionen der Linien und stellen den Fahrplan auf, welcher, nach Bestätigung durch die Central= Commission, Allen, die es angeht, mitgetheilt wird. Vor dem Be=

ginn des Transportes etablirt sich die Commission auf dem Punkte, von welchem aus die bedeutendsten Truppenmassen in Marsch gesetzt werden.

Auf den Haupt=Ein= und Auslabepunkten und den Orten, wo die Truppen gespeist werden, werden Etappen=Commissionen aus 1 Stabsofficier und 1 Oberofficier errichtet.

Eine dritte Maßregel rechtzeitiger Kriegsbereitschaft war das Sammeln von Nachrichten über die locale Beschaffenheit und die Mittel der an Preußen grenzenden österreichischen Provinzen. Dies geschah sehr umfangreich. Unter dem Vorwand von Reisen wurde Alles besichtigt nnd vermerkt, so gut es nur möglich war. Der Zweck wurde um so wirksamer erreicht, als die Preußen, ohne sich in weit= läufige statistische Beschreibungen einzulassen, die Sache einfach auf= faßten. Die Zusammenstellung der Recognoscirungs=Ergebnisse be= zieht sich bei ihnen nur auf folgende Daten: bewohnte Orte; Be= völkerung; Zahl der Kirchen; Reichthum öder Armuth, so weit sich dies letztere beobachten oder in Erfahrung bringen läßt; welchem Volksstamm die Bevölkerung angehört; welches Glaubens sie ist.

Ferner in Betreff des Terrains: Beschaffenheit der Wege; Zu= stand der Brücken; Entfernungen der einzelnen Punkte; vortheilhafte . Positionen.

Einige geheime Maßnahmen, welche unmittelbar dem Kriege vorhergingen, beschränkten sich auf die Sammlung von Nachrichten über die Streitkräfte des Feindes und die Bereithaltung von Karten.

Nachrichten über Stärke und Aufstellung der Oesterreicher er= hielten die Preußen außerordentlich leicht, und noch dazu in einer Ge= stalt, wie sie selten Jemand vor dem Beginn des Krieges haben wird. Die vollständige Dislocation der österreichischen Streitkräfte, Mitte Juni,*) mit Bezeichnung der Stabs=Quartiere nicht nur der Brigaden, sondern sogar der einzelnen Bataillone, Escabrons und Genie=Compagnien bekamen sie vollständig umsonst.

Die Preußen geizten nicht mit den Plänen vom Kriegsschauplatz: sie verbreiteten dieselben in 2000 Exemplaren in der Armee und hat= ten. vollen Grund dies zu thun, denn für den, welcher sie lesen kann, giebt es keinen besseren Führer, als eine gute Karte; und wie ich

---

*) In den österreichischen Zeitungen war später davon die Rede.

bereits gesagt, findet man in der preußischen Armee kaum einen
Officier, der nicht eine topographische Karte oder einen Plan zu lesen
verstände. Außer an die Officiere der Stäbe wurden dieselben aus=
gegeben: an die Bataillons= und Regiments=Commandeure der In=
fanterie, die Compagnie=Chefs und Commandeure der Jäger= und
Pionier=Bataillone, die Escabrons=Chefs und Commandeure der
Cavallerie=Regimenter, die Batterie=Chefs und höheren Befehlshaber
der Artillerie.

Das Resultat war, daß die Truppen in dem ganzen Feldzuge
keines Führers bedurften. Und wem verdankt die preußische Armee
eine derartige Unabhängigkeit von einer der unangenehmsten Zufällig=
keiten im Kriege, nämlich der, sich zu verirren? Wiederum derselben
Hingebung und Liebe der Officiere für ihren Beruf. Es ist keine
Verschwendung, die Pläne zu Tausenden zu vertheilen, wenn man
weiß, daß sie Nutzen bringen.

Die Preußen erhielten eine recht bedeutende Anzahl Exemplare
einer fast topographischen Karte ($^1/_{111000}$) nach dem österreichischen
Original auf sehr einfache Weise. Es ist gegenwärtig ein Mittel ge=
funden, das gestochene Original auf den Lithographirstein zu über=
tragen, nachdem man es mit einer gewissen Mischung angefeuchtet
hat. Von dem Stein kann man alsdann vermittelst der gewöhnlichen
Lithographie eine beliebige Anzahl von Abbrücken machen. Uebrigens
leidet das Original in seiner Klarheit nicht sehr, es wird nur etwas
röthlich.

Der Werth eines derartigen Hilfsmittels, um eine große Zahl
von Exemplaren zu bekommen, ist unschätzbar: es genüge zu sagen,
daß die ganze Arbeit der Anfertigung der 2000 Exemplare annähernd
in sechs Wochen vollendet worden war und daß einen großen Theil
dieser Zeit nicht der Umbruck, sondern das Aufziehen der Karten
erforderte. Man muß hinzufügen, daß einzelne Blätter in Brünn
gedruckt wurden, d. h. während des Feldzuges.

Dies sind einzelne Facta aus den preußischen Rüstungen zum
Kriege. Ich kann nicht daran denken, in dieser Beziehung auf Voll=
ständigkeit Anspruch zu machen; ich sage, was ich weiß. Doch reicht
das Gesagte hin, um zu erkennen, daß Seitens der Preußen nichts
außer Acht gelassen wurde, um den Erfolg sicher zu stellen.

Mobilmachung der Truppen und Eintheilung in Armeen.

Preußen begann seine Rüstungen am 27. März, an welchem Tage der Befehl gegeben wurde, die 5., 7., 9., 11. und 12. Division, deren Stäbe in Frankfurt a. O., Magdeburg, Glogau, Breslau und Neisse standen, die 4 neuen Garde-Regimenter und das 72. Infant.-Regiment auf den Etat von 686 Köpfen per Bataillon, die Feld-Artillerie-Regimenter des 3., 4., 6. Armeecorps, und 2 Abtheilungen vom 5. auf Kriegsstärke zu setzen. Gleichzeitig schritt man zur Armirung folgender Festungen: Wittenberg, Torgau, Glatz, Neisse und Cosel, einige Tage darauf auch Erfurt und Glogau; die Anfertigung der Kriegs-Munition in Spandau, Minden und Küstrin wurde beschleunigt.

Fast einen Monat später, am 24. April, erfolgte die Anordnung der Kriegsbereitschaft der ganzen Cavallerie und Artillerie, der Infanterie in den Provinzen Schlesien, Posen, Brandenburg, Sachsen, Rheinprovinz, d. i. des 6., 5., 3., 4. und 8. Armeecorps*), und der Befehl, bei dem 4., 5. und 6. Armeecorps Landwehr-Bataillone zu 500 Köpfen zu formiren, die Ersatz-Bataillone und Escabrons zu bilden, die obengenannten Festungen in Vertheidigungszustand zu setzen. Endlich, durch Cabinets-Ordre vom 7. Mai, wurde auch die ganze übrige Armee auf Kriegsfuß gebracht und drei Tage später zur Formation der noch fehlenden Ersatz-Truppentheile, sowie anderer Landwehr-Bataillone und einer nicht unbeträchtlichen Anzahl von Landwehr-Escabronen, deren Zahl durch Cab.-Ordre vom 17. Mai auf 48 festgestellt wurde, geschritten. Unter diesem Datum erschien auch die Ordre, die Intendanturen, Feld-Lazarethe, Feldpost u. s. w. zu formiren, da die Mobilmachung der Armee bereits beendet war. Dank dem Reichthum an Vorräthen aller Art, Ueberfluß an Eisenbahnen und anderen günstigen Umständen waren nicht mehr als zwei Wochen erforderlich gewesen, um die Armee operationsfähig zu machen. In dieser Zeit hatte sich die numerische Stärke der stehenden Armee

---

*) Die Corps-Eintheilung ist bei der preußischen Armee auch im Frieden vorhanden. Das Armeecorps besteht aus 2 Infanterie-Divisionen, mit 1 Jäger-, 1 Pionier-Bataillon und den Stämmen für 4 Landwehr-Regimenter — 29 Bataillone; 1 Cavallerie-Division (2 Brigaden zu je 3 Regimentern), 1 Artillerie-Brigade und 1 Train-Bataillon.

verdoppelt, d. h. sie war auf 360,000 Mann gebracht — außerdem
waren bis 200,000 Mann Landwehr einberordert worden. Hierbei
zeigten sich auch die schwachen Seiten des für das ganze Land sehr
drückenden Landwehr-Systems. Die außergewöhnlich zahlreiche Einberufung von Reservisten und Wehrleuten hatte vor dem Beginn des
Krieges viel Mißvergnügen erregt, welches an einzelnen Orten bis
zur offenen Widersetzlichkeit ausartete.*) Es erklärt sich dies ba-
durch, daß die Einberufung sehr nachtheilig auf die Gewerbs- und
Fabrikthätigkeit zurückwirkte und auf die Lage einer beträchtlichen
Anzahl von Familien, welche ohne Stütze blieben.

Das letzte Ereigniß in den Rüstungen war die Mitte Mai erfolgte Einberufung von 50 Landwehr-Bataillonen II. Aufgebots vom
3., 4., 5. und 6. Armeecorps. Die Formation derselben fand indessen viel Schwierigkeiten in Folge des Mangels an Mannschaften,
weil die ungenügende Zahl von Reserven aus Landwehren I. Aufgebots und diese wieder aus Landwehren II. Aufgebots ergänzt worden war.

Gleichzeitig mit der Mobilmachung wurden die Lehr-Truppen
aufgelöst, aus welchen man die Stabs-Truppen für das große Haupt-
Quartier des Königs bildete, die in Folge dessen aus Vertretern
aller Truppentheile der Infanterie und Cavallerie zusammengesetzt
waren. Um die Zahl der Officiere zu vermehren, schloß man die
Kriegs-Academie und die vereinigte Artillerie- und Ingenieur-Schule,
indem Professoren und Zuhörer in die Front zurücktraten, und stellte
eine größere Anzahl Cadetten als gewöhnlich ein. Dies ergab
450 Officiere.

Der auch im Frieden bestehende Armeecorps-Verband wirkte un-
vortheilhaft auf die Organisation der Armee im Kriege; denn abgesehen davon, daß derselbe im Kriege nicht überall beibehalten wurde,
konnten auch nicht alle commandirenden Generale in ihrem Verhältniß
bleiben. Die Friedens-Organisation wurde nicht vollständig aufrecht
erhalten, denn ein Corps war statt aus 2, aus 3 Divisionen zusammengesetzt, und 2 Armeecorps (das 3. und 4.), welche im Frieden**)

---

*) Derartige Fälle sind nicht bekannt geworden.　　　Anm. d. Uebers.
**) Die beiden im Frieden von Prinzen commandirten Corps waren das 2.
und 3.; dagegen hatten das 3. und 4. im Kriege keinen commandirenden General.
　　　　　　　　　　　　　　　　　　　　　　　　　Anm. d. Uebers.

Prinzen commandirt hatten, machten den Feldzug ohne commandiren=
den General mit, indem sie alle Befehle direct von dem Armee=Ober=
Commando empfingen. In Bezug auf das Gefecht selbst wirkte diese
Anordnung nicht schädlich, Dank dem Glück, welches in diesem Feld=
zuge die preußischen Waffen beständig begleitete; doch würde sie die
Befehlsführung im Falle des Mißlingens sicherlich erschwert haben.

Jedenfalls wirkte der Mangel eines unmittelbaren Oberbefehls
in beiden Armeecorps auf ihre innere Ordnung ein.

Der Stab eines Armeecorps war wie folgt zusammengesetzt:

1) Der commandirende General; 2) der Chef des Generalstabes
(ein Oberst vom Generalstabe) mit 2 oder 3 Generalstabs=Officieren;
3) 4 Adjutanten zur Wahrnehmung derjenigen verschiedenen Betriebs=
Sectionen, welche sich bei uns in der früheren Dejour concentrirten;
4) der Commandeur der Artillerie mit 2 Adjutanten für den per=
sonellen und den technischen Theil; 5) der 1. Ingenieur=Officier mit
2 Adjutanten; 6) der Corps = Intendant mit einigen Gehülfen;
7) der Corps=General=Arzt; 8) der Corps=Geistliche; 9) der Corps=
Auditeur.

Der Chef des Generalstabes leitet vorzugsweise die Section
Generalstab; über alle Fragen, welche den Personalbestand betreffen,
hört der commandirende General unmittelbar den Vortrag der Adju=
tanten, deren ältester (ein Hauptmann) die Arbeit vertheilt und vor
den Anderen nur den Vorzug genoß, daß er nicht zum Befehlsempfang
in's Hauptquartier geschickt wurde. Der Commandeur der Artillerie,
der 1. Ingenieur=Officier, wie auch der Corps=Intendant empfingen
ihre Befehle gleichfalls von dem commandirenden General, und wen=
deten sich an die Section „Generalstab" mehr um Erkundigungen,
als um Anordnungen zu empfangen. Außer den erwähnten waren
noch 3 Ordonnanz=Officiere vorhanden, aus der Front commandirt
zur Versendung mit Befehlen.

Bei dem Stabe des Armeecorps befinden sich 2 Commandos:
1) die sogenannte Stabs=Wache, 2) die Gensd'armen. Erstere besteht
aus reitenden Ordonnanzen, welche zur Begleitung von Officieren,
die mit irgend einem Auftrag abgeschickt werden, zur Ueberbringung
nicht wichtiger Befehle u. s. w. verwendet werden,

Die Gensd'armen, für die Dauer des Krieges aus den die länd=
liche Polizei bildenden Gensd'armen ausgewählt, versahen die militair=
polizeilichen Obliegenheiten.

In Summa waren diese beiden Commandos nicht stärker als 40 Köpfe. Die eigentliche Bewachung des Stabes des Armeecorps war einem der Truppentheile, welche mit ihm an einem Orte oder in der Nähe quartierten, übertragen.

Die Stäbe der Divisionen bestanden aus einem Generalstabs= Officier und 2 Abjutanten des Divisions=Commandeurs, die der Bri= gaben aus einem Abjutanten bei dem Brigade=Commandeur.

Eine Hauptsache, welche bei der Zusammensetzung der preußischen Armee die Aufmerksamkeit auf sich lenkt, ist die beschränkte Zahl der Generalstabs=Officiere, aber sie wird vollkommen begreiflich, wenn man die Hingebung und Liebe für seinen Beruf, welche das Corps der Front=Officiere der preußischen Armee durchbringt, in Anschlag bringt, und das Niveau der Bildung, auf welchem die Mehrheit von ihnen steht. Bei solcher Vorbedingung kann schließlich der Be= stand an Generalstabs=Officieren beschränkt sein, denn auch jeder Front=Officier ist schon bis zu gewissem Grade ein Generalstabs= Officier.

Eine nicht minder Aufmerksamkeit verdienende Thatsache bildet die Beschränktheit der Mittel für den Geschäftsbetrieb in den Stäben. So waren bei dem Stabe des General=Commando's in Summa neun Schreiber, davon je einer in den Abtheilungen: Generalstab, Artillerie, Ingenieure, und sechs im Dejourdienst (b. i. Section Abjutantur, Gerichtswesen, Intendantur). Dies ist Veranlassung, daß die Officiere des Stabes Vieles selber schreiben, was, so weit ich zu urtheilen vermag, eines der allerwirksamsten Mittel zur Verminderung der Schreiberei ist und dazu dient, daß die Officiere leserlich schreiben.

Die Thätigkeit der Intendantur zeigte sich während des ganzen Verlaufs der Campagne nur im Beitreiben von Requisitionen, folg= lich bot sie auch nicht den geregelten, auf ständigen, gesetzlichen Fest= stellungen begründeten Gang bar, bei dem allein man über die Ver= dienste und Mängel dieses Verwaltungszweiges urtheilen kann. Alles, was ich über das Corps der preußischen Intendanten zu sagen ver= mag, ist, daß es sich durch exemplarische Redlichkeit auszeichnet. In einigen Armeecorps wurde Mangel an Gewandtheit seitens der In= tendantur=Beamten empfunden, weshalb auch auf dem rechten Flügel der preußischen Streitkräfte die Truppen gegen Ende der Campagne selbst zu Fourage=Requisitionen schreiten mußten, während unterdessen im Rücken der Armee ungeheure Vorräthe unbenutzt zu Grunde gingen.

Uebrigens lag die Ursache hiervon auch in der Schnelligkeit der Be=
wegung der preußischen Armee, bei welcher auch selbst eine erfahrene
Intendantur kaum verstanden haben würde, rechtzeitig den Truppen
alles Nothwendige zu liefern.

Der Norm nach besitzt jedes operirende preußische Armeecorps
aus 2 Infanterie=Divisionen (9 Regimentern, darunter 1 Füsilier=
Regiment), 1 Cavallerie=Division, 12 Fuß=, 4 reitenden Batterien,
1 Jäger=, 1 Pionier= und 1 Train=Bataillon, was eine Stärke von
29 Bataillonen, 24 Escadrons, 72 Fuß= und 24 reitenden Ge=
schützen ergiebt. Dieser Norm entsprach aber in Bezug auf den Be=
stand an Infanterie und Cavallerie auch nicht ein einziges Armee=
Corps. So fehlten im 5. Armee=Corps 2 Infanterie=Regimenter,
und statt 6 Cavallerie=Regimenter waren nur 2; im 1. fehlte 1 In=
fanterie=Regiment und 1 Cavallerie=Regiment u. s. w. Jeder Infan=
terie=Division war eine Artillerie=Abtheilung (4 Batterien) und 1
Cavallerie=Regiment beigegeben.

In Folge der Bedeutung, welche Eisenbahnen und Telegraphen
erlangt haben, sind bei jeder Armee Eisenbahn=Abtheilungen und
Feld=Telegraphie=Abtheilungen errichtet. Die ersteren sind zur Wie=
derherstellung und Zerstörung der Eisenbahnen bestimmt; sie bestan=
den aus 1 Ingenieur=Officier, 1 Techniker, 2 ersten Baumeistern und
6 bis 10 Bahnmeistern, 2 Maschinenmeistern und 50 bis 100 Pio=
nieren. Umfassende Arbeiten sollten durch angenommene Arbeiter
ausgeführt werden; Depots von Eisenbahn=Bedürfnissen wurden an
Eisenbahn=Knoten errichtet.

Die Telegraphie=Abtheilungen dienten zur Verbindung der
Haupt=Quartiere untereinander und mit den bestehenden Linien. Es
waren ihrer 3:*) Die erste bei dem großen Haupt=Quartier des
Königs, die zweite bei dem Stabe der II. Armee, die dritte beim
Stabe der Elb=Armee. Jede bestand aus 3 Officieren, 12 Feld=
Telegraphisten, 125 Unterofficieren und Gemeinen, 11 Wagen und
72 Pferden. Der Draht und Alles zur Herstellung des Telegraphen
Erforderliche ist so berechnet, daß eine Linie von 4 Meilen gelegt
werden kann. Außerdem waren 2 Meilen Reserve = Draht vor=
handen.

---

*) Durch A. C=O. vom 22. Mai wurde die Mobilmachung einer 4. Feld=Te=
legraphie=Abtheilung befohlen.　　　　　　　　　　　Anm. d. Uebers.

Der Train eines Armee-Corps wird gebildet aus dem:

Train der Truppen, zu welchem gehören: Die Patronen-Wagen der Bataillons, die Munitions-Wagen der Batterien, die Officiers-Bagage aller Truppentheile; die Medicin-Karren;

dem Train des Armee-Corps, der eingetheilt werden kann in: 1) Train der Stäbe, 2) Artillerie-, 3) Ingenieur- und Telegraphen-Train, 4) Proviant-, 5) Lazareth-Train.

Der Train des Stabes eines Armee-Corps: 18 Fahrzeuge, einer Division — 7 Fahrzeuge, einer Brigade — 1 Fahrzeug.

Der Artillerie-Train besteht aus 9 Munitions-Colonnen, jede zu 22 bis 23 Fahrzeugen, Summa 201 Fahrzeug. Auf ihnen werden transportirt: 1,549,450 gewöhnliche, 34,830 Explosions-Patronen, 7,536 Artillerie-Cartouchen verschiedener Gattung, was im Mittel ungefähr 74 Patronen pro Gewehr, und 66 bis 98 Schuß pro Geschütz ergiebt.

In Summa ist die Zahl der Patronen, welche die Mannschaft trägt, und der verladenen: 151 bis 164 Stück für das Gewehr; Geschütz-Cartouchen, sowohl bei den Batterien, wie im Park: für den kurzen 12-Pfünder 215 Stück, gezogenen 6-Pfünder 218 Stück, für den gezogenen 4-Pfünder 237 Stück. Alle Geschütz- und Gewehr-Munition wird in den Parks nicht in losem Material, sondern fertig mitgeführt. Der Artillerie-Train neuer Art besteht aus 4räbrigen Munitions-Wagen, deren Protzen vollständig wie die Geschütz-Protzen construirt sind. Bei einigen Truppentheilen ist noch der Train alter Art geblieben, er besteht aus 4räbrigen Wagen mit langen und schmalen Wagenkasten mit sargförmigem Deckel.

Stehende Parks waren errichtet: für die **I.** Armee in Görlitz, dann in Turnau; für die **II.** in Waldenburg.

Der Proviant-Train besteht aus 5 Colonnen, jede zu 32 Wagen; sie transportiren eine 3tägige Mundportion für 30,000 Mann an Brot, Branntwein, Caffee, Reis und dem übrigen Bedarf, mit Ausschluß des Rindfleisches. Der Soldat führt gleichfalls eine 3tägige Portion bei sich. Unabhängig von dem Proviant-Train waren noch jedem Armee-Corps beigegeben: 1 Hülfstrain von 350, in den preußischen Provinzen aufgebotenen Wagen; er war gleichfalls in 5 Colonnen getheilt. Dieser Train wurde zur Zufuhr der in der

Umgegend requirirten Fourage, zum Transport von Verwundeten und anheren zufälligen Zwecken verwendet.

Zum Proviant=Train muß man noch die Feldbäckerei=Colonne rechnen (1 Officier, 2 Proviant=Beamte, 112 Mann (100 Handwerker), 2 Wagen).

Der Ingenieur=Train ist bei dem Ueberblick über die Organisation der Pionier=Bataillone aufgeführt.

Zum Schluß sagen wir einige Worte über die Einrichtung der Lazareth=Branche in der preußischen Armee.

Für jede Division ist ein leichtes Feld=Lazareth mit allem Zubehör für 200 Mann gerechnet, welches in die fahrende Abtheilung und das Depot zerfällt. Bei solchem Lazareth sind: 1 Chef=Arzt, 12 Aerzte, 8 Lazareth=Gehülfen, 16 Krankenwärter, 2 Apotheker, das Büreau= und Train=Personal. Steht ein Gefecht bevor, so richtet die fahrende Abtheilung einen Verbandplatz ein, wohin die Mannschaften der Krankenträger=Compagnie*) alle Verwundeten tragen, nachdem ihnen die erste augenblickliche Hülfe geleistet worden.

Auf dem Verbandplatze werden sie gründlich verbunden und dann in das, 10 bis 15 Minuten rückwärts befindliche Depot gebracht.**)

In den Depots wurden bereits Operationen ausgeführt; danach schaffte man die Verwundeten in den Transportwagen des Corps=Lazarethes weiter zurück. Letzteres besteht aus 3 Sectionen, deren jede für 200 Mann eingerichtet ist. Dazu gehören: 1 Chef=Arzt, 13 Aerzte, 15 Lazareth=Gehülfen, 32 Krankenwärter, 3 Apotheker.

Aus den Corps=Lazarethen wurden die Verwundeten, bei erster Gelegenheit, in die stehenden, als: Etappen=, Kriegs=, Reserve=Lazarethe gebracht, welche an angemessenen Oertlichkeiten an den Eisenbahn=Linien errichtet worden waren. Schließlich waren die Mittel aller erwähnten Lazarethe auf 21,600 Kranke berechnet.

---

*) Die Krankenträger=Compagnie besteht aus: 4 Officieren, 3 Aerzten, 203 Gemeinen und 8 Trainsoldaten. Sie werden in der Behandlung der Verwundeten, erster Hülfeleistung bei denselben ausgebildet und im Gefecht zu den leichten Feld=Lazarethen abcommandirt.

**) Zum Transport der Verwundeten hatte man 25 Tragbahren, 1 4spännigen Kranken=Transportwagen für 12 Leichtverwundete, 4 2spännige Wagen für Schwerverwundete, jeder zu 5 Plätzen: 2 im Liegen, 3 im Sitzen. Da diese Mittel nicht ausreichten, so ergänzte man sie durch Requisition.

Bei Errichtung stehender Militair-Lazarethe war als Princip zu Grunde gelegt:

daß eine sehr große Anhäufung von Verwundeten auf einem Punkte nicht allein schädlich, sondern in der Mehrzahl der Fälle für viele sogar tödtlich sei.

Außerdem waren, um der Anhäufung von Kranken und Verwundeten in den zunächst im Rücken der Armee belegenen Lazarethen zuvorzukommen, 97 Hospitäler auf preußischem Gebiet in folgenden Provinzen eingerichtet worden:

In Brandenburg	. .	34	für	10,580	Mann,
„ Schlesien	. . .	21	„	10,280	„
„ Sachsen	. . .	12	„	3,030	„
„ Posen	. . . .	12	„	3,180	„
„ Ost- u. Westpreußen		6	„	1,370	„
„ Pommern	. . .	6	„	1,510	„
„ Königreich Sachsen		6	„	3,230	„
	Summa	97	für	33,340	Mann.

In dieser Zahl sind die auch im Frieden bestehenden, immerwährenden Lazarethe noch nicht mit einbegriffen.

Mit der Ueberführung der Kranken und Verwundeten aus den stehenden Kriegs- in die Reserve-Lazarethe beschäftigten sich die Kranken-Transport-Commissionen. Dieselben bestanden aus 1 Stabs-Officier, 1 Arzt, 1 Beamten und waren auf den Eisenbahn-Stationen zunächst der Armee etablirt.

Sie hatten genaue Kenntniß von der Zahl der freien Lagerstellen in den Hospitälern und instrabirten demgemäß die eintreffenden Kranken und Verwundeten.

Auf je 100 Kranke wurden 13 bis 15 Güterwagen, 1 oder 2 Aerzte, 2 Lazarethgehülfen, 13 Krankenwärter veranschlagt.

Depots von Lazarethgegenständen wurden errichtet: in Breslau, Bunzlau, Guben, Jüterbogk.

Neben diesen ungeheuren Vorbereitungen fand die Regierung noch eine wirksame und wichtige Unterstützung in der öffentlichen Wohlthätigkeit, welche in der Thätigkeit des Johanniter-Ordens und in sehr freigebigen Opfern von Privatpersonen zum Ausbruck kam.

Der Johanniter-Orden hat in seiner neuen Regel den Hauptzweck, Kranken und Verwundeten Hülfe jeder Art zu gewähren. Im dänischen Kriege verwendete er bereits 3 Millionen Thaler für seine wohlthätigen Unternehmungen. Im letzten Kriege äußerte sich seine Thätigkeit besonders wohlthätig in den Spitälern im Rücken der Armee; die Sorge für die Verwundeten auf dem Schlachtfelde kam nur versuchsweise auf das Programm seines Wirkens. Die Johanniter hatten bei dem Stabe der II. Armee 2 große Transportwagen und einige Tragbahren auf Achsen und Federn. Beides erwies sich sehr practisch, besonders die Tragbahren. Diese sind so leicht, daß in unebenem Terrain 2 Mann sie bequem tragen, in ebenem fährt sie einer. Es ist eine Vorrichtung angebracht, mehrere hintereinander zu verbinden, so daß eine solche Kette von einem Pferde gezogen werden kann.

Gesellschaften für Privat=Wohlthätigkeit entstanden vor dem Kriege und vergrößerten sich außerordentlich schnell. Das Berliner Central=Comité derselben sammelte, außer ungeheuren Vorräthen an Material, in kurzer Zeit ein Capital von 500,000 Thalern. Das Central=Comité empfing auch die Beiträge unmittelbar von den einzelnen Personen, meistentheils aber von den Provinzial=Comités, deren Zahl während des Krieges bis auf 200 wuchs.

Die Vorräthe des Central=Comités waren so groß*), daß trotz der unaufhörlichen und man kann sagen, colossalen Sendungen zur böhmischen, wie zur Main=Armee, — sie bei Weitem nicht erschöpft worden waren.

Ueberdies wurden, in Folge des seitens des Oeconomie=Departements des Kriegsministeriums unter dem 15. Juni an alle Preußen gerichteten Aufrufs zur Errichtung von Privat=Lazarethen, dergleichen von vielen Gesellschaften errichtet und einige Tausend Verwundete in Privatpflege genommen.

---

*) Fast täglich erfolgten Absendungen, zuweilen bis zu 23 Waggons, im Werthe von 70—80,000 Thalern.

Numerische Stärke der preußischen Armee.

Die Linien-Armee zählte:

	Unteroffic. u. Gemeine	Officiere	Nichtcombatt.
253 Bataillone	253,000	5,800	7,900
200 Escabrons	30,000	1,100	2,700
144 Batterien mit 864 Geschützen	25,900	800	8,000
9 Pionier= und 9 Train=Bat.	14,000	700	8,000
	323,400	8,400	26,600

Die Ersatz=Truppen:

83½ Bataillon	81,000	1,350	3,500
48 Escabrons	7,200	280	600
36 Battr. mit 144 Geschützen	4,400	135	1,900
	92,600	1,765	6,000

Landwehr I. Aufgebots:
116 Bataillone à 600 Köpfe . . . . . Summa 70,000
48 Escabrons à 150 Köpfe . . . . . Summa 7,000
Landwehr II. Aufgebots:
50 Bataillone à 400 Köpfe . . . . . Summa 20,000

Folglich zählte die preußische Armee 557,000 Mann. Doch muß man, um annähernd die Effectiv=Stärke zu bestimmen, von dieser Zahl mindestens 10% abrechnen, denn 7—8% sind auf den gewöhnlichen Krankenstand zu zählen, 3% auf Manquements und Commandos, eher mehr als weniger.

Es waren daher:

Linien-Truppen	Nach den Etats	effectiv
Infanterie . .	267,200	240,000
Cavallerie . .	38,800	30,000
Artillerie . .	34,700	31,000
Genie=Truppen	11,700	10,000
Train . . .	11,000	10,000
Summa	358,400	321,000
Ersatz-Truppen		
Infanterie . .	85,358	77,000
Cavallerie . .	8,080	7,000
Artillerie . .	6,435	5,500
	100,365	89,500

Landwehr I. Aufgebots:

	Ersatz-Truppen Nach den Etats	effectiv
Infanterie . .	70,000	60,000
Cavallerie . .	7,000	6,000
	77,000	66,000

Landwehr II. Aufgebots:

Infanterie . .	20,000	18,000
Summa Summarum	557,765	494,500

Der preußischen Flotte erwähnen wir nicht, da sie auf die kriegerischen Operationen keinen Einfluß hatte.

Die Streitkräfte Preußens zu Lande wurden in 4 Armeen ge= theilt, welche Eintheilung durch die Configuration des Kriegs=Theaters und zum Theil durch den Umstand bedingt wurde, daß die Preußen anfangs vorzugsweise auf die Sicherung ihrer eigenen Grenzen gegen einen Einfall bedacht waren.

Den allgemeinen Oberbefehl über die I. und II. Armee behielt sich Seine Majestät der König selbst vor. Bei ihm waren als Chef des Generalstabes der Armee: General der Infanterie Freiherr v. Moltke, als General=Inspecteur der Artillerie: Generallieutenant v. Hinbersin, als General=Inspecteur des Ingenieur=Corps: General= lieutenant v. Wasserschleben. Bei dem großen Hauptquartier befanden sich während der ganzen Campagne: der Minister=Präsident und der Kriegs=Minister.

Obercommandirender der I. Armee, bestehend aus dem 2. 3. 4. Armee=Corps und dem Cavallerie=Corps, war Prinz Friedrich Carl von Preußen; Chef des Generalstabes: Generallieutenant v. Voigts= Rhetz.

Commandirender General des 2. Armee=Corps: Generallieutenant v. Schmidt, des Cavallerie=Corps: General der Cavallerie Prinz Albrecht v. Preußen.

Die numerische Stärke dieser Armee war folgende:

Bataillons	Esca-drons	Ge-schütze	In-fanterie	Ca-vallerie	Ar-tillerie	Pioniere u. Train
2. Armee-Corps 25	8	96	25,400	1,550	3,440	2,500
3. „ 25	9	96	25,400	1,550	3,440	2,500
4. „ 22	8	96	23,200	1,500	3,440	2,500
Cavallerie-Corps —	57	—	—	10,850	—	—
72	82	288	74,000	15,500	10,320	7,500

107,300 Mann, effectiv: 96,937

Der Oberbefehl über die **II.** Armee war dem Kronprinzen von Preußen anvertraut, welcher den Generalmajor v. Blumenthal zum Chef des Generalstabes hatte. Diese Armee bestand aus dem Garde-Corps — General der Cavallerie Prinz August von Würtemberg, dem 1. Armee-Corps — General der Infanterie v. Bonin, dem 5. Armee-Corps — General der Infanterie v. Steinmetz, dem 6. Armee-Corps — General der Cavallerie v. Mutius und der Reserve-Cavallerie-Division des Generalmajors v. Hartmann.

Die numerische Stärke der **II.** Armee:

Bataillons	Esca-drons	Ge-schütze	In-fanterie	Ca-vallerie	Ar-tillerie	Pioniere u. Train
Garde-Corps . 26	9	96	26,500	1,550	3,440	2,500
1. Armee-Corps 25	20	96	25,400	3,900	3,440	2,000
5. Armee-Corps 22	9	96	23,200	1,550	3,440	2,500
6. Armee-Corps 19	8	96	20,000	1,500	3,400	2,500
Reserve-Caval-lerie-Division —	28	—	—	5,500	—	—
93	74	384	95,100	14,000	13,720	10,000

127,800 Mann, effectiv: 115,000

Die Elb-Armee, welche General der Infanterie Herwarth von Bittenfeld commandirte, bestand aus dem 8. Armee-Corps und der 14. Infanterie-Division vom 7. Armee-Corps. Summa: 34 Bataillone, 26 Escabrons, 120 Geschütze, 35,900 Mann Infanterie, 4,656 Mann Cavallerie, 4,500 Mann Artillerie, 2,500 Pioniere und Train = 47,500 Mann oder effectiv circa 41,700.

Die Main-Armee, unter bem Befehl bes Generals der Infanterie Vogel v. Falckenstein, war zusammengesetzt aus der 13. Infanterie-Division bes Generallieutenants v. Goeben und der combinirten Division bes Generalmajors v. Beyer, formirt aus ben Garnisonen ber beutschen Bundesfestungen, welche von ben Preußen am 9. Juni geräumt worden waren. Mit bieser Armee vereinigte sich in ber Folge bie combinirte Division bes Generals Freiherrn v. Manteuffel, welche vorher Holstein besetzt hatte.

Alles in Allem zählte diese Armee: 48 Bataillone, 22 Escabrons und 96 Geschütze, bas sinb: 55,500 Mann Infanterie, 3,880 Mann Cavallerie unb 3,440 Mann Artillerie, Summa 62,800 Köpfe nach ber Etatsstärke, was einem Effectiv von 56,500 Köpfen entspricht — ungerechnet 2 Bataillone Coburger unb 1 Bataillon Lippe — circa 2,200 Mann. Später, b. h. Mitte Juli, vereinigten sich mit bieser Armee:

a. bie olbenburgisch-hanseatische Brigabe (3 Bataillone, 3 Escabrons unb 2 Batterien Olbenburger; 2 hamburgische, 1 lübeckfches, 1 bremisches, 1 walbecksches unb 1 schwarzburgsches Bataillon — nach ben Etats 6,940 Mann, effectiv ungefähr 6,000 Mann.).

b. 5 vierte Bataillone, bas neuformirte 9. Jäger-Bataillon, unb 3 Reserve-Lanbwehr-Cavallerie-Regimenter — 2,924 Mann nach ben Etats, unb effectiv circa 2,700 Mann.

Summa ber Armee 75,000 Mann nach ben Etats, effectiv inbeß nicht mehr als 65,500 Mann.

Von biesen Armeen unabhängig waren 2 Reserve-Armee-Corps formirt worden. Das 1. commanbirte Generallieutenant v. b. Mülbe; es bestanb aus 24 Lanbwehr-Bataillone, 24 Lanbwehr-Escabrons unb 1 Batterie. Das 2. Reserve-Armee-Corps unter bem Befehl bes Großherzogs von Mecklenburg-Schwerin bestanb aus ber mecklenburgischen Division (5 Bataillone, 4 Escabrons unb 2 Batterien) unb aus einer combinirten preußischen Infanterie-Division (13 preußische, 2 anhaltische Bataillone, 1 Lanbwehr-Ulanen-Regiment unb 8 Batterien). Summa: 20 Bataillone, 8 Escabrons unb 10 Batterien — circa 23,000 Mann.

Aus bieser kurzen Uebersicht ber preußischen Streitkräfte ist zu erſehen, daß die Regierung außerhalb der eigenen Landesgrenzen nicht allein alle Linien-Truppen, ſondern auch noch einen Theil der Erſatz-Bataillone und Batterien und der Landwehr-Infanterie wie Cavallerie verwendete. Zum Garniſondienſt blieben nur: 69½ Er-ſatz-Bataillone, 48 Erſatz-Escadrons und ein Theil der Erſatz-Bat-terien, 92 Bataillone Landwehr I. Aufgebots, und 50 Bataillone II. Aufgebots.

Characteriſtik der Haupt-Perſönlichkeiten.

Kaltblütigkeit in der Gefahr, ein richtiges Verſtändniß für die Be-deutung der Umſtände und eine außergewöhnliche, von Herzen kom-mende Fürſorge für die Kranken und Verwundeten bilden die her-vorragenden Züge in dem Character des Höchſt-Commandirenden der II. Armee, Sr. kgl. Hoheit des Kronprinzen Friedrich Wilhelm. Dieſe Eigenſchaften traten in ihrem vollen Glanz bereits im ſchles-wig-holſteiniſchen Feldzuge hervor, zu deſſen ſiegreicher Beendigung der Kronprinz in ſehr bedeutendem Maße beigetragen hatte. Sein mildes, leutſeliges Weſen im Umgange mit ſeinen Untergebenen er-warb ihm die feurigſte Hingebung und Liebe der Soldaten, wie der Officiere. Der Kronprinz liebt den Soldaten und er verſteht, mit ihm zu ſprechen. Außer den angeführten Eigenſchaften zeichnet ihn noch eine exemplariſche Pflichterfüllung, in der edelſten Bedeutung dieſes Wortes, aus; das hat er im vollſten Maße am Tage von Königgrätz bewieſen. Seine Ankunft auf dem Schlachtfeld ſowohl, als die Führung der Truppen im Verlauf der Schlacht ſtellen ihn als ein glänzendes Muſter in der Selbſtverläugnung hin.

Prinz Friedrich Carl gehört unſtreitig zu den hervorragend-ſten Generalen unſerer Zeit — in Europa.

Gründlicher Kenner des Geiſtes der franzöſiſchen Kriegführung, wie ſie durch den nationalen Character und eine reiche Kriegs-Praxis bedingt wird, hat Prinz Friedrich Carl mächtig dazu beigetragen, das militairiſche Publicum Preußens auf die Erkenntniß der Urſachen hinzuführen, welche jener Art der Kriegführung zu Grunde liegen.

Eine kein Hinderniß achtende Kühnheit, der Drang, dem Gesecht, dem Kanonendonner entgegen zu marschiren, das Bestreben, den Feind durch irgend etwas Unerwartetes zu verwirren, und vieles Andere noch wurde durch ihn entwickelt und den Truppen zu eigen gemacht.

Der Prinz war 1866 38 Jahr alt. Bereits in früher Jugend studirte er mit ungewöhnlichem Eifer die Feldzüge Friedrich's des Großen; 1848 nahm er im Stabe des Feldmarschall Graf Wrangel am schleswig-holsteinischen Kriege Theil, im folgenden Jahr wurde er im babischen Feldzuge an der Schulter verwundet. In der letzten schleswig-holsteinischen Campagne bewies der Prinz hervorragende militairische Gaben und Festigkeit des Characters. Im Frieden commandirte er das 3. Armee-Corps, welches von dem wohlthätigen Einfluß seiner militairischen Anschauungen vollgültiges Zeugniß gegeben hat.

Unterhaltungen über Kriegskunst, Lectüre classischer militairischer Werke bilden die Lieblingsbeschäftigungen des Prinzen Friedrich Carl.

Im Winter versammelt sich, wöchentlich 2 bis 3 Mal, ein kleiner Kreis von Auserwählten um ihn, in welchem in völlig zwangloser, intimer Unterhaltung militairische Fragen, auf Grund der Tages-Ereignisse oder eines vorgelesenen Buches, dem sich die öffentliche Aufmerksamkeit zugewandt, besprochen werden. Der Prinz gehört nicht zu Denen, welche viel schreiben, er weiß, daß, wer von den Massen verstanden sein will, kurz sein muß; — aber dieses Wenige soll sich jeder Militair vollständig zu eigen machen.

In vielen Punkten lassen sich die Instructionen des Prinzen, ihrer Bedeutung nach, nur mit denen Friedrich's des Großen und unseres unvergeßlichen Suworow vergleichen.

Jedoch lasse man die Sache selber für sich reden:

„Es ist sehr wohl denkbar, — sagt der Prinz in seiner In-
„struction*) — daß unsere Armee offensive Zwecke verfolgt und ben-
„noch ein größeres Gefecht und eine Entscheidungsschlacht zunächst in
„defensiver Form annimmt, um unsere Ueberlegenheit in der Feuer-
„wirkung auszubeuten, und daß sie erst, nachdem diese zur vollen
„Geltung gekommen ist, zur Offensive übergeht. — — Haben die

---

*) Aus „Einige Winke für die unter meinen Befehlen in's Feld rückenden Truppen 1866."

„Oesterreicher, wie ich es glaube, die Absicht, uns überzurennen, so „ist diese Kampfweise die beste."

Wer weiß nicht, daß junge, des Feuers noch ungewohnte Truppen bei dem ersten unerwartet eintretenden Ereigniß leicht die Besinnung verlieren? Und der größte Theil der preußischen Armee war in der That jung.

Es ist nöthig, hierbei zu bemerken, daß die preußischen Heerführer anfangs von der Ansicht durchbrungen waren, aller Wahrscheinlichkeit nach nicht offensiv, sondern defensiv zu verfahren. Mit dem angeführten Satz flößt der Prinz den Truppen den Gedanken ein, daß, selbst wenn sie scheinbar zur Defensive disponirt werden, dies in Wirklichkeit dennoch mit der Absicht der demnächstigen Offensive geschehen ist, also: „Fürchtet Euch" nicht vor der Defensive, sie ist noch nicht das Zugeständniß, daß der Feind Euch überlegen ist." Zugleich zerstört der Prinz damit ferner den Eindruck, welchen ein ungestümer Angriff mit dem Bayonnet auf sie machen könnte. Nichts ist vernünftiger und vortheilhafter, als einer wahrscheinlich drohenden Gefahr durch Belehrung vorzubeugen, denn man nimmt ihr dadurch einen der wesentlichsten Factoren ihres Einflusses, den des Unerwarteten.

Wirklich gedachten die Oesterreicher, die Preußen durch den Ungestüm ihres Angriffs zu überraschen.

Folglich tritt in dem Obengesagten das Verständniß des Geistes der Gegner und das Bestreben, dasselbe jedem Soldaten fest einzuprägen, klar hervor.

Hieraus könnte indessen gefolgert werden, daß Prinz Friedrich Carl dem Feuer den ersten Rang einräumte.

Sehen wir weiter:

„Nicht mehr tirailliren, als dringend erforderlich, weil man „besonders hierbei Menschen und Munition verliert und „mit Tirailliren sehr selten entscheidet, nur vorbereitet. „Daher 5 bis 6 rasch auf einander folgende, gut gezielte Salven „aus möglichst gedeckter Aufstellung und nur mit Standvisir. Bei „dem Bayonnetangriff feindlicher Colonnen wird es sich empfehlen, „dieselben zuvörderst durch umfassendes Tirailleurfeuer zu erschüttern, „sie dann mit Salven zu empfangen und schließlich mit dem Bayonnet „zurückzuwerfen. Die Verwendung der Compagnie-Colonnen wird „sich hierfür besonders empfehlen."

Hierin ist 1) die Feuer- und blanke Waffe in das nöthige Verhältniß gestellt, 2) geht daraus klar hervor, daß man vorzugsweis
die Defensive in's Auge faßte, und dies den Soldaten verschwieg,
3) endlich, daß den Compagnie-Colonnen der Vorzug vor der ge-
kuppelten Bataillons-Colonne gegeben wird.

Ich verweile bei den Compagnie-Colonnen länger, weil Prinz
Friedrich Carl eine mir sehr rationell erscheinende Art ihrer Verwendung ersonnen hat.

Das Gefecht wird durch Feuer der Schützen-Gruppen eröffnet,
nähert sich der Gegner diesen auf 300 Schritt, so rücken die Compagnie-Colonnen des 1. Treffens schnell in die Schützenlinie vor,
deployiren und eröffnen ein Salvenfeuer. Gleichzeitig gehen die
Compagnie-Colonnen des 2. Treffens zur Attaque vor. Sobald sie
in gleiche Höhe mit den Compagnien des 1. Treffens kommen, stürzt
sich Alles, ohne die Formation zu ändern, mit dem Bayonnet auf
den Feind.

Dies zeugt sehr schlagend von derjenigen Freiheit in Anwen-
dung der Formen, deren ich bereits erwähnte, da ein Theil der
Compagnien deployirt mit dem Bayonnet attaquirt, der andere in
Colonne.

Es folgen weiter außerordentlich practische Hinweise: daß bei
dem Feuer im Gefecht nicht das Visir und die Entfernung, sondern
das Visir und der Punkt des Abkommens bezeichnet werden soll, und
daß, je näher der Feind, desto tiefer gehalten werden muß, — denn
je näher der Feind, desto eilfertiger wird der Soldat zielen und
höher abkommen. Die letztere Wahrnehmung ist in so hohem Grade
wichtig, daß, meiner Meinung nach, man schon im Frieden Uebungen
in der Abgabe von Salven, aus dem gewöhnlichen Anschlage, wie
aus dem mit gefälltem Gewehr, und zwar mit scharfen Patronen
vornehmen sollte, damit die Leute instinctiv die Fertigkeit erwerben,
dem Gewehr die richtige Neigung zu geben und weniger in's Blaue
schießen.

„Sollte der Feind 50 bis 80 Schritt vor uns noch nicht Kehrt
„gemacht haben, dann Bayonnet-Angriff und Umfassen seiner Masse.
„Man macht schneller 5 bis 6 Gefangene, als man 1 bis 2 todt
„sticht, darum empfiehlt sich das Gefangennehmen.“

Dieser letztere Rath, so seltsam er erscheint, ist außerordentlich
treffend. „Vergegenwärtigen wir uns, — sagt der Prinz — daß es

„ein ·characteristisches Zeichen der österreichischen Truppen ist, sich
„allzuleicht gefangen zu geben!"

Ganz besondere Aufmerksamkeit verdient die Ansicht des Prinzen
über die Bedeutung des 2. Treffens. Er stellt als Grundsatz hin,
daß das 1. Treffen im Allgemeinen nicht auf Ablösung durch das
2. rechnen darf, welches letztere eben besondere Pflichten hat; — daß
folglich diejenigen Truppen, welche einmal zum Gefecht losgelassen
worden sind, darin bis zur äußersten Möglichkeit bleiben müssen.
Hierin allein liegt die Sicherheit, sich eine Reserve bis zu dem Augenblicke zu erhalten, wo der entscheidende Moment des Gefechts
eintritt.

„Auf Ablösung durch das 2. Treffen hat das 1. also im All-
„gemeinen nicht zu rechnen. Es ist in der ganzen Kriegs-Geschichte
„nicht vorgekommen, daß ein 2. Treffen so verwandt worden wäre,
„wie es uns der Exercierplatz lehrt, und es darf dies auch nicht vor-
„kommen. Ich empfehle im Gegentheil allen Generalen die äußerste
„Standhaftigkeit im Verweigern einer Ablösung des 1. Treffens
„durch das 2., und eine große Zähigkeit im Verweigern einer directen
„Unterstützung des 1. Treffens durch Theile des 2ten."

Hierin zeigt sich das Verständniß des menschlichen Herzens und
wiederum eine freisinnige Auffassung des Reglements, welche Prinz
Friedrich Carl unwillkürlich seinen Truppen mittheilt.

Nachdem er so den Kampf mit der feindlichen Infanterie kurz
skizzirt, geht der Prinz zur Attaque durch Cavallerie über.

„Die preußische Infanterie ist so vorzüglich bewaffnet und steht
„auf einer so hohen Stufe der Gefechtsbisciplin, daß ich das Ver-
„trauen zu ihr hege, sie werde durch gezieltes Feuer jeden Angriff
„feindlicher Cavallerie abzuschlagen wissen; jede Form ist hierzu
„gut. Ich lege daher einen sehr geringen Werth auf die
„tactische Form, die wir bei solcher Gelegenheit anzuneh-
„men gewohnt sind, — das Carré. Ich warne vor dem Signal
„Colonne formiren", das nur im äußersten Nothfalle zu geben ist,
„weil das Zusammenlaufen einen üblen moralischen Effect auf unsere
„Leute hervorbringt, während die feindliche Cavallerie erst später
„Feuer empfängt, als sonst der Fall wäre."

Dieser Satz zeichnet vortrefflich sowohl die Anschauung des
Prinzen über das Reglement, — eine Anschauung, welche öffentlich
ausgesprochen ist, denn jener Theil der Instruction ist an die Trup-

pen allgemein gerichtet, wie auch die stete Berücksichtigung des mo=
ralischen Effects, welcher durch diese oder jene äußere Einwirkung
auf den Menschen hervorgebracht wird, und endlich die Würdigung
der im Frieden nur allzu oft vergessenen Thatsache, daß das Hin=
und Herlaufen und Formationsänderungen im Gefecht nicht nur kei=
nen Vortheil gewähren, sondern größtentheils nur dazu dienen, die
Leute in Unruhe zu versetzen.

Es folgt dann weiter die Empfehlung der 4gliedrigen Salve
gegen Cavallerie, — der Anwendung der Colonne nach der Mitte in
Compagnie=Colonnen, für diejenigen Truppen, welche ge=
wohnt sind, sie statt der gewöhnlichen Colonne nach der
Mitte anzuwenden, — sich im feindlichen Artilleriefeuer
in Linie zu bewegen, ohne Tritt, die Officiere einen
Schritt vor ihrem Platz, — oder auch zugweise in Reihen
aus der Linie.

In Allem kehrt stets der Gedanke wieder, daß die Truppen
diejenigen Formationen anwenden sollen, an welche sie gewöhnt sind.

Es dürfte schwierig sein, ein ähnliches und mehr belehrendes
Beispiel zu finden für das Bestreben, den Geist der Soldaten und
Officiere von den durch die Routine entstandenen Vorstellungen frei
zu machen und sie auf den Hauptzweck, die nachdrücklichste Vernich=
tung des Feindes, hinzuführen.

Aus Allem, was oben gesagt ist, ersieht man leicht, daß der Prinz
sich in einem doppelten Widerspruche zu befinden scheint: mit dem
Reglement, indem er seine eigenen Formen vorschlägt, mit sich selbst,
wenn er den Truppen überläßt, die reglementarischen Formen zu
wählen, mit denen sie vertraut sind. Aber hinter diesem Widerspruch
verbirgt sich ein hohes, aussöhnendes Princip: das Princip der
möglichst größten, geistigen und moralischen Freiheit des Individuums,
denn selbstverständlich kann nur bei solcher Freiheit die Individua=
lität sich völlig und gleichzeitig vernunftgemäß zum Vortheil des
Ganzen entwickeln.

In Betreff der Cavallerie spricht die Instruction ebenfalls sehr
rationelle Anschauungen aus, doch sind sie mehr allgemein bekannt.
Dahin gehören: die unumgängliche Nothwendigkeit einer Reserve,
des raschen Sammelns nach einer Attaque, — daß die preußische Ca=
vallerie sich nie attaquiren läßt, sondern allemal den Feind zuerst an=

greift u. f. w. Zugleich macht der Prinz mit den Eigenthümlich=
keiten der gegnerischen Cavallerie bekannt, warnt vor ihrer Be=
hendigkeit im Einzelkampf, ihrer Gewandtheit in der Waffen=
führung und räth, diesen Eigenschaften Geschlossenheit entgegen=
zustellen.

Fast möchte man meinen, der Prinz sei in Bezug auf diese
Gegner in einiger Besorgniß gewesen, denn er betont im Eingange
der Instruction, daß „die 200 preußischen Escabrons um 1500
„Pferde stärker, als die österreichischen und folglich im Kampfe mit
„ihnen an Zahl gleich oder überlegen sein werden."*)

Er fühlt klar die wahrhaften Principien der Kriegskunst, daß
man schon bei dem ersten Entwurf danach streben muß, numerisch
das Uebergewicht zu haben, um auf diesen ersten Entwurf andere
gründen zu können, die ein sicheres Unterpfand für den Erfolg bieten
sollen.

Diese Principien haben tiefe Bedeutung, auch in ihrer Anwen=
dung auf die Cavallerie, diejenige Waffengattung, welche am meisten
äußeren Eindrücken unterworfen ist, wie sie ihrerseits selbst den stärk=
sten äußeren Eindruck auf den Gegner hervorbringt.

In Betreff der Artillerie wird nichts Besonderes gesagt; es wird
sogar der Gedanke nicht betont, daß Artillerie nicht fürchten darf, in
Gefangenschaft zu gerathen.

„Einige Winke für die Officiere des 3. Corps beim Ausmarsch
in's Feld" sind in militairischem Sinne höchst belehrend. Sie wur=
den noch vor dem dänischen Kriege ertheilt, doch haben sie auch für
den des vergangenen Jahres ihre Gültigkeit behalten, denn sie bil=
den eine kurze, plastische Darstellung dessen, was in der Kriegfüh=
rung dauernd, nicht zufällig ist.

Auch wendet sich Prinz Friedrich Carl damit nicht an das große,
in seiner geistigen Entwicklung sehr verschiedenartige Publicum, son=
dern an Männer, denen gegenüber es unnöthig ist, über die schwieri=
gen Seiten der Sache einen Schleier zu decken.

„Von einem großen Feldherrn ist ausgesprochen worden, daß

---

*) In „Einige Winke — 1866" heißt es: „muß es uns, — meist gelingen,
mindestens eben so stark zu sein, wie die österreichische Cavallerie."

Anm. d. Uebers.

„im Kriege die moralische Kraft ³/₁, die physische ¹/₄ zum Erfolge
„beiträgt.

„Ein Fundamentalsatz bei der Kriegführung, der gleichmäßig
„für den General, wie für den Soldaten gilt, ist der, daß man
„suchen muß, dem Feinde durch etwas Außerordentliches und Unge-
„wöhnliches zu imponiren, und sich davor zu hüten hat, sich von ihm
„einschüchtern zu lassen.

„Alles Schießen in Flanken oder Rücken stimmt den des Krie-
„ges unkundigen und jungen Soldaten herab und bringt leicht Vor-
„wärtsbewegungen zum Stocken. — Deshalb schütze man stets seine
„Flanken durch Echelons, wenn auch nur von unbedeutender Stärke.
„Solche Echelons nehmen jeden Flankenangriff ihrerseits in die Flan-
„ken und machen ihn unschädlich. Hierbei muß dem Soldaten klar
„gemacht werden, daß, welcher Feind sich bemüht, uns ab-
„zuschneiden, in der Regel selbst abgeschnitten werden
„wird.

„Der moralische Halt, die Einbildungskraft und was hierher
„gehört, sind so entscheidend wichtig, daß man sagen kann, daß nur
„diejenige Schlacht und dasjenige Gefecht von uns verloren werden
„kann, welches die Officiere glauben werden, verloren zu haben und
„deshalb das Ringen um den Sieg nicht länger fortsetzen. Diese
„kurzen Sätze werden hinreichen, um die Officiere zu überzeugen,
„daß sie mit allen Mitteln dahin streben müssen, den militairischen
„Geist der Hingebung und des Vertrauens auf den Erfolg, das Be-
„wußtsein der Unüberwindlichkeit ihren Untergebenen zu eigen zu
„machen.

„. . . . Das Kriegstheater, welches wir betreten werden, ist ein
„eigenthümliches. Es ist sehr durchschnitten, u. s. w. — Wir müs-
„sen unsere Gefechtsformationen den Eigenthümlichkeiten dieses Lan-
„des anpassen, damit wir mit dem geringsten eigenen Verlust dem
„Feinde möglichst viel Schaden zufügen. Im bergigen Terrain em-
„pfehle ich die Compagnie-Colonnen.

„. . . . Das Terrain verweist uns auf das Gefecht mit Com-
„pagnie-Colonnen, auf welches wir geübt sind und das den Führern
„derselben, wie den Lieutenants und einzelnen Leuten weit öfter Ge-
„legenheit zu persönlicher Auszeichnung darbietet, als bei anderer
„Tactik der Fall wäre. Nur auf Eins mache ich dringend aufmerk-
„sam: es ist, daß die Hauptleute ihre Compagnien und noch mehr

„die Stabsofficiere ihre Bataillone nicht aus der Hand zu verlieren
„ernstlich bedacht sein müssen. Sonst hört die einheitliche Verwen=
„dung der Truppen durch die Generale auf und hiermit eine Bedin=
„gung zum Erfolge. Die Schützenofficiere namentlich und die aus=
„geschwärmten Mannschaften müssen also im Appell erhalten werden.
„Im Zustand der Ruhe, beim Halten also, darf der Feind nichts
„von uns sehen. Alles muß verdeckt sein, wie wir das ja verstehen.
„ — Das Vorgehen muß womöglich verschmitzt und mit geschickter
„Terrainbenutzung, aber entschieden und rasch von Statten gehen. . . .
„Ich empfehle Distanceschätzen, Probeschüsse. . . . Die Munitions=
„Ersparniß wird mehr darin zu suchen sein, daß nur soviel aufgelöst
„wird, als bringend nothwendig ist. Jeder Mann mehr ist vom
„Uebel. Man opfert Munition und verliert die Leute aus der Hand.
„Den Todten, Blessirten und Kranken ist die Munition abzunehmen.
„Das Austreten, um Blessirte zurückzubringen, untersage ich als Re=
„gel auf's Strengste. Hierdurch haben sich die Reihen nicht selten
„in bedenklicher Art gelichtet und die Truppe hörte auf, schlagfertig
„zu sein. Gerade in durchschnittenem Terrain kann man ohne große
„Gefahr gewisse Verbände im Gefecht anlegen. Die meisten Ver=
„wundeten können sich selbst oder gegenseitig helfen, die Verband=
„plätze sind nahe und beim glücklichen Erfolge entfernt sich das Ge=
„fecht bald von selbst von den Verwundeten, so daß sie in Sicher=
„heit sind.
„Wenn Augenblicke kommen sollten, wo das Gefecht
„schwankt, ein gewisser Kleinmuth eintritt, und sich der
„Truppen ein unbehagliches Gefühl bemächtigt, welches
„zum Aufgeben des Gefechts und Zurückgehen hinneigt,
„dann ist es Zeit, daß die Officiere durch Beispiel und
„Zuruf wirken und so diese Krise, die im schweren Ge=
„fecht selten ausbleibt, zum Besten wenden. Für solche
„Fälle ist die Colonne gut, denn in dieser Formation und
„wenn die Tambours schlagen, lassen sich die Leute am
„leichtesten vorwärts bringen."
Eine tiefe psychische und militairische Wahrheit! Es ist That=
sache, daß, wenn ein solches Gefühl sich der eigenen Truppen zu be=
mächtigen anfängt, es gleichzeitig auch die feindlichen Truppen er=
greift; unwillkürlich glauben sie, es sei schon Alles gethan, was mög=
lich ist, sie seien nicht im Stande, noch mehr zu leisten.

Und wer wollte bei einer derartigen moralischen Stimmung auf beiden Seiten dafür bürgen, daß nicht in demselben Augenblick, wo ihr die Möglichkeit aufgegeben habt, zu siegen, der Sieg bereit war, eure Anstrengungen zu krönen?

Truppen, welche ein Gefecht aufgeben, gleichen fast immer dem Schwimmer, welcher, nachdem er die unglaublichsten Anstrengungen gemacht hatte, über einen tiefen und breiten Fluß zu schwimmen, eine letzte äußerste Anstrengung aber nicht mehr unternehmen will und — untergeht, als er nur noch kaum den Arm auszustrecken brauchte, um das Ufer zu erreichen.

„Auf solche Art entwickelt sich aus der Krisis eine günstige Ent= „scheidung. Sie wird erleichtert, wenn die Soldaten an die Worte, „die Jeder sogar aus meinem eigenen Munde gehört hat, gesprächs= „weise oder beim Appell erinnert werden, daß, so lange die Welt „steht, große Entscheidungen nicht in der Entfernung er= „kämpft worden sind, man muß zuletzt an den Feind heran; „also schließlich die Bayonnet=Attaque, wenn der Schützenanlauf nicht „genügt. Aber dann kein Aufenthalt, keine Unterbrechung, kein „Feuer.

„In den meisten Fällen wird der durch die Attaque ausgespro= „chene Wille unserer Truppen, mit dem Gegner handgemein zu wer= „den, diesem imponiren, uns den Sieg verschaffen und ihn umkehren „machen, ehe wir an ihn heran sind.

„Werden wir einmal handgemein, so töbtet man nur die Vor= „deren mit dem Bayonnet, die anderen nimmt man gefangen, indem „man ihnen gebieterisch zuruft, die Waffen fortzuwerfen und sich zu „ergeben. Dies letztere Verfahren ist practischer, als das Töbten, „denn in der Zeit, wo man Einen töbtet, macht man fünf zu Ge= „fangenen.

„Sollte es der Feind unternehmen, uns mit dem Bayonnet an= „greifen zu wollen, so ermuntern wir unsere Leute, zeigen kaltes „Blut, sagen ihnen, was wir vorhaben, chargiren schnell und lange, „im letzten Moment aber, auf 20—60 Schritt, werfen wir uns ihm „entgegen.

„Bei einer gut aufgelegten, intelligenten Truppe, ... „wird es sich als sehr nützlich erweisen, wenn es zur Re= „gel würde, daß möglichst Alle von den Absichten, die im „Gefechte speciell vorliegen, unterrichtet werden. Nicht

„bloß, daß bies bas Jnteresse für bie Sache steigert, bie
„hierburch gefördert wirb, vielmehr wirb ber Einzelne
„in nicht vorherzusehenber Art sich für ben vorliegenben
„Zweck nützlicher zu machen wissen, als bies ber Fall ist,
„wenn er mehr maschinenmäßig behanbelt wirb."

Dieser letzte Satz erinnert in solchem Grabe an einen Grunbsatz
Suworows, baß man fast glauben möchte, er sei von ihm ent=
nommen.*)

„Der Marschall von Sachsen suchte bie Erfolge ber Armeen mehr
„in bem Gebrauch ber Beine, als in anberen militairischen Eigen=
„schaften: Es liegt hierin viel Wahres. Wenn ber Feinb geschlagen
„ist, muß er verfolgt, aus seinen Bivouacs aufgescheucht unb aus=
„einanber marschirt werben. Erst bei ber Verfolgung sammelt man
„Trophäen, Geschütze, Gefangene in Menge. Ein einziger Sieg unb
„eine energische Verfolgung beenbigen ben Felbzug. Unb wenn so
„marschirt würbe, baß bie Bataillone nur mit ber Hälfte ihrer Stärke
„nach einer Nacht unb einigen Tagen ber Verfolgung am Ziele an=
„langten, wenn eine Anzahl Pferbe vor Mattigkeit fiele, was wöge
„bas im Vergleich zu bem Erfolge, ber hierburch herbeigeführt
„würbe?"

So bie Instruction bes Prinzen Friebrich Carl. Viele legen
bergleichen Documenten keine besonbere Bebeutung bei. Dieser Mei=
nung kann ich nicht beipflichten. Eine Instruction, wenn sie nicht
so zu sagen, auf Bestellung, nicht bloß, weil es so in ber Orbnung
ist, geschrieben wirb, — sonbern aus ber Seele kommt, eine solche
Instruction ist ber Verfasser selbst. Wenn man weiß, wie er benkt,
kann man auch voraussehen, wie er hanbeln wirb. Ersteres ist bas
für alle Fälle leitenbe Princip seiner Hanblungsweise. Es markirt
sich aber nicht leicht immer in irgenb einem einzelnen Factum, wel=
ches fast stets von einer Menge von Zufälligkeiten umgeben ist, bie
ben leitenben Gebanken verbergen. — Man sagt ferner, baß ber=
gleichen Instructionen nicht immer gelesen werben: bies ist richtig,
boch nur in ber Anwenbung auf biejenigen Instructionen, welche eben
auf Commanbo geschrieben unb baher immer nur ohne Leben, kalt
bleiben unb an einer ungeheuren Menge von Kleinigkeiten leiben;

---

*) Vergl. bie Lectionen ber Tactik (in russ. Sprache) von Oberst Dragomirow,
Beilage 2, Befehl an bie Oesterreicher Nr. VII.

ober wenn sie an eine Armee gerichtet werden, welche sich für ihre Aufgabe nicht sehr interessirt. In der preußischen I. Armee wurden diese Instructionen gelesen, dafür dienen als beste Bestätigung ihre eigenen Leistungen.

General Herwarth, der Führer der Elb=Armee, ist 70 Jahr alt, seit 1813 im Dienst. 1864 löste er -in Dänemark den Prinzen Friedrich Carl im Commando des preußischen Corps während der zweiten Hälfte des Feldzuges ab, in dessen weiterem Verlauf er sich einen außerordentlichen Ruf begründete, besonders durch den Uebergang über den Alsensund. —

Der Chef des Generalstabes der Armee, General Moltke, dient gleichfalls bereits über 40 Jahre, seit seiner Ernennung zum Haupt= mann im Generalstabe. Im türkisch=ägyptischen Kriege befand er sich bei dem türkischen Hauptquartier, im dänischen Kriege bei Prinz Friedrich Carl.

General Moltke gehört zu den geistesstarken und seltenen Män= nern, denen das gründliche theoretische Studium der Kriegskunst die Praxis fast vollkommen ersetzt hat. Allerdings giebt die Kenntniß der Theorie noch nicht die Gewandtheit in der Bewältigung uner= warteter Zufälligkeiten, doch zum Glück führten die Unbeweglichkeit der Oesterreicher und die Art, wie die preußischen Befehlshaber ihre Aufgabe erfüllten, dazu, daß auch nicht eine seiner Berechnungen ver= sagte, und enthoben so den General Moltke der schwierigen Aufgabe, derartige plötzlich eintretende Ereignisse durch fast augenblicklich zu treffende Maßnahmen zu überwinden.

General Moltke spricht wenig und ruhig, aber der Gedanke kleidet sich in Worte: treffend, klar und plastisch. Bescheidenheit und Einfachheit im Verkehr, eine staunenswerthe Fähigkeit, sich leicht einer Arbeit zu entledigen und die theoretische Kraft, Entschlüsse zu fassen, bilden die hervorragendsten Charakterzüge dieses merkwürdigen Man= nes, — wenigstens so weit ich dies bei den seltenen und sehr vor= übergehenden Gelegenheiten bemerken konnte, welche mir die Ehre eines unmittelbaren Verkehrs mit ihm gewährten.

General Voigts=Rhetz, der Chef des Generalstabes der I. Armee, gilt bei der militairischen Welt Preußens für ein Genie; er ist der wahrscheinliche Nachfolger des Generals Moltke als Chef des General= stabes der Armee.

Dank dem preußischen System besitzt er eine allseitige Kenntniß der Praxis militairischer Organisation, denn er war früher Director des allgemeinen Kriegs = Departements; gegenwärtig ist er comman= birender General eines der neuformirten Armeecorps. Dies beweist schon, welche Meinung man von seiner Characterfestigkeit und seinem Verstande hat, denn ein Armeecorps, das so eben neu formirt wor= ben und noch bazu aus einem bisher getrennt gewesenen Material mit seinen provinzialen Besonderheiten, zu commanbiren, ist schwie= riger, als eins, welches schon seit vielen Jahrzehnten zu einem Gan= zen zusammengefügt gewesen ist.

General Blumenthal, Chef des Generalstabes der **II.** Armee, ist ein Mann von höchster Befähigung, die besonders hervortritt in Augenblicken, wo es auf momentane Eingebungen ankommt, also im Gefecht selbst. Es ist gewiß eine Eigenschaft von enormem Werth, das Richtige bann zu finden, wenn der größte Theil der Menschen ben Kopf verliert.

General Steinmetz, commandirender General des 5. Armeecorps, 70 Jahre alt, so conservirt als Wenige es mit 50 Jahren sind. Mit schneeweißem Haar, in der vollen Blüthe seiner Kraft und Ge= sundheit, zeichnet sich General Steinmetz durch eine unglaubliche Thätigkeit und ganz ausnahmsweise Energie und Characterfestig= keit aus.

· Er gehört zu benjenigen Characteren, welche es vorziehen, daß man sie lieber fürchte, als liebe. Man barf bies weber tabeln, noch rühmen, benn jebe Natur leistet nur bann bas Höchste, bessen sie fähig ist, wenn sie sich selbst treu bleibt. Unb man muß bem Ge= neral Steinmetz die Gerechtigkeit wiberfahren lassen: er hat sein ganzes Selbst ungetheilt bem Dienst hingegeben. In ber Kunst, in einer Truppe bas Gefühl für ben Dienst zu erwecken und es anzu= spannen, hat General Steinmetz seines Gleichen nicht, was ihm auch im Frieden ben Ruf eines strengen, scharfen Mannes begründete. Aber bies Verfahren ging nicht aus einer persönlichen Caprice her= vor, sondern einfach baraus, baß er eben auch nicht die aller= geringste Nonchalance oder Vernachlässigung im Dienst ertragen kann.

Im Kriege, wie wir gleich sehen werden, verwandelten sich die ihm im Frieden zugeschriebenen Eigenschaften in eine unbesiegbare Beharrlichkeit, die fähig war, bei ben Truppen übermenschliche An= strengungen hervorzurufen, fähig, ben Gedanken an die Möglichkeit eines Mißerfolges nicht einmal aufkommen zu lassen, selbst in solchen

Lagen nicht, wo man, dem äußeren Schein nach, auf nichts Anderes als Unglück und Verderben rechnen konnte. Strenge gegen Andere, ist General Steinmetz noch strenger gegen sich selbst; sein ganzer Train — ein kleiner Wagen; seine Tafel — dieselbe, wie die seines Stabes — was der liebe Gott giebt; den ganzen Feldzug über nie an=ders, als zu Pferde, und kein Marsch, wo nicht eine Besichtigung der ganzen Bagage stattfand. Ein solches Verfahren macht alles Reden überflüssig und wirkt mächtig, denn nächst den Requisitionen löst nichts die Truppen mehr auf und leistet der Ausbreitung des Ma=rodirens mehr Vorschub, als die Bagagen und Trains. Tagtäglich wurde beinahe jeder einzelne Soldat, welcher sich bei der Bagage befand, befragt, warum er dort sei. Um zu zeigen, wie weit die Beharrlichkeit hierin ging, genügt es zu sagen, daß trotzdem kein Tag verging, ohne daß 10 — 15 Mann von den Wagen weggejagt wur=den. Die übrigen commandirenden Generale hielten dies für über=flüssig; dafür kletterten auch bei ihnen die Leute massenhaft auf die Wagen, und es kam wohl vor, daß Einer oder der Andere unter=wegs in einem Dorfe zurückblieb, um zu marodiren.

Die militairischen Anschauungen des General Steinmetz ent=sprechen seinem Character und seiner Erfahrung. Auf die Frage: „Wie gelang der Angriff auf eine so starke Position, wie die von Skalitz?" antwortete er: „Dergleichen macht sich sehr einfach: man greift an; gelingt es nicht, so greift man noch einmal an und so fort, bis es gelingt." „Wurden denn die Truppen nicht abgelöst?" — Ich gestehe, mich interessirte dieser Gegenstand außerordentlich, besonders auch, um meine eigenen Anschauungen zu prüfen, welche auf rein theoretischem Wege gewonnen waren. — „Wie denn ab=gelöst?" war die Antwort, in einem Tone gegeben, als ob ich irgend etwas in einer unbekannten Sprache gesagt hätte. „Durch frische abgelöst, wenn sie sehr aus einander sind?" „Nein, die Abtheilung, welche einmal im Feuer ist, muß darin bleiben, bis das Gefecht zu Ende ist."

Dies wurde mit einer solchen Ueberzeugung ausgesprochen, in einem so festen und ruhigen Tone, daß er mit einem Male als der Mann vor mir stand, welcher fähig ist, bei seines Gleichen die ganze Anstrengung des Verstandes, des Willens und der physischen Kräfte anzuspannen, um den Erfolg zu erringen.

Alle neueren und neuesten Vervollkommnungen der Feuerwaffen

hält General Steinmetz für eine sehr schöne Sache, aber er legt das Hauptgewicht immer darauf, daß der Soldat daran gewöhnt werde, tambour battant unaufhaltsam vorwärts zu gehen.

Die Streitkräfte Oesterreichs.

Oesterreich nimmt einen Flächenraum von 11,252 Quadratmeilen ein, seine Bevölkerung beträgt 36,650,000 Seelen, das ist, nach beiden Seiten zweimal so viel als Preußen. Aber unter dieser Bevölkerung sind Deutsche höchstens 8,000,000, sie gelten als die herrschende Bevölkerung, — Slaven über 15,000,000, Ungarn fast 5,000,000, Italiener 3,800,000, Moldo=Walachen ungefähr 2,650,000.

Die Finanzen dieses Reiches befinden sich in keinem befriedigenden Zustande: seit dem Jahre 1781 bildet ein fast alljährliches Deficit eine unvermeidliche Erscheinung. In den letzten zehn Jahren erreichte das jährliche Deficit im Mittel die Ziffer von 85,500,000 Gulden, die Staatsschuld beträgt 3,096,473,245 Gulden.

Die natürlichen Reichthümer Oesterreichs sind sehr groß, und trotzdem ist seine Lage bei weitem nicht glänzend.

Worin wurzelt also die Ursache einer so seltsamen Anomalie, eines solchen Mißverhältnisses zwischen ungeheuren personellen und materiellen Mitteln einerseits und den traurigen Resultaten andererseits, welche mit solchen Mitteln erreicht werden?

Sie wurzelt in dem System der inneren Politik Oesterreichs, dessen Regierung das Mißtrauen in die verschiedenen Völkerschaften, welche sie beherrscht, jenem System zu Grunde legte. Ein derartiges Mißtrauen ruft natürlich das Bestreben hervor, Jeden zu beaufsichtigen, da dies aber physisch unmöglich, so ist eine zweite logische Folge des hervorgehobenen Mißtrauens das Streben, die Massen einzuschüchtern. Auf einem solchen Standpunkt stehen und glauben, daß Unabhängigkeit in sittlicher Beziehung und persönliche Würde ein Uebel sei, ist das Nämliche; denn es ist leichter, einen Sklaven, als einen moralisch unabhängigen und sich selbst achtenden Mann einzuschüchtern.

Wird aber die individuelle Selbständigkeit als ein Uebel betrachtet, welches in einem wohl eingerichteten Staate nicht geduldet
werden darf, so wird unbedingt das Streben hervortreten, es möglichst auszurotten und man wird dafür auf die entgegengesetzte gute
Eigenschaft, d. i. strenge Unterordnung, hinwirken. Im bürgerlichen
Leben führt dies zur Unterdrückung des Einzelnen durch eine Be-
amten=Bureaukratie, welche bei allen Collisionen mit Privatpersonen
stets im Rechte bleibt — eine vollkommen logische Folge des Grundsatzes, daß blinder Gehorsam eine Haupttugend im Staatsleben ist
— nämlich Gehorsam gegen die Person, nicht gegen das Gesetz.

Selbstverständlich kann ein solches System, trotzdem es auf den
ersten Blick etwas Bestechendes hat, selbst bei der wohlwollendsten
Anwendung nur zu Gleichgültigkeit, Verwirrung aller Rechtsbegriffe
und Vernichtung der übrigen Grundlagen der gesellschaftlichen Ordnung führen; es stumpft die sittliche Energie des Individuums ab,
indem es seine wohlberechtigten geistigen Ansprüche mißachtet und ihm
seine eigene Nichtigkeit vor Augen führt.

Bei einem solchen System besteht das Gesetz nur formell, weil
ein wohleingerichteter Staat nicht ohne Gesetze existiren kann, aber
sie werden so abgefaßt, daß man in ihnen für jeden unvorherge-
sehenen Fall eine Stütze findet: daher ist das Resultat eine auf Gesetzen begründete Gesetzlosigkeit.

Dieses System hat nun die Unterwürfigkeit der österreichischen
Unterthanen thatsächlich so weit vollendet, daß sie, wie eine leblose
Masse, Jedem gehorchen, in dessen Gewalt sie sich gerade befinden.
Mit sehr wenigen Ausnahmen fühlten sich die Preußen in Böhmen
und Mähren wie zu Hause. Von einem Volkskriege ähnlichen Er-
scheinungen war gar nicht die Rede.

Es ist unschwer einzusehen, in welcher Weise dies System
auf die Armee einwirken muß. Der Soldat, welcher aus einer solchen Sphäre genommen wird, ist moralisch bereits gebrochen: er unter-
wirft sich außerordentlich leicht allen Anforderungen, aber dies eine
schon müßte beweisen, daß seine persönliche Energie — die einzige
Kraft, welche allein den guten Soldaten macht — nahezu vernichtet
ist. Unglücklicherweise finden nun die Anhänger der Unterwürfigkeit
um jeden Preis gewöhnlich, daß ein solcher Soldat noch nicht vollkommen eine Maschine ist und in der militairischen Sphäre halten
sie nicht nur nicht mit ihrem zerstörenden Werke ein, sondern sie

6

bringen es zu Ende, weil sie annehmen, daß in dem bedingungslosen Schweigen des Soldaten, was auch immer sie mit ihm machen mögen, das Ideal militairischer Vollkommenheit liegt.

Der characteristische Zug aller Erscheinungen im Leben ist, daß sie unerbittlich logisch aus den Anfangsursachen folgen müssen, auf welche sie begründet sind, es steht nicht in des Menschen Macht, diese unbedingte Folge zu ändern, ohne auch die Ursachen jener Erschei= nungen selbst zu ändern. Das österreichische Militair=System bestätigt diesen Satz mit trauriger Unumstößlichkeit. Es spiegelte sich sowohl in den gegenseitigen Beziehungen zwischen den einzelnen Stufen der Militair=Hierarchie, wie in dem Avancements=System, als auch end= lich in der Ausbildung der Truppen und der Art ihrer Anschauungen von der Kriegskunst.

Die Ordnung in der österreichischen Armee wird, wie ein Oester= reicher selbst bezeugt, aufrecht erhalten: unter den Soldaten — mit dem Stock, unter den Officieren — durch grobe Behandlung. Die Macht der Regiments=Commandeure wird durch nichts beschränkt, gegen ihr Thun giebt es keine Appellation.

Körperliche Züchtigungen sind in der österreichischen Armee stark im Gange, auch jetzt noch, trotzdem sie officiell schon im Jahre 1855 sehr beschränkt worden waren.

In jenem Jahre wurde die Strafe des Spießruthenlaufens ab= geschafft, die übrigen Körperstrafen wurden sehr beschränkt: 70 Stock= schläge nach richterlichem Erkenntniß und 40 disciplinarisch. Zugleich wurde die gefängliche Einschließung als vorherrschende Strafmaßregel eingeführt. Aber es wurde hinzugefügt, daß die Gefängnißstrafe durch körperliche Züchtigung ersetzt werden könne.

Die aus dieser Erläuterung gezogenen Schlüsse reichten hin, um in einem später emanirten Circular mit Gesetzeskraft folgendermaßen zu erklären: „Gemeinen, wenn sie ein Vergehen verübt haben, auf welches nach dem Strafgesetzbuch Gefängniß=Einschließung von 14 Ta= gen bis 5 Jahren steht, soll im Allgemeinen „körperliche Züchtigung zuerkannt werden."

Da nun aber, nach statistischen Ermittelungen, diejenigen Ver= gehen, welche mit Gefängnißstrafe von mehr als 5 Jahren bestraft werden, nicht mehr als $\frac{1}{100}$ aller Vergehen ausmachen, so ergiebt sich, daß in 99 unter 100 Fällen körperliche Züchtigung angewandt wird.

Man fragt sich hiernach: kann wohl eine Armee ein Gesetz lie=
ben und anerkennen, welches, so weit es sie betrifft, fast wie Ironie
klingt? Kann in ihr eine andere Ueberzeugung entstehen, als die
völliger Rechtlosigkeit? — Dieses System hat seine Früchte getragen;
der Officier macht mit dem Soldaten in der Bestrafung eben nicht
große Umstände, der Soldat liebt den Officier nicht und hat kein
Vertrauen zu ihm.

Das Beförderungs=System ist ganz vortrefflich erdacht, um den
Officier möglichst wenig einer ernsten Beschäftigung mit seinem Fach,
dagegen recht sehr der Stellenjägerei und Intrigue geneigt zu
machen.

In der österreichischen Armee giebt es noch gegenwärtig soge=
nannte Regiments=Inhaber (Chefs).

Diese Inhaber sind eine mittelalterliche Einrichtung, welche ihren
Ursprung von der Ergänzung durch Werbung herleitet und gegen=
wärtig jeden Sinn verloren hat, aber außerordentlich die moralische
Zersetzung der österreichischen Armee befördert. Gegenwärtig werden
zu Inhabern alte Generale ernannt, welche, zum Theil nicht mehr
im activen Dienst, bei ihrem vorgerückten Alter dem Einfluß ihrer
Adjutanten verfallen müssen, welche sie vorzugsweise inmitten der
protegirten Jugend auswählen.

Bei dem Allen wäre noch kein großes Unglück, wenn die In=
haberstelle nur die Bedeutung eines Ehrenamtes hätte, aber That=
sache ist, daß die Inhaber das Recht haben, die Stellen bis incl.
Hauptmann zu besetzen, oder es dem Regiments=Commandeur zu
übertragen, und daß sie auch Candidaten für die Stabsofficier=
Vacanzen vorschlagen.

Allerdings ist gegenwärtig dies letztere Recht nur auf ein Drittel
der Officiers=Vacanzen beschränkt, aber das Gesetz besteht in seiner
früheren Form fort. Ueberdies reicht auch dies eine der persönlichen
Willkür überlassene Drittel vollkommen hin, um das Regiment durch
Intriguen und Kniffe moralisch zu Grunde zu richten, besonders
wenn man noch erwägt, daß die Inhaber ihre Regimenter so selten
sehen, daß sie von der Zusammensetzung des Officier=Corps keinen
richtigen Begriff haben können.

Eine derartige Einrichtung trug auch ihre Früchte: militairisches
Studium erregt nicht Anerkennung, sondern nur Gespött im Kreise der
Officiere.

Es sollen Fälle vorkommen, wie der nachstehend angeführte, welcher mir aus vollkommen zuverläffiger Quelle mitgetheilt worden ist.

Ein junger Officier, welcher in die Militair-Academie einzutreten wünschte, wandte sich um Rath an seinen gleichfalls dienenden Vater. „Arbeite nur, der Vorsatz ist gut," — antwortete der Vater, — „aber bereite Dich so zum Examen vor, daß weder Deine Kameraden, noch besonders die Vorgesetzten etwas davon erfahren."

Wir halten diese Auffassung des österreichischen Officier-Corps in Betreff derjenigen, welche sich etwas ernsthafter ihren Berufspflichten zuwenden wollen, nicht für übertrieben, denn sie wird durch eine andere, durchaus rein-österreichische Quelle bestätigt *).

Dort erklärt der anonyme Verfasser die Mißerfolge der österreichischen Armee:

1) durch den Mangel an fähigen Generalen, welchen er als die Folge des besonders bei der Cavallerie entwickelten Protections-Systems hinstellt;

2) durch die Nachsicht bei den Prüfungen zum Eintritt in die Officiers-Carriere;

3) durch das schlechte System des Vortrages der Militairwissenschaften an den Schulen, wo der Vortrag rein dogmatisch gehalten, dagegen der Kriegsgeschichte fast gar keine Aufmerksamkeit zugewendet wird;

4) durch die nur formelle Erfüllung derjenigen Vorschriften, welche in der Absicht gegeben worden sind, die Bildung der Offiziere im Allgemeinen zu heben.

Besondere Erwähnung verdient in dieser Hinsicht das Schicksal eines Befehles, auf Grund dessen den Officieren alljährlich tactische Aufgaben zur Lösung gegeben und später höheren Orts zur Einsicht vorgelegt werden sollen. Die Aufgaben werden wirklich gestellt, doch haben sie nicht sowohl zur Förderung der Kenntnisse des Officier-Corps, als vielmehr zur Entstehung einer besonderen Industrie beigetragen, welche die Lieferung der Arbeiten für die Officiere zu einem gewissen Preise zum Gegenstande hat.

*) Oesterreichs System als die einzig wahre Ursache seiner Niederlage, vom militairischen Standpunkte aus. Von einem österreichischen Soldaten. Leipzig. 1866.

Jüdische Factoren sollen in bergleichen Fällen oft Vermittler ge= wesen sein.

Dieses eine Factum dürfte wohl hinreichen, um die Auffassungen zu bezeichnen, welche sich, Dank dem System, sowohl von der per= sönlichen Würde, als auch von dem Dienstbetriebe in den Officier= Corps gebildet haben. Für die Art der Begriffe, welche ganze Körperschaften auszeichnet, darf man unmöglich eine einzelne Per= sönlichkeit verantwortlich machen: hier ist vielmehr das System schuld.

Einer der Stabsofficiere soll im Winter den Officieren Vorträge halten; die Vorlesungen werden auch gehalten, sind aber die buchstäb= liche Wiederholung der Paragraphen des Reglements.

Ist das Einprägen des Pflichtgefühls unter solchen Verhältnissen möglich? Nein, es ist unmöglich dort, wo Alles auf Willkür, aber nicht auf das Gesetz begründet ist.

Ist Liebe zum Beruf möglich? Nein, sie ist unmöglich da, wo man für die Hingebung an den Beruf noch verlacht wird.

Ist Entwicklung von Scharfsinn und Unternehmungsgeist mög= lich? Beides ist undenkbar da, wo Furcht vor Verantwortlichkeit herrscht, wo geschlagen werden in Erfüllung der Befehle manchmal bei weitem vortheilhafter ist, als gegen den Befehl handelnd zu siegen.

Fügt man dem noch hinzu, daß die verschiedenen Nationalitäten, aus denen die Armee zusammengesetzt ist, gegenwärtig bereits voll= kommen erkennen, daß die Interessen Oesterreichs nicht ihre Inter= essen sind, so wird die Characteristik des Geistes der österreichischen Armee ziemlich vollständig sein.

Bemerkungen über die Ausbildung der Armee.

Die Abrichtung der österreichischen Soldaten in der Infanterie ist die logische Folge des Gesagten, man erwartet Nichts vom Men= schen, Alles von der Vollkommenheit der Dressur. Da der Soldat nicht nachdenken darf, so folgt, daß man ihn so viel lehren muß, daß er niemals in den Fall komme, nachzubenten, sondern nur das Eingedrillte anzuwenden. Der Mensch ist ein außerordentlich sonder= bares Wesen, er wandelt sich immer in das um, für was man ihn im praktischen Verkehr nimmt. So z. B. sagt ihm nicht, daß er ein

Mensch sei, und haltet ihm keine Reden über sittliche Würde, über seinen hohen Beruf u. s. w., sondern verkehrt mit ihm, wie mit einem Menschen, und er wird sich geistig und moralisch entwickeln. Um= gekehrt: erzählt ihm zwanzig Mal am Tage von Menschenwürde und allem Uebrigen, geht aber gleichzeitig mit ihm um, wie mit einem ausgemachten Narren oder wie mit einem Thiere, und so breit ihr ihm auch von Menschenwürde u. s. w. erzählt haben möget, er stumpft trotzdem ab und wird gewissermaßen zum Thier.

Dies bestätigte sich bei dem österreichischen Soldaten mehr als irgend sonst: was für Leitfäden für ihn auch geschrieben wurden, er konnte sich trotzdem nicht orientiren und hatte keine Vorliebe für das Bayonnet. Die Verfasser der Instructionen haben vergessen, daß der Krieg auch deswegen besonders gut ist, weil man ba keine Repetitio= nen vornehmen kann; daß diejenigen Ereignisse, welche den Menschen am meisten in Bestürzung versetzen, keine Wiederholung zulassen und der Erfolg nicht davon abhängt, wie viel der Soldat auswendig ge= lernt hat, sondern in welchem Maße er die freie Verfügung über seine Fähigkeiten als Mensch, b. h. über seinen Verstand und seinen Willen behalten hat. Hier stellt es sich auch klar heraus, daß, wo der Mensch wirklich geachtet wird, b. h. der That, nicht dem Wort nach, er immer ungezwungener, freudiger, energischer sein wird.

Um zu zeigen, bis zu welchem Grade man in Oesterreich sich bemüht, den Verstand des Soldaten der Arbeit zu überheben, führe ich einige Stellen aus der österreichischen Rekrutenschule an.*)

„Wenn sich zwischen dem Schützen und dem Feinde ein kleiner Fluß, ein Bach, ein Teich und dergl. mehr befindet, so deckt sich Ersterer durch seinen Tornister, welcher ihm zugleich zum Auflegen seines Gewehres dienen wird.

„Gräben, deren Tiefe nicht über 4½ Fuß und deren Richtung der Front des Feindes parallel ist, sind sehr vortheilhaft.

„Wenn sie tiefer sind, als angegeben, b. h. wenn man, auf ihrer Sohle stehend, nicht feuern kann, so soll der Schütze sich auf dem Abhange, welcher dem Feinde am nächsten ist **), kleine Stufen

---

*) Das nachfolgende Citat ist nicht vollkommen wörtlich mit den Nr. 776 u. flgde. Seite 193 des Abrichtungs-Reglements für die k. k. Linien= und Grenz-Infan= terie. 1851. übereinstimmend. — In dem Abrichtungs-Reglement für die k. k. Fuß= Truppen 1862 ist die Auffassung modificirt. .   Anm. b. Uebers.

**) Das Reglement von 1851 sagt wörtlich: „Und zwar auf jener Seite, von welcher der Feind kommt."   Anm. b. Uebers.

abgraben, damit er darauf treten kann, um gedeckt zu feuern und das Gewehr aufzulegen.

„Zum Laden tritt er auf die Sohle des Grabens zurück, während unterdeß sein Kamerad seine Stelle einnimmt.

„Wenn der Abhang des Grabens sehr sanft ist, so legt sich der Schütze dahinter nieder oder kniet so, daß er mit aufgelegtem Gewehr schießen kann und nicht zu viel Blöße giebt. Wenn er den Schuß abgegeben, so zieht er sich so weit zurück, daß er beim Laden vollständig gedeckt ist.

„Einzelne Bäume geben eine vortreffliche Deckung, entsprechend ihrer größeren oder geringeren Dicke.

„Der Schütze soll sich so mit dem Leib gegen den Baum stellen, daß er sich mit der linken Hand leicht dagegen stützt. (!) .

„Zum Feuern lehnt er das Gewehr und den linken Vorderarm an die rechte Seite des Baumes, streckt den Kopf nur so weit vor, als es zum Zielen erforderlich ist, indem er den Körper möglichst zurücknimmt." *)

Dieser kurze Auszug wird hinreichen, um über den Geist der österreichischen Rekrutenschule urtheilen zu können.

Krankhaftes Streben nach erschöpfender Genauigkeit in solchen Dingen, wo sie keinen Sinn hat, der übermäßige Wunsch, die geringste Bewegung des Schützen reglementarisch festzustellen und ihm die beständige Sorge um seine Deckung einzuprägen, eine Sorge, welche im Gefecht auch ohne dies mächtig genug ist, — das sind die characteristischen Züge des österreichischen Reglements.

Man kann hierbei nicht umhin, sich den Rekruten vorzustellen, wie er eben vom Pfluge gekommen ist, erschreckt, verwirrt, der aber zu Hause Versteck gespielt und folglich ganz vortrefflich die Terrainbenutzung für den einzelnen Mann gelernt hat, und neben ihm den Lehrer, der ihm in keineswegs scherzhaftem Tone diese Benutzung der Terraingegenstände weitläufig erklärt, die Art, wie er den Tornister hinter einem Teich ablegen, die linke Schulter gegen den Baum lehnen soll u. s. w. u. s. w. Das Bild der geistigen Entwickelung, welche bei diesem System möglich ist, ergiebt sich von selbst.

Die übrigen Theile des österreichischen Reglements sind nicht minder umständlich geschrieben, aber vollkommen in demselben Geiste.

---

*) Nach Thunlichkeit verfagt.   Anm. d. Ueberf.

Die Ideen, welche man zu Grunde gelegt hat, sind vortrefflich, aber sie werden wieder in einer Form verwirklicht, welche als die beste für alle Fälle anerkannt worden ist und die man daher nur zu erlernen braucht, um den Feind zu schlagen.

Besondere Aufmerksamkeit verdient in dieser Beziehung das „Manoeuvrir-Reglement", welches beweist, daß die besten Grundsätze zu Nichts führen, wenn sie Leuten in die Hände gerathen, welche die einfache Sache nicht begreifen, daß, wenn der Mensch selbst nicht aus= gebildet ist, die Form nichts hilft.

In diesem Reglement ist sogar angeordnet:

1) die Unabhängigkeit der Bataillone in der Brigade, der Bri= gaden in den Corps, in der Art, daß ihre gegenseitige Aufstellung der Reihenfolge nach nicht immer dieselbe zu sein braucht, sondern geändert wird, je nach der Bequemlichkeit der Entwickelung und anderen Um= ständen;   .

2) bei den Manoeuvres mit mehreren Bataillonen sollen Com= mandos und Signale durch herumgeschickte Befehle ersetzt werden;

3) möglichste Schonung der Reserven.

Aber bei der pedantischen Art, diese Grundsätze zu verwirklichen, und bei der vollständigen Mißachtung der Eigenthümlichkeiten des Menschen führt die Schonung der Reserven dazu, daß die Oester= reicher ihre Kräfte getheilt zum Schlagen verwenden, das gewalt= same äußere Einprägen der tactischen Regeln dazu, daß sie entweder fast ohne Vorbereitung zum Angriff mit dem Bayonnet übergehen, wie im letzten Kriege, oder aber, wenn sie dem Feinde unerwartet gegenüber treten, ihre Attaque durch Artillerie vorbereiten, d. h. dem Feinde Zeit lassen, sich zu besinnen.*) Sie lösen diejenigen Abthei= theilungen ab, welche kaum Zeit gehabt haben, sich zu raufen, und zerstören so die Frische der Truppen, während sie gleichzeitig nicht die ganze Anstrengung ausgebeutet haben, deren dieselben fähig sind.

Die allgemeine Folge hiervon sind zwar vollkommene, aber todte Formen; ein Wissen, welches den Truppen durch fortgesetzte pedan= tische Belehrung eingelernt worden ist, und vollkommene Unfähigkeit, dies Wissen nach den Umständen zu verwerthen; außerdem: vollstän= diger Mangel an Initiative, in Folge der Furcht vor der Verant= wortlichkeit, äußerste Empfindlichkeit dergestalt, daß der unbedeutendste

---

*) Treffen bei Palestro 1859.

Mißerfolg die Führer zu der Ueberzeugung bringt, daß schon alles Mögliche geleistet und daß fernerer Widerstand unmöglich sei.

So war es vor dem italienischen Feldzuge von 1859, und dieser Zustand ist trotz der Reformen und Umbildungen unverändert geblieben; er änderte sich darum nicht, weil alle Umänderungen nur eben die Form betrafen und der Mensch, wie früher, vergessen wurde. Und da, wo man nicht nur vom Menschen keine Energie fordert, sondern sie im Gegentheil fast fürchtet, muß natürlich das Bestreben entstehen, sie durch mechanische Vollkommenheit der Organisation, durch gute Herstellung des Materials u. dergl. zu ersetzen. Hierbei wird Eins vergessen: daß die Mittel an und für sich nichts ausrichten, daß sie ihre Kraft nur in der Hand eines lebendigen, nicht abgestumpften, denkenden Menschen bethätigen.

Dagegen stoßen wir in der österreichischen Armee auf eine merkwürdige Erscheinung: die Ungarn, Polen, Czechen sind, jeder für sich, tapfer und haben dies durch viele glänzende Thaten bewiesen, aber die österreichische Armee, die doch aus diesen tapferen Volksstämmen zusammengesetzt ist, schlägt sich durchaus nicht standhaft und verliert immer eine Masse von Gefangenen. Die schädlichen Seiten des allgemeinen Systems müssen unvermeidlich bei der Infanterie, als bei derjenigen Truppengattung, welche nur aus Menschen besteht, stärker hervortreten, bei den übrigen Truppengattungen wird dies schwächer sein, denn bei der Cavallerie findet der Mensch einige Rettung durch das Pferd, bei der Artillerie um der Geschütze willen.

Cavallerie: Die Ausbildung der Cavallerie hat seit dem italienischen Feldzuge ungeheure Fortschritte gemacht. In der Ausbildung des einzelnen Reiters ist sie gegenwärtig eine der ersten Europa's und steht in dieser Beziehung unvergleichlich höher als die preußische.

Ihre Ausrüstung verdient gleichfalls besondere Aufmerksamkeit: Die Bekleidung ist außerordentlich einfach,*) frei von allen Verzierungen. Die österreichische Cavallerie verdankt die rationellen Einrichtungen in den angeführten Punkten vorzugsweise dem Baron

---

*) Ich sah dies bei den Gefangenen. Die Bekleidung aller Cavallerie-Truppen, mit Ausnahme der Husaren (und der ungarischen Infanterie), ist einfach, aber dort werden die enganliegenden Beinkleider und die sonstigen Verzierungen durch die nationalen Gewohnheiten der Ungarn bedingt, Gewohnheiten, denen man in Armeen, wo man nur im Geringsten begreift, daß dergleichen auf den Geist der Truppen

Edelsheim, welcher bei der Armee Benedek's die erste leichte Cavallerie-Division führte.

Edelsheim ist unstreitig einer der bedeutendsten Cavalleristen unserer Zeit, er gehört zu den in der österreichischen Armee seltenen Männern, welche ihre Carriere im Kriege erobert haben. Bei Solferino commandirte er das Regiment, welches die die linke Flanke Mac Mahon's deckende Cavallerie über den Haufen ritt. Diese glänzende That hob ihn empor. Nachdem er später das Vertrauen des Kaisers erworben, legte er die Hand an Verbesserungen. Der streng logische Zusammenhang derselben mit den Gefechtsprincipien und ihre Freiheit von dem in der regulairen Cavallerie Hergebrachten zwingen zu dem Glauben, daß Edelsheim seine Umänderungen nicht allein auf persönliche Versuche, sondern auch auf die Erfahrungen aller Jahrhunderte gegründet hat, mit einem Wort, daß er nicht nur die cavalleristische Praxis seiner Zeit, sondern auch die Geschichte des cavalleristischen Wesens gleich genau kennt. Das Schicksal dieses Mannes ist belehrend, als ein Beweis, was eine einzelne Persönlichkeit, mit starkem Bewußtsein ihres Berufs, leisten kann. Als er noch Escadrons-Commandant war, hat Edelsheim mehr als einmal im Arrest gesessen, weil er auf dem Marsch seine Schwadron nicht Schritt reiten ließ. Nichts desto weniger beharrte er bei seinem Verfahren, so daß man ihn sogar zur Entsetzung von seinem Commando verurtheilte. Freilich war seine Schwadron in der That immer in vortrefflichem Zustande.

Ich weiß nicht, wem Edelsheim es verdankt, daß er schließlich doch Regiments-Commandeur wurde, aber der glückliche Zufall, der ihn in die Lage gebracht hatte, sich auf dem Schlachtfelde von Solferino hervorzuthun, entschied seine Carriere.

Die Grundlagen seines Systems sind:

möglichst größte Entwickelung der Gewandtheit des einzelnen Reiters;

Gewöhnung an Ueberwindung von Hindernissen, derart, daß er z. B. im Frieden häufig ziemlich breite Flüsse durchschwimmen ließ;

---

influirt, unbedingt gerecht werden muß. In Oesterreich dachte man in früheren Jahren, auch hiergegen vorgehen zu können, um Gleichmäßigkeit in der Bekleidung der Infanterie zu erreichen, doch zeigte es sich in der Folge, daß die Soldaten der ungarischen Regimenter unter den reglementsmäßigen weiten Hosen trotzdem ihre engen zu tragen fortfuhren. Später stand man von diesem Anschlage auf die nationalen Gewohnheiten ab.

starke Märsche, englischer Trab, ausgenommen beim Parademarsch;

Abschaffung der Cüraffe bei den Cüraffiren;

Aufhebung des Begriffs der Inverfion beim Deployiren.

Man mag sagen, daß in der letzten Campagne die österreichische Cavallerie durch ihr Verhalten die Brauchbarkeit des Edelsheim'schen Systems nicht eben sehr dargethan hat: ich antworte, daß, wenn dies unbedingt richtig wäre, der Grund dafür doch wohl mehr in allgemeinen moralischen Ursachen zu suchen sein würde, welche nachtheilig auf die Armee einwirkten. Es ist aber Thatsache, daß eine solche Meinung keineswegs richtig ist, wie wir in der Folge sehen werden, davon gar nicht zu reden, daß eine Cavallerie schaffen und sie zu gebrauchen zwei ganz verschiedene Dinge sind.

Artillerie: Die österreichische Feld-Artillerie befindet sich gegen= wärtig in ganz vorzüglichem Zustande: sie hat nur zwei Caliber, das 4pfündige und das 8pfündige. Die Front=Artilleristen kennen die Tactik ihrer Waffe vortrefflich: eine wirkliche Gefechts=Tactik, nicht die Friedens=Tactik. Besonders schlagend tritt bei den österreichischen Artilleristen hervor: resignirte Selbstaufopferung und Freiheit von zwei Vorurtheilen, welchen viele andere Artillerien unterworfen sind:

1) daß der Verlust eines Geschützes gleichbedeutend mit dem der Fahne sei,

2) daß die gezogene Artillerie nicht näher an den Feind heran= gehen dürfe, als ihre größte Wirkungsweite ist.

Die österreichischen Artilleristen begreifen sehr gut, daß man da, wo die Menschen zu Tausenden geopfert werden, nicht ein Stück Metall schonen darf, daß dasselbe seine höchste Bestimmung erfüllt, wenn es dem Feinde den größtmöglichen Schaden zufügt, und daß dies zu erreichen der Artillerie unmöglich ist, wenn sie sich nicht der Gefahr aussetzen will, gefangen zu werden.

Die Schlacht bei Königgrätz zeigt die ganze wohlthätige Be= deutung derartiger, wirklich kriegsgemäßer Anschauungen für die Armee, deren Artillerie davon durchdrungen ist.

Der Gewohnheit, ihre Artillerie im Unglück nicht zu verlassen, kann sich die österreichische Infanterie nicht rühmen.

Der österreichische Generalstab zeichnet sich durch gelehrte Pe= danterie aus, bei völligem Mangel an practischem Wesen. Man versteht wohl, Berechnungen am grünen Tisch zu machen, nicht aber seine Pläne durchzuführen. Dispositionen und Instructionen faßt man lang und mit der Absicht ab, Alles so vorzuschreiben, daß der Truppen = Befehlshaber bei der. Ausführung weniger in die Lage kommt, zu denken, als vielmehr sich zu erinnern, welchen Paragraphen er in dem oder jenem Augenblick anzuwenden hat.

Die Ursache einer solchen Richtung des österreichischen General= stabes möchte ich so erklären: Vertreter der theoretischen Kenntnisse in einer Armee, in welcher der Geist der Officiere nicht zur Erwer= bung dieser Kenntnisse hinneigt, gerathen die Officiere des General= stabes unvermeidlich in eine isolirte Stellung. Daher giebt es unter ihnen wahrscheinlich eine große Anzahl, welche an ihre unfehlbare Ueberlegenheit über die Front = Offiziere nur deshalb glauben, weil sie Kriegsgeschichte kennen, unglücklicherweise aber nur halb. Ihrer= seits können die in der Front dienenden Officiere nicht umhin, durch einen derartigen Eigendünkel sich verletzt zu fühlen, um so mehr, als derselbe bei der Berührung mit der Praxis häufig nicht gerechtfertigt erscheint und zu höchst lächerlichen Irrthümern führt, wenn das Ge= spräch von dem Leben der Truppen handelt.

So überschätzen sich die Einen; die Andern meiden jene mehr, als sie verdienen, und diese beiden Kräfte, anstatt Hand in Hand zu gehen, lähmen und vernichten einander, da sie nicht genug Berüh= rungspunkte und folglich kein gegenseitiges Verständniß für einander besitzen.

Das Ingenieur = Corps zeichnet sich durch dieselbe gelehrte Pe= danterie in seinem Fach und Mangel an practischem Sinn, wo es zur That kommt, aus. Die mißglückte Sprengung der Brücke von Neu=Magenta 1859 und die pedantische Sorgfalt beim Bau der Feld= Besestigungen, welche ich 1859 in Italien und 1866 auf dem Schlacht= felde von Königgrätz zu sehen Gelegenheit hatte, dienen als genügende Bestätigung dafür, um so mehr, als auch die allgemeine Idee der Anordnung nicht immer rationell war.

Bestand der österreichischen Armee.

Die Armee ergänzt sich durch Conscription, der mit geringen Ausnahmen alle österreichischen Unterthanen, welche das 20. Lebens= jahr erreicht haben, unterliegen. Das jährliche Contingent beträgt 80—85,000 Mann. Man kann sich von der Conscription loskaufen. Die Dienstzeit beträgt: 8 Jahr im stehenden Heer, 2 Jahr in der

Reserve. Letztere wird im Frieden nicht zusammengezogen. Die
Kürze der Dienstzeit in der Reserve bildet die schwache Seite der
österreichischen Organisation, obgleich es nöthig ist, zu bemerken, daß
die Rolle der Reserve im Allgemeinen mehr die Urlauber aus dem
activen Dienst spielen, als die besonders so benannte Reserve.

Jedes Infanterie= und Cavallerie=Regiment wird beständig aus
einem und demselben Bezirk einer Provinz rekrutirt, nur die Special=
Waffen ergänzen sich aus allen Theilen des Reiches, die Flotte aus
den Küstenprovinzen.

Demzufolge stellt die österreichische Armee ein Amalgam von
Regimentern dar, welche aus einer Volksmasse zusammengesetzt sind,
deren einzelne Theile nicht nur nicht durch gemeinsame Interessen ver=
bunden sind, sondern einander, besonders aber dem herrschenden deutschen
Volksstamme, feindselig gegenüber stehen. Dies erschwert die Befehls=
führung in der Armee ganz außerordentlich und macht ihre Ueber=
führung auf den Kriegsstand sehr complicirt. Die Feld=Regimenter
werden niemals in den Provinzen bislocirt, aus denen sie sich er=
gänzen, denn man hält es für gefährlich, sie in ihrer Heimath oder
deren Nähe zu lassen. — Für nicht minder gefährlich hält man, ihnen
Officiere ihrer eigenen Nationalität zu geben. Daher kann es zwischen
den Vorgesetzten und den Untergebenen nichts Gemeinsames geben,
denn beide Theile haben als Verständigungsmittel nur die Commandos.

Unter solchen Umständen ist es unnütz, an andere Mittel der
Entwickelung, wie z. B. Lesen und Schreiben, auch nur zu denken.
Es ergänzen sich:

	Inf.=Regtr.	Jäg.=Btl.	Cav.=Reg.
aus Deutschen . .	8	10	3
„ Slaven . . .	34	17	25
„ Ungarn . . .	23	1	12
„ Italienern . .	8	2	—
„ Molbo=Walachen	7	2	1
	80	32	41

Außerdem: die Militairgrenze und Tyrol, für welche besondere
Festsetzungen gelten.

Die gesammte männliche waffenfähige Bevölkerung vom 21. Jahre
an wird als im Dienst stehend betrachtet; der Grenzer besitzt kein
Eigenthum, er hat nur den Nießbrauch des Landes, so lange er dient.
Außerdem hat er nicht das Recht, irgend ein Handwerk zu treiben;

weder der Officier noch der Soldat darf Land kaufen. Im Kriege bilden die Grenzer 14 Regimenter und 1 besonderes Bataillon (Titler Grenz=Bataillon). Die Grenzer sind die einzigen nichtdeutschen In= fanterietruppen, welche Officiere aus ihren Landsleuten haben. Tyrol und Vorarlberg ergänzen nur eine regulaire Truppe: das Kaiserjäger= Regiment von 6 Bataillonen. Im Kriegsfall formiren sie zur Landes= Vertheidigung eine besondere Miliz, bestehend aus folgenden Aufgeboten: 1. die Schützen=Compagnien — 6200 Mann, 2. die Freiwilligen= Compagnien, 3. der Landsturm.

Die active Armee besteht aus:

1) Infanterie: 80 Regimenter à 4 Bataillone und 1 Depot= Cadre; aus dem letzteren werden im Kriege 2 Compagnien eines 5., zum Festungsdienst bestimmten Bataillons formirt. Das Bataillon zu 6 Compagnien.

38 Jäger=Bataillone inclf. des Kaiserjäger=Regiments, ebenfalls à 6 Compagnien. Bei jedem Bataillon ein Cadre, um 1 Depot= Compagnie im Kriege zu formiren.

Grenzer: 8 Regimenter à 4 Bataillone, 3 Regimenter à 3 Ba= taillone. Die 4. Bataillone, wo sie vorhanden, zu 4, die übrigen zu 6 Compagnien.

Die Linien=Infanterie ist mit gezogenen Gewehren zu 3 Gran Ladung, die leichte Infanterie mit - Stutzen mit zweischneidigem Bayonnet bewaffnet. Sie rangirt in 2 Gliedern.

2) Cavallerie: 12 Cürassier=Regimenter à 5 Escadrons, 2 Dra= goner=, 14 Husaren=, 13 Ulanen=Regimenter à 6 Escadrons. Im Kriege scheiden die 5. Escadrons bei den schweren, die 6. bei den leichten Regimentern aus und bilden Depot=Truppentheile zur Aus= bildung von Rekruten und Pferden.

3) Artillerie: 12 Regimenter bestehend aus: 10 Batterien, da= von 9 aus 6—4 pfündigen, 2—8 pfdg. Fuß, 2—4 pfdg. Cavallerie= Batterien à 8 Geschütze, 2 Park=, 4 Festungs=Compagnien und 1 Ra= keteur=Compagnie, — die übrigen 3 Regimenter haben 1—4 pfdg., 4—8 pfdg. Fuß und 5—4 pfdg. Cavallerie=Batterien. Im Kriege kommen noch hinzu: 1 Festungs= und 1 Depot=Compagnie per Re= giment, zur Ausbildung von Rekruten.

Die ganze österreichische Artillerie ist mit gezogenen, broncenen Vorderladungs=Geschützen bewaffnet.

4) Genie=Truppen: 2 Genie=Regimenter à 4 Bataillone zu

4 Compagnien. Beim Uebergang auf den Kriegsstand wird per Bataillon 1 Depot-Compagnie formirt. 6 Pionier-Bataillone à 4 Compagnien.

5) Sanitäts-Compagnien 10, zum Transport der Verwundeten und Errichtung von Verbindeplätzen.

6) Fuhrwesens-Escabrons: 24.

Oesterreich begann die Kriegsrüstungen in den ersten Tagen des März, der erste Schritt hierzu war die Verstärkung derjenigen Truppen, welche sich in Böhmen und Galizien befanden, die Einberufung der Urlauber dieser Truppen und der Befehl, im abriatischen Meere 5 Panzer-Fregatten zum Auslaufen bereit zu machen.

Den Zeitungen wurde streng verboten, irgend etwas über diese Rüstungen zu drucken.

Ende April folgten Anordnungen:

1) diejenigen Regimenter welche im venetianischen Königreich standen, besgleichen diejenigen, welche sich aus demselben ergänzten,*) auf den Kriegsstand zu bringen. Die ersteren wurden auch mit ihren, zur Besatzung des Festungs-Vierecks bestimmten, 4. Bataillonen vereinigt;

2) die activen Bataillone der Grenzregimenter, welche Dalmatien besetzen und die Garnisonen der italienischen Festungen verstärken sollten, mobil zu machen;

3) alle Maßregeln zur schleunigsten Einziehung der Urlauber zu treffen in denjenigen Ergänzungs-Bezirken, wo dies noch nicht geschehen sein sollte.

4) Pferde für Cavallerie, Artillerie, Train anzukaufen.

Der Befehl, die ganze Armee auf den Kriegsfuß zu setzen, folgte diesen Anordnungen sehr bald.

In der Absicht, den Abmarsch der activen Regimenter nach Böhmen und Italien möglichst zu beschleunigen, wurden aus den 4. Bataillonen in Wien, Linz, Gratz, Lemberg und den übrigen großen Städten Local-Brigaden zusammen gestellt; im Mai wurden in den Ergänzungsbezirken aus den Depot-Divisionen im Anfang 5. und später auch 6. Bataillone formirt, welche theils durch Reserven, theils durch Freiwillige sich ergänzten.

---

*) 8 Infanterie-Regimenter, 2 Jäger-Bataillone; 3 dieser Regimenter standen in Böhmen.

Erst nach Beendigung der Completirung dieser Truppentheile, wurde die Bildung freiwilliger Jäger=Corps in Wien, Steyermark, Böhmen und Ungarn, sowie einer Legion zu Pferde in Galizien beschlossen. Anfangs Juni wurde eine 2. Rekrutirung im ganzen Reich, mit Ausnahme der Provinzen, welche besondere Gerechtsame besaßen, an= gekündigt, und 5 neue Jäger=Bataillone formirt.

Der Mangel an Aerzten bewog die Regierung, bereits bei dem Beginn der Rüstungen, practische Aerzte aus dem Civilstande zum Dienst aufzufordern, die dreimonatliche Prüfung zuvor wurde auf= gehoben, eine Entschädigung von 200 Gulden für Ober=, 100 Gulden für Unterärzte festgesetzt, außerdem Reisegelder. Um die Bedürfnisse für die Armee sicherzustellen, wurden schon im Mai Contracte zur Errichtung von Magazinen in Böhmen und Italien abgeschlossen.

Zur Pflege der Verwundeten ordnete das Kriegs=Ministerium die Errichtung von Lazarethen auf den Hauptbahnlinien, an schiffbaren Flüssen, von großen Städten entfernt, in abligen Schlössern und Staats=Gebäuden an. Viele Lazarethe wurden der Sorge von Civil= Aerzten, städtischen Comites und Privat=Personen anvertraut.

Die Bevölkerung entsprach dieser Aufforderung mit mehr Theil= nahme, als man nach der Apathie erwarten durfte, in die sie durch Oesterreichs innere Politik versetzt worden war. Was man möglicher= weise allein aus Neigung für die Regierung nicht gethan hätte, das war man bereit, aus Haß gegen Preußen zu thun.

Die Mittelklasse war erbittert auf die Anstifter des Krieges, welcher ihren auch ohne dies schon schwankenden Wohlstand zu ver= nichten drohte. Der Adel war gleichfalls bereit, einige Opfer zu bringen, denn die preußischen Tendenzen der Einigung Deutschlands drohten die Ordnung der Dinge in Oesterreich umzustürzen, unter deren Schutz der Adel sehr glücklich war, ohne sich um das Elend des Volkes zu kümmern. Diese Befürchtungen sind es, welche bewirkten, daß nicht allein in den deutschen, sondern auch in den übrigen Pro= vinzen der gebildete Theil der Bevölkerung vor dem Kriege der Re= gierung ziemlich günstig gestimmt war.

Aber diese Stimmung besaß doch keine besondere, innere Kraft, was sich auch in dem sehr bescheidenen Maß der zum Besten der Armee gegebenen Spenden äußerte.

Gegen die Italiener herrschte nicht einmal die schwache Erregung, welche die Preußen hervorriefen, viele österreichische Unterthanen fanden sogar das Bestreben derselben, ihre Mitbrüder von der Fremdherrschaft zu befreien, sehr natürlich.

Nach den Etats-Zahlen betrug die Stärke der österreichischen Armee vor dem Kriege:

80 Regimenter Infanterie — 240 Bataillone	= 258,000	Mann
80 4. Bataillone — 80 Bataillone	= 80,000	„
43 Jäger-Bataillone (incl. der neuformirten) .	= 46,000	„
14 Grenz-Regimenter — 42 Bataillone . . .	= 42,000	„
12 schwere Cavallerie-Regimenter — 48 Escabr. 29 Linien-Cavallerie-Regimenter — 145 „	= 32,000	„
12 Artillerie - Regimenter — 120 Batterien 960 Geschütze .	= 43,000	„
2 Genie-Regimenter — 8 Bataillone . . .	= 7,000	„
6 Pionier-Bataillone — 6 Bataillone . . .	= 6,000	„
10 Sanitäts-Compagnien	= 2,000	„
24 Fuhrwesens-Escabrons	= 24,000	„
Tyroler-Miliz	= 6,000	„
Freiwilligen-Corps	= 12,000	„
	558,000	Mann

Depot-Truppen:

80 5. und 6. Bataillone	= 160,000	„
41 Escabrons	= 7,000	„
8 Genie-Compagnien	= 1,000	„
	168,000	Mann

Hierbei ist nöthig, zu berücksichtigen, daß der Unterschied zwischen den Etats- und Effectiv-Zahlen, wenn man nach Gerüchten urtheilen darf, sehr bedeutend gewesen sein soll. Zu meinem Bedauern habe ich verläßliche Daten über die österreichische Armee nicht viel sammeln können. Alle activen Truppen, mit Ausnahme einer Division, welche zu den Bundesgenossen abcommandirt war, und der Truppen, welche Dalmatien schützen sollten, traten excl. des größten Theils der 4. Bataillone und 19 Batterien in den Bestand der italienischen und böhmischen Armee über.

Um diese Truppen in die Armeen zu vertheilen, mußte man 2 neue Armee-Corps errichten, was beweist, daß die Organisation von Armee-Corps im Frieden keinen Nutzen gewährt. Die Nordarmee, dem General-Feldzeugmeister Benedek anvertraut, bestand aus 7 Corps und 5 Cavallerie-Divisionen.

1 Corps bestand aus:

1) 4 Brigaden (die Divisionseintheilung war nach der italienischen Campagne abgeschafft worden), jede aus 2 Infanterie = Regimentern, 1 Jäger = Bataillon, 1—4 pfündigen Batterie, 1 Escabron*) und 1 Genie=Compagnie bestehend,

2) der Geschütz = Reserve von 6 Batterien mit 1 Escabron als permanente Bedeckung,

3) 1 Pionier=Bataillon und 4 Genie=Compagnien,

4) 1 Sanitäts=Compagnie,

5) 2 Feldlazarethen,

6) 1 Telegraphie=Abtheilung.**)

Abweichend hatte das III. Armee=Corps 5 Brigaden, davon 1 nur aus 5 Bataillonen: 1 Grenz=Regiment und 2—4. Bataillonen bestand. Die 1. leichte Cavallerie = Division bestand aus 3, die 2. aus 2 Brigaden***); die 3 Reserve = Cavallerie = Divisionen jede aus 2 Brigaden†).

In Summa zählte die Nordarmee:

199 Bataillone, 163 Escabrons, 648 Geschütze, 6 Pionier=Ba=taillone, 12 Genie= und 5 Sanitäts=Compagnien.

Zu dieser Stärke muß man noch die sächsische Armee hinzurechnen, bemerkenswerth durch ihren vortrefflichen Geist und dadurch, daß von den kleinen deutschen Armeen sie allein zu rechter Zeit fertig war.

In Bezug auf ihren Geist und die Bildung ihrer Officiere steht sie der preußischen Armee ziemlich nahe, was sich auch im Gefecht äußerte. Trotzdem die sächsische Armee die verschiedenen Gefechte gegen die Nordmasse der Preußen überall mitmachte, ergriff sie niemals die Zündnadel = Panique, sie schlug sich überall vortrefflich und zog sich sogar nach der Niederlage von Königgrätz in weit besserer Ord=nung zurück, als die österreichischen Corps, welche in Reserve gestanden und am Gefecht nur sehr geringen Antheil genommen hatten. Die sächsische Armee bildete ein Corps in der Stärke von 20 Bataillonen, 16 Escabrons, 58 Geschützen, in 2 Infanterie=, 1 Cavallerie=Division

---

*) Bei dem III., VII. und X. Corps hatte je 1 Brigade kein Jägerbataillon.

**) Beim IV. Corps waren keine Genietruppen, beim VIII. und X. keine Ge=nietruppen, Pioniere, Sanitäts = Compagnie und Feldlazarethe. In Betreff der Telegraphie=Abtheilungen habe ich keine verläßlichen Nachrichten.

***) Jede aus 2 Regimentern mit 1 Cavallerie=Batterie.

†) In der Brigade 3 Regimenter und 1 Batterie.

und der Reserve-Artillerie. Jeder der 2 Infanterie-Divisionen waren 2 Escadrons zugetheilt. Die Artillerie bestand zur Hälfte aus ge=zogenen Geschützen preußischen Systems, zur Hälfte aus Haubitzen. Zu jeder Infanterie-Division waren 2, zur Cavallerie-Division 1 Bat=terie commandirt, die übrigen 5 Batterien bildeten die Reserve-Artillerie.

Characteristik der Haupt-Persönlichkeiten.

Benedek, der Sohn eines unbemittelten ungarischen Arztes oder Apothekers, verdankt seine Stellung einer beispiellosen, persönlichen Tapferkeit und, bei der in Oesterreich herrschenden Ordnung der Dinge, einem ausnahmsweisen Glück. Er ist über 60 Jahre alt, doch gut conservirt. 1848 entschied er mit seinem Regiment den Sieg von Novara, und nahm Brescia, in das er, als Capuciner verkleidet, sich geschlichen hatte, um zu recognosciren. Bei Solferino wurde er allein nicht nur nicht geschlagen, sondern warf die Italiener zurück und trat den Rückzug nur an, weil die ganze Armee es that. Nach dem italienischen Feldzuge wurde er zum Höchstcommandirenden im venetianischen Königreich ernannt. Der Soldat vergötterte ihn und Benedek wußte diese Liebe zu schätzen.

Seine persönliche Energie unterliegt keinem Zweifel, er ist un=vergleichlich, wo es sich darum handelt, die Truppen unmittelbar zum Gefecht, zur Erreichung eines ihm gegebenen Zweckes zu führen: doch ist er kaum fähig, sich selbst einen solchen zu bestim=men. Mit einem Worte: obschon hervorragend als Tactiker, ist Be=nedek durchaus kein Stratege. Er ging ungern nach Böhmen, denn er kannte, wie er nach glaubwürdiger Quelle gesagt haben soll, we=der den Kriegsschauplatz, noch den Feind, gegen den er kämpfen sollte.

Dies führt auf den Gedanken, daß Benedek wohl kaum theoretische Vorbildung in militairischen Dingen besitzt, seine Kraft geht nicht über die durch die Praxis auf dem italienischen Kriegs=schauplatze erworbene Routine hinaus. Dort würde er, auch in die=sem Feldzuge, sich wahrscheinlich glänzend bewährt haben.

Der Mangel an theoretischer Vorbildung dürfte besser, als sonst Etwas, die Unentschlossenheit und Schwäche Benedek's bei seinen strategischen Combinationen erklären, denn an practischer Kenntniß des Gegenstandes und persönlicher Entschlossenheit fehlte es ihm ge=

wiß nicht. Jebenfalls hatte er mehr Praxis, als irgend ein preußi=
scher General.

Der Unterschied beider lag also vorzugsweis in der Kraft des
Gedankens, welche bei den letzteren fast ausschließlich auf theoreti=
schem Wege entwickelt worden war.

Zu dieser Einseitigkeit des Talentes, die bei Benedek, als einem
österreichischen Front=Officier, durchaus natürlich war, trat noch der
Mangel an Vertrauen zur Sicherheit seiner Stellung.

Während des Friedens befand sich Benedek in Italien, in der
Voraussicht des Krieges ward er zum Höchstcommandirenden der
Nord=Armee ernannt. Die Stimme des Volkes und der Armee forderte
seine Ernennung, welche allen Sympathien und Hoffnungen entsprach.

War dies der Avers der Medaille, so bildete Benedek's schwan=
kende Stellung in Wien, sein Mißtrauen in sich selbst und in die
Armee die Rückseite. — Dies theilte sich instinctiv dem Haupt=Quar=
tier und von da der Armee mit.

Man sagt, Benedek habe die Bestimmung für Böhmen abge=
lehnt, doch habe man ihn durch die Versicherung beruhigt, aller
Wahrscheinlichkeit nach werde es zum Kriege nicht kommen, anderer=
seits werde er unbeschränkte Vollmacht erhalten.

Wie es nicht zum Kriege kam — wissen wir, und was den
Umfang der Vollmacht betrifft, so war er in der That groß, denn
nicht einmal in der Wahl seiner unmittelbaren Gehülfen war Benedek
frei, geschweige denn in der Auswahl der commandirenden Generale.

So erhielt der Chef des Generalstabes, Henikstein, diese Stelle,
indem man Erwägungen folgte, welche mit dieser so überaus wich=
tigen Bestimmung nichts gemein hatten. Noch während seines Auf=
enthaltes in Italien unterstützte Benedek die Ernennung Henikstein's
zum Chef des Generalstabes, um seine eigenen Interessen in Wien
zu fördern. Für diesen Zweck war die Wahl ausgezeichnet: Henik=
stein war unstreitig sehr fähig, doch hatte er seine Fähigkeiten nicht
sowohl auf seine Vervollkommnung als Militair, sondern in derjeni=
gen Specialität gerichtet, durch die man in Oesterreich leichter em=
porkommt. Als ein außerordentlich thätiger und dabei sarkastischer
Mann hatte Henikstein in kurzer Zeit einen starken Einfluß im Kriegs=
Ministerium gewonnen.*)

---

*) Kritische Bemerkungen.

Bei der Formation der böhmischen Armee wurde Henikstein zum Chef des Generalstabes derselben ernannt; Benedek konnte doch unmöglich behaupten, daß Henikstein, den er vorher selbst als geeignet zum Generalstabs-Chef empfohlen, für seine nunmehrige Stellung nicht tauge.

Man einigte sich zu einem Abkommen, infolge dessen Henikstein in der That nichts, als die Leitung der Feld-Typographie und der Beziehungen zu den fremden Correspondenten übertragen wurde.

In allen militairischen Angelegenheiten hatte die entscheidende Stimme Krismanić, Ablatus des Chefs des Generalstabes, der vordem niemals unter Benedek's Befehl gedient hatte, weshalb es zweifelhaft bleibt, ob er durch ihn ausgewählt worden ist.

Krismanić, obwohl ein Mann nicht ohne Fähigkeiten, läßt doch fremde Ideen nicht gelten, während ihm selbst der nöthige Ueberblick und das Genie fehlt, die Verhältnisse richtig zu beurtheilen und sich schnell zu entschließen.

Außer ihm hat Niemand Einfluß auf Benedek gehabt, und Krismanić war auch nicht der Mann, neben sich Jemand zu dulden, der ihn möglicherweise hätte verdunkeln können.

Von dem anderen Ablatus des Chefs, Neipperg, wird gesagt, daß er militairisch höchst fähig gewesen sei, indessen an einem unter solchen Verhältnissen ungeheuren Fehler gelitten habe — an einer allzugroßen Bescheidenheit.

Von den commandirenden Generalen der Corps der österreichischen Armee müssen als die hervorragendsten bezeichnet werden: Gablenz und Ramming.

Der Erstere commandirte im Jahre 1859 eine Brigade, der schleswig-holsteinische Feldzug brachte ihn zur Geltung und der Erfolg dort war nicht nur ein glücklicher Zufall; bei Trautenau rechtfertigte er das in ihn gesetzte Vertrauen.

Außerdem ist er ein Mann von großer Feinheit und von hervorragender Befähigung für solche Aufträge, welche nicht allein militairische Kenntnisse, sondern auch diplomatische Gewandtheit erfordern.

Ramming galt in der österreichischen Armee für ein militairisches Genie; er war Chef des Generalstabes bei Haynau im ungarischen Feldzuge und bewies sich nicht nur erfinderisch im Ersinnen geeigneter Maßregeln, sondern auch entschlossen in ihrer Ausführung.

Im italienischen Kriege erregte er die öffentliche Aufmerksamkeit durch seinen Vorschlag nach der Schlacht von Magenta: nicht auf Mailand zurückzugehen, sondern nach Süden und hinter dem Naviglio Grande eine flankirende Stellung einzunehmen. Dieser Vorschlag, obschon nicht ausgeführt, bietet dennoch einen bemerkenswerthen Gedanken dar.

Indessen vereinigt Ramming mit der Fähigkeit, gut zu combiniren, wohl kaum diejenige Hartnäckigkeit und Energie, welche unbedingt nothwendig ist, um die Truppen ins Gefecht zu bringen, und er ist in dieser Beziehung das Gegenstück zu Benedek.

Zum Abschluß der Skizze des Characters der österreichischen Armee gebe ich einen kurzen Ueberblick der Instructionen, welche ihr vor dem Kriege gegeben wurden.

Die Instruction Benedek's.

Die österreichischen Feldherren ertheilten, ähnlich den preußischen, ebenfalls Instructionen, obgleich dies eigentlich ein unnützer Luxus war, denn wie ich mir habe sagen lassen, liest man in der österreichischen Armee Instructionen nicht; die älteren Commandeure thun es nicht, geschweige denn die jüngeren Officiere. Sie lesen sie darum nicht, weil sie die Instructionen für Dinge halten, die gegeben werden — eben nur zur Beruhigung des Gewissens.

Dieses mir aus glaubwürdiger Quelle mitgetheilte Factum kennzeichnet genügend den Grad von Apathie, in welchen die Armee verfallen war und den selbst ein Krieg nicht abschütteln konnte.

Die Allerneugierigsten erkundigen sich höchstens, was dort geschrieben, bei ihren Generalstabs-Chefs. Ja, wie soll man das auch lesen? Die bisher erschienene Hälfte der Instructionen Benedek's umfaßt 18 Seiten klein und eng gedruckt: und mit derartigen Instructionen wandte man sich an Leute, welche keine Lust zum Lesen hatten!

Prinz Friedrich Carl verfaßte Instructionen, welche auf 3 großen Briefbogen, in nicht allzukleiner Schrift, Platz haben.

Unmittelbar vor dem Kriege ist es zum Lernen zu spät, es darf nur nöthig sein, anzudeuten; will man erst jetzt belehren, nun, so nimmt man damit Demjenigen, der nun einmal nichts gelernt hat, auch noch den letzten Rest seines unbefangenen, gesunden Menschen-Verstandes.

Man muß übrigens sagen, daß man eben nur die Instruction zu lesen braucht, um sich zu überzeugen, daß sie von Benedek nichts hat, als — die Unterschrift.

Es ist wohl in der Instruction auch viel Gutes und Vernünftiges, dies ist aber mit einer solchen Masse unwichtiger Kleinigkeiten vermischt, daß es darin verschwindet. Es ist eher eine Dissertation, und zwar keine der besten, als eine Instruction für Truppen, welche der Befehlshaber einer Armee in einem so feierlichen Augenblick, wie es der Beginn eines Krieges ist, ertheilt.

Sie beginnt mit einer Characteristik der Gefechtsweise der Preußen, welche in Allem, was die materielle Seite der Sache betrifft, durchaus gelungen ist, — aber von dem Geist der Armee sagt sie kein Wort. In den verschiedenen Artikeln wird gesagt, daß die Preußen vorzugsweise auf die Wirkung ihres Feuers rechnen, daß sie als Gefechts-Formation die Compagnie-Colonnen allen übrigen vorziehen, daß sie danach streben, stets mit Umfassung einer oder beider Flanken anzugreifen. Es folgen dann endlose Details, wann die Preußen Colonne formiren und wann sie deployiren, wann sie die Treffen wechseln — mit einem Wort, solche Kleinigkeiten, welche von dem reglementarischen Mechanismus doch kein klares Verständniß geben, sondern die Sache nur länger und folglich dunkler machen. In einem Punkte indessen täuschte sich die Instruction, aber freilich machte dieser eine Punkt die ganze vorhergehende Beschreibung zu nichte; die Instruction findet nämlich, daß bei den Preußen der Wunsch nach Deckung bis an und vielleicht noch über die erlaubte Möglichkeit entwickelt sei, „der preußische Infanterist soll kleinlich nach „Deckungen für sich suchen und aus diesen schwer herauszu- „bringen sein, wenn ein Bayonnetangriff unternommen „wird."

Dies hat die Praxis nun gerade nicht bestätigt, wenigstens gegenüber der österreichischen Armee nicht. Die Preußen waren häufiger in der Lage, anzugreifen, als sich zu vertheidigen, und der Erfolg hat gezeigt, daß sie keineswegs den Angriff so wenig liebten, als der Verfasser der Instruction annahm.

Das von der Cavallerie und Artillerie Gesagte ist ziemlich richtig, doch betrifft es wiederum nur die Form des Gefechts, die Stimmung des Menschen ist ganz außer Acht gelassen, wie dies auch von einem Friedens-Kriegstactiker zu erwarten war.

Indem die Instruction nun dazu übergeht, wie hie österreichi=
schen Truppen demgemäß handeln sollen, fällt sie vollkommen in den
Ton einer Abhandlung. Sie beginnt damit, daß die Vorschriften
der Reglements jederzeit ihre volle Geltung behalten, denn das Ver=
trauen in ihren Werth ist die festeste Grundlage des Erfolges im
Kriege.

Augenscheinlich ist hier unter „volle Geltung behalten" eine
sklavische Unterordnung unter die Norm des Reglements zu ver=
stehen, denn eine Aenderung derselben nach der Gefechtslage ist ja
ohne vorherigen Rückzug nicht möglich. Erinnern wir uns, wie
Prinz Friedrich Carl die Bestimmungen über die Formationen auf=
faßt und der Unterschied in den Anschauungen Beider tritt uns klar
entgegen.

Dann beginnen die allgemeinen Wahrheiten, sehr am Platz in
einem theoretischen Leitfaden, aber seltsam in einer practischen In=
struction, denn aus ihnen ist nichts zu entnehmen. So wird daran
erinnert, daß eine urtheilslose, blinde Tapferkeit und unentschlossenes
Umhertappen gleich unstatthaft sind,*) daß, wo verschiedene Waffen
verwendet werden, man der Eigenthümlichkeit einer jeden Rechnung
tragen muß, daß, wenn sie gemeinsam agiren, jede rechtzeitig ver=
wendet werden muß, u. s. w.

Es ist eben mit einem Wort: ein tactisches Gebräu nach der
Friedens=Praxis, in welchem sehr wichtige und große Dinge, wie
die Vorschrift, dem Kanonenbonner entgegen zu marschiren,
mit einer entsetzlichen Menge von Worten versetzt sind, welche unbe=
lebend, weil unbelebt, dasjenige auseinandersetzen soll, was bei
Führern und Soldaten in Fleisch und Blut übergegangen sein müßte.
Doch davon, was im Gefecht das Unerwartete, die Hartnäckigkeit der
Leute wie der Führer, das Vertrauen des Soldaten zu seinen Vor=
gesetzten bedeutet, davon sagt die Instruction kein Wort.

Und so schleppt sich die Erzählung durch eine Einöde tactischer

---

*) Man läßt hierbei außer Acht, daß der Mensch, mit sehr seltenen Ausnah-
men, nicht im Stande ist, ein derartiges Gleichgewicht zu bewahren, und daß, wenn
er sich einem von Beiden zuneigt, es am Besten nach der Seite einer blinden Tapferkeit geschieht, denn zu überlegender Vorsicht führt ihn schon noch der eigene Instinct
der Selbsterhaltung. Nicht diejenigen Truppen werden die Schlacht gewinnen,
welche man noch treiben, sondern die, welche man stets zurückhalten muß. Die
Kühnheit war und wird stets die Haupt-Gottheit im Kriege bleiben.

Rathschläge, wichtiger und unwichtiger, ohne Wahl durch 18 Sei=
ten hin!

Wenn dieses langweilige und todte Einerlei der Darstellung
aber unterbrochen wird, so geschieht es nicht durch Worte, welche,
wie bei Suworow oder Friedrich Carl, zündend durchschlagen, nein!
— sondern durch einen Ausbruch verzweifelter Pedanterie, — der sie
melancholisch und lächerlich zugleich macht.

„Nahe nördlich des Gebirgszuges, welcher Böhmen und Mähren
„von der Lausitz und Schlesien scheidet, beginnt eine Tiefebene, welche
„bis an die Ostsee sich erstreckt und zwischen der Weichsel und Elbe,
„von zahlreichen, stellenweise von Sümpfen und Brüchen beglei=
„teten Gewässern durchschnitten wird.“

So beginnt der Abschnitt „Verhalten der Truppen in
einigen speciellen Fällen mit Rücksicht auf den eventu=
ellen Kriegsschauplatz.“

Nicht wahr, erinnert nicht dieser Eingang mehr an ein Lehr=
buch der Geographie, als an eine Instruction, welche den Truppen
die charakteristischen Züge ihrer Gefechtsweise möglichst scharf und en
relief vorführen oder in's Gedächtniß zurückrufen soll?

Nun, sind denn aber wenigstens die Rathschläge selbst belehrend?
Sehen wir zu!

Der erste lautet, daß im durchschnittenen Terrain Divisions=
Colonnen (von 2 Compagnien), im offenen dagegen Bataillonsmassen
verwendet werden sollen; der zweite, daß, wenn ein Truppentheil
vom Artilleriefeuer sehr leidet, man seine Stellung ein wenig ändern
solle; der dritte, daß in der Defensive die Infanterie sich hinter Ter=
raingegenständen decken oder niederlegen soll u. s. w. Warum dies
allein für die preußische Tiefebene und nicht für jedes Terrain paßt,
ist schwer zu begreifen.

Noch ein Beispiel derselben Art: — das Capitel vom kleinen
Kriege, welches also beginnt:

„Der kleine Krieg umfaßt alle jene Unternehmungen im Felde,
„bei welchen mit geringen Kräften wichtige Resultate erzielt werden
„sollen, nämlich: den Sicherheits=, Ausspäh= und Kundschaftsdienst,
„Hinterhalte, Ueberfälle einzelner Posten im freien Felde, in Wohn=
„orten oder in Schanzen u. s. w.“ Die Definition allein braucht bei=
nahe eine Seite!

Der schulmäßig theoretische Standpunkt des Verfassers sieht aus jedem Buchstaben dieser „Definition" heraus.

In den allgemeinen Vorschriften, welche den Anweisungen der Instruction beigegeben sind, findet sich endlich ein Hinweis auf eines der Grund=Principien der Kriegs=Kunst — auf die kameradschaftliche, gegenseitige Rücksichtnahme im Gefecht; — aber wo finden wir sie? Zwischen Artikeln über die Einreichung täglicher Rapporte, und dar=über, daß die Berittenen während des Gefechts zu Pferde bleiben müssen.

.... Es ist nicht schwer, zu entscheiden, ob ein Mensch, der das Wesen der Sache nicht kennt, es aus einer solchen Instruction kennen lernen kann.

Weiter finden wir, daß die Tapferkeit der Officiere eine sehr gute Sache ist, aber sie darf sich nur am rechten Orte und zu rechter Zeit zeigen, denn — setzt die Instruction hinzu — „eine Abthei-„lung, welche alle ihre Officiere verloren hat, ist in den meisten Fäl=„len als kampfunfähig zu betrachten."

Dies ist wohl ein offenes Geständniß, daß das österreichische Ober=Commando das Vorhandensein jener furchtbaren Gewalt, welche der persönliche Unternehmungsgeist jedes einzelnen Soldaten heißt, auch nicht einmal ahnt. Auch jetzt noch bildet das Ober=Commando sich ein, daß eine Truppen=Abtheilung, welche in Unordnung ge=rathen, zu einem regellosen Haufen wird, der nicht im Staube ist, zu kämpfen.

Mit einer solchen Auffassung kommt man über die parademä=ßige Vollkommenheit nicht hinaus. Die Unordnung ist im Gefecht unvermeidlich. Man muß darum schon im Frieden weniger für die mechanische Ordnung, als für die im Innern der Truppe sorgen; ist nämlich die letztere vorhanden, so wird eine Truppe, welche zu einer regellosen Masse geworden ist, doch die Möglichkeit bewahren, die ihr ertheilten Aufgaben zu erfüllen.

Uebrigens muß man, um gerecht zu sein, erwähnen, daß man das Wohl des Soldaten nicht ganz vergaß, daß man daran gedacht hatte, ihm seinen Dienst leicht zu machen. .... So wird gestattet, daß, „vorzugsweis bei großer Hitze", die Halsbinden gelockert, die Knopflöcher aufgeknöpft werden,

daß sich die Mannschaft während der Gefechtspausen durch Le=bensmittel stärken kann, ohne jedoch die Reihen zu verlassen, die Infanterie „kann" sich niederlegen, ohne jedoch die Reihen zu verlassen, um sich den Blicken des Feindes zu entziehen.

Man bemerke: nur „kann", nicht sie soll; dies erscheint eher als eine Concession an die menschliche Schwäche, während es eine Maßregel ist, die durch die absolut nothwendige Conservirung der Truppen unbedingt geboten wird.

Man denke ja nicht, daß diese Erleichterungen nur leerer Schall sein sollen; bewahre! Sondern, damit die Vorgesetzten dieselben als Anleitung für ihr Verfahren nehmen, und um sie noch mehr in solcher Freidenkerei zu bestärken, hielt der Verfasser für nöthig, hin= zuzufügen:

„Wenn diese Erleichterungen durch einen Befehl von oben an= „geordnet werden, so erscheinen sie lediglich als eine Fürsorge des „Vorgesetzten und es wird Niemanden einfallen, in ihnen ein Nach= „lassen der Disciplin zu erblicken."

Ein Nachlassen der Disciplin, wenn die Binden gelockert wer= den, oder wenn der Führer einer Truppe sie im Feuer niederliegen heißt.... Bei einer solchen Auffassung konnte man die Resultate voraussehen.

Es ist nunmehr genug gesagt, um den Geist der Instruction zu ersehen und zu urtheilen, ob dieselbe als Anleitung für die Truppen= führer wirklich von Nutzen, und ob sie aus Benedek's Redaction her= vorgegangen sei. Man hört in ihr denselben Ton, wie in früher angeführten Vorschriften aus der „Rekrutenschule",*) wo dem Schützen, wenn er hinter einem Baum aufgestellt ist, vorgeschrieben wird, an denselben anzulegen, sich mit der linken Hand, der linken Schulter dagegen zu lehnen u. s. w. Eins nur in dieser Instruction gehört Benedek an, daß dem Bayonnet überwiegende Wichtigkeit zuerkannt wird. Dieser große und bedeutende Grundsatz wurde aber viel zu buchstäblich aufgefaßt und da sowohl den Führern, wie den Truppen die nöthige Energie und Hartnäckigkeit fehlte, führte er nur dazu, daß man zur Attaque vorstürzte, fast ohne sie vorbereitet zu haben, und daß nie eine Attaque durchgeführt wurde.

---

*) Abrichtungs-Reglement.

Anm. d. Ueberf.

Instruction des Erzherzogs Albrecht.

Wir wenden uns von diesem tactischen Dunst zu einem wirklich höchst bemerkenswerthen Schriftstücke: ebenfalls zu einer österreichischen Instruction, der des Höchstcommandirenden der italienischen Armee. Wir dürfen sie zweifellos in eine Linie mit der Instruction des Prinzen Friedrich Carl stellen, so sehr zeugt sie von Verständniß der Kriegskunst, des Geistes der eigenen, wie der feindlichen Armee, so sehr endlich von Fürsorge für den Soldaten.

Sie ist auch noch in anderer Beziehung für uns von hohem Werth: sie giebt uns Aufklärung über den Geist und die Gedankenrichtung der österreichischen Befehlsführung. ·

Ich fühle mich darum bewogen, eine kurze Skizze*) derselben zu geben, ·obschon ich die kriegerischen Ereignisse in Italien nicht berühre.

„Die Officiere des Generalstabes sind nicht verantwortlich für „die von ihren Befehlshabern getroffenen Entschließungen.

„Die höheren Führer dürfen niemals den Grundgedanken aus „dem Gesicht verlieren, daß sie das Vertrauen in die eigene Kraft „und Energie stärken müssen, denn ohne beides taugen sie nicht zu „Führern."

Diese beiden Punkte bedürfen keiner Erklärung, sie sprechen für sich selbst. ·

„Selbst fehlerhafte Dispositionen, mit Energie durchgeführt, „haben nicht selten eine schon halb verlorene Schlacht in einen Sieg „verwandelt. . . . Auch den tapfersten General mit den besten Truppen kann ein Mißgeschick treffen, doch wird der Ober=Commandirende ihn in Schutz nehmen, wenn er entschlossen und mit Selbst= „verläugnung gehandelt hat, und die Truppen werden trotz ihrer „Verluste moralisch nicht erschüttert sein.

„Wichtige Schriftstücke müssen doppelt abgeschickt werden.

„Die Sorge für die Bedürfnisse ·des Soldaten ist eine der „wesentlichsten des Befehlshabers. Zur Erhaltung von Mannschaften „und Pferden ist besonders bei forcirten Märschen anzuordnen, daß „die Portionen und Rationen erhöht werden." Das ist freilich mehr werth als das Lockern der Halsbinde.

---

*) Aus dem russischen Text, also nach doppelter Uebertragung.

Anm. d. Uebers.

„Nicht minder wichtig ist es, dafür zu sorgen, daß die Mann-
„schaften zur gehörigen Zeit warme Speisen erhalten; nichts wirkt
„so sehr auf die moralische Kraft der Truppen, als wenn man sie
„häufig bei der Mahlzeit stört, sie abzuessen verhindert, indem sie
„gezwungen werden, die Kessel wieder auszugießen. . . ."

Der auf die Sanität bezügliche Abschnitt der Instruction ist
nicht minder hervorzuheben, er ist vollkommen von dem Gedanken
durchdrungen, an welchem gegenwärtig nur noch Wenige zweifeln,
daß nämlich die medicinischen Maßregeln, welche man bei den Truppen anwendet, weniger wichtig sind, als die hygienischen.

Der zweite Theil der Instruction beginnt mit einer vorzüglichen
Characteristik der italienischen Armee.

„Die sardinische Armee hat nach den letzten Feldzügen große
„Fortschritte gemacht, was die Ausrüstung, Bewaffnung, Ausbildung,
„die Sorge für die Bedürfnisse der Truppen und die Administration
„derselben betrifft, aber in moralischer Beziehung hat sie sich
„nicht gehoben." Dieses Gegeneinanderhalten aller möglichen materiellen Vollkommenheiten gegen das moralische Element ist besonders darum so hervorzuheben, weil es den Beweis liefert von tiefem
Verständniß des Verfassers für das, wovon der Erfolg im Kampfe
abhängt.

„Der einst ritterliche und monarchische Geist der Officiere ist
„wesentlich abgeschwächt in Folge ihrer Vermischung mit Emigranten,
„Freiwilligen und Leuten, welche ihre Fahne gewechselt haben. Un-
„ter der Mannschaft kann der Geist der Zusammengehörigkeit und
„der Hingebung, wie er in der piemontesischen Armee vorhanden
„war, nicht mehr bestehen. In jener Armee bestand jedes Regi-
„ment aus den Bewohnern eines und desselben Bezirks, jetzt aber
„bilden die eigentlichen Piemontesen in den Regimentern nur die
„Minderzahl und sind vermischt mit allen anderen italienischen Stäm-
„men, von denen Viele dem Kriegsdienst, ein beträchtlicher Theil
„der Sache Piemonts abgeneigt ist.

„Alles dies läßt glauben, daß die italienische Armee nicht im
„Stande ist, andauernde Entbehrungen zu ertragen, daß Auflösung
„und Desertion in ihr bald in großem Maße auftreten werden, und
„daß nur beständige Erfolge, als deren Bürgschaft numerisches
„Uebergewicht dienen kann, sie dauernd kitten und das Vertrauen
„auf ihre Kraft in ihr erwecken können."

Die Characteristik der einzelnen Waffengattungen ist ebenfalls treffend, wie die Folgerungen aus ihr auf die Gefechtsweise der österreichischen Truppen.

„Man darf dieser Armee niemals die Möglichkeit bieten, in „kleinen Scharmützeln zu Anfang des Krieges die Oberhand zu be= „halten vermöge ihres numerischen Uebergewichts. Die Italiener „werden dasselbe ausnutzen, um das ihnen fehlende Vertrauen in „ihre Kraft zu stärken und zu vermehren."

Dieser Rath ist im höchsten Grade beherzigenswerth: auf die= jenigen Truppen, welche entweder ihrer Natur nach oder weil sie sich noch nicht in eine einheitliche Masse zusammenfügen konnten, äußere Eindrücke leicht aufnehmen, bringen die ersten Scharmützel einen mäch= tigen Eindruck hervor und bestimmen für lange Zeit, so zu sagen, den Ton der Campagne.

Darum ist es bei den Italienern in der That Kunstregel, selbst bei unwichtigen Scharmützeln, im Anfang einer Campagne möglichst große Truppenmassen ins Gefecht zu ziehen. In der Instruction ist dieser Umstand auch bemerkt und vorgesehen.

Die folgenden Rathschläge sind ebenfalls höchst beachtenswerth. Verweilen wir ins Besondere bei einem derselben, die Artillerie be= treffend; er ist voll von Verständniß für die Gefechtseigenthümlich=. keiten der Artillerie und sehr bemerkenswerth, weil eine völlige Negation der Friedens=Kriegs=Anschauungen von diesen Eigenschaften.

„Dank der bedeutenden Wirkungsweite der neuen Geschütze und „den Fortschritten, welche unsere Artillerie in der Beweglichkeit und der „Fähigkeit, Hindernisse zu überwinden, gemacht hat, bietet sich die Mög= „lichkeit dar, sie selbst auf dem durchschnittenen Terrain des italieni= „schen Kriegsschauplatzes in größeren*) Massen zu verwenden, als „dies bisher geschah. Aber es ist nöthig, sich von der ein= „gewurzelten Besorgniß, Geschütze zu verlieren, frei zu „machen. Wenn die Artillerie ihre Schuldigkeit gethan hat und bei „der Vertheidigung einer Position bis zum letzten Augenblick ihren „Platz behauptet, einige Male den Feind mit Kartätschen zurückge=

---

*) Die Friedens-Feld-Artilleristen behaupten im Gegentheil: da jetzt die Ar- tillerie weiter und besser schießt, so darf man sie auch nicht näher an den Feind führen, als auf die Entfernung, wo ihr Feuer noch angemessen wirkt. Nach diesem Grundsatz hätte man auf dem durchschnittenen Terrain des italienischen Kriegsschau- platzes überhaupt auf ihre Verwendung verzichten müssen.

„worfen und ſchließlich einige demontirte oder der Bedienung beraubte
„Geſchütze verloren hat, dann verdient der Batterie=Commandant Lob
„und Belohnung für ſeine Tapferkeit und Selbſtverleugnung; wenn
„er aber, um ſeine Geſchütze zu retten, eine Poſition zu
„früh aufgiebt und dadurch die Vertheidigung der Infanterie
„ſchwächt, ſo muß er vor ein Kriegs=Gericht geſtellt
„werden.

„Uebrigens wird eine gute Infanterie ihre Geſchütze ſicher nach
„Möglichkeit ſchützen, und im ſchlimmſten Falle iſt ihr Verluſt reich=
„lich bezahlt, wenn die durch den Feind genommenen Geſchütze dieſem
„empfindliche Verluſte zugefügt und zur möglichſt langen Vertheidi=
„gung einer Poſition beigetragen haben.“

Dieſen Grundſatz für die Verwendung der Artillerie finden wir
nirgends ſo klar, mit Bewußtſein und beſtimmt ausgeſprochen, als
hier, nicht einmal in der Inſtruction des Prinzen Friedrich Carl,
von der Inſtruction für die öſterreichiſche Nord=Armee gar nicht zu
reden.

In der letzteren befindet ſich zwar etwas Aehnliches, aber es iſt
gewiſſermaßen träge und ohne Leben ausgedrückt, ſo daß es nicht nur
ſchwierig iſt, den zu Grunde liegenden Gedanken überhaupt zu ent=
decken, ſondern man kann im Gegentheil zu dem entgegengeſetzten
Schluß kommen, nämlich, daß die Artillerie vor Allem auf ihre
Sicherheit bedacht ſein müſſe.

Sehen wir den Beweis:

„Um alſo eine Batterie in den Stand zu ſetzen, den an ſie ge=
„ſtellten Anforderungen entſprechen zu können“ — heißt es an der
betreffenden Stelle — „muß dieſelbe nicht nur durch eine die wechſel=
„ſeitige Unterſtützung begünſtigende Aufſtellung der Truppen jeder
„unmittelbaren Unternehmung des Gegners entzogen werden, ſondern
„es müſſen auch die Bedienungsmannſchaft und die Beſpannung durch
„eine angemeſſene permanente Bedeckung vor jeder Beunruhigung
„durch einzelne feindliche Schützen, Reiter oder durch ganze Abthei=
„lungen, ſowie auch vor Ueberfällen im Geſchütz=Park möglichſt ge=
„ſichert werden.“

Dieſe angemeſſene Bedeckung beſteht aus nicht weniger als 24
Schützen mit 4 Unterofficieren und 1 Officier, oder aus einer Halb=
Escadron. Folglich: iſt einmal dieſe Spielzeug=Bedeckung da, ſo
brauchen die der Batterie zunächſt ſtehenden Infanterie= und Cavallerie=

Abtheilungen sich nicht mehr solibarisch für ihre Sicherheit verpflichtet zu halten?

„Die Bedienungsmannschaften müssen damit vertraut ge= „macht werden, daß sie unter dem Schutze der erwähnten Be= „deckung völlig sicher vor jeder unmittelbaren feinblichen Unterneh= „mung sind." Und wenn nun eine solche unmittelbare Unterneh= mung stattfindet, was dann?

„Die ursprünglich zugetheilte Bedeckung bleibt der Batterie für „alle Fälle."

Selbst den bei der Reserve befindlichen Batterien wird für nöthig erachtet, eine den Verhältnissen entsprechende starke Bedeckung zu geben. Und so geht's über eine Seite lang weiter. Erst am Ende dieses weitschweifigen Abschnitts heißt es:

„Wird eine in der Gefechts=Aufstellung befindliche Batterie von „feinblicher Infanterie oder Cavallerie angegriffen, so hat sie durch „ihr eigenes Feuer bis zum letzten Momente sich zu vertheidigen, „daher die Bedeckung während dieser Zeit — nur bloß ihre Flanken „zu sichern hat." (?)

. Zur Ehre der österreichischen Artilleristen muß gesagt werden, daß sie sich um ihre unmittelbare Bedeckung nicht so viel gekümmert haben, als dies die Instruction vorschrieb.

Nachdem ich so, meinen Mitteln und Kräften entsprechend, einen Ueberblick über den Geist beider Armeen, über die Ideen, welche in ihnen Wurzel gefaßt, und eine Characteristik der Persönlichkeiten ge= geben habe, von denen hauptsächlich der Erfolg des Ganzen abhing, kann ich nunmehr zu der militairischen Action selbst übergehen. Die Einleitung, ich gestehe es, war ein wenig lang. Indem ich mich deß= wegen entschuldige, kann ich nicht umhin, zu meiner Rechtfertigung anzuführen, daß ohne eine solche Einleitung mir die bloßen That= sachen der Kriegs=Geschichte als todtes Material erscheinen, denn man erkennt in ihnen nicht die Factoren, von denen sie vorzüglich abhängig waren und ohne welche man Vieles gar nicht verstehen kann.

III.

Kurze Beschreibung des Kriegsschauplatzes.

Böhmen wird in strategischer Beziehung durch die Elbe und die Moldau in zwei Hälften getheilt: in eine westliche und eine östliche. Für unsere gegenwärtige Betrachtung ist die östliche besonders wichtig. Die Grenze dieses Theils von Böhmen ist vom Erzgebirge bis an die Subeten ungefähr 43 Meilen lang, vom Elbthor bis Troppau gerechnet.

Das Eindringen großer Truppenmassen ist möglich: 1) von Dresden über den Paß von Schluckenau auf München= grätz; 2) von Görlitz und Zittau auf Reichenberg; 3) von Glatz über Nachob und von Landeshut über Trautenau auf Königinhof.

Gitschin bildet den Hauptknotenpunkt dieser Straßen und ist von Schluckenau 5, von Görlitz und der Grenze der Grafschaft Glatz 3 Tagemärsche entfernt. In allen diesen Richtungen liegen vortreff= liche Chausseen. Doch giebt es wenig bequeme Transversal=Com= municationen zwischen ihnen zur Iser nach Norden und zur oberen Elbe im Osten.

Eisenbahnen.

Zwei Eisenbahnen führen nach Böhmen hinein, die eine im Elbthal von Dresden über Theresienstadt, Prag und weiter nach Parbubitz, die andere von Zittau über Reichenberg, Josephstadt und Königgrätz ebenfalls nach Parbubitz. Diese Anmarschlinien werden gesperrt: die westliche durch Theresienstadt, die östliche durch Joseph= stadt und Königgrätz. Doch der transversale Verbindungszweig bei= der — die Strecke Turnau=Kralup — ist durch keine Festung*) ge=

---

*) Wenn man als solche nicht Prag ansehen will, welches die Oesterreicher nicht hielten.

8

schützt, folglich gewährt er bei einer Besetzung Böhmens von Norden her dem Feinde die Möglichkeit, eine (wenn auch zeitweis unter= brochene) Eisenbahn=Verbindung zu bekommen — die Linie Reichen= berg=Turnau=Kralup=Parbubitz. Von Parbubitz gehen beide Linien vereint bis Böhmisch=Trübau, wo sie sich in die Richtungen Olmütz und Brünn verzweigen und da die Knotenpunkte Parbubitz und Trübau nicht gesichert waren, so konnte der Feind die Eisenbahn bis Brünn und sogar bis Wien benutzen. Man ersieht hieraus, daß die Anlage der Eisenbahnen in Böhmen und Mähren in strategi= sche Beziehung kaum als gut combinirt bezeichnet werden kann, es wäre vielleicht vortheilhafter gewesen, die Vereinigung der böhmi= schen Linien bei Königinhof herzustellen, die Zweigbahn nach Brünn nicht bei Böhmisch=Trübau, sondern bei Olmütz beginnen zu lassen.

Die ungenügende Würdigung der strategischen Bedingungen tritt noch fühlbarer hervor bei der Zweigbahn Olmütz=Krakau. Auf einer Strecke von ca. 13 Meilen geht diese Bahn längs der oberschlesischen Grenze hin und ist von dieser nur ca. ³/₄ Meilen entfernt, folglich hatten die Preußen bei Beginn des Krieges keine Schwierigkeit, diese Linie zu unterbrechen, was denn auch geschehen ist.

Vertheidigungs=Abschnitte.

In der Angriffsrichtung gegen Böhmen von Norden her: das Gebirge und die Iser. Chausseen überschreiten diesen Fluß bei Turnau, Pobol, Münchengrätz. In der Richtung von Osten ebenfalls das Gebirge und die obere Elbe. Oberhalb Josephstadt befinden sich viele bequeme Uebergänge. Der Flußlauf der Elbe zwischen Josephstadt und Königgrätz bietet eine vortreffliche strategische Position, ange= nommen selbst, daß die Vereinigung des Feindes bei Gitschin gelun= gen ist. Die Aufstellung zwischen beiden Festungen, Front nach Westen, durch die Elbe gedeckt, ist in doppelter Beziehung vortheilhaft, denn sie gewährt eine active Flankenstellung gegen die Direction Gitschin= Wien und bedroht die nächste Hülfsquelle der Preußen — die Provinz Schlesien, da sie zwischen dieser Provinz und Gitschin liegt.

Die Strecke von der nordöstlichen Ecke Böhmens bis Trautenau ist für große Truppenmassen ungangbar.

Wenn man die Eigenthümlichkeiten des Terrains an und für sich betrachtet, muß man zugeben, daß Böhmen den Oesterreichern außerordentlich große Vortheile, sowohl für die Defensive als auch für die Offensive, bietet.

In Bezug auf die Defensive gewährt es die Möglichkeit, indem man seine Kräfte auf dem Raume Gitschin-Josephstadt-Königgrätz concentrirt hält, sich auf den Feind zu werfen, von welcher Seite er auch kommen mag, und ihn vereinzelt beim Ueberschreiten der Defileen anzugreifen. Für den Angriff sind die Vortheile der Lage Böhmens noch größer.

Hat man seine Truppen in Böhmen concentrirt, so kann man sie sowohl auf Berlin wie nach der Provinz Schlesien dirigiren, ohne daß man durch die Aufstellung der Truppen vor der Zeit seine eigentlichen Absichten zeigt.

Von beiden Angriffsrichtungen war die auf Berlin unstreitig die vortheilhafteste, besonders weil sich auch Sachsen auf Seiten Oesterreichs befand, weil durch Besetzung dieses Landes die österreichische Armee die Verbündeten in Mitteldeutschland deckte und von Berlin höchstens 7 Tagemärsche entfernt stand. Außerdem gelang es ihr unter günstigen Umständen vielleicht, die preußischen Kräfte zu theilen, welche man ja wider Willen bis zum Beginn der Action in zwei Massen getheilt halten mußte, um Schlesien und andererseits die Angriffsrichtung direct auf Berlin zu decken. Auf der Strecke von der sächsischen Grenze bis Berlin gab es keine erheblichen Terrainhindernisse und selbst, wenn solche vorhanden gewesen wären, waren die Opfer, welche man brachte, um sie zu überwinden, mit Zinsen zurückgezahlt, wenn man als Sieger die Hauptstadt des Gegners besetzen konnte.

Die Besorgnisse der Oesterreicher vor Gefahren, welche während ihres Vorrückens auf Berlin ihre Verbindungen von Schlesien her bedrohten, konnten kaum ernsthaft sein, denn die Preußen würden, aller Wahrscheinlichkeit nach, ihre gesammten Anstrengungen darauf verwandt haben, den geraden Weg nach ihrer Hauptstadt zu versperren.

Die Operationsrichtung gegen Schlesien bot weit weniger Vortheile, denn die Festungen Glatz, Neisse und die linken Zuflüsse der Oder hinderten dieselbe. Wählte man sie dennoch, so war an eine Theilung der Kräfte der Preußen nicht zu denken.

Der übrige Theil der österreichischen Grenze, welcher den Preußen zugänglich war, das ist von Troppau bis zu unserer Grenze, bietet keine besonderen örtlichen Hindernisse. Ueber ihn hinweg geht die kürzeste Operationslinie von Schlesien auf Wien, doch — erstens liegt auf dieser Direction Olmütz, ein starkes befestigtes Lager, — zweitens ist sie nicht weniger als 11 Tagemärsche lang, — und drittens wird Wien, außer durch Olmütz, auch noch durch die Donau gedeckt. Indessen haben die Oesterreicher, wie es scheint, dennoch diese Direction gefürchtet, welche allerdings die Preußen dem unzufriedenen Ungarn sehr nahe brachte.

Aus dem Gesagten geht zum Theil bereits hervor, welche Vor- und Nachtheile der Kriegsschauplatz in Bezug auf das Terrain für die Preußen darbot.

Der directe Weg auf Berlin, entscheidend in seinem Werth, war nicht unmittelbar gesichert. Ich kann mir das Handeln gegen diese Einsicht nur dadurch erklären, daß man die Ueberzeugung hatte, die Oesterreicher seien zu so entschlossener Action nicht fähig, und dachte, daß in kritischer Lage der Angriff die beste Vertheidigung ist. Für diese angriffsweise Vertheidigung war Alles vortrefflich vorbereitet. Nach Friedrich's des Großen Testament wird Berlin in Schlesien vertheidigt, dessen vorspringende Lage die Möglichkeit bietet, die österreichische Armee in Rücken und Flanke zu bedrohen und im Nothfall auch einen Aufstand in Ungarn zu erregen. Man kann entgegnen, daß man ebenso gut von Böhmen aus Schlesien bedrohen konnte: gewiß, denn die Vortheile oder Annehmlichkeiten aller materiellen Größen pflegen sich gegenseitig das Gleichgewicht zu halten. Die Eigenschaften des Verstandes und der Seele Desjenigen, welcher sich dieser Größen bedient, sind die Bedingung, daß nur die Vortheile zur Geltung kommen, die Nachtheile aber verschwinden.

In Schlesien war Alles sowohl für den Angriff, wie für die active Vertheidigung vorbereitet. Zum Angriff: eine Menge Communicationsmittel aller Art, auf der natürlichen Angriffslinie längs der Oder gesicherte Uebergänge bei Cosel und Glogau, eine unzählige Menge Chausseen und endlich ein vortrefflich combinirtes Eisenbahnnetz. — Für die andere Absicht, die Vertheidigung: die strategische Position Glatz-Neisse, in der Front durch den gleichnamigen Fluß gedeckt. Diese Position deckt den Mittelpunkt Schlesiens gegen einen Frontal-Angriff der Oesterreicher; sie in der rechten Flanke zu umgehen, ist sehr schwierig, es links zu thun, sehr gewagt und verspricht durchaus keine besonderen Vortheile.

Communicationen.

Die Anordnung der Communicationen in Schlesien ist höchst vernünftig und durchdacht. Alles, was nur geschehen konnte, um eine Concentration von Truppen an der böhmischen Grenze und ihre Bewegung längs derselben ausführen zu können, war mit einer sehr lehrreichen Umsicht und dem Bedürfniß entsprechend angeordnet.

Längs der ganzen Grenze, in geringer Entfernung von derselben, läuft die Chaussee Görlitz-Reisse; von dort führen unmittelbar zur Grenze wohl 20 Abzweigungen. Dahinter, der Grenze gleichfalls parallel, aber in beträchtlichem Abstande, geht die Eisenbahn-Linie Kohlfurt-Liegnitz-Breslau-Cosel-Oberberg. Auf dem größten Theil ihrer Länge wird diese Bahn durch die Stellung Glatz-Neisse und die Festung Cosel gedeckt. An einer Stelle nur, nämlich in dem nordöstlichen Winkel Böhmens, tritt die Bahn auf 4 Meilen an die Grenze heran; doch wird dieser Zweig für den Fall einer Unterbrechung durch den von Breslau über Glogau auf Sorau ersetzt, welcher größtentheils jenseits der Oder liegt.

Nimmt man die Unterbrechung auch dieser Strecke an, so bleibt endlich noch eine dritte Schienen-Verbindung mit dem Centrum des Reiches, die über Posen und Frankfurt.

Von dieser Hauptstraße, welche Schlesien in zwei Hälften scheidet und gleichsam wie eine Parallele die böhmische Grenze umspannt, führen, gewissermaßen als Approchen sich an sie lehnend, 5 Abzweigungen zur Grenze.

Es sind die Linien

1) von Kohlfurt nach Hirschberg,
2) „ Liegnitz „ Frankenstein,
3) „ Breslau „ Walbenburg,
4) „ Brieg „ Neisse,
5) „ Ratibor „ Leobschütz.

Bei einer derartigen Vorbereitung des Kriegsschauplatzes war begreiflicherweise die active Vertheidigung Schlesiens oder die Concentration der Streitkräfte behufs eines Angriffes auf Böhmen von dorther gleich leicht.

IV.
Die beiderseitigen Operations-Pläne.

Wie bereits gesagt worden, konnte Benedek offensiv verfahren. In diesem Falle war sein Object Berlin oder Breslau, oder defensiv: indem er die Zugänge nach Böhmen oder den Weg über Olmütz nach Wien vertheidigte. Gesetzt, er wählte den ersteren Plan, das heißt den der Offensive durch Sachsen gegen Berlin, so konnte er im Falle des Mißlingens zu dem andern, dem Plan einer Vertheidigung Böhmens, übergehen. Es war schließlich auch möglich, anfangs den Plan einer Vertheidigung von Böhmen zu verfolgen und dann, falls diese gelang, zum Angriff auf Schlesien durch die Grafschaft Glatz oder auf Berlin über Zittau überzugehen Dagegen gewährten sowohl Offensive als Defensive in der Richtung über Olmütz keine besonders entscheidenden Vortheile, sondern konnten nur den Feldzug auf unbestimmte Zeit in die Länge ziehen. Nichtsdestoweniger hatte man anfangs diese Richtung (über Olmütz) gewählt, das beweist die ursprüngliche Aufstellung der Hauptmasse der Streitkräfte Benedek's.

Vor dem Beginn der Campagne, ungefähr um den 11. Juni, finden wir die österreichische Armee an folgenden Punkten:

I. Corps, Graf Clam-Gallas, Haupt-Quartier: Prag; die Brigaden: Poschacher in Prag, Leiningen in Theresienstadt, Piret in Josephstadt, Ringelsheim in Teplitz.

Noch stand unter Clam-Gallas Befehl: Die 1. leichte Cavallerie-Division Edelsheim; deren Brigaden: Appel bei Königinhof, Wallis bei Skalitz, Fratricsevics bei Reichenberg. Abtheilungen dieser Division hatten die Gebirgs-Uebergänge von der Elbe bis Skalitz zu beobachten.

II. Corps in Hohenmauth und Gegend.

III. und X. Corps in Brünn und Umgegend.

IV. und VI. Corps in und bei Olmütz.

VIII. Corps Auspitz, zur Reserve.

Die 2. leichte Cavallerie=Division (Thurn und Taxis) in Öster=
reichisch Schlesien, die Grenze beobachtend.

Die 1. Reserve=Cavallerie=Division des Prinzen Holstein in
Proßnitz.

Die 2. Reserve=Cavallerie=Division Zaitsek in Kremsier.

Die 3. Reserve=Cavallerie=Division Coudenhove in Wischau.

Diese Aufstellung deutet die Absicht an, den Weg nach Mähren zu
sperren. Der Grund hierfür war, soweit sich dies nach den unvoll=
ständigen Quellen beurtheilen läßt, daß die österreichische Armee noch
nicht complet und dem Höchstcommandirenden, wie es scheint, vor=
geschrieben worden war, mit dem Beginn der Operationen noch zu
warten, um den deutschen Bundesgenossen Zeit zu lassen, sich zu
rüsten. Es ist auch möglich, daß diese Aufstellung zum Theil durch
die Besorgnisse hervorgerufen wurde, welche das unzufriedene Ungarn
erregte.

Dem sei, wie ihm wolle, die schwache Besetzung von Böhmen
kann kaum gerechtfertigt werden: sie veranlaßte jedenfalls das kühne
Vorgehen der Preußen in 2 getrennten Massen auf Königinhof und
Gitschin.

Zwar gelang es Benedek, wie wir weiter unten sehen werden,
bis zur Zeit der Eröffnung der Action den größten Theil seiner
Kräfte gegen Josephstadt hin zu bewegen, doch mußten dies die
Preußen nicht; sie drangen in Böhmen ein in dem Glauben, daß
der größte Theil der österreichischen Streitkräfte noch auf dem Marsche
sei. Neben dieser Ueberzeugung einerseits that Benedek's Unent=
schlossenheit andererseits das Uebrige.

Die Preußen hatten anfangs ausschließlich die Absicht, ihre
eigenen Grenzen gegen einen Einbruch zu vertheidigen; daher stellten
sie ihre Armee=Corps cordonartig längs der sächsisch=böhmischen Grenze
auf, ohne, wie es scheint, anfangs einem bestimmten Operationsplan
zu folgen.

Die Corps standen folgendermaßen:

Das 8. und die 14. Division (vom 7. Armee=Corps) zwischen
Halle und Torgau;

das 2., 3., 4. von Torgau bis Görlitz;

das Cavallerie-Corps bei Cottbus;

das 5. in und bei Landeshut;

das 6. in und bei Waldenburg;

die Cavallerie-Division bei Striegau;

das 1. war auf dem Marsch nach Schönau und Hirschberg.

Beobachtungs-Detachements waren gegen die Grenze vorge-schoben.

Außerdem war den Detachements:

Knobelsdorf (Infanterie-Regiment Nr. 62, Ulanen-Regiment Nr. 2, 1—6 pfd. Batterie 6. Feld-Artillerie-Regiments), welches nach Ratibor vorgeschoben wurde,

Stolberg (2 Landwehr-Cavallerie-Regimenter und von jedem oberschlesischen Landwehr-Bataillon 2 Compagnien à 150 Mann) bei Nikolai,

die Vertheidigung von Ober-Schlesien aufgegeben. Erst Anfang Juni war die preußische Streitmacht in 3 Armeen gruppirt worden, nämlich:

bie Elb-Armee bei Torgau,

bie I. bei Görlitz,

bie II. bei Glatz.

Indessen auch später hielten die preußischen Heerführer noch einige Zeit den Gedanken fest, defensiv zu verfahren: wie es scheint, war es zwischen den Oberbefehlshabern der I. und II. Armee ver-abredet, für den Fall, daß Benedek einen von ihnen angriffe, ein Gefecht so lange zu vermeiden, bis ihm der Andere zu Hülfe kommen könnte.

Daß man wirklich den Angriff Benedek's fürchtete, ist klar durch das Manoeuvriren der II. Armee vor dem Einrücken nach Böhmen bewiesen. Ihre Corps (das 1., 5., 6.) begannen ungefähr am 11. Juni, sich seitwärts gegen Neisse zu schieben, um Benedek den Weg zu verlegen, da er durch die Aufstellung des größten Theils seiner Kräfte in Mähren Miene zu machen schien, nach Schlesien einzufallen. Nur eine Brigade des 1. Armee-Corps wurde zur Beobachtung der Gebirgs-Uebergänge nach der Grafschaft Glatz zurückgelassen.

In dieser Zeit erfolgte auch die Vereinigung des Garde-Corps mit der II. Armee. Am 13. Juni begann man dasselbe mit der Eisenbahn nach Brieg zu befördern und war am 22., d. h. in 10

Tagen damit fertig.*) Vom 15. bis 22. wurden täglich 12 Züge abgelassen.

Durch die Vereinigung mit dem Garde-Corps wurde die II. Armee 125,000 Mann stark, eine Macht, mit der man den Kampf selbst einem sehr starken Gegner gegenüber in günstigem Terrain ent= schieden annehmen konnte. Die Position bei Reisse war hierzu voll= kommen geeignet.

Alle diese Vorbereitungen nahmen indeß einen anderen Aus= gang: statt der Vertheidigung Schlesiens wurde der Einmarsch in Böhmen beschlossen, so daß die Seitwärtsschiebung nach Reisse nicht allein unnöthig war, sondern sogar dazu führte, daß man den gün= stigsten Augenblick für den Einmarsch in Böhmen versäumte.

Der innere Grund für diese Wendung der Dinge lag in der Saumseligkeit Benedek's. Sie führte direct zu der Vorstellung, daß er nur Zeit gewinnen wolle, folglich zur Action nicht bereit sein könne. Selbstverständlich durfte man, selbst wenn man sich zur De= fensive entschlossen hatte, die Gelegenheit nicht versäumen, den Gegner zu zwingen, früher zu handeln, als es ihm vortheilhaft schien.

Als äußerliche Motive für diesen scharfen Uebergang von der Defensive der Idee nach zu einem entschlossenen Angriff der That nach dienten folgende Umstände: am 15. Juni, d. h. am Tage nach der Auflösung des Deutschen Bundes, richtete Preußen unter Anderem an Sachsen die Aufforderung, seine Armee auf den Friedensfuß zu setzen und das preußische Bundesreformproject anzunehmen. 12 Stun= den Bedenkzeit waren gegeben. Im Fall der Annahme garantirte Preußen denjenigen Grad von Unabhängigkeit, welcher dem Projecte entsprach; im Fall einer Weigerung drohte es mit Krieg.

Sachsen lehnte diesen Vorschlag ab und am Abend des 15ten ward ihm der Krieg erklärt.**) Es wandte sich, um Hülfe bittend, an Oesterreich; darauf setzte Benedek am 17. Juni seine Truppen aus der oben angeführten Aufstellung auf Josephstadt in Marsch.

Die Preußen faßten den Entschluß, über die Grenzen Oester=

---

*) Man beförderte in dieser Zeit in Summa: 1,154 Officiere, 35,323 Unter= officiere und Gemeine, 9,334 Pferde, 115 zweirädrige und 827 vierrädrige Fahr= zeuge. Die Entfernung von Berlin bis Brieg beträgt ungefähr 56½ Meilen; das sind 18 Märsche, 6 Ruhetage, folglich gewann man durch den Eisenbahn-Transport 14 Tage. Hierbei muß man berücksichtigen, daß jene Linie 2 Geleise hat.

**) Desgleichen an Hannover und Kurhessen.

reichs vorzubringen. Der Plan zu diesem Einmarsch muß als eine strategische Combination ersten Ranges anerkannt werden. Er grün=bete sich auf folgende 2 Momente:

1) Böhmen ist schwach besetzt,

2) die Hauptmacht Benedek's steht so weit von Böhmen ent=fernt, daß die getrennten preußischen Armeen sich in Böhmen früher vereinigen können, als Benedek dort concentrirt sein kann, folglich kann man den Einmarsch auf 2 Operationslinien unternehmen. Vielleicht ist diesen Momenten noch als drittes hinzugetreten das Vertrauen in die traditionelle Eigenthümlichkeit der Oesterreicher, den richtigen Augenblick zum Handeln zu versäumen.

Da der II. Armee die schwierigste Rolle zufiel, denn sie mußte in der Nähe des voraussichtlichen Concentrationspunktes der Kräfte Benedek's debouchiren, — und mußte folglich gewärtig sein, wenn nicht auf die ganze Macht Benedek's, so doch auf deren größten Theil zu stoßen — so wurde festgesetzt, daß der Vormarsch der nördlichen Armeen einige Tage früher beginnen sollte, um so die Aufmerksam=keit des Gegners zu theilen.

V.

Kriegs-Operationen.

Vormarsch der Elb- und I. Armee gegen die Grenzen Böhmens.

Am 16. Juni rückte die Elb-Armee in Sachsen westlich der Elbe in 3 Colonnen ein, nämlich nach Strehla und westlich dieses Punktes. Sie stieß auf keinen Widerstand; die sächsische Armee, nachdem sie die Brücken über die Elbe bei Riesa und Meißen zerstört und ebenso die Eisenbahn Löbau-Zittau unfahrbar gemacht hatte, war zur Vereinigung mit dem I. Corps nach Böhmen abgezogen. — Die Brücken über die Elbe wurden sehr schnell wiederhergestellt, Dank dem Umstande, daß man rechtzeitig an die Wahrscheinlichkeit ihrer Zerstörung gedacht hatte; den 17ten setzte Herwarth seinen Vormarsch im westlichen Theile Sachsens fort, indem er nach und nach die wichtigsten Punkte besetzte und die Eisenbahnen in seine Gewalt brachte. Am 18ten wurde Dresden eingenommen, während die I. Armee ihrerseits Bischoffswerda, Bautzen und Zittau besetzte. Die Einnahme Sachsens verkürzte die Operations-Front der Preußen von 40 auf 28 Meilen.

Nachdem Herwarth nun bei Pirna über die Elbe gegangen war, rückte er gegen den Gebirgspaß von Schluckenau vor.

In dieser Weise standen die beiden nördlichen Massen der preußischen Armee schon um den 20sten an der Grenze Böhmens, verhielten sich aber unthätig bis zum 23sten. Die Veranlassung zu diesem Aufenthalt läßt sich, wie es scheint, daraus erklären, daß man der II. Armee, die, wie bereits gesagt, bei Neisse stand, Zeit lassen wollte, gegen die böhmische Grenze zu marschiren.

————

Marſch der II. Armee nach Landeshut und der Grafſchaft Glatz.

Am 19. Juni, wahrſcheinlich in Folge der Nachricht von dem Beginne der Bewegung der öſterreichiſchen Corps aus Mähren nach Böhmen, traf beim Ober-Commando der II. Armee der Befehl des Königs ein: ein Corps bei Reiſſe ſtehen zu laſſen, das 1. Corps nach Landshut vorzuſchieben und mit den beiden übrigen Corps eine Central-Stellung zu nehmen, um den Umſtänden nach entweder mit dem 1. Corps in Böhmen einrücken oder das bei Reiſſe zurückgelaſſene Corps unterſtützen zu können. Dies war ſchon ein ziemlich deutlicher Hinweis, daß Benedek wahrſcheinlich nach Böhmen eile. Der Gedanke, ihm dort zuvorzukommen, nahm im Haupt-Quartier der II. preußiſchen Armee eine immer beſtimmtere Form an und alle nachfolgenden Anordnungen wurden zur Verwirklichung desſelben getroffen. Das 6. Corps, das dem erhaltenen Befehle gemäß bei Reiſſe ſtehen geblieben war, wurde angewieſen, auf das rechte Ufer der Reiſſe überzugehen und eine Angriffs-Demonſtration gegen Oeſterreichiſch-Schleſien zu machen. Zugleich wurde nach Ober-Schleſien der Befehl geſandt, auf der ganzen Ausdehnung des rechten Ober-Ufers Quartiere bereit zu halten. Alle dieſe Maßregeln wurden getroffen, um die wahre Abſicht, nach Böhmen vorzugehen, zu verdecken. Am 21ſten, alſo 2 Tage darauf, als die Truppen zur Ausführung der befohlenen Bewegungen ſchritten, ging die Nachricht ein, daß die Maßnahmen Oeſterreichs am Frankfurter Bundestage gleichbedeutend mit einer Kriegs-Erklärung wären, wonach die preußiſchen Truppen ſich zu richten hätten. Dasſelbe wurde auch den nördlich concentrirten Truppenmaſſen mitgetheilt. An demſelben Tage ſtießen die Vortruppen des 6. Corps, nachdem ſie die öſterreichiſche Grenze erreicht hatten, auf der Straße nach Freiwaldau auf öſterreichiſche Vorpoſten, bei welcher Gelegenheit eine Füſilier-Compagnie des 10. Infanterie-Regiments eine Attaque öſterreichiſcher Huſaren mit Verluſt zurückwies.

Den 22. Juni kam aus Berlin per Telegramm der Befehl, mit allen Kräften in Böhmen in der Richtung auf Gitſchin einzurücken. Zu dieſer Zeit hatte die Beſorgniß, den günſtigen Moment zum Angriff zu verſäumen, im Haupt-Quartier der II. Armee bereits eine ſolche Höhe erreicht, daß der Kronprinz noch vor dem Empfange der Depeſche um die Genehmigung bat, den Angriff beginnen und das

6. Corps nach der Grafschaft Glatz dirigiren zu dürfen, um es um so leichter nach Böhmen heranziehen zu können. Die Genehmigung zu dieser Maßregel ging am 23sten per Telegraph ein. Das Resultat aller dieser Anordnungen war, daß die **II.** Armee am 25sten an die böhmische Grenze marschirte und an nachstehenden Punkten stand:

In 1. Linie

das 1. Corps (Bonin) bei Schömberg,

das 5. Corps (Steinmetz) zwischen Glatz und Reinerz.

In Reserve

die Garde (Prinz von Württemberg) bei Schlegel (1⅔ Meile nördlich von Glatz),

die Cavallerie-Division (Hartmann) bei Walbenburg,

das 6. Corps (Mutius): eine Brigade bei Glatz, der Rest bei Patschkau, 4⅓ Meile von Glatz an der Linie der Reisse, das Hauptquartier — Eckersdorf — zwischen Schlegel und Glatz.

Diese Dislocation nahm in der Front, die Berge ungerechnet, ungefähr 5 Meilen ein; das Garde-Corps befand sich von dem 1. in einer Entfernung von 5, vom 5. — das wegen der Nähe der Oesterreicher der größten Gefahr ausgesetzt war — in einer solchen von 2 Meilen. Dem General Steinmetz war übrigens nicht zufällig der gefährlichste Posten zu Theil geworden: man rechnete auf seine Energie und hatte sich, wie wir bald sehen werden, darin auch nicht getäuscht.

***

Augenblickliche Lage der österreichischen Armee.

Die Bitte der Sachsen um Hülfe entriß die österreichische Armee ihrer Unbeweglichkeit: den 17ten dirigirten sich die in Mähren dislocirten Corps nach Josephstadt und Umgegend. Es wurde demnach die erste Veränderung im Operationsplan, wenn nämlich der ersten Dislocation überhaupt irgend ein Plan zu Grunde gelegen hat, vorgenommen. Die Concentrirung bei Josephstadt zeigte die Absicht Benedek's, mit seinen Kräften in Böhmen vereinigt gegen den Feind zu operiren, der tactisch und strategisch getheilt war, d. h. sowohl durch das Passiren der Gebirgsdefileen, wie durch den Vormarsch auf zwei Operations-Linien.

Die Bewegung wurde unter dem Schutz des II. Corps aus-

geführt, das zu diesem Ende und zugleich zur Sicherung der Eisen=
bahn nach Böhmisch=Trübau vorgeschickt wurde. Wenn man nun die
Entfernungen berücksichtigt und auf je vier Märsche einen Ruhetag
rechnet, so ergiebt sich, daß das II. Corps (Thun) am 19ten in
Josephstadt eintreffen konnte; das IV. (Festetics) und das VI. (Ram=
ming) am 24sten; das III. (Erzherzog Ernst) und das X. (Gablenz)
am 25sten; endlich das VIII. (Erzherzog Leopold) am 26sten oder
27. Juni. Es war daher genügende Zeit zur Concentration der
österreichischen Armee gegen die I. preußische vorhanden.

Die Armee war in der That am 25. Juni auch bereit, dem
Gegner wenigstens im Osten entgegenzutreten.

In erster Linie
stand das I. Corps (Clam) mit der Brigade Kalik am linken Ufer
der Iser zwischen Münchengräß und Turnau.

Das X. Corps bei Königinhof, das VI. bei Opoczno.

In zweiter Linie
das IV. und VIII. Corps mit der Reserve=Cavallerie=Division bei
Josephstadt, wo auch das Hauptquartier sich befand.

Reserve.

Das III. Corps mit zwei Reserve=Cavallerie=Divisionen nördlich
von Parbubiß.

Das II. Corps mit der 2. leichten Cav.=Div. auf dem Marsche
von Böhmisch=Trübau nach Opoczno.

Die Dislocation der Hauptmasse der Streitkräfte (das I. und
II. Corps ungerechnet), d. h. also von fünf Corps, nahm hiernach
eine Front von 4½ Meilen und eine Tiefe von 5¾ Meilen ein,
bei vollständiger Brauchbarkeit der Communicationen in allen Rich=
tungen.

Wenn man nun die Frage aufwirft: ob die Möglichkeit vor=
handen war, die II. preuß. Armee durch überlegene Kräfte zu er=
drücken, so muß dieselbe bejahend beantwortet werden. — Sehen wir
nun, wie die Oesterreicher diese Möglichkeit benutzten.

**Operationen im Norden von Böhmen. Fortsetzung des Vormarsches
der Preußen.**

Am 23. Juni rückte die I. preuß. Armee, ohne Widerstand zu
finden, in zwei Colonnen in Böhmen ein: die rechte Colonne —

4. und 2. Corps mit dem Cavallerie-Corps — von Zittau über Grottau nach Reichenberg, indem sie die 8. Division (Horn) zur Avantgarde hatte; die linke (3. Corps) von Marklissa und Seidenberg über Friedland und Neustadt ebenfalls nach Reichenberg, als Avantgarde ein Theil der 5. Division (Tümpling). Die Reserve-Artillerie und der Train marschirten hinter den Colonnen im Laufe des 23. und 24. Juni über das Gebirge. Am 24. Juni wurde Reichenberg nach einem unbedeutenden Cavallerie-Gefecht eingenommen.

Den 23sten rückte ebenfalls die Elb-Armee in einer Colonne über Schluckenau in Böhmen ein, indem sie die Brigade Schöler*) zur Avantgarde hatte und ihre Richtung auf Hühnerwasser nahm: von Gabel aus wurde die 14. Div.**) links nach Böhmisch-Aicha zur Herstellung der Verbindung mit der I. Armee dirigirt; das 8. Corps setzte seine Bewegung gegen Hühnerwasser fort.

Aufstellung der Oesterreicher gegen die Preußen.

Gegen diese Armeen, die eine Stärke von 138,000 M. hatten, standen nur das I. österreichische Corps und die leichte Cav.-Division Edelsheim, d. h. nicht mehr als 35,000 bis 40,000 M. Mit ihnen sollten sich die Sachsen vereinigen, wodurch das im Norden stehende österreichische Corps auf 60,000 bis 66,000 M. verstärkt worden wäre. Das I. Corps hatte als Haupt-Aufgabe, den Rückzug der Sachsen zu decken und nach Möglichkeit das Vordringen der Preußen aufzuhalten. Zu jener Zeit, als die eben beschriebenen Ereignisse vor sich gingen, war das I. Corps westlich von Münchengrätz concentrirt und nur die Brigade Poschacher gegen Liebenau auf dem Wege, der von Reichenberg nach Gitschin führt, vorgeschoben; die Brigade Ringelsheim mit einem Husaren-Regt. war bei Teplitz zurückgelassen, um schneller mit der sächsischen Armee in Verbindung zu kommen. Die Division Edelsheim, um Turnau bislocirt, sollte wie früher die Richtung der feindlichen Colonnen beobachten. Am 18. Juni erreichten die ersten sächsischen Colonnen die böh-

---

*) Vom 8. Corps: das 29. und 69. Inf.-Regt. und 1 Batterie.
**) Vom 7. Corps: Graf Münster, 16., 56., 17. u. 57. Inf.-Regt, 7. Drag.-Regt. und 4 Batterien.

mische Grenze. — In Bezug auf die sächsische Armee war bereits der Befehl eingegangen, sogleich nach ihrer Ankunft und so schnell wie möglich die sächsische Infanterie, Artillerie und den Train per Eisenbahn in die Umgegend von Parbubitz zu senden; die Cavallerie aber sollte mit der Brigade Ringelsheim zum I. Corps stoßen und mit letzterem ebenfalls per Eisenbahn nach Königgrätz abgehen. Dieser Befehl zeigte die Absicht, den linken Flügel beinahe ohne alle Berücksichtigung zu lassen und sich mit vereinten Kräften auf den Kronprinzen zu werfen. Aber bei diesem Entschluß blieb man nicht lange. Am 21sten, als schon ⅔ der sächsischen Armee nach Przelaucz befördert worden waren, ging dem I. Corps und den Sachsen der Befehl zu, sich bei Jung-Bunzlau zu concentriren.

Am 25. Juni war dieser Befehl ausgeführt: das I. Corps bei Münchengrätz concentrirt, die Sachsen etwas mehr nach Süden bei Jung-Bunzlau und Backofen.

Die Lage dieser Truppen einem mehr als doppelt so starken Feinde gegenüber war eine kritische. Nichts desto weniger mußte man sich halten, besonders, weil die Rückkehr der sächsischen Armee darauf hinwies, daß der Höchst-Commandirende das Aufhalten des Gegners auf dieser Seite erwartete, obgleich er, wie auch spätere Thatsachen beweisen, es nicht für angemessen hielt, seine Absichten klar auszusprechen.

Fortsetzung des Vormarsches der Preußen.

Am 25sten stieß die Avantgarden-Division Horn jenseits Liebenau auf die Brigade Poschacher, die eine Stellung südlich dieses Punktes auf den Höhen von Gillowey genommen hatte. Nach einem ziemlich langen Feuergefecht zogen die Oesterreicher sich nach Podol zurück, um sich ihren Hauptkräften zu nähern. Die Brücke bei Podol war zur Zerstörung vorbereitet, aber nicht zerstört; zur Deckung derselben war ein schwacher Posten, bestehend aus einer Compagnie des Regiments Martini Nr. 30*), aufgestellt, die nach österreichischem Gebrauche vor der Brücke Stellung genommen und das Dörfchen Podol besetzt hatte.

Die 1. Cavallerie-Division konnte in einem Terrain, das in sehr

---

*) Von der Brigade Poschacher.

beschränktem Maße den Gebrauch von Cavallerie gestattete, die Preußen nicht aufhalten. Nachdem Edelsheim Liebenau verlassen hatte,
konnte er nur einmal Halt machen, und zwar auf einer kleinen
Ebene, die ihm Gelegenheit zur Entwickelung bot. Dies war bei
Sichrow, auf halbem Wege zwischen Liebenau und Turnau. Nach
einem Artillerie=Gefecht zog er gegen Turnau ab und von da mit
dem größten Theil seiner Division nach Münchengräß, wo er den
26sten ankam. Nur 2 Escabrons, welche seine rechte Flankendeckung
bei Eisenbrod ausmachten, und 2 Jäger=Compagnien, die durch Zufall im Gefecht abgekommen waren, zogen sich durch Lomniß auf
Gitschin zurück.

Auf diese Weise blieb die gerade Straße nach Turnau ganz
offen, Dank dem Umstande, daß Benedek gar keinen bestimmten
Befehl in Bezug auf den Zweck, den Clam im Auge haben sollte,
gegeben hatte: dieser Letztere unterließ es aber, wie es scheint, sich
seine Rolle klar zu machen. Es ist begreiflich, daß, sowie Turnau
in die Hände der Preußen übergegangen war, nicht nur die Möglichkeit, die Linie der Jser zu vertheidigen, aufhörte, sondern daß
man auch Gefahr lief, von Gitschin abgeschnitten zu werden.

Horn, nachdem er das Füsilier=Bataillon des 72. Regts. mit
2 Jäger=Comp. in der Richtung auf Pobol abgesendet hatte, setzte
mit seiner Division den Marsch gegen Turnau fort; am 26sten besetzte er diesen Punkt und ließ an Stelle der zerstörten Brücke eine
Ponton=Brücke über die Jser schlagen.

So stand den Preußen auf dem kürzesten Wege nach Gitschin
kein bedeutendes Hinderniß mehr entgegen.

Hierzu kam, daß die übrigen Theile der I. Armee am Abend
desselben Tages bei Liebenau und Umgegend anlangten, d. h. nicht
weiter als 1¼ Meile von Turnau entfernt; die 14. Div. erreichte
Böhmisch=Aicha, das 8. Corps stand 3 Meilen von Münchengräß,
jenseits Hühnerwasser. Mit einem Worte: die Preußen konnten am
27sten mit geringer Anstrengung ihre sämmtlichen 135,000 M. auf
der Linie Münchengräß=Turnau vereinigen.

So standen die Sachen, als Clam=Gallas am 26sten (zwischen
2 und 3 Uhr Nachmittags) von dem Höchst=Commandirenden den
Befehl erhielt, Turnau und Münchengräß, was es auch kosten möge,
zu halten. — Die Lage der Dinge begünstigte keineswegs die Ausführung dieses Befehls, indem Turnau sich bereits in den Händen

9

der Preußen befand; allein der Befehl war bestimmt und Clam ent=
schloß sich, die Ausführung desselben zu versuchen. Dies hatte eine
Reihe blutiger Gefechte zur Folge, die das I. Corps moralisch er=
schütterten und im Allgemeinen der österreichischen Armee keinen be=
sonderen Nutzen brachten.

Eine passive Vertheidigung diesseits des Flusses hielt man für
unmöglich, selbst wenn es gelungen wäre, die Preußen aus Turnau
zu vertreiben, indem eine solche Vertheidigung die Zersplitterung der
Kräfte auf eine Strecke von 2 Meilen*), obendrein bei dem Mangel
jeder Transversal=Communication, erfordert hätte.

Man beschloß also, die Linie der Iser vor derselben zu ver=
theidigen, dazu am 27sten früh nach Sichrow vorzurücken und
dort die Position von Gillowey, dieselbe, die man am 25sten so
leichthin aufgegeben hatte, zu besetzen.

Vorher wollte man aber Turnau, das nach den Meldungen der
1. leichten Cav.=Div. von den Preußen nur schwach besetzt sein sollte,
durch einen überraschenden Angriff nehmen. Die einleitenden Be=
wegungen hierzu wurden am Abend des 26sten ausgeführt; um aber
auf kein Hinderniß beim Uebergang über die Iser bei Podol zu
stoßen, beabsichtigte man die Höhen beim Dorfe Swigan, die nörd=
lich von Podol liegen und daher den Uebergang beherrschen, durch
die Brigade Poschacher zu besetzen. Gleichzeitig wurde dem Höchst=
Commandirenden Meldung von den Dispositionen gemacht, die man
getroffen hätte, um seinen Befehl — Turnau, es koste was es wolle,
zu halten — zur Ausführung zu bringen.

Zusammenstoß bei Podol.

Nun geschah aber etwas Unerwartetes, das die ganze Combi=
nation der Oesterreicher zerstörte: das unbedeutende Detachement,
welches der Brigade Poschacher gefolgt war und, wie man sich er=
innern wird, aus 1 Füs.=Bat. und 2 Jäger=Comp. bestand, entschloß
sich, Abends Podol anzugreifen: es vertrieb natürlich ohne große
Mühe die österreichischen Compagnien und besetzte das Dorf. Dies
war genügend, um die anfängliche, in der That gute Disposition
zu ändern: das Regiment Nr. 30 und das 18. Jäger=Bat., anstatt

---

*) Von Münchengrätz bis Turnau.

auf Swigan zu marschiren, rückten gerade gegen die Brücke vor, um die Preußen durch einen Front=Angriff aus Pobol zu vertreiben. Es war schon gegen 11 Uhr Abends. Der Angriff gelang, allein nicht ohne große Verluste und nicht auf lange Zeit; die Preußen ließen ihre Zündnabel=Gewehre spielen; der aufgegangene Mond er= leuchtete das Schlachtfeld und häufige Salven*) in geringer Ent= fernung in die dichten Massen der in die Dorfstraße eingedrungenen Oesterreicher brachten eine verheerende Wirkung hervor. Dessenunge= achtet mußten die Preußen zurückweichen.

Graf Clam war selbst bei diesem Gefechte zugegen und hatte sich sogar, wie man sagt, nach vorn begeben, um sich in der Dunkelheit und in dem Nebel besser orientiren zu können. Er zog die Brigaden Abele**) und Piret heran, gebrauchte aber, wie es scheint, nur einen unbedeutenden Theil derselben, denn das Ge= fecht endete doch zum Vortheil der Preußen, Dank dem Umstande, daß sie sich die wichtige Regel angeeignet hatten, auf den Kanonen= donner loszumarschiren. 1 Bat. des 31. und 1 Bat. des 71. Regts. unter Commando des Obersten Bose erschienen auf diesen Schlacht= ruf, der bis nach Turnau hin tönte, ohne höheren Befehl. Ihnen folgten die Füsilier=Bataillone dieser Regimenter auf dem Fuße; der heftige Kampf zog sich durch 3 Stunden hin, d. h. bis 2 Uhr Nachts, und belohnte die Kühnheit und Hartnäckigkeit der Preußen. Die Oesterreicher führten ihren Rückzug nach allen classischen Regeln mit abwechselnden Treffen aus: das Regiment Martini und das 18. Jäg.= Bat. zogen hinter einem Bataillon des Regts. Ramming***) ab, wel= ches seinerseits hinter die Brücke zurückging. Der Zweck war nicht er= reicht; allein dies Manoeuvre gelang — um so leichter, als die Preußen nicht daran dachten, zu verfolgen: ihnen genügte es, daß unter sol= chen Umständen das Gefechtsfeld ihnen verblieb.

Dies Gefecht hatte zur Folge, daß die Preußen Clam's Lage noch mehr bedrängten, denn mit der Einnahme von Pobol verlegten sie ihm auch den zweiten Weg nach Gitschin. Zur Benutzung für die Oesterreicher blieb nur noch die eine Straße übrig, welche von

---

*) In 33 Minuten 22 Schuß pro Mann.
**) Früher Kalik.
***) Brigade Abele.

9*

Münchengräß dahin führt, die sich aber bei Sobotka mit derjenigen, welche von Pobol kommt, vereinigt.

Den 26ften fingen auch die Gefechte mit der Elb-Armee an. Kurz vor Mittag erreichte die Spitze der Brigade Schöler Nieder-Gruppey und warf die österreichischen Vorposten zurück. Zur Unter-stützung derselben wurden das 33. Inf.-Regt. und das 32. Jäger-Bataillon*) unter Befehl des Grafen Gondrecourt vorgeschickt. Dieses Detachement drängte die Preußen am 27ften bis Hühnerwasser zurück, wo es aber auf das Gros der Brigade Schöler stieß und zum Rückzuge gezwungen wurde. Die Preußen verfolgten es nicht.

Da in Folge des nächtlichen Allarms die Truppen sehr ermüdet waren**), die Brücke bei Pobol verloren gegangen war und das Ge-secht bei Hühnerwasser zeigte, daß der Feind sich auch von dieser Seite näherte, so konnte das Vorrücken auf Sichrow schon unter keiner Bedingung mehr ausgeführt werden; ja selbst bei Münchengräß län-ger stehen zu bleiben, war gefährlich, wenn man die Möglichkeit be-halten wollte, noch nach Gitschin zu gelangen, und nutzlos, weil, wenn man bei Münchengräß verblieb, man nicht hoffen durfte, das Vorbringen des Feindes zu verhindern.

Dessenungeachtet und wahrscheinlich in dem Wunsche, den Befehl des Höchst-Commandirenden — die Linie der Iser zu halten — buch-stäblich auszuführen, blieb man noch bei Münchengräß stehen. End-lich, am 27ften in der Mittagszeit, ging von dem Höchst-Comman-direnden, als Antwort auf die übersandte Disposition zum Vormarsch auf Liebenau, die Mittheilung ein, daß, da der Feind mit bedeu-tenden Kräften von Trautenau aus vorrücke, es dem Kronprinzen von Sachsen anheimgegeben würde, zu entscheiden, ob die Bewegung gegen Liebenau angemessen sein würde oder nicht. Freilich konnte man sagen, daß es für den Leiter der ganzen Operation in Joseph-stadt leichter war, in Bezug auf die Vorgänge bei Trautenau einen Entschluß zu fassen, als für einen Unter-Befehlshaber bei München-gräß; allein im Hauptquartier dachte man darüber, wie es scheint, anders und vor Allem fürchtete man sich, entscheidende Anordnungen in solchen Dingen zu treffen, die doch nur durch das allgemeine Hauptquartier entschieden werden konnten. Ein Glück war es, daß

---

*) Brigade Leiningen.
**) An dem Gefecht hatten nur 5 Bataillone Theil genommen.

die Lage der Dinge bei Münchengrätz sich schon soweit geklärt hatte, daß sie gar keinen Zweifel übrig ließ. Man mußte nach Gitschin zurückweichen und je schneller desto besser.

Das 8. preuß. Corps marschirte von Hühnerwasser geradeswegs auf Münchengrätz; im Thal der Iser, auf der Straße zwischen Podol und Turnau, zeigten sich die Bivouacs = Feuer der Massen der I. Armee. Endlich ging von den Patrouillen die Meldung ein, daß die Preußen noch am Abend des 26sten eine Colonne von Turnau auf der Straße nach Gitschin vorgeschickt hätten; es war daher mehr als wahrscheinlich, daß diese Colonne im Laufe des 27sten verstärkt werden würde. Unter solchen Umständen konnte jede verlorene Stunde eine Catastrophe herbeiführen.

Dessenungeachtet wurde, obgleich man noch einen halben Tag vor sich hatte, der Rückzug erst zum 28sten beschlossen und nur die Brig. Ringelsheim am 27sten als eine Art von Seiten = Arrieregarde nach Podkost auf der Straße von Podol nach Sobotka detachirt. Es lag in der Absicht, den Rückzug mit der Division Edelsheim auf der Straße über Sobotka nach Gitschin zu beginnen; hinter ihr sollten die Brigaden Poschacher und Piret folgen; als Arrieregarde blieben die Brigaden Abele, Leiningen und ein Theil der Brig. Piret zurück, die den Rückzug durch eine Aufstellung auf dem Muski = Berge, vor= wärts von Münchengrätz, decken sollten.

Die sächsische Armee sollte ihrerseits eine Arrieregarde bei Mün= chengrätz zurücklassen und ebenfalls am 28sten sich südlich des I. Corps auf Libun und Gitschinowes dirigiren.

Arrieregarden=Gefecht bei Münchengrätz am 28. Juni.

Die Colonnen waren noch nicht in der befohlenen Richtung ab= marschirt, als schon die Preußen erschienen und die Arrieregarde ein Gefecht annehmen mußte, um dem Gros Zeit zum Abzuge zu ver= schaffen. Die Unthätigkeit des 27sten fing an ihre Früchte zu tragen.

Die Position der Oesterreicher war eine sehr starke; sie wurde durch den sehr steilen, walbigen und durch sumpfige Teiche gedeckten Muski=Berg gebildet, zu dem man nur durch drei Defileen gelangen konnte: 1) auf der Chaussee und der Eisenbahn von Podol durch Brzezina nach Münchengrätz, etwas links des Berges, aber unter

bem Feuer besselben; 2) auf bem Damm von Zbiar nach Sancta=
Maria, gerade gegen die Mitte der Stellung; 3) auf der Chaussee
von Turnau durch Zbiar und Zehrow nach Sobotka, rechts des Ber=
ges, aber ebenfalls im Bereich von bessen Geschützwirtung.

Die Stellung der Sachsen bei Münchengräß war nicht weniger
start, denn sie wurde durch die Jser und deren breite und niedrig=
gelegene Thalsohle gedeckt. Die Oesterreicher stellten ihre Arrieregarde
längs der gegen Pobol zu liegenden Crete des Muski=Berges auf; die
Sachsen begnügten sich nicht mit der Besetzung von Münchengräß,
sondern besetzten auch noch das auf dem jenseitigen dominirenden
Ufer gelegene Dorf Kloster. Die Entfernung zwischen der sächsischen
und der österreichischen Aufstellung war beinahe ½ Meile.

Die Preußen hatten einen doppelten Zweck zu erreichen, nämlich:
ihre beiden bisher getrennten Armeen zu vereinigen und wo möglich
den Oesterreichern bei Gitschin zuvorzukommen. Demnach wurde den
Truppen am 28sten früh nachstehende Marschrichtung gegeben.

1. Armee: Die Division Horn auf dem rechten Ufer über Pobol
auf Brzezina; die Division Fransecky auf dem linken Ufer von Tur=
nau auf Zbiar und Zehrow und hinter ihr das 2. Corps; das 3.
und das Cavallerie=Corps — von Turnau nach Rovensko auf der
Straße nach Gitschin.

Die Elb=Armee: Das 8. Corps mit der Division Canstein an
der Tete über Nieder=Gruppey auf Münchengräß; die 14. Division
von Böhmisch=Aicha nach Mohelnic.

Ungefähr um 8 Uhr früh erreichte Horn die Teiche, welche den
Muski=Berg decken und blieb hier halten, um die Annäherung der
Div. Fransecky zu erwarten. Die Oesterreicher eröffneten mit ihren
Batterien das Feuer, das aber der Div. Horn keinen besonderen
Schaden that, da die Granaten im Sumpfe stecken blieben. Fran=
secky, der sich dem Berge genähert und ihn links umgangen hatte,
erstieg denselben auf steilen Fußpfaden und umfaßte den rechten öster=
reichischen Flügel, der hierbei eine große Anzahl von Gefangenen
verlor. Die Oesterreicher fingen an, zurückzuweichen. — Darauf griff
Horn, nachdem er durch Brzezina gegangen war, auch seinerseits den
Berg an und beide Divisionen erreichten, ohne besondere Anstrengun=
gen*) und nur durch das durchschnittene Terrain aufgehalten, den

---

*) Was aus dem unbedeutenden Verlust hervorgeht.

jenseitigen Abhang, wo sie das am Fuße des Berges auf der Chaussee von Münchengräß nach Sobotka gelegene Dorf Bossin nahmen.

Etwas später begann das Gefecht gegen die Sachsen. Die Soutiens ihrer Vorposten, welche Nieder=Gruppey und Weißlein besetzt hatten, wurden von den Preußen zurückgeworfen; bei Kloster entwickelte sich ein heftiges Artillerie=Gefecht, in Folge dessen die Sachsen über die Iser zurückgingen. Nachdem die Avantgarde Cansteins (28. und 40. Regt.) Kloster genommen hatte, ging sie gegen die Iser vor. Da es aber den Sachsen gelungen war, die Brücke zu zerstören, so ging ein Theil der Avantgarde unter dem Schuße des Geschützfeuers durch eine rechts von Münchengräß gelegene Furth, besetzte dort einige einzeln gelegene Gehöfte und deckte den Bau einer Brücke bis zu deren Vollendung (etwa um Mittag), worauf die ganze 15. Division an diesem Punkte über die Iser ging; die 16. Division überschritt dieselbe etwa ¼ Meile weiter unterhalb bei Haskow, wo die Brücke, wie es scheint, von den Sachsen nicht zerstört worden war.

Man fing an, die Sachsen gegen den Horka=Berg zu drängen, der an der Chaussee nach Gitschin nahe dem Dorfe Bossin liegt. Die Division Münster (die 14.) erreichte ebenfalls Mohelnic und ging nach einem unbedeutenden Schützen=Gefechte bei diesem Punkte über.

In dieser Weise wurden die Oesterreicher und Sachsen aus ihrer Position vertrieben — das Schicksal beinahe aller Arrieregarden — allein sie hielten die Preußen um 4 Stunden auf und gaben dem Gros Zeit, ruhig abzuziehen. Außer der diesmal sehr entschieden hervorgetretenen Ueberlegenheit, erreichten die Preußen den äußerlich sehr wichtigen Zweck, daß die beiden bisher getrennten nördlichen Massen endlich vereinigt waren.

Die Preußen verloren in diesen Gefechten an 300 Mann, die Verluste der Oesterreicher sind nicht genau bekannt, allein sie büßten allein an Gefangenen beinahe 1500 Mann ein. Die Verfolgung dehnte sich bis Fürstenbrück aus, wo sie etwa um 4 Uhr Nachmittag endete. Die Oesterreicher brachten die Nacht bei Sobotka, die Sachsen bei Unter=Bautzen zu.

Seitens der Preußen nahmen Abtheilungen von 5 Divisionen an dem Gefechte Theil; von den Oesterreichern und Sachsen ungefähr 4½ Brigaden*).

_____

*) Es ist mir nicht gelungen, genau zu ermitteln, wieviel von den Sachsen an

Dies war das erste ernste Gefecht seit dem Einmarsch in Böh=
men; seitens der Preußen zeigt es das Bestreben, so viel Kräfte wie
möglich in's Gefecht zu bringen. Ich erlaube mir dies so zu er=
klären, daß sie nicht nur bei Münchengrätz einen hartnäckigen Wider=
stand erwarteten, sondern daß sie auch den Wunsch hatten', eine be=
deutende Anzahl Truppen in ein Gefecht zu bringen, bei dem der
Erfolg nicht zweifelhaft war. Es ist dies das beste Mittel, um
junge, des Krieges ungewohnte Truppen an das Feuer zu gewöhnen
und ihnen die Ueberzeugung einzuimpfen, daß mit dem Feinde leicht
fertig zu werden ist.

Das 4. Corps, nachdem es sich bei Bossin vereinigt hatte, er=
hielt für den 29sten einen Ruhetag, da es seit dem ersten Einrücken
in Böhmen stets an der Tete der I. Armee gewesen war und der
Ruhe sehr bedurfte. Die Elb=Armee brachte die Nacht rechts vom
4. Corps vorwärts Münchengrätz zu.

Das 2. Corps, das hinter der Division Fransecky die Straße
Podol=Sobotka erreicht hatte, blieb bei Zehrow und schob eine Avant=
garde gegen Kost vor, welcher Ort durch das 26. Jäger=Bataillon der
Brig. Ringelsheim besetzt war. In der Nacht vom 28sten zum 29sten
griff diese Avantgarde das Jäger=Bataillon im Walde mit über=
legenen Kräften, aber ohne Erfolg an. Ringelsheim hielt die
Defileen von Kost und Podkost so lange, als Clam bei Sobotka
verblieb.

Die Tete des 3. Corps erreichte am 28sten Rovensko. Ihre
Vortruppen näherten sich Gitschin, wurden aber von dort durch die
Cavallerie=Division Edelsheim wieder gegen Rovensko zurückgeworfen.

Am Abend des 28sten langte von Edelsheim die Meldung in
Sobotka an, daß 3 Infanterie=Regimenter und 8 Escadrons bei
Rovensko und Aujezd gesehen worden seien. In Folge dessen wurde
die Brig. Poschacher sogleich, und ein bedeutender Theil der Brig.
Piret noch in der Nacht gegen Gitschin in Bewegung gesetzt. Da
man am nächsten Tage abermals ein Gefecht erwarten konnte, so
wurde dem Stabe der sächsischen Armee zugleich der Befehl ertheilt,
die Division Stieglitz und die Reserve=Artillerie am 29sten 3 Uhr

---

diesem Gefechte Theil nahmen; wenn man aber berücksichtigt, daß am nächsten Tage
bei Gitschin nur die Division Stieglitz focht, so kann man annehmen, daß bei
Münchengrätz nur die andere sächsische Division Schimpf den Preußen gegen=
über stand.

früh nach Pobhrad zu senden; die Ref.-Cav.-Division sollte sich ba-
gegen mit dem I. österreichischen Corps vereinigen und die Division
Schimpf ihren Marsch in der früher gegebenen Richtung fortsetzen.
Das I. Corps sollte, wie früher befohlen, Gitschin erreichen. Dieser
Marsch wurde am 29sten gegen Mittag ohne Hindernisse zurückgelegt
und mit dem Abmarsch des Gros auch die Brigade Ringelsheim von
Pobkost nach Gitschin herangezogen.

Betrachtungen.

Von Reichenberg bis Gitschin sind 6 Meilen, die von den
Preußen in 5 Tagen zurückgelegt wurden. Diese Bewegung kann
nach Allem, was bekannt ist, kaum als eine sehr entschiedene angesehen werden, wenn man die Uebermacht der Preußen, deren sie sich
auch bewußt waren, berücksichtigt *). Der Zeitverlust führte dahin, daß
Clam den Preußen bei Gitschin zuvorkam und dadurch eine directe
Verbindung mit Benedek herstellte; die Preußen wurden genöthigt,
am 29sten Gitschin durch einen Kampf zu nehmen, während sie es
den Abend vorher beinahe ohne einen Schuß zu thun besetzen konnten. — Man kann sagen, daß es nothwendig gewesen war, sich
mit Herwarth zu vereinigen; allein Clam würde nicht daran gedacht haben, in Münchengrätz zu verbleiben, wenn er erfahren hätte,
daß das in seinem Rücken liegende Gitschin durch überlegene Kräfte
besetzt sei.

Die Aufgabe des I. österreichischen Corps wurde ungenügend
ausgeführt; die Defileen wurden ohne jede Vertheidigung gelassen.
Hier kam es darauf an, die nördlichen Armeen der Preußen nicht
nur aufzuhalten, sondern dieselben so lange wie möglich abzu-
wehren. Dies konnte bei der Eigenthümlichkeit der von Norden nach
Böhmen führenden Defileen mit ganz unbedeutenden Kräften erreicht
werden. Die Bedeutung wichtiger Positionen und Linien wurde erst
klar, als sie beinahe ohne Schwertstreich in die Hände des Feindes
gefallen waren. Dies beweisen: die Position von Gillowey; das
Offenlassen der geraden Straße über Turnau nach Gitschin; das
Nichtzerstören der Brücke bei Pobol und ihre Deckung durch so unbedeutende Kräfte, daß dieselben sie nicht behaupten konnten.

---

*) Dem Herrn Verfasser sind hier die Detaile der bedingenden Umstände nicht
bekannt.   Anm. d. Uebers.

Die Hülfsmittel der Fortification waren ganz aus dem Auge gelassen, die Defileen waren nicht ungangbar gemacht und wichtige Positionen nicht befestigt.

Die Beobachtung über die Flanken hinaus während des Gefechts scheint bei den Oesterreichern offenbar als eine ganz überflüssige Sache angesehen zu werden; denn sonst würde Fransecky die Umgehung nicht so leicht geworden sein und nicht den Verlust einer so großen Anzahl von Gefangenen zur Folge gehabt haben.

Die Lage der Dinge wurde sehr selten klar erkannt und daher Zeit in solchen Momenten verloren, welche die Catastrophen herbei= führten.

Der Abmarsch aus der Position von Münchengräß wurde zu spät unternommen, nicht nur, weil er nicht am 27sten begann, son= dern weil noch am 28sten mehrere Stunden nutzlos verloren gingen. Wenn man berücksichtigt, daß die Arrieregarde sich in der Nothwen= digkeit befand, ein Gefecht annehmen zu müssen, so kann man zu= geben, daß das Gros den Rückzug nach Sobotka nicht vor 8 oder 9 Uhr früh antreten durfte. Wenn aber der Kampf bei München= gräß in der Absicht unternommen wurde, die Vereinigung der Elb= und der I. Armee zu verhindern, dann war es nothwendig, nicht einen Theil, sondern sämmtliche Kräfte in demselben zu verwenden.

Die Stellung bei Münchengräß, obgleich tactisch stark, hatte den strategischen Grundfehler, daß die Rückzugslinie in der Flanke lag. Dieser Umstand beweist mehr, als alles Andere, daß man einen Fehler beging, als man den geraden Weg von Turnau nach Gitschin verließ.

Der allgemeine Fehler der österreichischen Befehlshaber — näm= lich der Mangel an Beharrlichkeit und die Unfähigkeit, ein bestimm= tes Ziel entschieden im Auge zu behalten — zeigt sich deutlich in den dargelegten Gefechten: zur Zeit des Zusammenstoßes bei Podol bringen sie 3 Brigaden (21 Bat.) zusammen, benutzen aber im Ge= fecht im Ganzen nur 4 oder 5 Bataillone.

Man kann übrigens den Grafen Clam nicht unbedingt für die getroffenen Anordnungen verantwortlich machen, denn das Haupt= quartier gewährte ihm nicht den Grad von Selbständigkeit, die der Commandeur eines detachirten Corps haben muß, sondern brachte ihn nur durch seine stets veränderten Dispositionen aus dem Con= text. Das Bestreben, auf einer Entfernung von 1½ Meile jeden

Schritt nicht nur eines Corps=, sondern selbst eines Compagnie=
Commandeurs leiten zu wollen, wird stets dahin führen, daß man
dieselben mehr hindert als ihnen hilft. Und daneben werden wieder
ihrer Entscheidung solche Fragen anheim gegeben, die nur im Haupt=
quartier entschieden werden können, wie z. B. ob die Linie der Iser
mit Bezug darauf, daß der Feind auf Trautenau marschirt, gehalten
werden könne oder nicht.

Es scheint, als ob man im österreichischen Hauptquartier der
Einheit des Befehls gar keine Bedeutung beilegte und daher den
Grafen Clam und den Kronprinzen von Sachsen in eine solche Lage
brachte, daß ein Jeder von ihnen sich als den obersten Leiter aller
Operationen ansehen konnte.

Das Gefecht bei Gitschin am 29. Juni.

Die strategische Bedeutung Gitschins, als des Vereinigungs=
punktes aller von den nördlichen und östlichen Defileen Böhmens
kommenden Straßen, ist bekannt. Gitschin liegt in einem Thale,
das im Norden von ziemlich hohen Bergen umgeben ist. Auf diesen
Höhen war die Gefechts=Aufstellung gewählt, und zwar von Eisen=
stadtl (rechter Flügel) über Podulz, die Höhen von Braba und
Prachow und von da im rechten Winkel nach dem Dorfe Lochow.
Die Höhen von Eisenstadtl sind von den übrigen durch die Schlucht
des Ciblina=Baches getrennt, der Gitschin im Norden und Süden
umfließt und sich also im Rücken der österreichischen Stellung be=
fand. Von dieser Schlucht an bis Braba, zu beiden Seiten der
Chaussee Turnau=Gitschin und in einer Ausdehnung von 1000 Schritt,
ist das Terrain für Cavallerie=Attaquen ziemlich geeignet, denen nur
in erster Reihe die Dörfer Zames, Podulz, Jinolitz und in zweiter
Reihe die Dörfer Diletz und Abelnitz hinderlich sind. Gitschin selbst
liegt südlich von Braba, höchstens ½ Meile entfernt. Die ganze
Position von Eisenstadtl bis Lochow bildet eine gebrochene Linie von
½ Meile Länge.

Die zuerst anlangenden Brigaden besetzten: Piret — die Höhen
vorwärts Eisenstadtl; Poschacher — den dominirenden Punkt der
Position, d. h. Braba; den Raum zwischen ihnen sollte Edelsheim
mit seiner Cavallerie=Division decken, welche am Anfang des Ge=

fechtes bis Libun vorgegangen war. Die später eintreffenden nah=
men nach Maßgabe ihrer Ankunft (etwa um Mittag) Stellung: die
Brigade Abele links von Poschacher auf den Höhen von Prachow;
die Brigade Leiningen als Reserve hinter der Brig. Poschacher. Zu=
letzt erschien die Brig. Ringelsheim und stellte sich auf dem linken
Flügel bei Lochow auf, im Haken zu Poschacher, d. h. Front gegen
Sobotka, von wo aus das 2. preuß. Corps erwartet wurde. Die
Brigade=Batterien marschirten bei ihren Brigaden auf, 6 Batterien
der Reserve im Centrum der Position.

Die sächsischen Truppen, die Division Stieglitz, die Reserve=
Cavallerie und Artillerie kamen ungefähr um 10 Uhr früh bei Pod=
hrab an und marschirten auf Clam's Befehl nach Brzezina und
Wolschitz, wo sie abkochten. Nach der Disposition sollte Stieglitz
nur mit einer Brigade Dilez besetzen, die andere aber hinter diesem
Dorfe in Reserve halten.

In dieser Weise beschloß man noch einmal den Versuch zu machen,
die Preußen aufzuhalten, um so mehr, als dies der Befehl des Höchst=
Commandirenden war. Der Kronprinz von Sachsen erhielt nämlich
im Laufe des Vormittags von diesem die Weisung, Gitschin zu ver=
theidigen und die Benachrichtigung, daß am 29sten das III. Corps
dort ankommen würde, so wie, daß am 30sten noch 3 Corps von
Miletin auf Lomnitz und Turnau marschiren würden.

Hiernach war Benedek am Morgen des 29sten bei der Absicht
geblieben, den Kronprinzen nur aufzuhalten, mit der Hauptmasse sei=
ner Kräfte sich aber auf die I. Armee zu werfen.

Die Preußen setzten 2 Corps in zwei auf mehr, als 1 Meile
durch nicht zu überschreitende Berge getrennte Colonnen gegen diese
Position in Bewegung: in der rechten Colonne marschirte das
2. Corps um 12 Uhr von Zehrow über Sobotka nach Gitschin mit
der 3. Division (Werder) an der Tete; in der linken das 3. Corps
um 2 Uhr Nachmittags von Rovensko gegen Gitschin, indem es die
5. Division (Tümpling) zur Avantgarde hatte.

Der Angriffsplan bestand darin, die Oesterreicher durch das
3. Corps in der Front festzuhalten und dem 2. Corps dadurch Zeit
zu verschaffen, dieselben von Sobotka aus in der Flanke oder im
Rücken anzugreifen — ein gewagtes Unternehmen gegen einen Feind,
der sich offensiv zu vertheidigen versteht, das aber gar keine Gefahr
hat gegen einen Feind, dem es an Unternehmungsgeist fehlt.

Ungefähr um 3¼ Uhr eröffneten die Batterien von Edelsheim, die jenseits Jinoliß vorgeschoben waren, ihr Feuer in der Richtung der Chaussee gegen die Tete der 5. Division, die auf der Seite von Libun erschien. Eine Stunde später hörte man die Kanonade von der Seite von Lochow her, wo Werder vor der Stellung von Ringelsheim angekommen war. Die Division Stieglitz und das III. Corps, welches gemäß dem Versprechen Benedek's im Marsch von Miletin nach Gitschin vermuthet wurde, erhielten die Aufforderung, ihre Bewegung zu beschleunigen.

Angriff der Preußen von Norden her.

Nachdem die 5. Division Libun erreicht hatte, entwickelte sie sich unter einem starken Granatfeuer und erhielt die Bestimmung, brigadeweise gegen Braba und Zames vorzugehen. Hinter den Brigaden, wenn sie Libun passirt haben würden, sollte die Divisions-Artillerie folgen und den ungleichen Kampf mit den österreichischen Batterien aufnehmen. Die Brigade Kamienski*) sollte Braba angreifen. Mit dem 18. Inf.-Regt. in Compagnie-Colonnen in zwei Treffen voran und dem 12. Inf.-Regt. in Reserve ging dieselbe durch Brzeska und Kl. Jinoliß zum Angriff gegen den befohlenen Punkt vor. Vergebens bemühten sich die Oesterreicher, ihr Geschützfeuer gegen die Brigade zu concentriren, vergebens führte Edelsheim ungestüme Angriffe gegen dieselbe aus: die Brigade näherte sich Braba ungefähr um 6½ Uhr, nachdem sie nur unbedeutende Verluste erlitten hatte. Dieser erste mit geringen Opfern erkaufte Erfolg muß der Artillerie gegenüber den Compagnie-Colonnen und der Geschicklichkeit ihrer Führer, die es verstanden, das Terrain zur Deckung ihrer Abtheilungen zu benutzen, zugeschrieben werden; der Cavallerie gegenüber — den mörderischen, auf kurze Entfernung abgegebenen Salven**), die auch nicht einer Attaque das Eindringen in die Infanterie gestatteten, so wie den vielen durch Schützen besetzten Dörfern, welche der Cavallerie sehr hinderlich waren. Die letzten Cavallerie-Attaquen erwartete man in Linie deployirt.

Zu derselben Zeit ging die Brigade Schimmelmann***), indem

*) 12. und 18. Inf.-Regt. und 2 Batterien.
**) Welche in einer Entfernung von 200 bis 250 Schritt begannen.
***) 8. und 48. Inf.-Regt., 3. Jäger-Bat., 2 Batterien.

sie die Schlucht der Ciblina zur Deckung gegen das Artillerie=Feuer benutzte, gegen Zames vor, welches sie ebenfalls etwa um 6 Uhr er= reichte. Es ist zu vermuthen, daß die Brigade die Füs.=Bataillone beider Regimenter vorn in der Gefechtslinie und das Jäger=Bat. in der rechten Flanke hatte; die übrigen Bataillone des 48. und 8. Re= giments blieben in der Reserve. Das 8. Regt. wurde links von Zames, jenseits der Schlucht, dirigirt und kam in's Gefecht mit der Brigade Pirct; das 3. Jäger=Bat. und das Füs.=Bat. des 48. Regts. gingen auf Dileß und besetzten diesen Punkt ungeachtet des Flanken= Feuers der österreichischen Batterien zu der Zeit, als die Reserve des 48. Regts. noch bei Zames war*).

Diese Bataillone wurden daher nicht rechtzeitig unterstützt und deshalb blieb ihr Sieg unfruchtbar.

Um ungefähr 6½ Uhr kamen bei Dileß endlich die Sachsen an, welche diesen Punkt vertheidigen sollten, aber durch eine unbegreif= liche Nachlässigkeit bis 5 Uhr an den Punkten geblieben waren, nach welchen sie laut Clam's Befehl am Morgen abgerückt waren, d. h. hinter Gitschin bei Wokschiß und Brzezina, ¾ Meilen von Dileß.

Ankunft der Sachsen auf dem Schlachtfeld ungefähr um 6½ Uhr.

Zwei Batterien der Division Stieglitz verstärkten die österreichi= schen Batterien; die Teten=Brigade (5 Bataillone), welche in 2 Co= lonnen von rechts und links gegen Dileß vorging, warf das preuß. Bataillon aus dem Dorfe hinaus, besetzte dasselbe mit 3 Bataillonen und behielt das 4. in Reserve; das Jäger=Bataillon stellte sich rechts des Dorfes auf, indem es eine Schützenlinie längs der Allee, die nach Eisenstadtl führt, vorschob. Es ist schwer zu sagen, wie das Gefecht geendet haben würde, wenn die Sachsen sich nicht mit der passiven Besetzung von Dileß begnügt, sondern die zurückgeschlagenen Preußen nach Zames verfolgt hätten; allein sie thaten es nicht und wurden trotz des Erfolges dafür durch Freund und Feind bestraft.

Die Preußen richteten gegen sie das Feuer ihrer bei Zames auf= gestellten Batterien, und Theile der Brigade Poschacher, welche jen= seits der Ciblina standen, die in einer Entfernung von etwa 700

---

*) Demnach war das erste Treffen an diesem Punkte etwa 1000 Schritt von seiner partiellen Reserve entfernt.

Schritt hinter Diletz fließt, beschossen lange das sächsische Jäger-Bataillon, das sie für Preußen hielten, im Rücken. Dessenungeachtet hielten die Sachsen sich in Diletz; einige Zeit darauf traf auch die Brigade von Stieglitz zu ihrer Unterstützung ein.

Während dessen zog sich Edelsheim, dem es nicht gelungen war, trotz seiner verzweifelten Attaquen die Brigade Kamienski aufzuhalten, hinter die sächsische Aufstellung zurück und ging dann, wahrscheinlich in Folge eines erhaltenen Befehls, durch Gitschin gerade nach Süden bis Smidar zurück. Die sächsische Cavallerie blieb bei Gitschin. In dieser Weise behaupteten die Oesterreicher ihre Position auf allen Punkten: die ersten Versuche Kamienski's gegen Braba gelangen nicht und Schimmelmann wurde ebenfalls durch Piret und die Sachsen zurückgewiesen. Allein die Position länger zu halten, hätte gefährlich werden können, denn zu dieser Zeit hatte das 2. preuß. Corps in der linken Flanke bereits eine solche Stellung eingenommen, daß es ihm leicht geworden wäre, einem großen Theile der Truppen des Grafen Clam den Rückzug abzuschneiden.

Angriff des 2. preuß. Corps.

Während 4 österreichische und 2 sächsische Brigaden mit mehr, als 100 Geschützen, so zu sagen, abwarteten, daß 2 preuß. Brigaden endlich ihre Position erobern sollten, indem sie ihnen die Initiative des Angriffs vollständig überließen, mußte gleichzeitig die Brigade Ringelsheim mit 1 Batterie und 1 sächsischen Cavallerie-Regiment hinter der Schlucht von Lochow den Angriff der 3. preuß. Division allein aushalten.

Ungefähr um 4½ Uhr Nachmittags erreichte Werder die österreichische Position und formirte die Teten-Bataillone seiner Teten-Brigade*) in Compagnie-Colonnen in 2 Treffen. Das 42. Regt. und die Jäger sollten Lochow und die Position rechts davon angreifen, während das 2. Regt. links der Chaussee gegen die Höhen von Prachow vorgesendet wurden.

Die 6. Brigade**) bildete die Reserve.

Ringelsheim vertheidigte sich hartnäckig. Von ihm hing die

---

*) 5. Brig. Januschkowski: 2. Jäger-Bat., 2. u. 42. Inf.-Reg. u. 2 Batt.
**) Winterfeld, 14. u. 54. Inf.-Reg.

Sicherheit der Rückzugslinie nach Gitschin für die übrigen Truppen ab und deshalb beschloß er, trotz der Ungleichheit der Kräfte alles Mögliche zu thun, um die Preußen aufzuhalten. In der linken Flanke durch die preuß. Reserve=Brigade umfaßt, formirt er gegen dieselbe sein 2. Treffen, Front gegen Süden und im spitzen Winkel mit dem 1. Treffen. Diese durch das Verzweifelte seiner Lage her= vorgerufene Gefechts=Aufstellung war das Beste, was er unter den obwaltenden Umständen thun konnte, allein lange konnte er sich in derselben nicht halten. Ringelsheim trat daher seinen Rückzug Schritt für Schritt an, indem er den Preußen empfindliche Verluste beibrachte.

Zu eben derselben Zeit gelang es dem gegen die Höhen von Prachow vorgesendeten 2. Inf.=Regt, sich auf denselben festzusetzen und mit dem 18. Regt., das Braba in der Front angriff, in Verbin= dung zu treten.

Die Lage der Oesterreicher war eine schwierige: ihrer Rückzugs= linie drohte Gefahr, von frischen Truppen war wenig vorhanden, das zugesagte III. Corps kam nicht an und unterdessen rückten die preuß. Colonnen mehr und mehr vor. — Der Tag fing an, sich zum Abend zu neigen.

Unter solchen Umständen wurde es immer zweifelhafter, ob man sich mit den eigenen Kräften würde halten können, allein zum Rückzug konnte man sich noch nicht entschließen, denn jede Minute konnte ja das versprochene III. Corps ankommen.

Nach der Absicht Benedek's sollte die Stellung von Gitschin ge= halten werden; ging sie verloren, so wurde die Bewegung der vier Corps gegen Lomnitz und Turnau viel schwieriger. Diese für Je= mand, auf dem die Verantwortung ruht, so lästigen Bedenken er= hielten endlich ihre Lösung: ungefähr um 7½ Uhr kam der Major Graf Sternberg aus dem Hauptquartier mit der Nachricht an, daß das zugesagte III. Corps nicht kommen werde, baß Clam und der Kronprinz von Sachsen gegen Horzitz und Miletin zurückgehen und jedes Gefecht mit überlegenen Kräften vermeiden sollten und baß das Manoeuvre mit den 3 Corps nicht ausgeführt werden würde, da dieselben eine andere Bestimmung erhalten hätten.

In der Abenddämmerung begann der Rückzug. Zur Deckung desselben erhielt die sächsische Leib=Brigade mit einer gezogenen Bat= terie den Befehl, den Berg bei Magdalena, der hinter der Ciblina gerade im Rücken von Diletz liegt, zu besetzen. Vier sächsische und drei österreichische Batterien wurden in die Linie Kbelnitz-Holin vor-geschoben. Ringelsheim sollte sich so lange auf dem linken Flügel bei Wohawec, das in Brand geschossen war, halten.

Um 8½ Uhr besetzten die Sachsen den Berg bei Magdalena und ließen ihre 1. Brigade, die auf der Straße nach Smidar, sowie die Brigade Piret, die gegen Miletin abzog, an sich vorbei. Von Braba sollten die Brigaden, die den Berg daselbst besetzt hatten, unter dem Schutze der aufgestellten Batterien nach Gitschin zurückgehen. Bei dieser Gelegenheit verlor die Brig. Abele, die von dem 2. preuß. Inf.-Regt. im Rücken gefaßt worden war, viele Gefangene. Die Brig. Leiningen erhielt, da sie noch frisch war, den Befehl, Gitschin an der nördlichen Seite zu besetzen. Unterdessen war es dunkel geworden: die Batterien konnten nicht mehr feuern und erhielten auch den Be-fehl, abzumarschiren. — Alles wurde still. — Die Preußen machten Halt, um auszuruhen und die Truppen zu sammeln, vielleicht auch in der Absicht, den Oesterreichern Zeit zu lassen, in Gitschin zur Ruhe zu kommen, um dann plötzlich über sie herzufallen. Diesen Halt sahen die Oesterreicher, wie es scheint, wirklich für eine Beendigung des Gefechts an und deshalb beeilten sie sich nicht mit ihrem Rück-zuge: der Stab etablirte sich in einem der Häuser in Gitschin, um schriftliche Befehle für denselben auszuarbeiten.

Um 10½ Uhr verließen die Sachsen den Berg bei Magdalena und zogen nach Gitschin ab, das sie um 11½ Uhr erreichten, in der Absicht, den Rückzug hinter ihrer 1. Brigade zur Vereinigung mit der Division Schimpf fortzusetzen. Da aber die Brigade Leiningen noch nicht angekommen war, so erhielten sie den Befehl, halten zu bleiben und Gitschin zu besetzen. Es war auch hohe Zeit: die Brig. Leiningen hatte in der Dunkelheit den Weg verfehlt und irrte auf gut Glück nördlich von Gitschin umher, als plötzlich an den Aus-gängen der Stadt Gewehrschüsse fielen: dies waren die Preußen, die, gesammelt und ausgeruht, von Westen und Norden gegen die Stadt anrückten. Der erste Angriff wurde durch das 12. Regt.*) von Nord-westen her ausgeführt. Der Stab, der, wie schon gesagt, mit schrift-lichen Dispositionen für den Rückzug beschäftigt war, wäre beinahe gefangen worden, wenn nicht zum Glück das 14. sächsische Bataillon

---

*) Brig. Kamienski.

durch einen kühnen Bayonnet=Angriff auf die Tete des 12. Inf.=
Regts. dasselbe aus der Stadt hinausgeworfen hätte. Der Stab
wurde eiligst durch die Barriere von Miletin zur Fortsetzung seiner
schriftlichen Arbeiten hinausgeführt. Einige Zeit darauf drangen
das 14. und 54. Regt. von Westen, das 12. Regt. von Nordwesten
und das 8. und 48. Regt. von Norden her in die Stadt, wo ein
nächtlicher Straßenkampf entbrannte. Das 33. österreichische Regt.*),
das beim Teiche in einen Sumpf gedrängt wurde, verlor einige hun=
dert Gefangene. Bei der nicht zu vermeidenden Unordnung zog sich
der Kampf bis lange nach Mitternacht hin; von beiden Seiten wurde
auf die eigenen Leute und auf den Feind geschossen; das 18. Jäger=
Bataillon schoß beinahe eine Stunde lang auf das 34. Inf.=Regt.
seiner eigenen Brigade**); dasselbe widerfuhr den Sachsen von den
Oesterreichern. Bald verstummte der Kampf, bald entbrannte er von
Neuem, je nachdem man die Gegenüberstehenden entweder für die
eigenen Leute oder als Feinde erkannte.

Die letzten österreichischen Truppen zogen ab, wohin es ihnen
beliebte; die Befehle waren geschrieben, aber wie man erwarten konnte,
gelangten sie nicht an ihre Bestimmung. Zum Theil hinausgeworfen,
zum Theil gegen Südwesten abziehend, gingen die zerstreuten Haufen
der Brigaden Poschacher und Leiningen statt nach Miletin, wohin das
ganze I. Corps marschiren sollte, nach Horzitz zurück, wobei sie aber
in dem Aufsuchen der Uebergänge über die Ciblina auf neue Hinder=
nisse stießen.

Der Rückzug der Sachsen wurde durch ihre Cavallerie gedeckt,
den der Oesterreicher mußte die Infanterie decken, da die Cavallerie
schon früher gegen Smidar abgerückt war. Die Preußen verfolgten
nicht; nur das österreich. 38. Regt.***), welches den Rückzug der
Oesterreicher auf der Straße nach Horzitz deckte, wurde den nächsten
Tag bei Konetz=Chlum†) von der preußischen Cavallerie erreicht und
beunruhigt.

Nachdem die Oesterreicher bei Miletin und Horzitz übernachtet
hatten, zogen sie sich zur Vereinigung mit der Haupt=Armee gegen

---

*) Brig. Leiningen.
**) Beide von der Brig. Poschacher.
***) Brig. Leiningen.
†) 1½ Meile von Gitschin auf der Straße nach Horzitz.

die Position von Königgrätz zurück. Am 2. Juli standen das
I. Corps und die Division Edelsheim bei Kuklena, die Sachsen bei
Rechanitz.

Obgleich Benedek die Operation über Miletin aufgegeben hatte,
bevor er noch den Ausgang des Kampfes bei Gitschin kannte, so gab
er dessen ungeachtet den Verlust desselben und den Zustand des
I. Corps als Grund seines Rückzuges an.

In Folge dessen wurde Graf Clam am Morgen des 3. Juli
nach Wien abberufen, um sich zu rechtfertigen; den Befehl über das
Corps übernahm sein Ablatus Graf Gonbrecourt.

Von den preuß. Armeen erreichten im Laufe des 1. und 2. Juli:
die Elb=Armee — Smidar; die I. Armee — Horzitz mit dem Haupt=
quartier in Kamenitz*).

Betrachtungen.

Die Oesterreicher schlugen sich tapfer, aber ganz passiv, was
schon daraus hervorgeht, daß die Preußen mit einer so geringen
Zahl von Truppen, als sie in's Gefecht führten, mit ihnen fertig
werden konnten. Den Verlusten nach zu urtheilen, wurde der Kampf
hauptsächlich durch 4 Regimenter geführt. Die Bedeutung des linken
Flügels wurde kaum genügend gewürdigt: für die Oesterreicher war
es ein glücklicher Zufall, daß Ringelsheim diesen Flügel mit seiner
Brigade hielt. Dies führt aber auf den Gedanken, daß Werber kaum
mit derjenigen Bestimmtheit handelte, welche man von ihm in seiner
Lage erwarten konnte. Die preußischen Truppen drangen mit großer
Kühnheit und, ohne abgelöst zu werden, vor: unbedeutende Abtheilun=
gen waren mitunter einige hundert Schritte voraus; die Passivität
der Oesterreicher zeigte ihnen zugleich alle Vorzüge eines blindlings
ausgeführten Angriffs. Man kann aber nicht umhin, zu bemerken,
daß ihre Gefechtslinie gewöhnlich zu schwach war und daß sie, bei
nur einigem Unternehmungsgeiste ihrer Gegner wohl jedenfalls davon
Nachtheil gehabt haben würden.

Die Schlacht selbst wurde von den Preußen zu spät begonnen:
das 3. Corps brach von Rovensko nicht vor 12½ Uhr, das 2. von
Zehrow nicht vor 10 Uhr Vormittags auf, folglich wurden nicht

----

*) 1⅓ Meile von Gitschin auf der Straße nach Horzitz.

10*

weniger als 5 Stunden verloren. Daburch kam es, baß bie Oester=
reicher bie Position bei Gitschin ruhig besetzen konnten, baß bas Ge=
fecht erst in ber Nacht enbete, bas Gebränge in Gitschin zu Verlusten
preußischerseits führte unb eine Verfolgung unmöglich war.

Der Angriffsplan ber Preußen war stets berselbe — einen ober
beibe Flügel zu umfassen. Bei einem unbeweglichen Gegner läßt sich
nichts Besseres erbenken: allein ein thätiger schlägt babei leicht bie
einzelnen Abtheilungen.

Ungeachtet ber zahlreichen österreichischen Batterien verloren bie
Preußen nur 1300 Mann an Tobten, Verwunbeten unb Vermißten.
Ein so geringer Verlust beweist ben richtigen Gebrauch solcher For=
mationen, bie nur ein kleines Ziel barbieten, so wie bie Fähigkeit
ber Officiere, ihre Abtheilungen ber Localität gemäß zu verwenden;
benn baburch unb nicht burch bas Verstecken einzelner
Leute wirb hauptsächlich bie Verminberung ber Verluste
im Feuer herbeigeführt. Die Total=Verluste ber Oesterreicher
sinb nicht bekannt, aber es wurden an 2000 Gefangene gemacht.
Derartige Verluste bezeugen zur Genüge ben Geist ber Truppen.

Die Cavallerie, wie es von ben Oesterreichern geschah, gegen
intacte Infanterie zu verwenden, kann kaum als rationell angesehen
werben, besonders wenn man berücksichtigt, baß in bem vorliegen=
ben Falle ein solcher Gebrauch ber Cavallerie nicht im Geringsten
geboten war.

Der Unterschieb in bem Gebrauche schnellschießenber unb gewöhn=
licher Gewehre gegen Cavallerie zeigte sich barin, baß man mit
ersteren statt einer, mehrere Salven abgeben unb bamit auf 200
Schritt anfangen kann, aber nur bei ruhigen Truppen, bie
man gelehrt hat, ihre Kugeln nicht in ben Winb zu jagen;
wenn man aber barin ben geringsten Zweifel setzt, bann ist es besser,
auch bei schnellfeuernben Waffen bie Abwehr auf eine Salve in ge=
ringster Entfernung zu beschränken*). Die Gefechtsformation zeigte
sich in biesem Gefechte als Gegenstanb von untergeordneter Bedeu=
tung unb selbst bie Anwenbung ber Linie kann man nicht als
etwas besonbers Neues ansehen, wenn man sich erinnert, wie St. Cyr
schon bei bem bamaligen Zustanbe ber Waffen glaubte, baß intacte

---

*) D. h. auf 50 bis 80 Schritt. Gegen ein Ziel, wie Cavallerie, wirb bies
genügen.

Infanterie, in Linie deployirt, eine Cavallerie=Attaque stets abschla=
gen kann. Dies ist nichts Neues für alle diejenigen, die da wissen,
daß selbst in ganz offenem Terrain das Verhältniß der Infanterie
zur Cavallerie nicht durch materielle Größen, sondern durch den Grad
des beiderseitigen moralischen Werthes bestimmt wird: diejenige
Waffe wird unterliegen, die am leichtesten dem Gefühle der Furcht
nachgiebt.

Bemerkung.

Die Gefechts = Ordnungen der verschiedenen Abtheilungen der
preußischen Armee sind annähernd gegeben und gründen sich auf
die Ziffer der Verluste und auf die Instructionen des Prinzen
Friedrich Carl.

VI.

Vormarsch der Preußen von Osten her.

Wie schon angeführt, erhielt der Kronprinz am 22. Juni den Be=
fehl, mit allen seinen Kräften auf Gitschin vorzugehen — schon am
25sten standen das 1., 5. und Garde=Corps an der böhmischen
Grenze bei Schömberg, Reinerz und Schlegel.

Ebenso ist schon gesagt, daß man bei der II. preußischen Armee
überzeugt war, daß es den Oesterreichern noch nicht gelungen wäre,
sich nach Böhmen zu ziehen und daß es sonach am besten sei, so
bald als möglich in das Land einzubringen. Der Operationsplan be=
stand darin, sobald man die Defileen überschritten haben würde, sich
zunächst bei Königinhof zu concentriren und dann die Verbindung
mit der I. Armee aufzusuchen, von welcher man wußte, daß sie das
I. österreichische und das sächsische Corps auf sich gezogen habe, daß
also nichts zu befürchten sei.

In dieser Voraussetzung wurde beschlossen, so in Böhmen einzu=
rücken, daß man sich nach der Seite von Josephstadt hin nur sicherte,
also in Bezug auf diesen wahrscheinlichen Concentrationspunkt der
Oesterreicher eine kühne Flanken=Bewegung machte.

Die allgemeine Marsch=Disposition bestand in Nachstehendem:

1) Die linke Colonne des Generals Steinmetz (5. Corps und
1 Brigade des 6.), bestimmt, die ganze Bewegung zu decken, sollte
über Nachod und Skalitz auf Königinhof rücken,

2) die rechte Colonne des Generals Bonin (1. Corps und 1
Cavallerie=Division) von Schömberg über Trautenau gegen Königinhof,

3) die mittlere Colonne des Prinzen von Württemberg (die

Garbe) von Braunau über Eipel auf Königinhof mit dem Auftrage, nach Umständen entweder Steinmetz oder Bonin zu unterstützen. Dem 6. Corps wurde befohlen, dem 5. zu folgen.

Gleichzeitig wurde auch dem General Knobelsdorf befohlen, aus Ober-Schlesien in das österreichische Gebiet einzufallen und die Eisenbahn zu zerstören.

Die Garde überschritt am 26. Juni die böhmische Grenze in der Grafschaft Braunau und bezog ihr Nachtlager zwischen Braunau und Politz. Dabei kamen nur unbedeutende Scharmützel von Cavallerie vor. Nach Braunau kam auch das Hauptquartier des Kronprinzen. Die Avantgarde des 5. Corps erreichte am 26sten Schlaney, von wo sie einen österreichischen Posten vertrieb, der fechtend nach Nachod zurückwich. Der Commandeur der Avantgarde, General-Lieutenant Löwenfeld, erhielt den Befehl, eine Recognoscirung gegen Nachod vorzunehmen, die Brücke daselbst über die Metau, im Falle sie zerstört sein sollte, wiederherzustellen und durch einen Theil seines Detachements das gegenüber liegende, gebirgige Ufer besetzen zu lassen, um das Debouchiren auf dasselbe von Nachod her gegen Süden zu decken, von wo man aus den Nachrichten zufolge den Feind erwarten konnte. Wie schon erwähnt, stand wirklich dort und namentlich bei Opoczno das VI. österreichische Corps.

General Löwenfeld marschirte behufs Ausführung dieses Befehls mit einem Theil seiner Avantgarde (2 Comp. Jäger, 37. Inf.-Regt., 1 Batterie und 2 Esc. des 4. Drag.-Regts.) nach Nachod, wo er die Brücke zerstört fand. Nach Wiederherstellung derselben ging diese Teten-Abtheilung der Avantgarde durch Nachod durch und besetzte gegen Abend die Position bei Wenzelsberg, Front gegen Neustadt. Den nächsten Tag sollte das 5. Corps debouchiren, wozu nachstehende Disposition*) ausgegeben wurde:

„Das Corps rückt gegen Nachod und weiter gegen Westen vor.

„Die Avantgarde, das Gros, die Reserve**) und die Truppen des 6. Corps „brechen um 5 Uhr aus ihren Bivouacs resp. Cantonirungen auf.

„Die 1. reitende Batterie wird zum Gros abcommandirt, wo sie sich dem 1. „Ulanen-Regiment anschließt.

„Die 1., 2. und 3. Munitions-Colonne folgen unmittelbar hinter der Reserve.

---

*) nach dem russischen Text.

Anm. d. Uebers.

**) Die Eintheilung in Gros und Reserve war während des Feldzuges rein formell.

„Die 4., 5., 6., 7., 8. und 9. Colonne gehen zuerst nur bis Reinerz, stellen „sich dort seitwärts der Straße auf und erwarten weitere Befehle.

„Die Bagage des Corps geht auf der alten Straße, welche die Chaussee von „Reinerz gegen Süden verläßt, nach Lewin, wo sie seitwärts der Straße auffährt.

„Der Ponton-Train vereinigt sich mit den letzten 6 Munitions-Colonnen.

„Das Corps-Lazareth marschirt bis Reinerz, wo es Befehle abwartet.

„Die Proviant-Colonnen gehen durch Rückerts und fahren diesseits dieses Ortes „seitwärts der Straße auf.

„Die Abtheilung des 6. Corps (die Brigade Hoffmann mit einem Cavallerie-„Regiment) detachirt noch heute Abend, d. h. den 26sten, das 8. Dragoner-Regt. „zum Gros und behält nur 2 Züge bei sich zurück. Das Gros hat sogleich das „Nöthige für das Bivouac des Regiments vorzubereiten.

„Die übrigen Truppen des Generals Hoffmann decken den Marsch der Ba-„gage, der Munitions- und Proviant-Colonnen in der linken Flanke gegen Gieß-„hübel.

„Die Befehle für diese Abtheilung werden nach Lewin geschickt, wo ein Officier „mit der nöthigen Anzahl von Ordonnanzen zur Weiterbeförderung dieser Befehle „anwesend sein muß.

„Die Bagage derselben bleibt unter genügender Bedeckung bei Wilmsdorf und „Ober-Schwebelsdorf.

„Dem General Wnuck wird der Befehl über das 1. Ulanen- und das 8. Dra-„goner-Regiment mit der zugetheilten reitenden Batterie übertragen. Wenn im Laufe „des Tages die gemeinschaftliche Thätigkeit der ganzen Cavallerie erforderlich wer-„den sollte, so tritt auch das 4. Dragoner-Regiment unter sein Commando.

„Ich werde mich an der Tete des Gros befinden, wohin das 1. Ulanen- und „4. Dragoner-Regiment je einen Ordonnanz-Officier zu senden haben.

„Hauptquartier Reinerz, den 26. Juni, 1 Uhr Nachm.

Steinmetz."

Der Theil der Avantgarde, der bei Gellenau zurückgeblieben war, brach der Disposition gemäß um 5 Uhr auf, hatte aber noch nicht Wenzelsberg erreicht, als der Kampf begann: das VI. Corps [Ramming]*) erschien von Neustadt aus auf dem Schlachtfelde, um den Preußen laut des ihm ertheilten Befehls den Weg nach Skalitz zu verlegen.

Flanken-Bewegung Ramming's von Oporzno auf Skalitz.

Bis zum 26. Juni war Benedek bei der Absicht geblieben, sich mit seiner Hauptmacht auf die nördlichen preußischen Massen zu werfen.

---

*) Die Brigaden Waldstätten, Hertwek, Jonak, Rosenzweig und die Geschütz-Reserve = 28. Bat. 8 Esc. 80 Gesch.

In Folge dessen erhielt Ramming am 26sten den Befehl, an Josephstadt vorbei in 2 Märschen nach Horzitz zu marschiren, demgemäß er seine Anordnungen traf. Allein am Abend des 26sten wurde dieser Plan in Folge des Vordringens der Preußen von Osten her aufgegeben und Ramming erhielt am 27sten um 1½ Uhr Nachts den Befehl, nach Skalitz zu marschiren, die dortige Position zu besetzen und die Avantgarde gegen Nachod vorzuschieben. Die 1. Reserve-Cavallerie-Division (Prinz von Holstein), welche die Grenze auf der Seite von Nachod beobachtete, wurde zum VI. Corps commandirt.

Dieser Veränderung der anfänglichen Disposition war hinzugefügt: „diese letztere Anordnung hat den Zweck, den noch nicht vollendeten Aufmarsch der Armee zu decken, was aber in keinem Falle abhalten soll, den Feind entschlossen anzugreifen, wo er sich auch zeigen möge. Die Verfolgung des Feindes muß aber in den Grenzen des gegebenen Auftrages bleiben und darf nicht zu weit ausgedehnt werden."

Auf Grund dieser Anordnung wurden die Truppen in nachstehender Art dirigirt:

1) die Brigade Hertwek durch Neustadt, Wrchonin gegen Wisokow; 2) die Brigade Jonak hinter ihr auf derselben Straße nach Kleny; 3) die Brigade Rosenzweig links von Neustadt über Rahorzan, Lhota, Spita nach Skalitz; 4) die Brigade Waldstätten noch weiter links durch Jesenitz nach Skalitz; 5) die Geschütz-Reserve hinter der letzten Brigade nach Rilow; 6) die Sanitäts-Compagnie und das Corps-Lazareth nach Zajezd, westlich von Skalitz. Alle diese Abtheilungen sollten um 3 Uhr aufbrechen, mit Ausnahme der Brigade Jonak, die ½ Stunde später abmarschiren sollte, um die Brigade Hertwek vorbei zu lassen.

In Folge der späten Mittheilung des Befehls brachen aber alle Abtheilungen ½ Stunde später auf, als befohlen war.

Um 3½ Uhr setzte sich die Brigade Hertwek*) in Marsch mit dem Jäger-Bataillon, 2 Geschützen und einer Escadron des Ulanen-Regiments als Avantgarde und 1 Bataillon des 56. und 1 Comp. des 41. Regts. als rechtes Seiten-Detachement zur Deckung gegen die waldigen Höhen. Von dem letzteren Detachement wurde bald

---

*) 25. Jäger-Bataillon, die Regimenter Kellner und Gorizutti (41. und 56.), 1 Esc. Ulanen Nr. 10 und 1 4pfünd. Batterie.

die Anwesenheit feindlicher Cavallerie gemeldet, und 2½ Stunden*) nach Beginn der Bewegung stieß bei ihrer Ankunft bei Wrchonin auch die Avantgarde der Brigade auf den Feind: dies waren die preußischen Jäger, welche die einzelnen Waldstreifen, die bei Wrchonin beginnen, besetzt hatten.

Das Terrain, auf welchem das Gefecht bei Nachod durchgeführt wurde, besteht:

1) aus dem Plateau nördlich der Chaussee Nachod-Skalitz, sehr durchschnitten und steil gegen Westen und Osten abfallend; südlich dieses Plateaus liegt das Dorf Wisokow; 2) aus einem kleinen Höhenzug, der südlich von Wisokow beginnend, sich bis Neustadt hinzieht; derselbe wird von der Straße Neustadt-Nachod durchschnitten. Der Abfall westlich der Straße ist sanft gebӧscht und mit einzelnen Waldstreifen bedeckt, die sich von Wrchonin hinter Wenzelsberg bis 800 Schr. von Wisokow hinziehen. Der Raum östlich der Straße begreift in sich die dominirenden Punkte der Höhen und den steilen mit dichtem Walde bedeckten Abhang gegen die Metau. Die Gebüsche und das Dorf Wenzelsberg bilden gute Punkte, um ein Gefecht hinzuziehen und Zeit zu gewinnen.

Diese Position mußten die Preußen um jeden Preis halten, denn mit dem Verlust derselben würde das Debouchiren des 5. Corps wegen des sehr schwierigen Aufganges von Altstadt her unmöglich geworden sein.

Gefecht bei Nachod.

Die Gewehrschüsse veranlaßten Hertwek, sich zum Gefecht zu formiren, indem er sein Gros an das Jäger-Bataillon heranzog. Er formirte 2 Treffen, jedes zu 3 Bataillonen, das erste in Divisions-, das zweite in Bat.-Colonnen. Das Bataillon, welches die rechte

---

*) d. h. um ungefähr 6 Uhr, da von Dobrucka, von wo die Brigade aufbrach, bis Wrchonin nicht mehr als 1½ Meile sind. Nach der österreichischen Relation erreichte die Brigade Wrchonin erst um 7½ Uhr. Dann muß man annehmen, daß entweder die Stunde des Aufbruchs unrichtig angegeben ist, oder daß die Truppen zu vorsichtig vorgingen, wenn sie 4 Stunden brauchten, um 1½ Meile zurückzulegen. Wenn man es aber mit den Angaben der Preußen vergleicht, dann muß als wahrscheinlicher angenommen werden, daß das Gefecht ungefähr um 6 Uhr begann.

Flanke deckte, hatte sich, wie es scheint, im Walde verirrt und nahm keinen Theil an dem Gefechte, wenigstens ist in der Relation seiner weiter nicht erwähnt. Die Batterie wurde an 2 Punkten verwandt, 2 Geschütze zwischen den Divisions-Colonnen des Jäger-Bataillons und 6 mehr rechts desselben.

Hinter den Gebüschen konnte man nichts entdecken, außer was schon im Gefecht war, d. h. Jäger und eine Batterie. Der Moment war für die Oesterreicher günstig: gegen 3½ preußische Bataillone hatten sie 7 Bataillone und nicht weniger als 1½ Stunden Zeit vor sich, denn die nächste Unterstützung der preußischen Avantgarde stand bei Gellenau, d. h. nicht weniger als 1½ Meile von Wenzels-berg, während die nächste Unterstützung Hertwek's — die Brig. Jonak — unmittelbar hinter ihm marschirte.

Die unbedeutenden Streitkräfte der Preußen waren in nach-stehender Weise aufgestellt: die zunächst an Wrchonin liegenden Ge-büsche waren von den Jägern besetzt; das Wäldchen bei Wenzels-berg, das Dorf selbst und die Strecke links desselben in der Rich-tung auf Brazetz sollten die Batterien und 5 Halbbataillone des 37. Re-giments unter Commando ihres tapfern und energischen Comman-deurs, Obersten Below, vertheidigen; das 6. Halbbataillon mußte auf das Plateau nördlich von Wisokow zur Beobachtung der Chaussee nach Skalitz, von wo aus man den Feind ebenfalls er-wartete, betachirt werden.

So war ein 3000 M. starkes Detachement in die Nothwendig-keit versetzt, eine Position von 2000 Schr. Front zu vertheidigen. Es scheint, als ob an die Möglichkeit, sich darin zu halten, auch nicht einmal zu denken war, allein die methodische Schwerfälligkeit der Oesterreicher und der nicht immer dem Terrain angemessene An-griff derselben rettete Alles.

Es entwickelte sich ein Schützen-Gefecht, welches sich etwa eine Stunde lang hinzog, worauf Hertwek sich entschloß, zum Angriff überzugehen, nachdem er vorher den rechten Flügel seines 1. Treffens durch 1 Bataillon aus dem 2. verstärkt hatte. Man setzte sich in Bewegung und gewann beinahe ohne Widerstand einige links der Straße gelegene Gebüsche; allein man war noch nicht bis 500 Schritt an Wenzelsberg herangekommen, als Hertwek es in Folge des mör-berischen Feuers für nothwendig hielt, Halt zu machen, obgleich, dem Terrain nach zu urtheilen, es möglich gewesen wäre, sich auch im

Marsche gegen dies Feuer zu becken. Uebrigens war noch ein an=
derer Grund für den Halt vorhanden: die Truppen waren, laut der
Relation, übermäßig ermattet*) und zum Ueberfluß unter ein Flanken=
Feuer gebracht worden, wovon jedoch die Relation nichts sagt, was
aber daraus hervorgeht, daß einem Bataillon befohlen wurde, die
Lisiere des Waldes zu besetzen, einem zweiten aber, zur Deckung
der rechten Flanke die linke Schulter vorzunehmen; ein
drittes erhielt Befehl, einen Pachthof, der wenigstens 1000 Schr.
rückwärts des genommenen Gebüsches lag, zu besetzen und zur Ver=
theidigung einzurichten. Auffallender als alles Andere ist aber, daß
zu derselben Zeit, als der Brigade=Commandeur die Brigade Halt
machen ließ, weil er fand, daß dieselbe ermattet wäre und ihre Rück=
zugslinie riskirte, das Jäger=Bataillon Wenzelsberg erreichte, die
Preußen hinauswarf, sie bis zu dem nördlich von Wenzelsberg
liegenden Wäldchen verfolgte und erst dort, auf überlegene Kräfte
stoßend, zurückgewiesen wurde. Dieses Bataillon zeigte mehr als
alles Uebrige, daß die Besorgnisse, denen der Brigade=Commandeur
sich hingab und die ihn selbst dahin brachten, sich im Rücken zu becken,
nur in der Einbildung lagen. Dieser Eindruck wurde auf ihn durch
wenige Dutzend Jäger hervorgebracht, welche sich in dem Walde öst=
lich der Straße festgesetzt hatten und von dort 1 oder 2 Salven auf
die rechten Flügel=Abtheilungen der Oesterreicher abgegeben hatten,
die an dem Walde vorübermarschirten, ohne daran zu denken, ben=
selben zu besetzen oder auch nur abzusuchen.

Auf diese Art erreichte von 6 Bataillonen nur eins Wenzels=
berg, Dank der Besorgniß vor Umgehung und der eingebildeten Noth=
wendigkeit, sich die Rückzugslinie sichern zu müssen.

Die Preußen erhielten um diese Zeit die erste Verstärkung: un=
gefähr um 8 Uhr kam das 58. Regiment mit einer Batterie von
Gellenau an.

Gegen 7½ Uhr hatte endlich auch die Brigade Jonak**) Dom=
kow erreicht. Da sie durch Wrchonin zu einer Zeit gegangen war, als
Hertwek bereits das Gefecht begann, so entsteht unwillkürlich die

---

*) Von Dobruska bis Wrchonin ist nicht weiter als 1⅓ Meile.
**) 14. Jäger=Bataillon, 20. und 60. Regt. (König von Preußen und Wasa);
1—4pfd. Batterie. Für den Marsch war zu dieser Brigade das 10. Ulanen=Regt.
commandirt, dessen Escadrons nach der Ordre de Bataille den Brigaden des VI.
Corps zugetheilt waren.

Frage, warum sie ihm nicht gefolgt war? Es scheint aber, als ob man es für besser hielt, die Disposition auszuführen, als die Richtung auf das Feuer zu nehmen, ungeachtet jene gar keine Anordnungen für ein Gefecht enthielt.

Nachdem er Domkow erreicht hatte, d. h. nachdem er ca. ⅛ Meile links des directen Weges gegangen war, formirte Gen. Jonak — wie die Relation sagt: in richtiger Würdigung der Verhältnisse — seine Brigade Front gegen Wenzelsberg mit der Batterie und dem Ulanen-Regiment Nr. 10 auf dem linken Flügel und ließ antreten, Richtung auf den Kirchthurm von Wenzelsberg. Nachdem Jonak sich eine kurze Zeit bei Prowobow aufgehalten hatte, um seine ermatteten Truppen Athem schöpfen zu lassen, erstieg er in Ordnung die Höhen ungeachtet des starken feindlichen Feuers*) und vertrieb die Preußen von der Lisiere des Wäldchens bei Wenzelsberg, trotz der Ermattung seiner Truppen und des Gewehrfeuers der Preußen, die ihn von ihren Deckungen aus (Graben und Wald) beschossen. Das Regiment Wasa, welches bis dahin im 1. Treffen gestanden hatte, wurde nun durch das Regiment Nr. 20 abgelöst, d. h. nach dem ersten und dabei glücklichen Zusammenstoße. Es ist hiernach begreiflich, daß gegen Ende des Gefechts keine frischen Truppen mehr übrig sein konnten.

Es entspann sich nun ein Wald-Gefecht, welches damit endete, daß die Preußen ungefähr um 10 Uhr aus dem Wäldchen vertrieben und nach ihrem letzten Stützpunkt vor Altstadt — dem Walde jenseits der Chaussee — gedrängt wurden. Um diese Zeit hielt es endlich Hertwek für möglich, vorzugehen. Noch eine Anstrengung, noch eine Verfolgung von etwa ⅓ Meile und Altstadt war in den Händen der Oesterreicher und das Debouchee von Nachod den Preußen verschlossen. .... Allein ehe die Oesterreicher sich im Walde formirt hatten, brachen Abtheilungen des 37. Regiments, die sich gesammelt hatten, von Neuem zum Angriff gegen sie vor und stürzten sich nach abgegebener Salve gegen die Lisiere, von welcher sie die Oesterreicher zurückdrängten. Zu derselben Zeit wurden auch Abtheilungen der Brigade Hertwek, die östlich des Wäldchens in Divisions-Colonnen vorgingen, durch eine Ueberraschung in Verwirrung gebracht und

---

*) Das ihm aber kaum auf der Strecke von Domkow bis Prowobow Schaden thun konnte, da die Preußen gerade zu jener Zeit mit dem 25. Jäger-Bataillon beschäftigt waren, das sie aus Wenzelsberg hinauswarf.

zurückgeworfen. Aus der Lisiere des Waldes rechts der Chaussee brachen nämlich 2 preußische Compagnien plötzlich gegen sie vor, gaben eine oder zwei Salven auf nächste Entfernung ab, setzten viel Leute außer Gefecht und gingen mit dem Bayonnet drauf. Die österreichischen Abtheilungen, über den Haufen geworfen, kehrten nicht mehr auf das Schlachtfeld zurück, da sie große Verluste erlitten hatten, nicht bloß durch den unerwarteten Angriff, sondern noch mehr auf dem Rückzuge, denn in einem solchen Falle ist das Schnellfeuer noch viel wirksamer, als gegen einen Feind, welcher nicht die Fähigkeit verloren hat, den ihm zugefügten Nachtheil wieder gut zu machen.

Kleine preußische Detachements, welche die Abtheilungen der Brigade Hertwek verfolgten, drangen in Wenzelsberg ein und setzten sich im nördlichen Theile des Dorfes fest, der südliche verblieb den Oesterreichern. — Es war ungefähr 10 Uhr; die kritische Periode des Gefechts für die Preußen nahete sich ihrem Ende, denn Verstärkungen fingen an, sich zu zeigen.

Zuerst erschien General Wnuck mit seiner improvisirten Brigade auf dem Schlachtfelde. Er hatte sich von dem Gros getrennt, erreichte Gellenau um 8½ Uhr, kam auf dem Schlachtfelde zu der Zeit an, als das Wäldchen in die Hände der Preußen übergegangen war und stellte sich zwischen diesem und Wisokow auf, das Ulanen-Regiment im 1. Treffen und das Dragoner-Regiment im 2. links debordirend. Etwas später vereinigte sich hier mit ihm eine halbe Escadron des 4. Dragoner-Regiments, die sich als Echelon auf dem linken Flügel aufstellte. Seinerseits hatte Ramming noch früher Anordnungen getroffen zur Verstärkung der österreichischen Brigaden, welche im Gefechte begriffen waren, und nach den gemachten Anstrengungen kaum noch irgend etwas unternehmen konnten, besonders wenn man die Gewohnheit der Ablösung in Rechnung zieht.

Die Dispositionen, welche er etwa um 9¼ Uhr nach seiner Ankunft in Skalitz traf, bestanden in Nachstehendem:

1) Die Brigade Rosenzweig*) erhielt Befehl, von Skalitz auf Prowodow und Sonow vorzugehen und nachdem sie sich dort formirt hätte, die Höhen von Wenzelsberg anzugreifen.

---

*) 17. Jäg.-Bat., Regim. Nr. 4 und 55 (Deutschmeister und Gondrecourt), 1—4pfd. Batt.

2) Die Brigade Solms*), die hinter Kleny stand, sollte auf das Plateau zwischen Wisokow und Wenzelsberg rücken und die Brigade Rosenzweig unterstützen.

3) Die Brigade Schinblöder**), die bei Dolan 1 Meile westlich von Skaliz stand, sollte durch Skaliz nach Kleny vorrücken.

Etwas nach 10 Uhr ging die Brigade Rosenzweig, nachdem sie sich bei Prowodow und Sonow formirt hatte, zum Angriff gegen das Wäldchen links von Wenzelsberg vor und zwar mit dem Jäger=Bataillon an der Tete, dahinter das Regiment Gondrecourt im 1. und das Regiment Deutschmeister im 2. Treffen. Der Angriff gelang. Die Preußen wurden aus dem Wäldchen durch die Truppen des 1. Treffens hinausgeworfen, aber diese erlitten hierbei schwere Verluste sowohl durch Frontalfeuer, d. h. aus dem Wäldchen, wie durch Flankenfeuer von Wenzelsberg her.

Nur dieser letztere Umstand veranlaßte Rosenzweig, Wenzelsberg angreifen zu lassen, wozu er das 2. Treffen verwandte. Auch dieser Angriff gelang. Ein Theil des Regiments Deutschmeister beschäftigte sich sogleich damit, die Umfassung des Dorfes und der Kirche in Vertheidigungs=Zustand zu setzen, während ein anderer über das Dorf hinausrückte und die Preußen durch Schützenfeuer verfolgte. Von einer Mitwirkung der Brigaden Jonak und Hertwek an den Anstrengungen der Brigade Rosenzweig ist nirgends die Rede und man muß daher annehmen, daß sie sich als durch jene Brigade abgelöst betrachteten.

Gleichzeitig mit dem Angriff Rosenzweig's auf den Zwischenraum zwischen Wisokow und dem Wäldchen ging Solms von Kleny aus mit 5 Escadrons in Zug=Colonnen im Trabe vor, deployirte am Fuße der Höhen und rückte auf dieselben hinauf. Es erfolgte nun ein kurzes, aber glänzendes Cavallerie=Gefecht, gleich ruhmwürdig für beide Theile, obgleich unglücklich für die Oesterreicher. 5 Escadrons Küraffiere attaquirten das preußische Ulanen=Regiment in der Front und der linken Flanke; in der Front entspann sich ein Handgemenge, der umfaßte Flügel stutzte, machte Kehrt und stürzte sich gegen Nachod hin, zusammen mit 2 reitenden Geschützen,

---

*) Der Division des Prinzen Holstein, Küraffier=Regim. Nr. 4 und 6, 1—8pfd. Cavallerie=Batterie; das Ulanen=Regt. Nr. 8 befand sich auf Vorposten.

**) Derselben Division: Kür.=Regim. Nr. 9 und 11. Ulanen=Reg. Nr. 4 und 1—8pfd. Cav.=Batt.

die sich — man weiß nicht durch welche Veranlassung — demselben angeschlossen hatten. Aber nur noch einen Augenblick — und die Küraſſiere wurden in der Flanke von den preußiſchen Dragonern attaquirt und, ihrerſeits in Unordnung gebracht, machten ſie Kehrt, verfolgt durch die Ulanen und Dragoner. In dem Getümmel wur= den beide Standarten=Unterofficiere getödtet und die Standarten im hohen Graſe verloren. Jetzt benutzte die Küraſſier=Escabron, die der Brigade Jonak zugetheilt war und unbeſchäftigt vorwärts Prowodow ſtand, den Moment, um die preußiſchen Dragoner anzu= : greifen, wodurch ſie ihrer verfolgten Cavallerie Luft machte. Die preußiſchen Regimenter kehrten in ihre Stellung zurück, indem ſie noch unterwegs 2 Diviſionen des Regiments Sonbrecourt, die nach Einnahme des Wäldchens weiter vorgerückt waren, zuſammenhieben.

Endlich etwa um 11 Uhr erſchien die Infanterie des Gros des 5. Corps, geführt durch den General Steinmetz, auf dem Schlacht= felde, nachdem ſie von Reinerz beinahe 3 Meilen, ohne zu ruhen, zurückgelegt hatte. Es war die Tete der Diviſion Kirchbach — die 19. Brigade.*)

Von Steinmetz gegen Wenzelsberg dirigirt, nahm ſie etwa um 12 Uhr dies Dorf mit Sturm. Die Oeſterreicher fingen an zurück= zuweichen, gedeckt durch die Brigade Roſenzweig, welche hierbei den reglementsmäßigen Uebergang zum Rückzug ausführte. Die Preußen verfolgten die Oeſterreicher nicht, denn auch ſie waren er= ſchöpft und außerdem hatten noch nicht alle Truppen die Höhen er= reicht, welche gegen drei öſterreichiſche Brigaden zu vertheidigen der einen preußiſchen ſo große Anſtrengungen gekoſtet hatten. Wir ſagen der einen Brigade, weil beſonders die 17. Brigade und vornehmlich das 37. Regiment mit 2 Jäger=Compagnien die Hauptlaſt des Ge= fechts zu tragen hatte, die 19. Brigade aber nur vollendete, was jene vorbereitet hatte.

Ungefähr um 12 Uhr machten die Oeſterreicher den letzten Ver= ſuch gegen die Preußen: ſie griffen mit der Brigade Waldſtätten das Plateau Wiſokow=Starkocz an, was nach dem Mißgeſchick bei Wen= zelsberg ganz nutzlos war. Die 20. preußiſche Brigade Wittich**), die hinter Tiedemann gefolgt war, beſetzte das Plateau im Lauf=

---

*) Gen. Tiedemann; 6. und 46. Inf.=Regt., 2 Batt.
**) 47. und 52. Regt., 2 Batt.

schritt, während die Oesterreicher ihren Angriff durch das Feuer einer Brigade-Batterie und dreier Batterien der Corps-Geschütz-Reserve, die auf den Höhen nördlich von Klenny abgeprotzt hatten, vorbereiteten.

Auch bei dieser Gelegenheit blieben die Oesterreicher und Preußen sich getreu: die Ersteren schickten ihre Brigade in Abtheilungen zum Angriff vor, die Letzteren begegneten demselben mit Allem, was sie hatten, indem sie eine Salve abgaben und dann zum Bayonnet griffen. Die österreichische Relation, welche diese einzelnen Angriffe beschreibt, endet stets in ein und derselben Art: „Es wurde tapfer und in Ordnung angegriffen; als man aber das Feuer aus den „überlegenen" preußischen Gewehren erhielt, ging man nicht weiter vor, sondern zog es vor, zurückzugehen, was auch vollständig ordnungsmäßig geschah."

Endlich ungefähr um 12½ Uhr beschloß der Corps-Commandant in Erwägung: „daß die Preußen sich mehr und mehr verstärkten, daß von den nach Kosteletz entsendeten Patrouillen die Meldung von dem Erscheinen des Feindes auch an diesem Punkte einging, daß bereits alle Truppen im Gefecht gewesen waren und von nirgend her Verstärkungen erwartet werden konnten," — die erlangten Vortheile aufzugeben und sich in die Position von Skalitz zurückzuziehen. Da der ihm ertheilte Auftrag nicht dahin lautete, den Feind anzugreifen, sondern Skalitz zu decken, so wagte er es nicht, sich dem auszusetzen, von den Höhen heruntergeworfen und verfolgt zu werden, denn in einem solchen Falle hätte er den Rückzug nicht in „Ruhe und Ordnung" ausführen können.

Der Abzug des linken Flügels in die Position von Skalitz geschah gedeckt durch die Geschütz-Reserve des Corps und durch die Cav.-Brig. Schindlöcker, welche gegen Ende des Gefechts angekommen war, in Ruhe und Ordnung.

An der Lisiere des Waldes bei Dubno verblieb ein vorgeschobener Posten, bestehend aus 1 Bat., 2 Escabr. und 4 Gesch.; westlich von Klenny stand die ganze Cavallerie.

Die Position bei Skalitz wurde, vom rechten Flügel an gerechnet, durch die Brigaden Jonak, Rosenzweig und Waldstätten besetzt; Rosenzweig ließ den Eisenbahnhof durch ein Bataillon besetzen; Hertwek blieb in Reserve; von der Geschütz-Reserve wurden 3 Batt. in die Gefechtslinie der Position gezogen, 2 Batt. blieben in Re-

ſerve auf dem Marktplaß von Skaliß; ſtarke Cavallerie-Patrouillen
deckten die Front und die Flanken.

Die Preußen zogen ſich ihrerſeis auf dem Plateau zwiſchen Wiſo=
kow und Wenzelsberg zuſammen; General Steinmeß dictirte auf dem
Schlachtfelde die Diſpoſition für die Nacht und für die Bewegungen
des nächſten Tages.

Die 20. Brigade erhielt Befehl, die frühere Avantgarde abzu=
löſen und die Vorpoſten in der Linie Stubniß = Wiſokow = Neuſtadt
aufzuſtellen. Das Gros bezog Bivouacs zwiſchen den Straßen nach
Skaliß und Stubniß, d. h. mit dem Rücken gegen die Schlucht. Die
Taſchen=Munition ſollte Abends 10 Uhr aus den Bataillons=Pa=
tronen=Wagen erſeßt werden. Alle dieſe Anordnungen und die Dis=
poſition für den Marſch wurden ſchon um 4½ Uhr Nachmittags
den Truppen zugeſchickt, alſo 2 Stunden nach Beendigung des Ge=
fechts. Abänderungen kamen nicht vor; die Truppen gelangten alſo
zur Ruhe ſo ſchnell, als es nur möglich war.

Der Kronprinz, welcher etwas früher als das Gros des Corps
auf dem Schlachtfelde angelangt war und auf demſelben bis zum
Ende verblieb, dankte den Truppen im Namen des Königs, befahl
dem General Steinmeß, ſeine deckende Bewegung den nächſten Tag
gegen Grabliß fortzuſeßen, und, nachdem er demſelben noch eine
Garde=Diviſion zur Unterſtüßung verſprochen hatte, begab er ſich
nach Hronow, wohin gegen Abend auch ſein Hauptquartier verlegt
wurde.

Ramming meldete an den Stab der Armee den Ausgang
des Gefechts, indem er hinzufügte, daß das VI. Corps in dem für
den nächſten Tag vorauszuſehenden Gefechte die Poſition nachhal=
tig vertheidigen könne, daß aber mit Rückſicht auf die Wichtigkeit
des Punktes und die Ermattung der Truppen Verſtärkungen unum=
gänglich nothwendig ſeien oder daß, wie es wünſchenswerth
ſei, das VI. Corps abgelöſt werden möge.

Dieſe Bitte wurde berückſichtigt: den 28ſten, 7½ Uhr früh
kamen das VIII. Corps und zwei 4. Bataillone aus Joſephſtadt zur
Ablöſung des VI. Corps an. Zugleich wurde das IV. Corps nach
Dolan, 1 Meile weſtlich von Skaliß, vorgeſchoben.

Betrachtungen.

Es ist schwer zu begreifen, was man im österreichischen Haupt=
quartier unter Deckung des Aufmarsches der Armee bei Josephstadt
verstand, wenn man berücksichtigt: erstens daß dies eine Festung,
also ein genügend widerstandsfähiger Punkt ist; zweitens daß der Be=
fehl dem General Ramming in der Nacht vom 26sten zum 27sten zuging,
d. h. zu einer Zeit, als die nächsten preußischen Truppen (nämlich das
Gros) nicht näher an Josephstadt standen, als zwei Märsche entfernt
und dabei noch jenseits der Gebirgs=Defileen. Interessant wäre es
auch zu erfahren, was man im Hauptquartier von den Preußen be=
fürchtete, da diese im Anfange nur im Auge hatten, selbst nicht ein=
zeln geschlagen zu werden, folglich den „Aufmarsch" der Armee bei
Josephstadt nicht hindern konnten.

Eine Brigade erschöpft die Anstrengungen von drei österreichi=
schen, was nicht bloß der eigenen Tapferkeit, sondern auch dem
Umstande zu danken war, daß die Oesterreicher sich wie absichtlich
bemühten, ihre Kräfte so schnell als möglich zu verbrauchen, indem
sie ein Treffen durch das andere ablösten, 2 Abtheilungen zur
Sicherung ihrer Rückzugslinie zurückließen und eine Brigade durch
eine andere ersetzten.

Die Oesterreicher verloren 2 Standarten, 227 Officiere, 7,145
Mann, darunter bis 2,500 Gefangene, 137 Pferde und 7 Gesch.;
die Preußen 58 Officiere, 1,280 Mann und 300 Pferde. Der Grund
zu solcher erschreckenden Unverhältnißmäßigkeit liegt hauptsächlich
darin, daß die österreichischen Führer ihre Angriffe wenig durch
Feuer vorbereiten ließen und dabei unentschlossen angriffen; ferner
darin, daß sie, wie es scheint, die Vortheile des Terrains, wenn
auch nicht ganz unbeachtet ließen, doch zu wenig ausnutzten. Das
Vorbringen der Brigaden Hertwek und Rosenzweig längs eines Wal=
des, ohne denselben absuchen zu lassen, der Angriff auf das Wäld=
chen an Wenzelsberg vorbei, welcher Ort von den Preußen besetzt
war, durch denselben Rosenzweig, beweisen dies zur Genüge, wäh=
rend der Wald rechts der Chaussee ein gerades Vorbringen gegen
Alstadt decken und sowohl Wenzelsberg wie das Wäldchen, vor denen
die Oesterreicher so große Verluste erlitten, ganz umgangen werden konn=
ten. Der furchtbare Verlust an Officieren zeigt, daß, wenn dieselben
auch im Gefecht ihre Pflichten nicht ganz gewandt erfüllten, sie doch

nicht zauberten, ehrenvoll zu fallen. Für Leute, welche in Frie=
benszeiten gleichgültig gegen geistige Thätigkeit in Bezug auf
ihren Beruf, denen aber Pflicht und Ehre nicht leere Worte
sind, ist dies der einzige Ausgang, der mit ihren früheren Irrthü=
mern versöhnen kann. Sie folgten nicht dem klugen Rathe des Ver=
fassers der Instruction, welcher ihnen rieth, sich nicht zu sehr zu ex=
poniren. Bei geringerer Neigung zum Zersplittern der Kräfte und
Ablösen der Treffen würden, ungeachtet der Zündnabel=Gewehre,
wahrscheinlich größere Resultate mit geringeren Kräften und unter
geringeren Verlusten erreicht worden sein.

Die Fehler in der Führung der Truppen durch die höheren, wie
durch niedere Befehlshaber wurden sämmtlich auf die Wirksamkeit
der preußischen Waffe geschoben und daher wirkten die Anführer
selbst dahin, daß zur Zeit des entscheidenden Zusammenstoßes die
Zündnabel=Panique die Truppen ergriff.

Bis 10 Uhr befanden die Preußen sich in einer verzweifelten
Lage; allein die Oesterreicher benutzten dieselbe nicht, erlitten ungeheure
Verluste und wurden endlich zurückgeschlagen. Man kann breist be=
haupten, daß im Kriege nichts so hart bestraft wird, als Zeit=
verlust, denn nach Augenblicken, die uns günstig sind, folgt un=
mittelbar ein bem Gegner ebenso günstiger Moment. Dieser er=
zeugt nicht bloß eine Verbesserung seiner Lage, sondern zugleich eine
Verschlechterung der unsrigen, denn im Kampfe sind die Interessen
der Gegner entgegengesetzt.

Die preußische Avantgarde war zu weit von dem Gros ent=
fernt und wurde in eigenthümlicher Weise verwendet. Bis Oel=
lenau, wo ihre unmittelbare Unterstützung stand, sind von Wenzelsberg
1¼ Meile, bis zum Gros aber — circa 3 Meilen. Die ganze
Wucht des Kampfes trug, den Verlusten nach zu urtheilen, das 37.
Regiment. Bei etwas mehr Entschlossenheit seitens der Oesterreicher
hätte er damit enden können, daß es den Preußen vielleicht nicht
gelungen wäre, das Defilee von Nachob zu forciren.

Von dem Plateau, auf welchem die Bivouacs des Gen. Stein=
metz lagen, bis Skalitz ist im Ganzen 1 Meile, und dieselben lehn=
ten sich mit dem Rücken an ein fast nicht zu überschreitendes Hin=
derniß, d. h. an steile Abhänge: — eine gefährliche Lage, mögen Einige
im Hinblick auf einen plötzlichen Uebergang der Oesterreicher zur Offensive
sagen, d. h. in der Voraussetzung, daß diese so gewesen wären, wie sie

nicht waren. Die durch einseitige Betrachtungen theoretisch abgelei=
teten Darlegungen des Besseren straucheln gewöhnlich in der Praxis
an dem Gesetze des Unabänderlichen. Gegen dieses Gesetz sündigen
gewöhnlich Friedens=Soldaten, indem sie vergessen, daß in der
Praxis das Bessere immer nur das in einem gegebenen Momente
Mögliche ist.

Die Abtheilungen der österreichischen Cavallerie, welche an dem
Gefecht Theil nahmen, zeigten sich tapfer, wurden aber in unbegreif=
licher Weise eigenthümlich verwendet. In derselben Relation, in
welcher erwähnt wird, daß das Ulanen=Regiment Nr. 10 sich links
von Jonak aufstellte, finden wir auch nicht das geringste Lebens=
zeichen desselben aufgeführt, und als beschlossen wurde, die Trup=
pen durch Cavallerie zu unterstützen, wurde die Brigade Solms
herbeigeholt und gerade an dem Punkte verwendet, wo jenes Ulanen=
Regiment hätte stehen müssen. Von der ganzen Brigade Solms
attaquirten 5 Escadr. Cüirassiere: wo aber die übrigen drei geblieben
sind, bleibt ganz unaufgeklärt.

Derzeitige Lage der übrigen Theile der preußischen und österreichi= schen Armee.

In der österreichischen Aufstellung trat nur eine wesentliche Ver=
änderung ein: das II. Corps kam am 27sten bei Opoczno an, und
konnte daher den nächsten Tag am Gefecht theilnehmen.

Die 1. Garde=Division erreichte Eipel zum Nachtlager. Anfäng=
lich war sie zur Unterstützung des Generals Bonin bestimmt; dieser
lehnte sie aber ab, indem er sich nicht für berechtigt hielt, die Di=
vision von dem geraden Wege nach Eipel abzulenken. Die 2. Garde=
Division marschirte im Laufe des Vormittags bis Hronow mit der
Weisung, wenn es nöthig sein sollte, das 5. Corps zu unterstützen;
gegen Abend rückte sie nach Kostelez. Das Hauptquartier kam nach
Hronow.

Von dem 1. Corps erfuhr man im Laufe des 27sten nichts Be=
stimmtes; ein dahin gesandter Officier kehrte erst in der Nacht vom
27sten zum 28sten zurück und meldete, daß General Bonin in einem
ziemlich hartnäckigen Gefechte bei Trautenau nicht glücklich gewesen
wäre.

In Folge dessen wurde die erste Disposition in Bezug auf eine

Verstärkung des Generals Steinmetz durch eine Garde-Division geändert und dem ganzen Garde-Corps am 28sten p. p. 3 Uhr früh
der Befehl ertheilt, auf Kaile und Pilnikau, d. h. in Flanke und
Rücken der gegen Bonin operirenden Oesterreicher zu marschiren.

Am 27sten hatten ferner die Detachements von Stolberg und
Knobelsdorf ein glückliches Gefecht bei Oswięcim, in Folge dessen
sie die Eisenbahn nach Krakau zerstörten und daburch die gerade
Verbindung der Oesterreicher mit jener Festung für die ganze Campagne unterbrachen.

Gefecht bei Trautenau den 27. Juni.

Dem allgemeinen Operationsplan gemäß befahl General Bonin
für den 27sten den Vormarsch seines Corps von Schömberg über
Libau und Trautenau nach Arnau. Der Abmarsch war auf 4 Uhr
früh festgesetzt und der Avantgarde*) dabei befohlen, diesseits Trautenau Halt zu machen, abzuwarten, bis das Gros Parschnitz passirt
haben würde, und erst dann den Marsch fortzusetzen. Hinter der
Avantgarde folgte die Infanterie und Artillerie in einer Colonne;
die Cavallerie sollte an der Queue so lange marschiren, bis das Defilee von Trautenau in Händen der Preußen sein würde.

Aufgehalten durch die beschwerlichen Wege erreichte das Gros
Parschnitz erst um etwa 10 Uhr, worauf der weitere Marsch angetreten wurde. Nachdem das Teten-Detachement (2 Escadr. Drag.)
eine Barricade, welche die Brücke über die Aupa versperrte, wegge-
räumt hatte, ging es ohne Hinderniß durch Trautenau; hinter ihm
begann die Avantgarde zu defiliren; ihrer aber harrte eine sehr un-
angenehme Ueberraschung: die in die Stadt eingerückten Bataillone
wurden durch Gewehrfeuer aus den Häusern und eine Menge herab-
geschleuderter Gegenstände empfangen. Zugleich stießen die Dragoner
jenseits der Stadt auf das Regiment Windischgrätz-Dragoner, durch
welches sie zurückgeworfen wurden. Dennoch gelang es der Avantgarde, die südwestliche Umfassung der Stadt und den Berg links
derselben, auf welchem die Kapelle des heil. Johannes steht, zu besetzen. — Die Oesterreicher setzten keinen Widerstand entgegen,
denn in diesem Augenblicke bestanden ihre Kräfte nur aus einer

------

*) 41. Regt., 1. Jäger-Bat., 2 Escabr. Litthanische Drag. Nr. 1.

Infanterie-Brigade und einem Cavallerie-Regiment. (Es war die Brig. Mondl des X. Corps [Gablenz]*).

Das X. Corps war am 25. Juni zwischen Schurz und Jaro-mierz angekommen.

Den 26. Juni schob Gablenz die Brig. Mondl nach Praußnitz-Kaile vor. In Folge der Meldung von den Vorposten über das Vorrücken des Feindes von Starkenbach, Trautenau, Politz und Nachod her**) erhielt er den Befehl, den 27sten auf Trautenau zu marschiren, dort den Feind, wo er ihn auch treffen möge, entschieden anzugreifen, sich aber auf keine Verfolgung einzulassen.

In der Besorgniß, daß im Falle des Vorrückens des Feindes von Starkenbach oder Eipel aus die Flanken seiner Stellung bei Trautenau einer großen Gefahr ausgesetzt sein würden, wandte Gablenz sich an das Hauptquartier und bat, daß Maßregeln zu ihrer Sicherung ergriffen werden möchten. Von dort erhielt er zur Antwort, sich zur Mitwirkung an das IV. Corps (Festetics) zu wen-den. Er that dies und äußerte dabei den Wunsch, daß Soutiens bei Praußnitz-Kaile***) und Arnau aufgestellt werden möchten. Nach-dem er die Mittheilung erhalten hatte, daß dies geschehen würde, traf Gablenz seine Anordnungen für den Marsch seines Corps aus den schon bekannten Positionen nach Trautenau.

Die Brigade Mondl erhielt den Befehl, am 27sten um 8 Uhr früh abzumarschiren, in Trautenau angekommen, Vorposten auszu-stellen und sich daselbst zu halten bis zur Ankunft des Corps, das ebenfalls um 8 Uhr abmarschiren sollte.

Den folgenden Tag, den 27sten, fand Gablenz, der seinem Corps vorausgeeilt war, die Brigade Mondl im Gefecht mit den Preußen verwickelt. Um aber seine Kräfte nicht einzeln zu erschöpfen, zog er es vor, diese Brigade bis zur Ankunft des Gros zurückzu-nehmen und in der Position Neu-Rognitz, ⅓ Meile südlich von Trautenau, aufzustellen.

Als die Preußen diesen Rückzug bemerkten, entwickelten sie ihre Kräfte mehr und mehr auf den Höhen links von Trautenau, Front

---

*) 28 Bat. 72 Gesch.

**) Von diesen Meldungen war nur die erste übertrieben, denn von Starken-bach aus zeigten sich nur unbedeutende Cavallerie-Abtheilungen der I. Armee zur Aufsuchung der Verbindung mit der II.

***) Auf der Straße von Politz über Eipel nach Königinhof.

gegen Neu=Rognitz, wobei sie nur auf örtliche Hindernisse stießen und die rechte Flanke Monbl's bedrohten. Endlich erhielt der Letztere die erste Verstärkung: 1 Batterie der Brigade Grivicic war derselben vor= ausgeeilt und kam in der Position an.

Etwa um 12 Uhr versuchten die Preußen, die Position in der Front anzugreifen, allein es gelang nicht, vornehmlich wegen der guten Wirkung der Batterie und verschiedener Cavallerie=Attaquen. Zu dieser Zeit kam auch die Tete des österreichischen Gros — die Brigade Grivicic — an. Ihr wurde befohlen, sich rechts ziehend, die linke Flanke der Preußen anzugreifen, und der Brigade Monbl, die sich noch immer in der Position von Neu=Rognitz hielt, Luft zu machen.

Grivicic formirte sich in 2 Treffen, ging gegen die Preußen vor und bedrängte nach einem kurzen Feuergefecht ihren linken Flügel so erfolgreich, daß er schon über den rechten Flügel der Brigade Monbl hinaus war, als noch eine Brigade (Wimpffen) mit 2 Batterien an= langte. Dieselbe wurde in der Position bei Neu=Rognitz aufgestellt, Monbl dagegen gegen Hohenbruck vorgeschoben. Der erlangte Erfolg veranlaßte den Entschluß, den Schlüssel der Position — die Höhen, auf welchen die Kapelle liegt — anzugreifen. — Nach einer ziemlich langen, auf diesen Punkt in einer Entfernung von 2300 Schritt ge= richteten Kanonade aus 32 Geschützen wurde die Brigade Wimpffen zum Angriff vorgeschickt, was um so leichter geschehen konnte, als endlich auch die letzte Brigade (Knebel) eingetroffen war.

Gedeckt durch das Feuer der Geschütze rückte Wimpffen etwa um 3¼ Uhr von Hohenbruck gegen den Kapellen=Berg vor, rechts von ihm Monbl und noch weiter rechts Grivicic. — Knebel folgte nach. — Man wollte ihn eigentlich bei Neu=Rognitz Halt machen lassen, allein der Befehl dazu gelangte nicht an ihn und diesem glücklichen Zufalle ist es zu danken, daß die angreifenden Truppen eine Reserve hatten. Die Position war schwer zugänglich und die Preußen wehr= ten sich hartnäckig: Wimpffens Angriff gelang nicht — die Brigade wich zurück. Aber die Preußen hatten sich von diesem Zusammen= stoß noch nicht erholt, als sie schon frische Truppen (Knebel) gegen den Berg vorrücken sahen; gleichzeitig näherte sich Grivicic, ge= deckt durch Waldparcellen, dem Dorfe Parschnitz, d. h. er bedrohte die Rückzugslinie der Preußen. — Unter solchen Umständen hielt der Commandirende des 1. Corps es für rathsam, den Rückzug auf

Schömberg anzutreten. Zur Deckung desselben wurden 5 Bataillone und 1 Batterie auf den Höhen nördlich von Trautenau aufgestellt, woselbst sie bis 9 Uhr verblieben und sich mit den Batterien und Schützen der Brigade Grivicic über den Grund hinweg beschossen.

Der Rückzug geschah in vollständiger Ruhe, da die Oesterreicher nicht verfolgten. Wimpffen besetzte Trautenau; Grivicic blieb über Nacht südlich von Parschnitz, die übrigen Brigaden hinter ihm als Reserve nördlich von Neu-Rognitz.

Ungefähr um 8 Uhr Abends erhielt Gablenz von Fleischhacker, dem Commandeur der vom IV. Corps zur Sicherung der Flanken des X. Corps detachirten Brigade, die Meldung, daß er die Hälfte der Brigade bei Neuschloß auf der Straße nach Arnau und die an= dere Hälfte bei Praußnitz aufgestellt habe. Wie es sich später her= ausstellte, hatte er aber nicht Praußnitz-Kaile hinter der rechten Flanke des Generals Gablenz besetzt, sondern das Praußnitz, welches südlich von Arnau liegt. Dieses Mißverständniß hatte den nächsten Tag für Gablenz sehr ernste Folgen, indem seine rechte Flanke, gegen welche das preußische Garde-Corps anrückte, ganz entblößt blieb.

Betrachtungen.

Obgleich in den preußischen Berichten gesagt ist, daß im Ganzen 15 Bataillone sich gegen 28 schlugen, so ist dies doch kaum anzu= nehmen, da aus den officiell publicirten Verlustlisten der preußischen Armee hervorgeht, daß alle Regimenter des Corps an dem Gefechte Theil hatten. Folglich ging hier dasselbe vor, was wir bei Nachod gesehen haben, nur hatten die Gegner die Rollen gewechselt. Im Anfange des Gefechts waren die Preußen mehr concentrirt, als die Oesterreicher, deren letzte Brigade nicht vor 3 Uhr ankam, und wenn Diese sich hielten, so war das nur die Folge des unentschlossenen An= griffs Jener.

Die Preußen verloren — 42 Officiere und 1250 Mann*), die Oesterreicher — 196 Officiere und 1586 Mann.

Die Vergleichung dieser Zahlen ist sehr lehrreich: sie zeigt erstens, daß nicht immer Derjenige Sieger ist, welcher am meisten

---

*) Nach anderen glaubwürdigen Quellen betrug der Verlust der Preußen in diesem Gefecht circa 1000 Mann.

töbtet; zweitens, daß es nöthig ist, immer die möglichst besten Waf=
fen zu haben, denn nur unter dieser Bedingung erreicht man das
Ziel mit den allergeringsten Verlusten.

Die österreichische Kampfweise ist auch aus diesem Gefechte zu
ersehen: Knebel wollte man in Reserve belassen und wenn er nicht
selbst zum Angriff vorgegangen wäre, so hätte man es ihm vielleicht
auch nicht gestattet, sondern ihn zur Deckung der Rückzugslinie be=
stimmt. Die Frage, wer siegte und wer besiegt wurde, hängt also mit
seltenen Ausnahmen an einem Haar. In diesem Gefechte zeigte sich
klar, wenn auch nur zufällig, die Grundbedingung zum Erfolge
eines Angriffs, daß, hat man sich einmal zu demselben entschlossen,
man nichts schonen darf; man darf dem Gegner keine Zeit lassen,
sich zu besinnen, sondern muß Schlag auf Schlag führen, was die
nahe Aufstellung der Reserven hinter den zum Angriff vorgehenden
Truppen bedingt.

Seitens der Preußen war der Verbrauch von Patronen bei
einigen Truppentheilen verhältnißmäßig groß, aber dennoch im
Vergleich geringer, als in früheren Kriegen. Dies führt zu zwei
Schlußfolgerungen: bei unruhiger Gemüthsstimmung der Truppen
kann man einen um so größeren Verbrauch von Patronen befürchten,
je vollkommener die Waffe ist; den großen Verbrauch von Patronen
kann man aber durch einen rationellen Schieß=Unterricht beseitigen und
je mehr dieser die Leute dahin bringt, sich im Gefechte möglichst wenig
Sorge zu machen, desto besser ist es.

Gefechte des 28. Juni.

1) Gefecht bei Burgersdorf oder Soor.

Dem schon bekannten Befehle des Ober=Commandos der **II.** Armee
gemäß überschritt am 28sten um 8 Uhr früh die Tete der 1. Garde=
Division (Hiller) das schwierige Defilee von Eipel=Raatsch und war
im Begriff, auf Praußnitz=Kaile zu marschiren, als die Meldung ein=
traf, daß sich starke feindliche Colonnen bei Burgersdorf gezeigt hät=
ten. Dies waren die Brigaden des Gen. Gablenz, welche vorwärts
Neu=Rognitz gestanden hatten und schnell nach den Höhen von Bur=
gersdorf gesendet worden waren, deren Abfälle, nach der Seite der
Preußen hin sehr steil und mit Waldungen bedeckt, für das Infan=
teriegefecht sehr günstig sind.

Gablenz war das ungehinderte Vorrücken der Preußen von jener Seite sehr unerwartet. Fliehende Landesbewohner benachrichtigten ihn zuerst davon und da erst erfuhr er, daß Praußnitz=Kaile, um dessen Besetzung er gebeten hatte, durchaus nicht besetzt sei. Es ist nicht schwer, sich vorzustellen, welche Art von Eindruck solche Enttäuschungen hervorbringen müssen, besonders wenn sie unerwartet kommen. Nichts desto weniger besann Gablenz sich nicht lange, was er zu thun habe. 2 Brigaden und 3 Batterien ließ er die erwähnte Stellung besetzen, die Brigade Wimpffen hielt er in Reserve und befahl der Brigade Grivicic, gegen die rechte Flanke der Preußen vorzugehen. Kaum waren diese Anordnungen getroffen, als auch diese Letzteren schon bei Staubenz erschienen.

Die Avantgarde der 1. Garde=Division (4 Füs.=Bat., 1 Comp. Jäger, 2 Comp. Pioniere, 1 Esc. Husaren u. 1 4pfünd. Fuß=Batt.), unter Commando des Obersten Kessel nahm Staubenz ein und griff nach einem kurzen Feuergefecht und unter dem Feuer von 24 feindlichen Geschützen, denen sie nur 6 entgegensetzen konnte, das zunächst gelegene Wäldchen an. Der Angriff gelang; allein an weiterem Vorbringen wurden die Preußen verhindert, was sie veranlaßte, sich bis zum Eintreffen von Verstärkungen mit den erlangten Vortheilen zu begnügen. Bald darauf kamen dieselben, aber nach und nach, denn die Colonne war durch das mehr, als ½ Meile lange, schwierige Defilee von Eipel=Raatsch sehr auseinander gekommen. Zuerst langte eine 6pfünd. Batterie an, darauf das 1. u. 2. Bataillon*) des Füs.= Regts., welche rechts der Avantgarde auf die dominirenden Höhen dirigirt wurden, die, ebenfalls mit kleinen Waldungen besetzt, eine ziemlich verdeckte Annäherung an den linken Flügel der Position von Burgersdorf gestattete. — Es wurde angetreten; von Neuem entbrannte der Kampf. Die Oesterreicher, obgleich durch den vorhergehenden Tag noch ermattet, vertheidigten ihre Position Schritt für Schritt. Ihre Batterien wurden nach und nach bis auf 40 Geschütze verstärkt; allein nach Ankunft des Restes der 1. Garde=Division, 1 Batterie und der Divisions=Cavallerie der 2. Garde=Division, erstiegen die Preußen endlich die Höhen, auf denen Burgersdorf liegt, und warfen etwa um 1½ Uhr Nachmittags die Oesterreicher von denselben hinunter, die ihrerseits nun den Rückzug auf Pilnikau antraten.

---

*) Das 3. war schon bei der Avantgarde.

Dieser Sieg hatte der 1. Garde-Division große Anstrengungen gekostet, so daß die weiteren Operationen gegen die Oesterreicher der 2. Garde-Division übertragen werden mußten, welche inzwischen aus dem Defilee debouchirt war und in nachstehender Weise verwendet wurde: 8 Bat. und 2 Batt. gegen Soor, 2 Bat. des Gren.-Regts. Nr. 2 (Kaiser Franz) rechts gegen Rudersdorf und Alt-Rognitz; 2 Bat. . verblieben in Reserve. Die Entsendung der Truppen gegen Ruders= dorf wurde dadurch veranlaßt, daß während des Kampfes bei Bur= gersdorf von Trautenau her gemeldet wurde, daß starke Colonnen auf der Straße von Alt-Rognitz heranrückten. Die Preußen, welche noch nicht wußten, daß Bonin nach Schömberg zurückgegangen war, hielten dies für eine seiner Colonnen und detachirten im Anfange nur 1 Bataillon nach Rudersdorf, um mit ihr in Verbindung zu treten.

Allein dies war ein Theil der Brigade Grivicic, welche Gablenz gegen die Flanke der Preußen entsendet hatte. Auf sie stieß das preußische Bataillon bei Alt-Rognitz. In der vollen Erkenntniß der Wichtigkeit, die seiner Bestimmung so zufällig zu Theil geworden war, beschloß der Commandeur des Bataillons, Gaudy, nicht zurück= zugehen — und heldenmüthig erfüllte er seinen Auftrag. In einer engen Schlucht, in welcher Alt-Rognitz sich entlang zieht, und an den Seiten derselben erfolgte ein blutiger Zusammenstoß und in kurzer Zeit waren der Bataillons-Commandeur, ein großer Theil der Offi= ciere und mehr als ein Drittel der Mannschaften außer Gefecht ge= setzt. Das Bataillon wurde hart gedrängt, allein es gelang ihm, sich im südlichen Theil des Dorfes bis zur Ankunft des anderen Bataillons seines Regiments zu halten. Nachdem Major Böhn die Reste des Bataillons seines gefallenen Kameraden an sich gezogen hatte, brach er vor und schlug die Oesterreicher aus Alt-Rognitz hin= aus. Grivicic, der wahrscheinlich die Nachricht von dem Ausgange des Gefechts bei Burgersdorf bekommen hatte, erneuerte den Angriff nicht. —

Aus Obigem ging hervor, daß der Feind sich noch in Trautenau befinden müsse und deshalb wurden die beiden noch in Reserve ge= bliebenen Bataillone über Hohenbruck gegen Trautenau vorgeschickt; rechts davon, zur Verbindung mit den bei Alt-Rognitz fechtenden Truppen, 3 Compagnien des Füs.-Bat. desselben Grenadier-Regiments Nr. 2 auf die waldigen Höhen, welche Gen. Bonin Tags vorher be= setzt hatte. — Die Verfolgung ergab 4000 Gefangene, 2 Fahnen

und einige .Geschütze; sie endete erst etwa um 5 Uhr Nachmittags
nördlich bei Trautenau und westlich bei Soor. Nach preußischen
Angaben verlor Gablenz im Ganzen 8000 Mann; die Preußen 700.
So wurde das X. Corps, welches sich Tags zuvor so heroisch gezeigt
hatte, halb vernichtet, weil es nicht.rechtzeitig unterstützt wurde. Die
zerstreuten und demoralisirten Haufen wurden mit großer Mühe nach
Pilnikau dirigirt, um von dort den Rückzug im Bogen auf die
Haupt=Armee anzutreten und zwar über dasselbe Ober=Praußnitz,
welches zu so verhängnißvollen Mißverständnissen Veranlassung gegeben hatte. Die Preußen, unter dem Vorwande der Ermattung,
verfolgten nicht und vergaßen so den Grundsatz Friedrichs des Großen,
daß man an ungewöhnlichen Tagen auch verstehen müsse, ungewöhn-
liche Anstrengungen zu machen.   .

Betrachtungen.

Gablenz war zum Theil an der Catastrophe, die ihn betraf,
selbst schuld, denn er hatte am 27sten gar keine Maßregeln ergriffen,
um sich zu überzeugen, daß Praußnitz=Kaile wirklich besetzt sei. Im
Kriege kommt es aber nicht bloß darauf an, Anordnungen zu treffen
oder um dieselben zu bitten, sondern es ist auch unumgänglich nöthig,
sich zu überzeugen, daß das Angeordnete auch wirklich ausgeführt worden ist. Wenn man annimmt, daß Gablenz unmittelbar nach dem Gefechte bei Trautenau und ungeachtet der Ermattung der Truppen eine Bewegung gegen Eipel unternommen
hätte, so würde seine Lage am nächsten Tage viel günstiger gewesen
sein. Im Gebirgs=Kriege geht nur der als Sieger hervor, welcher
nicht eher ruht, als bis Alles vollbracht ist. Napoleon im Jahre 1796
ist in dieser Beziehung ein hohes Vorbild.

Am Abend desselben Tages überbrachte ein Abgesandter von
Gablenz dem General Benedek die Nachricht von dem Schicksal des
X. Corps, das als zweites Sühnopfer des Fehlers, die Kräfte ein-
zeln zu gebrauchen, gefallen war. Man sagt, daß der Höchst=Com-
mandirende gegen Henifstein und Krismanic geäußert haben soll:
„Ich habe Euch gesagt, daß sie uns schlagen werden, wenn wir unsere
Kräfte vereinzelt gebrauchen!" Wenn dies wahr ist — mit welcher
Bitterkeit und Verachtung muß dann sein Herz gegen eine leere
Theorie und deren Vertreter — einseitige Theoretiker — erfüllt worden

sein, die ihn dahin brachten, von dem Princip des vereinten Ge=
brauchs der Kräfte, dem er bis dahin im Kampfe stets treu gewesen
war, nun abzuweichen, als es auf die strategische Verwendung der
Massen ankam!.... Und wie sehr mag er es vielleicht bereut haben,
daß er sich nicht selbst mit der Theorie beschäftigt hatte, wenn auch
nur, um sich nicht blindlings den Folgerungen solcher Theoretiker, die
sie falsch verstehen, fügen zu müssen, sondern vielmehr, um in
ihr die Bestätigung seiner eigenen Erfahrung und seiner eigenen ge=
sunden Vernunft zu finden!.... Eine wirkliche Praxis in ausge=
dehnten strategischen Combinationen ist nur äußerst selten möglich:
im ganzen Leben eines Oberbefehlshabers kommen, mit Ausnahme
von ungewöhnlichen Epochen, ein, höchstens zwei Kriege vor; daher
kann seine persönliche Erfahrung nicht sehr groß sein. Und der ein=
zige Weg, sich den Geist dieser Combinationen anzueignen, liegt in
dem sorgfältigen Studium der Kriegsgeschichte. — Hat man dies nicht
gethan, so verfällt man willenlos in die Hände Weyrothers und seines
Gleichen, die Köpfe fallen zu Tausenden durch Unverstand, Throne
wanken und ehrenvolle Namen, welche ein langes Leben voll Mühe
und Heldenmuth geschaffen hat, sinken in den Staub.....

2) Gefecht bei Skalitz.

Es ist bereits bekannt, daß bei Skalitz und in Reserve dahinter
3 österreichische Corps — das IV., VI. und VIII. und die Reserve=
Cavallerie=Division des Prinzen Holstein — folglich nicht weniger als
80,000 Mann standen. Diese sollte Steinmetz mit nur 35,000 Mann
angreifen.

Nachdem derselbe den Befehl des Kronprinzen erhalten hatte,
seine Angriffs=Operationen am nächsten Tage fortzusetzen, gab er eine
Disposition aus, deren wesentlicher Inhalt darin bestand, daß die
Brigade Hoffmann auf Neustadt marschiren und um 5 Uhr früh ihr
Dragoner=Regiment zu einer Recognoscirung eben dahin, annähernd
auf eine Meile Entfernung, entsenden sollte. Als Avantgarde wurde
das Gren.=Regt. Nr. 7, eine 4pfünd. Batterie, das 4. Drag.=Regt.
und 1 Comp. Pioniere bestimmt und auf der Straße Wisokow=Skalitz
vorgeschoben. Das Gros (10. Inf.=Div. u. 66 Geschütze — Kirchbach)
sollte hinter der Avantgarde folgen und als rechtes Seitendetachement
die 17. Brigade, 2 Comp. Jäger, 1 Esc. und 24 Geschütze, über
Studnitz gegen Skalitz marschiren. Die Bagage sollte unter Be=

deckung der übrigen Compagnien des Pionier=Bataillons nach Kosteletz gehen.

Ungefähr um 8 Uhr standen die Truppen bei Wisokow resp. Stubnitz bereit, unter Abänderung der Disposition insofern, als die Brigade Hoffmann nicht auf Neustadt ging, sondern ein Echelon der Avantgarde links derselben bildete.

General Steinmetz beschloß, seine Hauptanstrengungen auf das Umfassen des feindlichen linken Flügels zu richten; um dadurch die Straße, auf welcher er am leichtesten in Verbindung mit dem Garde= Corps treten konnte, in seiner Gewalt zu behalten. Zum Beginn des Angriffs wartete man nur auf die Ankunft der versprochenen Garde= Division. — So verging die Zeit bis 10 Uhr. Endlich langte die Nachricht an, daß das ganze Garde=Corps in Folge des Unglücks des 1. Corps durch das Defilee von Eipel vorgeschoben worden sei.

Dieß veränderte die Lage der Dinge vollständig und zwar nicht zum Vortheil. Es war kein Zweifel, daß die Oesterreicher bei Skalitz mit überlegenen Kräften standen, während alle Truppen des Generals Steinmetz schon im Gefecht gewesen, überdies nach einem beschwer= lichen Marsche, und erst am 27sten Abends durch die Brigade Hoff= mann verstärkt worden waren.

Allein der Commandirende des 5. Corps, eingedenk seines Auf= trages, den allgemeinen Vormarsch zu decken, beschloß anzugreifen.

Die Oesterreicher hatten den langen und schmalen Höhenzug, auf welchem Skalitz liegt, besetzt und die Vortruppen in das Wäldchen bei Dubno vorgeschoben, rechts und links desselben waren starke Bat= terien placirt.

Die Preußen gingen vor. Kaum war aber Löwenfeld von Stubnitz auf den Schäfer=Berg gerückt, als ein mächtiges Geschütz= feuer gegen ihn eröffnet wurde; auch seine in Position gebrachten Batterien begannen zu feuern. — Die Ueberlegenheit des Feindes veranlaßte Löwenfeld etwas zurückzugehen, allein Steinmetz, der dies bemerkte, sprengte selbst an diese Abtheilung heran, nachdem er der Avantgarde der linken Colonne und der Brigade Hoffmann befohlen hatte, das Wäldchen bei Dubno entschieden anzugreifen. Etwas später ging auch das rechte Seiten=Detachement zum Angriff vor. — Der Wald, Dubno und Kleny wurden gleichzeitig genommen, aber nicht ohne hartnäckigen Kampf. Dieser erste Erfolg zerstörte die Ordnung der Vortruppen vollständig, die einzelnen Abtheilungen

kamen durch einander; allein dieß hinderte sie nicht, muthig weiter
vorzugehen. Unter dem Schuhe dieser Truppen machte die Division
Kirchbach eine Bewegung nach rechts und stellte sich, Front gegen
Zlicz, den rechten Flügel an die Aupa gelehnt, auf. Die Truppen,
welche die Linie Dubno=Kleny angegriffen hatten, erreichten unter=
dessen die Hauptposition — die Skalitzer Höhe.

Diese Höhe wurde in der rechten Flanke noch durch die tief ein=
geschnittene Eisenbahn verstärkt, deren Bahnhof ebenso, wie die Häuser
von Skalitz, die bis dicht an den Abhang reichen, besetzt und zur
Vertheidigung eingerichtet waren. Eine Zeit lang übertönte Alles
der allgemeine Donner des Geschütz= und Gewehrfeuers auf beiden
Seiten. Bald aber zeigte sich rechts bei Zernow eine Brigade von
Cürassieren der Garde; Ordonnanz=Officiere, die zu den Truppen
geschickt wurden, überbrachten unter Hinweisung auf diese Verstärkung
den Befehl des Generals Steinmetz: „Alles gerade vor sich über den
Haufen zu werfen"; gleichzeitig mit dem Frontal=Angriff sollte Kirch=
bach die linke Flanke angreifen. — Der Angriff in der Front war
äußerst schwierig, besonders an der Eisenbahn und weiter in Skalitz,
wo Haus bei Haus erobert werden mußte; auch würde er wohl kaum
gelungen sein ohne die energische Mitwirkung Kirchbach's, der mit
der 20. Brigade Alles, was auf den Höhen nördlich von Skalitz
stand, über den Haufen warf und die Barricade nahm, die den Ein=
gang in die Stadt von dieser Seite aus hinderte. Nach dieser
heroischen Anstrengung wurde die 19. Brigade durch die 20. vor=
gezogen, setzte den Kampf in der Stadt fort und säuberte dieselbe
von den Oesterreichern im Verein mit dem Regiment der Avantgarde
(dem Gren.=Regt. Nr. 7).

Die Preußen besetzten das gegenüberliegende Ufer der Aupa und
verfolgten die auf Dolan zurückweichenden Oesterreicher nur durch ihr
Feuer, womit der Kampf ungefähr um 4 Uhr Nachmittags zu
Ende war.

5 Geschütze und etwa 2500 Gefangene fielen den Siegern in
die Hände, die Zahl der Todten ist nicht genau bekannt. Die Preu=
ßen verloren im Ganzen 40 Officiere und 1180 Mann. Das Ge=
fecht wurde beinahe ausschließlich durch die Infanterie geführt, da
die Artillerie wegen der Eigenthümlichkeit des Terrains nur aus weit
entfernten Aufstellungen wirken konnte und die Cavallerie gar nicht
gebraucht wurde. Von dem angegebenen Verlust kommen nur 6 M.

auf biefe beiben Waffen. Von Seiten ber Oefterreicher nahm nur bas VIII. Corps am Gefechte Theil, während fie boch brei verwen= ben konnten; auf preußifcher Seite fochten bieselben Truppen, wie Tags zuvor, außerbem nur noch bas 38. Regt. ber Brig. Hoffmann; bas anbere Regiment berfelben wurbe nicht verwenbet.

Die Oefterreicher blieben ihrem Princip ber Ablöfung getreu nicht blos in Bezug auf Corps (ba bas VI. Corps an biefem Tage an bem Gefechte nicht Theil nahm), fonbern auch in Bezug auf klei= nere Abtheilungen; bie Preußen bagegen ließen nur bann erst ben Gebanken an eine Erholung auffommen, wenn bas Ziel erreicht war, baher ruhte an biefem Tage, wie bei Nachob, bie Laft bes Kampfes hauptfächlich auf ber tapfern 17. Brigabe — unb bem 7. Regt.

Der Commanbant bes VIII. Corps wurbe nach biefem Gefechte von feiner Stellung entbunben, wobei Einem unwillkürlich ber Ge= banke auffrößt: warum Benebek nicht felbft hinausritt, um bas Gefecht zu leiten? Von Jofephftabt bis Skaliß finb im Ganzen 1½ Meilen; bie Wichtigkeit ber Lage war nach bem, was mit Ramming gefchehen war, nicht fchwer zu beurtheilen; enblich konnte bie Entfernung bes Höchft=Commanbirenben aus bem Hauptquartier auf eine fo unbebeu= tenbe Strecke keinen nachtheiligen Einfluß auf ben allgemeinen Gang ber ftrategifchen Anorbnungen ausüben, ba leßtere noch immer einen Raum von faft 10 Meilen umfaßten. Wenn man fich erinnert, baß Graf Clam zu biefer Zeit noch bei Münchengräß unb Sobotka ftanb, fo war, wie es fcheint, nichts babei zu riskiren, wenn man feine ganze Aufmerkfamkeit auf bie II. preuß. Armee richtete.

Wie Abenbs vorher, wurbe ber Befehl bes Generals Steinmeß in Bezug auf bie nöthigen Difpofitionen eine Stunbe nach Beenbigung bes Gefechts ausgegeben.

Die Brigabe Hoffmann unb bie 20. Brigabe follten bie Vorpoften am linken Ufer ber Aupa über Rikow unb Zajezb ausftellen; bas Stabsquartier nach Skaliß kommen, bas 7. Regt. biefen Ort befeßen; bie übrigen Truppen beiber Divifionen follten Front gegen bie Stabt, bie 9. nörblich unb bie 10. füblich ber Chauffee von Nachob aufgeftellt werben; bie Referve-Artillerie hinter ber 10. Divifion, bie zugleich Vorpoften gegen Neuftabt auszuftellen hatte. Die Truppen wurben benachrichtigt, baß in Nachob ein Johanniter=Lazareth errichtet worben fei. Ebenfo wurbe befoh= len, ihnen eine boppelte Portion auszugeben; am folgenben Tage follte früh abge= focht werben unb bas Mittageffen um 11 Uhr beenbet fein.

„Im Falle, baß ber Feinb vor biefer Zeit einen Angriff unternehmen follte, „follen bie Kochgefchirre an ben Feuern verbleiben unb einige Leute bei ben= „felben zurückgelaffen werben.

„Es ist dafür zu sorgen, daß alle Vorräthe an Getränken in der Stadt con=
„fiscirt und unter die Truppen vertheilt werden.

„Wenn am nächsten Tage kein Marsch stattfindet, so soll an die Truppen gegen
„Abend noch eine Portion ausgegeben werden.

„Die Patronen sind heute Abend zu ergänzen."

Die Bemerkung wegen der Kessel spricht in jeder Beziehung für
sich selbst.

---

29. Juni. Lage der Oesterreicher.

Nach dem Mißgeschick am 28. Juni scheint es, als habe man
im österreichischen Hauptquartier erkannt, daß zur Deckung des stra=
tegischen Aufmarsches der Armee bereits genug geschehen sei
und daß man nun dazu schreiten könne, die Vereinigung der feind=
lichen Massen zu verhindern. Wie schon bei Gelegenheit der Be=
schreibung des Gefechts bei Gitschin erwähnt wurde, hatte man am
29. Juni früh beschlossen, die I. Armee an jenem Punkte aufzuhalten
und 4 Corps in den Zwischenraum zwischen der I. und der II. Armee
über Miletin gegen Turnau vorzuschieben, wovon auch der Kron=
prinz von Sachsen benachrichtigt wurde. Aber dieser Entschluß scheint
nur gefaßt worden zu sein, um sogleich wieder aufgegeben zu werden:
noch vor der Mittagszeit erhielten die Truppen eine Disposition,
welche die nachstehenden Anordnungen vorschrieb.

Das IV. Corps soll in seiner Aufstellung bei Dolan verblei=
ben, aber sich nicht in einen ungleichen Kampf mit den
überlegenen feindlichen Kräften einlassen, sondern im Falle
eines Angriffs nach Salney zurückgehen und sich dort mit der
1. Reserve=Cavallerie=Division als Reserve hinter dem II. Corps auf=
stellen.

Das II. Corps hat die Höhen von Salney und Kukus zu be=
setzen und sich bereit zu halten, einem Angriff von Osten und Nord=
osten her zu begegnen.

Das VIII. Corps soll den Raum links des II. Corps besetzen,
mit der Front theils nach Osten, theils nach Norden.

Das VI. Corps steht bei Sibojed links des VIII., Front nach
Norden; das X. in Reserve hinter dem IV., zwischen Stern und
Liebthal.

Die 2. und 3. Res.=Cav.=Division haben die linke Flanke des
VI. Corps zu decken.

Das III. Corps soll eine Aufstellung bei Miletin nehmen; die Corps-Geschütz-Reserve unter Bedeckung eines Ulanen-Regiments bei Bürgliß*).

Die Truppen unter Commando des Kronprinzen von Sachsen**) sollen sich mit der Haupt-Armee vereinigen, aber jedes Gefecht mit überlegenen feindlichen Kräften vermeiden.

Es wurde noch befohlen, daß diese Aufstellung auch den 30. Juni beibehalten werden sollte.

Gleichzeitige Operationen der Preußen.

Nach der Disposition des Hauptquartiers sollte die Vereinigung der Corps der II. Armee enblich am 29. Juni bei Königinhof statt-finden.

Das Garde-Corps, welches an den Punkten bivouakirt hatte, an benen Tages zuvor das Gefecht endete, wurde durch Burgersdorf und Rettendorf auf Königinhof dirigirt. Schon beim Beginn des Marsches stieß das 3. Garde-Regiment auf zerstreute Haufen des X. Corps, welche sich in den einzelnen Waldstücken um Burgersdorf versteckt und daher beinahe in der Aufstellung der Preußen bivouakirt hatten, wovon die Letzteren natürlich nichts ahnten. Der Zusammen-stoß konnte nicht ernsthaft sein; ermattet, bemoralisirt, warfen sie lie-ber ihre Waffen fort, als baß sie sich schlugen: bis 400 Gefangene fielen so in die Hände der Preußen.

Die Avantgarde des Garde-Corps***) erhielt auf bem Marsche nach Königinhof von ihren Husaren die Meldung, daß dieser Ort vom Feinde besetzt sei; auf ben Höhen jenseits der Elbe waren mar-schirende Truppen gesehen worden; Königinhof war burch das Regt. Coronini (Nr. 6) und burch 2 Jäger-Comp. ber Brig. Fleischhacker besetzt, welcher ber Zufall eine so verhängnißvolle Rolle bei der Nie-berlage des Generals Gablenz zugewiesen hatte und die jetzt herbei-gerufen war, die zurückweichenden Reste seines Corps zu becken.

Die Avantgarde des Garde-Corps formirte sich zum Angriff; auch das Gros entwickelte sich, um das Einrücken der Artillerie in

---

*) Ueber ½ Meile hinter der Position.
**) D. h. sein Corps und das I.
***) Die Stärke berselben war ebenso wie am Tage vorher.

die Position zu erleichtern. Nach einer kurzen Kanonade ging die Avantgarde zum Angriff über, drängte die Schützen-Ketten, die auf den Feldern vor der Stadt aufgestellt waren, zurück und stürzte sich von verschiedenen Seiten in die Stadt, indem sie gegen die Elb-Brücke vordrang, ohne dem Feuer, das aus den Häusern auf sie gerichtet wurde, irgend eine Aufmerksamkeit zu widmen. Die Preußen erreichten schneller die Häuser, als die Oesterreicher sie verlassen konnten. Dies hatte die vollständige Vernichtung des Regts. Coronini zur Folge: 2 Fahnen und 400 Gefangene fielen den Preußen in die Hände, welche ihrerseits nicht mehr als 70 Mann verloren.

Bei der Colonne des Generals Steinmetz ging es auch nicht ohne Gefecht ab.

Gefecht bei Schweinschädel.

General Steinmetz hatte Befehl, am 29sten Grabliß zu erreichen. Mit jedem Schritt vorwärts wurde die Lage seiner Colonne gefährlicher, denn sie näherte sich dem Concentrationspunkte der österreichischen Streitkräfte. Außerdem waren auch seine Truppen durch die übermenschlichen Anstrengungen der beiden vorhergegangenen Tage erschöpft. Zum Glück verringerte die österreichische Disposition die Gefahr der Unternehmung: wie schon bekannt, sollte Festetics (IV. Corps) „jeden Kampf mit überlegenen Kräften vermeiden"; dabei konnte aber jedes entschiedene Vorgehen als ein Angriff überlegener Kräfte angesehen werden. Und so war es auch — General Steinmetz wußte, mit wem er es zu thun hatte.

Um seinen Truppen etwas Ruhe zu gönnen, befahl er erst um 2 Uhr Nachmittags den Aufbruch. — Den eingezogenen Nachrichten zufolge waren bedeutende feindliche Kräfte bei Dolan concentrirt; um daher einen Zusammenstoß mit denselben zu vermeiden, beschloß er, auf Grabliß rechts abzumarschiren, indem er ein Seiten-Detachement, bestehend aus der 20. Inf.-Brig., 2 Batt. und dem 4. Drag.-Regt. gegen Schweinschädel vorschickte.

Das Gros sollte oberhalb Skaliß bei Zlicz und Ratiborzitz übergehen und, den linken feindlichen Flügel umgehend, über Miskoles und Chwalkowitz auf Grabliß marschiren. Die Avantgarde des Gros bildeten die 19. Brig., 2 Comp. Jäger, das 1. Ulanen-Regiment und 2 Batt. unter Commando des Generallieutenants Kirchbach; unmittelbar hinter ihm marschirte die Garde=Cürassier=Brigade mit ihrer Batterie.

Ungefähr um 4 Uhr, als die Tete des linken Seitenbetachements Trzebesow erreicht hatte, zeigten sich starke Colonnen nach der Seite von Josephstabt. Die 20. Inf=Brigade entwickelte sich in 2 Treffen in Halb=Bataillons=Colonnen rechts der Straße und nur 2 Halb= Bataillone links derselben. Zu dieser Zeit hatte Kirchbach Miskoles erreicht, ben bortigen Grund überschritten und sich neben dem linken Seiten=Detachement formirt, worauf beide Brigaden gegen die Stel= lung Sebucz=Schweinschäbel vorgingen; beide Orte wurden den Ab= theilungen bes IV. Corps ohne besondere Mühe abgenommen.

Die Oesterreicher zogen sich zurück, ohne verfolgt zu werden, ba es dem 5. Corps barauf ankam, nach Grablitz und nicht nach Joseph= stabt zu kommen.

Steinmetz poussirte seine ganze Cavallerie*) über Schweinschäbel hinaus, zog die Infanterie jenseits des Grundes von Chwalkowitz bei Bukowina zusammen, wo er sie bis 10 Uhr Abends ruhen ließ, und marschirte bann ohne Aufenthalt bis Grablitz. Hier blieb er über Nacht, schob die Avantgarde gegen Südosten nach der Richtung von Jaromierz vor und setzte die Vorposten am Ahn=Bach aus. Die Queue der Colonne kam erst am 30sten Vormittags an.

Am 29sten kehrte auch das Corps des Generals Bonin von Schömberg, woselbst es den ganzen 28sten geruht hatte, zurück und erreichte Pilnikau.

Das 6. Corps (General Mutius) kam am 29sten nach Skalitz.

So war die schwierige Aufgabe der Concentration bei Königin= hof, welche die II. Armee durch zwei ganze Tage in einer kritischen Lage erhielt, ausgeführt worden — Dank dem unbegreiflichen Schwanken Benedek's — Dank der Energie des Generals Steinmetz, ber mit denselben Truppen brei Tage hindurch auf schwierigen Wegen und bei großer Hitze vordrang und focht**). Die Hälfte ber österreichischen Armee***) hatte sehr empfindliche Verluste erlitten und war durch 2 preußische Corps moralisch erschüttert worden†).

---

*) Die Cürassier=Brigabe der Garde mit 1 Batt., Drag.=Regt. Nr. 4 und Ulanen=Regt. Nr. 1.
**) Sie legten in 3 Tagen ungefähr 6 Meilen zurück.
***) Das VI., VIII., X. und IV.
†) Durch das 5. und Garde=Corps.

Benedek mußte es theuer bezahlen, daß er den richtigen Moment zum Angriff versäumt hatte. Im Allgemeinen beliefen sich die erlittenen Verluste auf etwa 40,000 Mann; von der moralischen Einbuße gar nicht zu reden. Gleichzeitig erreichte das Selbstvertrauen der Preußen diejenige Höhe, welche es beinahe unmöglich macht, daß eine solche Armee durch den Gegner geschlagen wird, welcher von ihr bisher stets besiegt worden ist. Kühn kann man behaupten, daß nach dem, was geschehen war, jeder Preuße wenigstens zwei Oesterreicher galt.

Die Versäumniß des richtigen Augenblicks ist im Kriege eine solche Sünde, daß ein nur ein wenig geschickter Gegner dafür sehr hart straft. Dies ist wahr, sowohl in Bezug auf die kleinsten Gefechte, als auf die größten strategischen Combinationen. Beim Beginn der Campagne bot sich für die II. preuß. Armee eine vortreffliche Gelegenheit dar, zwischen dem 21. und 24. Juni in Böhmen einzubringen; aber sie versäumte diesen Moment durch die nutzlose Diversion auf Neisse. Der Vortheil der Lage ging daher auf die Seite der Oesterreicher über: die Tage des 27sten, 28sten und 29sten konnten für sie äußerst ruhmvoll, für die Preußen aber sehr verhängnißvoll werden. Die Kräfte der Letzteren waren in lange Defileen mit äußerst beschwerlichen Straßen zersplittert, während Benedek die seinigen concentrirt hatte. Anstatt aber nach rechts oder nach links loszuschlagen, schwankt er zwischen diesen beiden Entschlüssen, quält seine Truppen durch eine Reihenfolge von Befehlen und deren Abänderung, versäumt den richtigen Moment und endet schließlich mit der Catastrophe von Königgrätz, wohin selbst der allerkühnste, im Anfang gefaßte Entschluß ihn nicht gebracht haben würde, nur mußte es überhaupt ein Entschluß sein*).

Lage der Preußen und Oesterreicher am 30. Juni.

Es wurde beschlossen, den preuß. Truppen an diesem Tage einen Ruhetag zu gewähren. Nur das 1. Corps wurde nach Grablitz herausgezogen. Eine Aufgabe blieb noch zu lösen — nämlich die Vereinigung mit dem Prinzen Friedrich Carl, welcher zu dieser Zeit etwas über 3 Meilen entfernt war.

Die Verbindung mit ihm wurde bereits hergestellt, indem am 30sten das zur Armee des Prinzen Friedrich Carl gehörende 1. Garde-

---

*) Man sagt nicht vergebens, daß der verderblichste aller Entschlüsse derjenige ist, wenn der Mensch sich zu nichts entschließen kann.

Drag.=Regt. von Gitschin aus in Neustadtl, wo das 1. Corps stand, eintraf. An demselben Tage erfolgte noch ein unbedeutender Allarm: es ist jedoch schwer zu entscheiden, ob Oesterreicher oder Preußen die Veranlassung dazu gaben.

Früh Morgens etwa um 4 Uhr eröffneten 2 preuß. Batterien*), die südlich von Grablitz Stellung nahmen, ein Geschützfeuer, durch welches sie den Brigaden des Prinzen von Württemberg und des Generals Saffran (II. Corps) einigen Verlust zufügten. Die Truppen waren schnell unter dem Gewehr; österreichische Batterien begannen ebenfalls gegen Grablitz zu feuern; einige Granaten schlugen in das Bivouac des 5. Corps ein — und dort wurde Generalmarsch geschlagen; einige Häuser in Grablitz geriethen in Brand. Die Preußen glaub= ten, daß die Oesterreicher sich sammelten, um etwas zu unternehmen, die Oesterreicher erwarteten dasselbe von den Preußen; aber weder das Eine noch das Andere geschah. Eine langsame Kanonade zog sich bis 10 Uhr Vormittags hin, worauf sie verstummte, um gegen 6 Uhr Abends ebenfalls nutzlos von Neuem zu beginnen.

Am 30. Juni kam ferner der König von Preußen in Reichen= berg an und übernahm den Ober=Befehl über die in Böhmen ope= rirenden Armeen. Am 1. Juli war sein Hauptquartier in Turnau, am 2ten in Gitschin.

Unterdessen hatte man im österreichischen Hauptquartier die Idee, die Elb=Linie zu vertheidigen, aufgegeben und gegen Abend wurde sämmtlichen Corps der Befehl zugesandt, in der Nacht in die Gegend von Königgrätz zurückzugehen, die Arrieregarden und Vorposten jedoch bis Tagesanbruch in den besetzten Stellungen zurückzulassen.

Die Corps brachen auf und zogen ab; allein der Nachtmarsch ging in einen Marsch am Tage über. Was dieser Marsch nützte, zeigt ein einziges Factum zur Genüge. Das II. Corps, das nach dem Dorfe Trotina zurückgehen, d. h. im Ganzen ungefähr 1½ Meilen machen sollte, kam dort erst am 1. Juli ungefähr um Mittag an, weil es durch das Kreuzen mit Truppen und Trains bei Jaromierz aufgehalten worden war. Der Marsch ging übrigens, abgesehen von dieser Zufälligkeit, ganz ohne Beunruhigung von Statten — der beste Beweis, daß es nicht nothwendig war, denselben in der Nacht zu unternehmen.

---

*) Wie die Oesterreicher erzählen.

VII.

Stellung der Gegner vor der Schlacht von Königgrätz.

Stellung der Preußen.

Obwohl die Vereinigung der beiden preußischen Armeen noch nicht hergestellt war, so hinderte dieselbe jetzt nichts mehr. Es war aber gar nicht nöthig, sich damit zu beeilen, denn, wenn die Oester= reicher nicht hinlängliche Entschiedenheit und Beweglichkeit gehabt hatten, die einzeln aus den Gebirgs=Defileen debouchirenden Corps zu schlagen, so war nun um so weniger irgend ein entscheidendes Unternehmen zu befürchten, als die beiden Armeen, wenn auch unter sich getrennt, doch jetzt ihre Kräfte vereinigt hatten. Außerdem waren die Oesterreicher durch die vorangegangenen Mißerfolge so erschüttert, daß gegen sie Vorsichtsmaßregeln, wie sie gegen einen unternehmenden Feind durch die Theorie allerdings geboten sind, nur Zeitverlust und unnütze Ermüdung der Truppen herbeigeführt hätten.

Hierzu kam ferner die Erwägung, daß Benedek im Falle einer Vereinigung der preußischen Streitkräfte auf dem rechten Elbufer seinerseits auf das linke übergehen und die flankirende Stellung Königgrätz=Josephstadt einnehmen konnte, wodurch er die Preußen gezwungen hätte, von Neuem auf das linke Ufer überzugehen, was nur durch eine Schlacht möglich gewesen sein würde.

In Folge dessen vereinigte auf Allerhöchsten Befehl der Kron= prinz seine Armee nicht mit der I. und ergriff nur die nöthigen Maßregeln, um, wenn es nothwendig sein würde, ohne Hinderniß auf das rechte Elbufer übergehen zu können. Zu diesem Zwecke

überschritt das von den Oesterreichern entferntefte Corps des Gene=
rals von Bonin am 1. Juli schon die Elbe bei Neuftadtl und er=
reichte Ober=Praußnitz, indem es die Avantgarde bis Zelejow und
Auhlejow vorschickte. Die Cavallerie=Division der II. Armee, welche
mit dem 1. Corps auf demselben Wege marschirte, blieb in Neu=
ftadtl.

Am 2. Juli mußte auch die 1. Garde=Division, welche bei Kö=
niginhof ftand, ihre Avantgarde auf das rechte Elbufer bis Daubro=
witz vorschieben. Die 2. Garde=Division und die schwere Cavallerie=,
Brigade der Garde blieben bei Nettendorf; das 5. und 6. Corps
wie bisher, bei Grablitz; das Hauptquartier in Königinhof.

Gleichzeitig marschirte das Corps Herwarth nach Smibar und
lagerte in der Umgegend dieses Punktes; die I. Armee nahm fol=
gende Aufftellung, vom rechten Flügel an gerechnet:

Das 2. Corps (Schmibt): 4. Division bei Sobfchitz und weiter
weftlich; die 3. bei Woftromer; die Reserve=Artillerie vor der 3. Di=
vision bei Domoslawitz und Aujezb=Sybvaru.

Das 4. Corps: 8. Division: Holowous.

7.   =   Horzitz.

Das 3. Corps: 5.   =   Dobes.

6.   =   Miletin.

Die Reserve=Artillerie der Armee (beftehend aus der Reserve=
Artillerie des 3. und 4. Corps, welche Prinz Friedrich Carl ver=
einigt hatte) hinter dem 3. Corps bei Wlkanow und Klein=Miletin,
folglich unmittelbar vor der Avantgarde des 1. Corps, die bei Zele=
jow ftand.

Das Reserve=Cavallerie=Corps des Prinzen Albrecht in der
Avantgarde füdlich von Horzitz bei Gutwaffer, Liskowitz und
Baschnitz.

Die Vorpoften der I. Armee waren vorgeschoben bis zur Linie
Pfanek, Klenitz, Czerekwitz.

Das Hauptquartier in Kamenitz, 1³/₄ Meilen hinter Horzitz auf
der Gitschiner Chauffee.

Die ganze preußische Aufftellung betrug daher: in der Front
von Smibar bis Grablitz ungefähr 4¹/₄ Meilen und in der Tiefe
nicht mehr als 3 Meilen (gerechnet nach der Linie Neuftabtl=Praus=
nitz=Horzitz=Baschnitz). Der größte Theil der II. Armee war da=
mals noch durch die Elbe von den übrigen Armeen getrennt.

Die Entfernung zwischen. ben verschiedenen Haupt-Quartieren betrug: von Gitschin nach Kamenitz 1⅟₄ Meile, von Gitschin nach Königinhof ungefähr 4⅟₄ und barüber und von Kamenitz nach Smibar, dem Hauptquartier des dem Prinzen Friedrich Carl nun untergeordneten General Herwarth, ungefähr 2 Meilen.

Im Hauptquartier des Königs war man ber Ansicht, baß Benebek auf bem linken Elbufer zwischen ben Festungen Stellung nehmen würbe, in Folge bessen. für ben 2. Juli entschieben Ruhe gegeben unb für ben 3ten Recognoscirungen besohlen wurden, nämlich für bie I. Armee auf Königgrätz unb für bie II. auf Josephstadt. Die entsprechenben Befehle wurden entsenbet; Prinz Friedrich Carl, ber sich gerabe in Gitschin besanb, nahm sie persönlich in Empfang unb begab sich ungefähr um Mittag nach Kamenitz. Aber bei ber Ankunft baselbst erhielt er einige Melbungen, baß ber Feind sich auf bem rechten Elbufer hinter ber Bistritz concentrire, baß Abtheilungen bessselben sogar biesseits bieses Flüßchens lagerten unb Czernutek unb Dub besetzt hätten.

Auf biese Weise stellte sich bie Sache in vollkommen anberem Lichte bar, als sie im Hauptquartier angesehen worden war, unb natürlich erforberte sie anbere Anorbnungen. Der Entschluß bes Feinbes, eine Schlacht in solcher Lage anzunehmen, war bergestalt vortheilhaft für bie Preußen, baß er einen unverzüglichen Angriff ihrerseits hervorrufen mußte, bamit Benebek nicht mehr Zeit gelassen wurbe, seine Absicht zu änbern.

Der Obercommanbirenbe ber I. Armee beschloß baher, auf jeben Fall am Morgen bes 3ten eine Schlacht herbeizuführen unb war nur über einen Punkt nicht sicher: ob bie Oesterreicher sich zum Angriff ober zur Vertheidigung vorbereiteten.

Dieser Absicht gemäß wurbe ben Truppen ber Befehl gesanbt, in ber Nacht vom 2ten zum 3ten in ber Richtung auf bie Bistritz vorzurücken unb eine Stellung zu nehmen, in welcher sie sich bis zum Eintreffen von Verstärkungen vertheidigen konnten; bem General Herwarth wurbe besohlen, möglichst früh in ber Richtung auf Nechanitz vorzugehen unb auf bie Flanke bes Feinbes zu wirken, entweber baburch, baß er ihn angriffe ober sich vertheidigte. Zum Kronprinzen wurbe ein Orbonnanz-Officier gesenbet mit ber Bitte, bie I. Armee zu unterstützen, wenn auch nur mit einem Corps, inbem er es gegen bie rechte Flanke ber Oesterreicher vorschickte.

Den General v. Voigts-Rhetz sandte der Prinz mit der Meldung über die eben erhaltenen Nachrichten zum Könige. Voigts-Rhetz kam ungefähr um 10 Uhr Abends nach Gitschin und berichtete dem Könige über die Anordnungen seines Chefs. Ein Kriegsrath wurde zusammenberufen. Derselbe brauchte nicht viel Zeit, um sich zu entscheiden, aber er gab dem vom Prinzen Friedrich Carl nur Eingeleiteten den vollständigen Abschluß: nicht einem Corps, sondern der ganzen II. Armee wurde befohlen, in die Flanke der vermutheten Aufstellung Benedek's zu rücken. Der Augenblick war vortrefflich günstig, ein ähnlicher konnte in der ganzen Campagne sich nicht mehr darbieten: es war daher nöthig, ihn im Fluge zu ergreifen und das große Verdienst der preußischen Heerführer bestand vornehmlich darin, daß sie diese Lage erkannten und mit Schnelligkeit einen Entschluß faßten. Unter diesen Umständen war ein wohl überlegter Plan zum Angriff jetzt, wenn auch nicht von untergeordneter Bedeutung, so doch bei Weitem nicht die Hauptsache.

Wenn das Schicksal die Möglichkeit bietet, dann über einen Feind herzufallen, wann er eine fehlerhafte Aufstellung genommen hat, so muß man es seine erste Sorge sein lassen, schnell zu schlagen; die Kunst zu schlagen erscheint dann als zweite Aufgabe. Aber die Preußen vernachläßigten auch diese letztere Anforderung nicht, im Gegentheil, sie berücksichtigten dieselbe wohl, wenn man die Passivität der österreichischen Heerführer und den moralischen Zustand ihrer Armee mit in Rechnung zieht.

Die allgemeine Idee des Angriffsplans bestand darin, daß 4½ Corps des Prinzen Friedrich Carl zum Angriff in der Front verwendet wurden, um gewissermaßen Benedek in seiner Position festzuhalten, ihn nicht über die Elbe gehen zu lassen und so Zeit zu gewinnen, damit die Armee des Kronprinzen den Stoß in seine Flanke ausführen konnte. Zur Ergänzung dieser Grundidee, wodurch für die Oesterreicher die Folgen einer Niederlage, wenn eine solche erreicht werden sollte*), sich noch vergrößern mußten, gehörte, daß Herwarth den Befehl erhielt, mit Umgehung des linken österreichischen Flügels direct auf Königgrätz vorzustoßen und sich nicht sehr auf

---

*) Und daran zweifelten die Preußen fast gar nicht nach den siegreichen Erfolgen.

einen Kampf in der Front gegen die Stellung der Truppen einzu=
lassen, welche ihm entgegentreten würden.

Der König befahl, daß er aus Gitschin am 3ten um 5 Uhr
Morgens zur Armee des Prinzen Friedrich Carl reiten wolle. Die=
sem Letzteren war die Verpflichtung auferlegt worden, die Action
nicht zu früh zu beginnen (wenn nicht von Seiten des Gegners ein
Angriff erfolgte), um der II. Armee Zeit zu lassen, heranzukommen.
Zum Kronprinzen wurde mit den Befehlen der Flügel=Adjutant
Finkenstein etwa um Mitternacht nach Königinhof gesendet.

Die Anordnungen zur Ausführung der oben entwickelten Idee
bestanden in Folgendem: .

a. Bei der I. Armee: Herwarth sollte mit möglichst großer
Truppenzahl von Smidar in der schon bekannten Richtung vor=
rücken.

Die übrigen 3 Corps der Armee sollten um 2 Uhr Morgens bei
folgenden Orten stehen:

2. Corps: 3. Division bei Brziftan.

4. Division bei Pfanek.

4. Corps: 8. Division bei Milowitz auf der Chaussee.

7. Division nach Ueberschreitung der Bistritz bei
Groß = Jerzitz bei Czerekwitz auf dem linken
Flügel.

3. Corps in Reserve südlich von Horzitz.

Die Reserve=Cavallerie mit Tagesanbruch in Bereitschaft auf dem
Bivouacsplatz bei Gutwasser.

Die Artillerie=Reserve der Armee nördlich und westlich von Hor=
zitz auf den Wegen nach Miletin und Gitschin. Diese ganze Auf=
stellung nahm in der Tiefe und in der Front ungefähr $1\frac{1}{2}$
Meilen ein.

(Alle diese Anordnungen wurden im Hauptquartier des Prinzen
Friedrich Carl getroffen.)

Gleichzeitig wurde dem 2. Corps aufgegeben, die Verbindung
mit dem Herwarth'schen Corps zu erhalten, und der 7. Division die
mit der Armee des Kronprinzen.

b. Bei der II. Armee:

Den 3ten Morgens um 4 Uhr traf der Flügel=Adjutant Finken=

stein in Königinhof mit folgendem Königlichen Befehle*) an den Ober=
Commandirenden ein:

„Nach Nachrichten von der I. Armee hat der Feind mit 3 Ar=
„mee=Corps oder auch mehr die Bistriz bei Sadowa überschritten
„und daher kann ein Zusammenstoß mit demselben dort erwartet
„werden.

„Die I. Armee hat Befehl, am 3ten um 2 Uhr früh zu stehen:
„mit 2 Divisionen bei Horziz, mit 1 bei Milowiz, mit 1 bei Czerek=
„wiz, mit 2 bei Pfanek und Brziftan; mit dem Cavallerie=Corps bei
„Gutwasser.

„Euer Königliche Hoheit wollen sofort die nöthigen Maßregeln
„ergreifen, um mit der ganzen Armee die I. Armee zu unterstützen,
„gegen die rechte Flanke der vermutheten Aufstellung des Feindes
„zu rücken und so früh als möglich im Stande zu sein, ihn anzu=
„greifen. Die heute Nachmittag gesendeten Befehle sind aufgehoben.
„Hauptquartier Gitschin, 2. Juli, 11 Uhr Abends. Moltke."

Diesem Befehle gemäß wurde für die II. Armee um 5 Uhr fol=
gende Disposition ausgegeben:

Nach Empfang dieses setzen sich die Truppen sofort in Marsch:

1) das 1. Corps in 2 Colonnen über Groß=Trotin und Zabrzes
auf Groß=Bürgliz;

2) die Cavallerie=Division hinter dem 1. Corps;

3) das Garde=Corps von Königinhof auf Jerziczek und Lhota;

4) das 6. Corps auf Welchow, indem es ein Detachement zur
Beobachtung gegen Josephstadt zurückläßt; die gegen diese Festung
befohlene Recognoscirung unterbleibt;

5) das 5. Corps bricht 2 Stunden später auf und folgt dem 6.
Corps auf Choteborek;

6) der Train bleibt, wo er ist, bis auf weitere Befehle.

Folglich sollte nach Vollendung dieses Vormarsches die II. Ar=
mee in der Umgegend von Choteborek concentrirt sein, auf einem
Raume von nicht mehr als 1 Meile in der Front in einer Entfer=
nung von etwas mehr als ½ Meile von Horzenowes, bei welchem
Orte, wie gleich ersichtlich werden wird, die Aufstellung der Oester=
reicher ihren Anfang nahm.

Es ist nicht nöthig, die angeführten Documente näher zu unter=

---

suchen — sie sprechen für sich selbst: Kürze, klare Darlegung des Zwecks, vollständiges Ueberlassen der Details der Anordnungen an die Unterbefehlshaber.

Aufstellung der Oesterreicher.

Nach einem ermüdenden Nachtmarsch langten die österreichischen Streitkräfte im Laufe des Morgens am 1. Juli in der Umgegend von Chlum an und nahmen ungefähr *) folgende Aufstellung: das II. Corps — längs der Trotina vom Dorfe gleichen Namens bis auf die Höhe vor Senbrasitz; vor demselben die 2. leichte Cavallerie= Division mit der Bestimmung, Vorposten nach der Seite der II. Ar= mee zu entsenden; das VIII. Corps — zwischen Horzenowes und Benatek; das IV. Corps — hinter Nebelist; das VI. und X. Corps — bei Hnjaewczowes, Sowjetitz und Sabowa auf beiden Ufern der Bistritz; das III. Corps bei Dub und Czernutek; die Sachsen bei Przim und Problus mit der Avantgarde hinter Popowitz und De= tachements in Lubno, Nechanitz und Kunczitz; die 1. leichte Cavallerie= Division — mit den Sachsen; die 1., 2., 3. Reserve=Cavallerie=Di= vision westlich Königgrätz; das Hauptquartier in Königgrätz.

Die moralische Stimmung der österreichischen Armee kann man sich leicht vorstellen, wenn man in Betracht zieht: die bereits erlitte= nen Verluste, die Erschöpfung der Truppen durch zweckloses Hin= und Herschieben und endlich, daß die Schilderungen von dem preußi= schen Gewehre dasselbe zu einem Instrumente von fabelhafter Kraft machten.

Unter solchen Umständen war es wohl kaum vorsichtig, sich zum Kampfe zu entschließen, ohne den Truppen Zeit zu lassen, sich, wenn auch nur ein wenig, von dem gewaltigen Eindrucke der Niederlagen zu erholen, welche bei Allen frisch im Gedächtniß waren. Aber Benedek entschied sich am Abend des 1. Juli, sei es aus eigenem

---

*) In Bezug auf die erste Aufstellung aller österreichischen Corps sind keine bestimmten Daten vorhanden; hier kann nur die ungefähre Aufstellung gegeben wer= den, entsprechend den Andeutungen über die Thätigkeit des II. Corps, die schon in der Oesterr. Mil.=Zeit. bestätigt sind, und nach preußischen Angaben, daß 3 Corps auf dem rechten Ufer der Bistritz standen.

Antriebe oder auf Befehl von oben, eine Vertheidigungsschlacht in der Position hinter der Bistritz anzunehmen.*) Dem Chef der Ingenieure der Armee, Oberst Baron Piboll, wurde Befehl ertheilt, einige Schanzen zwischen Lipa und Nebelist zu erbauen. Im Laufe des 2. und am Morgen des 3. Juli wurden 7 Horizont=Batterien**) angelegt; von diesen nahmen 4 einen sehr günstigen Platz ein zu beiden Seiten von Chlum, aber die übrigen 3***) lagen unter dem Feuer von den dominirenden Höhen bei Maslowjed und ungefähr 1700 Schritt von diesen entfernt. Dabei zeichneten sich diese Batterien durch außerordentliche Sauberkeit der Arbeit und einen Reichthum an gebrochenen Linien aus, auch die Geradlinigkeit der allgemeinen Richtung, in welcher dieselben gebaut waren, war auf das Pünktlichste beobachtet. Unter den Brustwehren waren Pulverkammern angelegt, obwohl es nicht einzusehen ist, zu welchem Zwecke. Außerdem waren an der Lisiere des Waldes zwischen Chlum und Lipa Verhaue hergestellt. Auch die Sachsen hatten ihre Stellung durch eine Batterie verstärkt, welche auf der Höhe südlich von Lubno lag.

Arbeiten, welche die Erschwerung des Anmarsches des Feindes gegen die Stellung zum Zwecke hatten, als Zerstörung der Wege und Brücken, waren von den Oesterreichern nicht ausgeführt worden; nur die Sachsen hatten die Brücke bei Nechanitz zur Zerstörung vorbereitet.

Außerdem hatte der Stab des II. Corps die Herstellung der Elbbrücken bei Lochenitz und Przedmjerzitz angeordnet. Wie es scheint, war Benedek bei der Voraussetzung geblieben, daß die preußischen Armeen sich vereinigen und ihn dann in der Front angreifen würden.

Man sagt, daß am Abend des 2ten von der Division Thurn

---

*) Nach dem Zeugnisse einiger preußischer Schriftsteller wurde bei einem der Generale ein Schreiben Benedek's gefunden, in welchem er sich über seine Absicht ausspricht, sich auf eine der preußischen Armeen allein zu werfen, wenn sie sich ihm im Zustande der Ruhe zeigte. Wenn dies der Fall, sagt er, dann würde er nicht unterlassen, ohne Schwanken zu handeln.

**) Zur Errichtung jeder Batterie waren 5—6 Stunden erforderlich und 1 Officier, 4 Unterofficiere, 4 Gefreite, 30 Pioniere, 12 Zimmerleute und 140 Hülfsmannschaften.

***) In der Linie Chlum=Sendrasitz.

und Taxis im Hauptquartier die Meldung eingegangen sei, daß die II. preußische Armee bei Königinhof bleiben würde; aber Benedek hielt diese Meldung für unbegründet.

Bis zum Morgen des 3ten waren die Absichten des Obercom=manbirenden ben Truppen noch unbekannt; erst gegen 4 Uhr wurden Befehle umhergesenbet, sich auf eine Schlacht gefaßt zu machen und folgende Disposition ausgegeben:

„In solchem Falle (nämlich in der Voraussetzung einer Schlacht) „besetzen die Sachsen die Höhen bei Popowitz und Trzebositz, indem „die linke Flanke etwas zurückgenommen und durch eine Abtheilung „Cavallerie gedeckt wird. Als Echelon hinter dem äußersten „linken Flügel bei Problus und Przim steht die 1. leichte Cavallerie= „Division an geeigneter Stelle.*)

„Das X. Corps nimmt seine Aufstellung rechts von den Sach= „sen, rechts vom X. das III. Corps, welches die Höhen von Lipa „und Chlum besetzt.

„Das VIII. Corps bient zur Unterstützung der Sachsen und stellt sich hinter benselben auf.

„Die übrigen Truppen, von welchen hier nicht gesprochen ist, „bleiben in Bereitschaft, so lange nur auf dem linken Flügel ein „Angriff stattfindet. Wenn der Angriff des Feindes jedoch größere „Dimensionen annimmt, bann rückt die ganze Armee in die Position. „Das IV. Corps placirt sich bann rechts vom III. auf der Höhe „zwischen Chlum und Nebelist und auf dem äußersten rechten Flü= „gel neben bem IV. das II. Corps.

„Die 2. leichte Cavallerie=Division steht hinter Nebelist und „bleibt in vollkommener Bereitschaft.

„Das VI. Corps sammelt sich auf den Höhen bei Wsestar und „das I. bei Rosnitz als Reserve.

„Die 1. und 3. Reserve=Cavallerie=Division folgen auf Swjeti.

„Im Falle eines allgemeinen feindlichen Angriffs bilben das I. „und VI. Corps, die 5 Cavallerie=Divisionen und die Reserve=Ar= „tillerie, welche hinter den beiden erwähnten Corps sich aufstellt, die „Reserve der Armee.

„Wenn die Armee gezwungen wird, sich zurückzuziehen, bann

---

*) Das schrieb man einem Führer, wie Edelsheim, vor.

„geht der Rückzug über Holitz nach Hohenmauth, ohne Königgrätz
„zu paffiren.

„Das II. und IV. Corps müssen unverzüglich für Herstellung
„von Pontonbrücken über die Elbe sorgen, besonders das II. Corps
„von deren 2 zwischen Lochenitz und Przebmjerzitz.

„Vom I. Corps ist eine Brücke bei Swinar*) zu schlagen."

Position der Oesterreicher.

Die Stellung vor Königgrätz bestand aus einer Reihe von Höhen,
welche den Raum zwischen der Bistritz, Elbe und Trotina ausfüllten;
der letztere Bach bildete für den rechten Flügel eine Anlehnung. Die
erwähnten Höhen senken sich nach der Bistritz und Trotina bei Wei=
tem steiler, als nach der Elbe.

Die Front der Position war nach der Bistritz hin genommen,
welche von Hnjaewczowes nach Südwesten fließt; folglich befand sich
die II. preußische Armee bei Königinhof geradezu in der Flanke
dieser Aufstellung.

Die Höhen, welche in der Position liegen, bilden auf dem rech=
ten Flügel zwei nicht hohe Parallelrücken, einen bei Horzenowes,
den anderen bei Maslowjeb, und wenden ihre lange und steile
Seite nach Nordosten, d. h. nach der II. preußischen Armee hin,
die kurze nach der Bistritz und Elbe; zur Linken der Höhe von Mas=
lowjeb liegt die Höhe von Chlum mit sehr sanften und langen Ab=
hängen, von welcher sich ein allmälig flacher werdender Rücken mit
verschiedenen Abstufungen parallel der Bistritz bis nach Lubno hinzieht,
woselbst er an die Höhen von Hrabek sich anschließt. Oestlich dieser letz=
teren und südlich des Einschnitts in den Chlumer Rücken bei Strzesetitz
erhebt sich die Höhengruppe von Problus. Als dominirende Punkte
und daher auch tactische Schlüssel der Position stellen sich dar die
Höhen von Maslowjeb, Chlum, Hrabek und Problus. Als Stütz=
punkte, welche die Zugänge zur Hauptposition sperrten, konnten alle
Dörfer längs des linken Ufers der Bistritz dienen, sowie die Gehölze
rechts und links der Chaussee. Durch ein unbegreifliches Mißver=
ständniß war auch die Höhe von Maslowjeb, wenn man nach der

---

*) Ueber den Adler, einen linken Nebenfluß der Elbe. Swinar liegt am Adler,
³/₄ Meilen östlich von Königgrätz.

Disposition und den befohlenen Verstärkungen urtheilt, nur zu den Stützpunkten gerechnet worden, trotzdem, daß ihre überhöhende Lage, der Wald und das Dorf Maslowjed, welche diese Höhe krönen, sie zu einer Position von bedeutender Stärke machen. Dieser Punkt, welcher solche tactische Vortheile darbot, war zu gleicher Zeit auch wichtig in strategischer Beziehung, denn wenn man die Marschrichtung der Armee des Kronprinzen gerades Weges gegen die Position voraussetzt, so konnte ihre Vereinigung mit der I. Armee*) nur durch die Besetzung der Höhe von Maslowjed gesichert werden.

Der innere Raum der Position war durchschnitten von einer Menge von Vertiefungen, welche die Deckung der Truppen begünstigten, aber für alle Waffenarten gangbar waren. Indessen waren die Wege auf diesem Raume häufig tief eingeschnitten.

Die Dörfer bestanden theils aus gemauerten, theils aus Fachwerk-Häusern. Die Ausdehnung der Front der Position, von Horzenowes bis Nieder-Przim gerechnet, betrug ungefähr 1 1/2 Meilen.

Zugänge zu der Position.

Auf dem ganzen Raume von Nechaniß bis Horzenowes gab es auf der preußischen Seite keine Position, besonders nicht solche, die günstig für die Artillerie war, denn die Breite des Bistrißthales in diesem Theile war an der engsten Stelle nicht geringer als 3/4 Meilen**); folglich war in dieser Beziehung der Vortheil vollkommen auf Seiten des Vertheidigers: die Abhänge von Chlum, Maslowjed und jenseit Horzenowes waren den Oesterreichern für vortreffliche Schußwirkung günstig, selbst wenn sie auf weite Entfernungen begannen***). Nur weiter östlich, d. h. im Thale des Flüßchens

---

*) Wie das auch wirklich stattfand, aber im österreichischen Hauptquartier nahm man diese Möglichkeit nicht an.

**) Vom oberen Rande der Höhen gerechnet, welche das Thal einschließen.

***) Vorbereitungen in der Art von Durchschlägen in dem Gehölz von Holo begünstigten die Thätigkeit der Artillerie noch mehr. Ein Rasiren ganzer Waldparcellen, wie dies einigen Preußen so erschienen ist und einige ihnen günstige Berichterstatter nacherzählten, hat nicht stattgefunden, was der vorzügliche preußische Plan des Schlachtfeldes beweist, der unmittelbar nach den Ereignissen aufgenommen wurde. Zweifelhaft ist es auch, ob die Entfernungen abgemessen und bezeichnet worden sind; zweifelhaft deßwegen, weil in keiner österreichischen Quelle davon ein Wort gesagt wird.

Trotina änderten sich diese localen Bedingungen etwas zu Gunsten des Angreifers: die Höhen bei Trantow und weiter östlich bei Raczitz ermöglichten es der preuß. Artillerie, den Kampf mit der österreichischen aufzunehmen, wenn auch nur mit geringer Wahrscheinlichkeit des Erfolges. Die Ränder des Trotinathales nähern sich einander unterhalb Raczitz bis auf 1700 Schritt und der Unterschied in der Ueberhöhung ist nicht so groß, als an den übrigen Punkten der Position.

Das Ueberschreiten der Bistritz und Trotina, welche beide in morastigen Thälern fließen, ist für Infanterie fast überall möglich, für Cavallerie und Artillerie nur auf den Brücken.

Im Rücken der Position fließt die Elbe. Dies kann aber wohl kaum als ein erheblicher Nachtheil angesehen werden, wenn man in Betracht zieht: 1) daß bei Lochenitz dieselbe sich scharf nach Süden wendet, während die Position eine südwestliche Frontrichtung hat; 2) daß die Front der Position von jenem Flusse, gerechnet auf der Chaussee Sadowa-Königgrätz, nicht weniger als 1½ Meilen entfernt ist und daß endlich über die Elbe eine große Zahl von Brücken existirte. Der Rückzug des größten Theiles der österreichischen Armee ging besser auf Pardubitz, als auf Königgrätz; und in dieser Richtung war es von Chlum bis zur Elbe wenigstens 4 Meilen. Daß die Lage der Elbe im Rücken der Position die ungünstige Situation der Oesterreicher nicht erhöhte, geht daraus hervor, daß, wie wir unten sehen werden, sie von diesem Flusse eher abgeschnitten, als gegen ihn gedrängt wurden.

VIII.

Die Schlacht von Königgrätz.

Von Beginn der Action bis zur Ankunft der II. Armee.

Aufstellung der Oesterreicher in der Position.

Am Morgen des 3ten war schlechtes Wetter: es fiel starker Regen. Etwas nach 4 Uhr setzten sich die österreichischen Truppen in Bewegung zur Besetzung der ihnen durch die Disposition angewiesenen Punkte. Die Abtheilungen, welche zur Reserve bestimmt waren, bewegten sich noch nicht, ebenso das II. Corps, welches sich beinahe schon in seiner Stellung befand. Der Chef desselben ordnete nur an, das 6. Ulanen-Regiment zur Aufklärung an der Elbe aufwärts vorzusenden; ebenso mußte, der Disposition gemäß, die Division Thurn und Taxis die Vorposten übernehmen und sich jenseits Nebelist aufstellen. Der Commandeur des 6. Ulanen-Regts. erhielt Befehl, wichtige Nachrichten nicht nur dem Stabe des Corps mitzutheilen, sondern auch der rechten Flügel-Brigade Henriquez; dieser letzteren wurde vorgeschrieben, ihr Augenmerk hauptsächlich auf die Sicherung der rechten Flanke zu richten. Die in der Disposition befohlenen Brücken wurden geschlagen, ihre Lage und die Wege, welche zu ihnen führten, den Truppen mitgetheilt. Das IV. Corps sandte die Brigade Brandenstein als Avantgarde nach Maslowjed vor und stellte sich bei Nebelist auf. Das III. besetzte mit einer Brigade den Hola-Wald und hielt die übrigen Truppen concentrirt bei Lipa und Chlum. Das VIII. marschirte nach der linken Flanke ab auf Vor hinter Problus und bildete die Reserve des linken Flügels. Das schwache X. Corps besetzte die Höhen von Langenhof, mit seinen Vortruppen

Unter=Dohaliz, Dohaliczka und Mokrowes und hatte bei denselben einige Geschütze rechts und links von Dohaliczka.

Die Sachsen, welche den Ort, der ihnen nach der Disposition angewiesen war (nämlich zwischen Trzesowitz und Popowitz), nicht geeignet fanden, erbaten und erhielten die Erlaubniß des Höchst= Commandirenden, sich zwischen Problus und Nieder=Przim aufzustellen. Sie besetzten diesen Raum mit der Division Stieglitz und behielten 1 Brigade der Division Schimpf in Reserve; die andere war schon am Tage vorher als Avantgarde und zur Besetzung der Vertheidigungs= posten an der Bistritz*) vorgeschoben worden. Außerdem wurde Problus unter Mitwirkung der Sappeure des VIII. Corps in ver= theidigungsfähigen Zustand versetzt.

Die Oesterreicher hatten im Ganzen 180,000 Mann mit 650 Ge= schützen. Auf Seiten der Preußen waren in den beiden Heerkörpern zu dieser Zeit zur Stelle ungefähr 120,000 Mann und 400 Geschütze; aber später gegen 220,000 Mann mit 702 Geschützen**).

Angriff des Prinzen Friedrich Carl.

Da von Seiten der Oesterreicher kein Angriff erfolgte, wie die Preußen erwarteten, so ließ etwa um 5 Uhr der Prinz die Division Horn von Milowitz über Dub auf Sadowa vorrücken. Gleichzeitig wurden die Divisionen des 2. Corps von Pfanel und Brzistan über Lhota und Mzan auf Dohaliczka und Dohalitz dirigirt.

Horn fand Dub unbesetzt (folglich hatte die Voraussetzung der Möglichkeit eines Angriffs von Seiten der Oesterreicher sich nicht verwirklicht) und setzte seinen Vormarsch auf Sadowa fort, indem er Ulanen an die Tete nahm; aber bei diesem Dorfe wurde er durch Artilleriefeuer empfangen von Batterien, welche rechts des

---

*) Vertheidigungsposten: 11. Bataillon bei Hradek, 2 Comp. nach Kunczitz detachirt; 8. Bataillon mit einem Zuge Cavallerie bei Alt=Nechanitz; 9. Bataillon bei Lubno.

Avantgarde: 2. Jäger=Bataillon in Popowitz, 5. Bataillon in Trzesowitz, 6tes hinter ihnen in Reserve im Walde, 1 gezogene Batterie auf der Höhe links von Popowitz; die Cavallerie=Division Fritsch bei Nechanitz.

**) Es muß übrigens erwähnt werden, daß die Preußen noch ungefähr 300 glatte Geschütze hatten, und daß in der That nur die Hälfte der II. Armee am Kampfe Theil nahm.

Hola=Waldes auf einer Höhe vor Cziſtowes placirt waren. Wegen
des Regens war es unmöglich, oder beinahe unmöglich, etwas zu
ſehen. Die Ueberzeugung, daß Benedek ſich nicht entſchließen würde,
dieſſeits der Elbe eine Schlacht anzunehmen, war ſo ſtark, daß man
anfangs die Oeſterreicher, welche ſich gezeigt hatten, nur für die
Arrieregarde anſah, welche den Abzug der Haupt=Streitkräfte decken
ſollte; aber bald überzeugte man ſich, daß man keine Arrieregarde
vor ſich hatte, ſondern die ganze Armee oder wenigſtens einen an=
ſehnlichen Theil derſelben.

Horn machte einen Augenblick Halt und formirte ſich in Schlacht=
Ordnung, rechts und etwas zurück ſtellten ſich die Diviſionen des
2. Corps auf; die Batterien dieſer Abtheilungen eröffneten ihr Feuer.
Es war etwa 8 Uhr. Zu dieſer Zeit erſchien der König auf dem
Schlachtfelde.

Die Artillerie der 8. Diviſion marſchirte auf dem Roskos=Berge,
weſtlich von Sowjetitz, auf und begann einen ungleichen Geſchütz=
kampf mit den öſterreichiſchen Batterien; beinahe zu derſelben Zeit
eröffneten ihr Feuer die Batterien der 3. und 4. Diviſion, welche
weſtlich Mžan aufgeſtellt waren: ſie wirkten mit gutem Erfolge, denn
ſie hatten gegen die öſterreichiſchen Batterien mehr als gleiche
Chancen.

Die Kanonade rief eine Antwort von Seiten der Oeſterreicher
hervor; aber es war unmöglich, einen beſtimmten Schluß zu ziehen,
wie ſtark ſie waren. Da ſowohl das Wetter, wie die Localität ver=
hinderte, die Aufſtellung des Gegners zu überſehen, ſo kam man zu
dem Entſchluß, eine ſtarke Recognoscirung zu machen, um ihn zu
zwingen, ſeine Kräfte zu zeigen.

Um 9 Uhr befahl der König der I. Armee, die Biſtritz zu über=
ſchreiten.

Die 8. Diviſion ging zur Attaque auf die ſteinerne Brücke vor
und ſetzte ſich in dem Hola=Walde feſt; gleichzeitig warfen ſich die
6. Brigade, die das Regiment Nr. 54 in erſter Linie und das 14te
als beſondere Reſerve formirt hatte, durch eine Furth auf Mokrowes.
Nach einem kurzen Kampfe bemächtigten ſich die Füſiliere des 54. Re=
giments dieſes Dorfes und das 1. und 2. Bataillon deſſelben Regts.
unter Mitwirkung einiger Compagnien des 14., welche aus der par=
tiellen Reſerve vorgeſchickt waren, verdrängten die Oeſterreicher aus
Dohaliczka. Die Pioniere ſtellten unverzüglich Uebergänge her und

hinter der 6. Brigade rückten eine 12pfündige und eine 4pfündige
gezogene Batterie in Position. Die 5. Brigade ging unmittelbar
nach der 6. über, indem sie ihre Batterien auf dem rechten Ufer der
Biſtritz unter der Deckung der Diviſions=Cavallerie (5. Huſ.=Regt.)
zurückließ.

Die 4. Diviſion begann das Gefecht mit nicht geringerem Er=
folge: das 49. Regt. bemächtigte ſich ohne große Schwierigkeit Do=
haliz's und beſetzte dann mit einer Abtheilung der 8. Diviſion hinter
ſich den rechten Theil des Hola=Waldes. Ungefähr um die 11te Stunde
entwickelte ſich die 4. Diviſion mit Ausnahme zweier Batáillone*) des
9. Regts. und der Cavallerie der Diviſion vor Dohalitz zwiſchen der
Biſtritz und dem Walde. In dieſer Aufſtellung hatten die Preußen
ſehr zu leiden von dem Feuer der Gablenz'ſchen Batterien, welche
auf den Höhen vor Langenhof, und von denen des Erzherzog Ernſt,
welche bei Lipa aufgeſtellt waren. Umſonſt verſuchten einige Abthei=
lungen der 4. und der 8. Diviſion, dieſe Batterien zu nehmen. Die
Truppen erlitten enorme Verluſte, aber ſie erreichten weder dieſen,
noch einen anderen Zweck. Denn es war weder möglich, durch den
freien Raum, der die Preußen und Oeſterreicher trennte, vorzugehen,
noch an der ſüdlichen Liſiere des Hola=Waldes ſtehen zu bleiben.
Vermöge der Durchſchläge und der geringen Dichtigkeit des Waldes
wurde derſelbe leicht in allen Richtungen von den öſterreichiſchen
Geſchoſſen beſtrichen. Auch die Oeſterreicher ihrerſeits, ermuthigt durch
dieſe Erfolge, verſuchten mehrmals, die Preußen aus dem Walde
hinauszuwerfen, aber vergebens; der freie Zwiſchenraum zwiſchen dem=
ſelben und den öſterreichiſchen Batterien wurde Jedem verhängnißvoll,
welcher ſich erkühnte, ihn zu durchſchreiten.

So mußte man ſich auf beiden Seiten darauf beſchränken, die
beſetzten Punkte zu halten. Die Preußen erreichten dieſen Zweck
dadurch, daß ſie auf beiden Seiten von Dohaliczka ſo viel Bat=
terien vereinigten, als daſelbſt nur Platz hatten. Gegen 11 Uhr
waren alle erwähnten Truppentheile zu einer paſſiven Rolle ver=
urtheilt: ſie gingen nicht zurück, aber bewegten ſich auch nicht vor=
wärts. Nichts deſto weniger hatten, wie ſich in der Folge zeigte,
die tollkühnen Verſuche, auf Lipa vorzurücken, einen mächtigen Erfolg:

---

*) Das 2. Bataillon war in Turnau geblieben.

die Brigaden des III. Corps wurden sämmtlich nach diesem Dorfe und dem Walde, der rechts davon lag, zusammengezogen und einer der hauptsächlichsten dominirenden Punkte der Position — Chlum — blieb unbesetzt.

Bei solcher Bewandtniß war es den Preußen unmöglich, daran zu denken, das feindliche Centrum, wenn auch mit großen Verlusten, zu durchbrechen, und man gelangte zu dem Entschluß, den Kampf nur hinzuhalten, um dem Kronprinzen und dem General Herwarth Zeit zu lassen, sich zu nähern.

In der Erwartung derselben befahl der König, den Artillerie-kampf zu unterhalten und überzeugte sich persönlich, ob das 3. Corps und die Reserve-Artillerie zur Stelle seien, denn diese waren bestimmt, in's Gefecht geführt zu werden, wenn etwa der Feind vor dem Ein-treffen der II. Armee zum Rückzuge überging. Das 3. Corps be-fand sich gegen 11 Uhr schon bei Dub; aber da es die letzte Reserve war, so entschloß man sich nicht eher, es zur Unterstützung des 2ten und 4. Corps zu verwenden, als um 12 Uhr, wo es die bringende Nothwendigkeit erheischte.

Angriff der 7. Division*).

Der Kampf Fransecky's bildet für die Preußen eine der glän-zendsten Episoden der Schlacht von Königgrätz. Durch seine energische Angriffe auf die Höhen von Maslowjed zog er 2 österreichische Corps auf sich und trug dadurch wesentlich zu dem Erfolge des Angriffs der Armee des Kronprinzen bei. Diese That kostete der Division 2500 Mann.

Gegen 6 Uhr Morgens begann die Avantgarde der 7. Division (Füsilier-Bataillone des 27. und 67. Regts.), welche auf Benatek vorrückte, ein Schützengefecht mit den Vorposten der Brigade Bran-denstein und erreichte ungefähr um 7 Uhr Benatek, welcher Ort ohne große Schwierigkeit genommen wurde, trotz des Feuers der österreichi-schen Batterien, welche auf dem Plateau bei Horzenowes und bei Maslowjed placirt waren. Dann formirte sich die Division zu

---

*) 13. Brigade — Schwarzhoff: 26., 66. Regt.; 14. Brigade — Gordon: 27., 67. Regt.; 10. Hus.-Regt.; 4 Batterien.

Schlachtordnung*) links und rechts von Benatek und ging zur Attaque gegen die vorliegende Höhe von Maslowjed vor, indem sie den rechten Flügel etwas vornahm, um den Wald von Nordwesten zu umfassen.

Die 14. Brigade, welche den Wald von Westen her angriff, bemächtigte sich desselben, fast ohne irgend welchem Widerstande zu begegnen: nur bei Cziftowes wurde die erste Attaque abgeschlagen durch eine Abtheilung des III. Corps, welche in diesem Dorfe aufgestellt war; aber die zweite Attaque gelang. Nun wurde jedoch der Wald und das Dorf von Chlum her mit einem Hagel von Geschossen überschüttet. Um einigermaßen die Wirkung dieses Feuers zu paralysiren, wurden 5 Batterien aus der Artillerie-Reserve der I. Armee westlich des Waldes von Maslowjed vorgezogen und eröffneten ihr Feuer.

Nicht so günstig verlief es bei der 13. Brigade. Dieselbe versuchte dreimal Maslowjed, welcher Ort durch den größten Theil der Brigade Brandenstein besetzt war, anzugreifen — und dreimal wurde sie zurückgeschlagen. Um nicht von der 14. Brigade abgeschnitten zu werden, zog sie sich nach dem abgeschlagenen Angriff auf Benatek zurück, so daß die ganze Division natürlich die Front veränderte, da nun der linke Flügel zurück war. Dies machte sich um so einfacher, als die 14. Brig., welche ihren Erfolg ausbeutete, an die Ostlisiere, d. h. bis nach Maslowjed vorrückte. Aber auch in dem Walde war es den Preußen nicht beschieden, lange in Ruhe sich zu halten: es rückte endlich Unterstützung zur Brigade Brandenstein heran. Dies waren die übrigen Brigaden des IV. und 3 Brigaden des II. Corps: auf diese Weise veranlaßte eine beinahe instinctive Anregung die österreichischen Truppen, in eine vortheilhaftere Position zu marschiren, als diejenige war, welche sie nach der Disposition einnehmen sollten, aber das Gefecht auf dem rechten Flügel nahm eine andere Richtung an, als der Höchst-Commandirende demselben zu geben gedacht hatte.

Marsch des IV. und II. Corps auf Maslowjed.

Das II. Corps brach aus seinen Bivouacsplätzen ungefähr um

---

*) Links der Avantgarde — die 13. Brigade in einer Linie, jedes Bataillon in 2 Treffen in Compagnie-Colonnen; rechts, zwischen Benatek und Hnjaewczowes — das 1. und 2. Bataillon des 27. Regts.; 2 Bataillone in Reserve.

6 Uhr auf, sowie nur das Feuer bei den Vorposten Brandenstein's begonnen hatte: die Brigade Thom marschirte auf Horzenowes, detachirte ein Bataillon nach Raczitz und ließ ein zweites hinter Raczitz auf der Höhe; 2 Batterien marschirten auf dem Gipfel der Höhe hinter Horzenowes auf und eröffneten das Feuer auf die Preußen in der Richtung auf Wrchownitz. Als die Brigade Thom sich Horzenowes näherte, besetzte sie mit schwachen Vortruppen den Park und das Dorf und stellte sich in Reserve hinter dem Park auf. Die Brigade des Prinzen von Württemberg stand zwischen dem Park und Maslowjed, die Brigade Saffran in Reserve hinter Maslowjed. Die Corps-Geschütz-Reserve placirte sich theils auf dem Plateau hinter Horzenowes, theils rechts von Maslowjed: alle Abtheilungen Front nach Westen.

Die Brigade Henriquez, zur Reserve bestimmt, erhielt Befehl, zunächst bei Trotina zu bleiben, zur Sicherung der rechten Flanke, und um 11 Uhr auf Senbrasitz zu marschiren, um dort weitere Befehle abzuwarten.

Etwas später*) langten auch die Brigaden des IV. Corps von jenseit Nebelist an.

Da Fransecky zu dieser Zeit (gegen 9 Uhr) den Wald von Maslowjed schon besetzt hatte, so entwickelte sich die Brigade Württemberg in 2 Treffen rechts von Maslowjed und ging zur Attaque vor, sie wurde aber zurückgeworfen, und nachdem sie sich in ihre Aufstellung rechts von Maslowjed wieder zurückgezogen, eröffnete sie ein Feuergefecht. Sie wurde darauf durch 3 Batterien verstärkt, welche vor dem Park von Horzenowes aufgestellt wurden, und durch eine 4. aus der Reserve des IV. Corps links von Maslowjed. Nach einer ziemlich langen Kanonade entschloß man sich ungefähr um 11 Uhr, von Neuem zum Angriff überzugehen, wobei auch die Brig. Saffran Befehl erhielt, aus Maslowjed zu bebouchiren und zusammen mit der des Prinzen Württemberg den Wald anzugreifen; die Brigaden des IV. Corps gingen ebenfalls zum Angriff auf dem linken Flügel vor, indem sie das Wäldchen von Süden umfaßten. Durch starkes Artilleriefeuer vorbereitet, gelang dieser Angriff; die Preußen, von der Lisiere zurückgedrängt, traten feuernd den Rückzug an. In

---

*) So weit es möglich ist, nach den vorhandenen Quellen zu schließen, kamen die Brigaden des II. Corps zuerst nach Maslowjed.

der Absicht, sie schneller aus dem Walde hinauszuwerfen, befahl man auch den Bataillonen der Brigade Thom, dorthin zu marschiren. Aber noch waren dieselben nicht dazu gekommen, diesen Befehl aus- zuführen, als von der Abtheilung in Raczitz die Meldung einlief, daß gegen diesen Ort beträchtliche feindliche Streitkräfte heranrückten. Zu derselben Zeit (nach Mittag) langte von dem Stabe der Armee ein Officier mit dem Befehl beim II. Corps an, im Haken zur all- gemeinen Front eine Aufstellung zu nehmen, um einem preußischen Corps entgegen zu treten, welches einem Telegramm des Commandan- ten von Josephstadt zufolge von Habrzina her zu erwarten war.

Auf diese Weise war man genöthigt, die Attaque, welche einen sicheren Erfolg versprach, abzubrechen, 2 ganze Brigaden, welche in den Wald eingedrungen waren, herauszuziehen und den Rückzug an- zutreten. Zur Deckung dieses schwierigen Manoeuvres wurde die Brigade Thom verwendet; sie nahm auf dem Rücken des Höhenzuges Maslowjed=Sendrasitz eine Aufstellung und lehnte ihren rechten Flügel an das letztere Dorf; die Abtheilungen der Brigaden Württemberg und Saffran, je nachdem sie aus dem Walde hervorkamen, sammel- ten sich bei Maslowjed und zogen auf dem Wege nach Nedelist ab. Die Batterie bei Horzenowes (40 Geschütze) blieb noch in ihrer Position und beantwortete das Kreuz=Feuer der stärkeren preußi- schen Batterien, welche sie von Frantow und jenseit Raczitz be- schossen.

Während dessen drängten im Walde von Maslowjed statt der Brigaden des II. die des IV. Corps weiter vorwärts, warfen die Preußen aus dem Walde hinaus, und, hingerissen durch diesen Er- folg, begannen sie, dieselben in der Richtung auf Hnjaewczowes gegen die Bistritz zu drängen.

Aber das IV. Corps erkaufte diesen Erfolg theuer: durch eine verhängnißvolle Fügung wurde der Commandant desselben, Graf Festetics, tödtlich verwundet; außer ihm noch sein Ablatus, General Molinari, der Chef des Generalstabes und der älteste Generalstabs= Officier nach ihm. Die Brigaden rückten daher jede für sich vor: an eine Berücksichtigung der allgemeinen Gefechtslage dachte kein Mensch.

So hatten das II. und IV. Corps ungefähr um 1 Uhr Nach= mittags ganz entgegengesetzte Richtungen eingeschlagen: das erstere auf Nedelist nach Südosten, das andere auf Hnjaewczowes nach

Nordwesten; die Verbindung zwischen beiden ging verloren und der Raum bei Maslowjed blieb unbesetzt.

Wenn man sich erinnert, daß ungefähr um dieselbe Zeit die Oesterreicher aus Chlum fortrückten auf Lipa und nach dem Wäldchen um dieses Dorf, so sieht man, daß in der Richtung Maslowjed= Chlum um 1 Uhr Nachmittags der Vormarsch der Preußen in keiner Weise gehindert war.

Gesecht des Herwarth'schen Corps auf dem rechten Flügel der I. Armee.

Um 6 Uhr näherten sich die vordersten Abtheilungen Herwarth's der sächsischen Vorpostenstellung auf 3 Punkten: bei Kunczitz, Alt= Nechanitz und Lubno und eröffneten ihr Feuer gegen die Truppen, welche sie besetzt hielten. Das 8. sächsische Bataillon zog sich aus Alt=Nechanitz hinter die Bistritz zurück, zerstörte die Brücke und be= setzte Nechanitz; rechts von ihm stand das 7. Bataillon. Diese Trup= pen blieben im Besitze der Position bis 8 Uhr, Dank der Mitwirkung einer reitenden Batterie, welche von der hinter Nechanitz aufgestellten sächsischen Cavallerie vorgesandt worden war. Gegen 8½ Uhr gin= gen sie in Folge eines erhaltenen Befehls auf die Avantgarden= Position zwischen Trzesowitz und Popowitz zurück unter dem Schutze des 9. Bataillons, welches Lubno besetzt hatte, und darauf nach der Hauptposition auf seine Brigade abzog*). Die sächsische Cavallerie= Division blieb noch einige Zeit südlich Nechanitz, wo sie ohne Noth dem feindlichen Feuer ausgesetzt wurde.

Nachdem Herwarth eine Batterie vorgenommen und eine Truppen= Abtheilung nach Nechanitz hinübergesandt hatte, begann er die Herstellung der Brücke; gleichzeitig wurde auch Lubno angegriffen. Ungefähr um 10 Uhr wurde der Uebergang begonnen durch die Teten=Division Münster, welche über Lubno gegen Problus und Przim vorrückte, während die übrigen 2 Divisionen, Canstein und Etzel, und die Reserve=Artillerie auf Hrabek gesandt wurden zur Umfassung der linken Flanke der Sachsen.

*) Die sächsische Infanterie war in Brigaden, jede zu 4 Linien= und 1 Jäger= Bataillon, getheilt. Die Division Schimpff bestand aus: 2. Brig. — 5., 6., 7. 8. L. und 2. J.=Bat., und 3. Brig. — 9., 10., 11., 12. L. und 3. J.=Bat. Die Division Stieglitz: Leib=Brig. — 13., 14., 15., 16. Bat., 4. J.=Bat., und 1. Brig. — 1., 2., 3., 4. L. und 1. J.=Bat.

Während des Vorpostengefechts war das sächsische Corps aus dem Bivouac in die Position gerückt: Problus und Nieder=Przim wurden mit je 3 Bataillonen der Division Schimpf besetzt; die Divisions=Artillerie stand zwischen den Dörfern; die Division Stieglitz marschirte brigadeweise als Reserve hinter denselben auf; ihre Divisions=Artillerie in dem Intervall zwischen den Brigaden; die Reserve=Artillerie links rückwärts der Brigade hinter Nieder=Przim. Die Cavallerie der Division Stieglitz wurde auf den rechten Flügel genommen, um die Verbindung mit Gablenz zu unterhalten.

Die 14. preuß. Division, die auf die Höhe bei Lubno gerückt war, eröffnete die Kanonade. Das Feuer der Sachsen ließ die Stärke ihrer Stellung erkennen, zu welcher von Lubno aus der Zugang gänzlich ohne Terraindeckungen war; in Folge dessen beschloß Her=warth, den Hauptangriff von Hrabek her zu machen, wo die Localität eine mehr gedeckte Annäherung gegen die linke Flanke des Gegners gestattete. Dieser Angriff wurde der Division Canstein (15.) auf=getragen, welche, bis Hrabek vorgerückt, daselbst eine starke Batterie etablirte und in zwei Richtungen zur Attaque auf Nieder=Przim vor=ging: nämlich über Jehlitz und Neu=Przim. Die Division Etzel blieb noch in Reserve.

Ihrerseits nahmen die Sachsen die Cavallerie=Division von Ne=chanitz in Reserve hinter die Mitte der Position, die Avantgarde aus Popowitz ebenfalls in Reserve hinter den rechten Flügel derselben und gegen die preuß. Batterien bei Hrabek entwickelten sie 5 Bat=terien links von Nieder=Przim.

Die Kanonade zeichnete sich auf beiden Seiten nicht durch be=sondere Wirksamkeit aus, denn sie war auf zu große Entfernung er=öffnet; aber dies brachte für Canstein den Vortheil hervor, daß die Aufmerksamkeit der Sachsen von seiner Infanterie abgelenkt wurde. Während der Kanonade gingen die Preußen durch Jehlitz, drangen in den Wald zwischen diesem Punkte und Nieder=Przim und machten sogar den Versuch, dies letztere Dorf anzugreifen; indessen sie wurden durch die 3 Bataillone, welche es besetzt hatten, zurückgeworfen.

Gleichzeitig umging die andere Abtheilung der Division Canstein rechts Neu=Przim und besetzte den Wald zwischen demselben und Ober=Przim.

Es war ungefähr 12 Uhr. Die Sachsen hielten das Gelingen

ihrer ersten Attaque und den Umstand, daß die Preußen sich mehr und mehr nach Osten auseinanderzogen, für eine günstige Gelegenheit, zum Angriff überzugehen.

Dazu wurde die Brigade beordert, welche anfangs in Reserve hinter Problus gestellt worden war. Sie machte eine Linksschwenkung, entwickelte sich in Schlachtordnung und rückte in dem Raume zwischen Nieder= und Ober=Przim in der Richtung auf Hrabek vor. Links derselben stellte sich eine Brigade des VIII. österreichischen Corps auf, welche den Auftrag hatte, die Sachsen zu unterstützen. Die Letzteren rechneten darauf, daß in der Zeit, in welcher sie sich auf Jehlitz und Neu=Przim vorwärts bewegten, die Oesterreicher in den Wald, der zur Linken lag, einbringen würden. Anfangs glückte der Angriff: die Bataillone, welche Nieder=Przim besetzt hatten, formirten sich zur Attaque und warfen die Preußen aus dem Wäldchen von Jehlitz; die Brigade, welche aus der Reserve vorgezogen worden war, erreichte schon mit ihren vordersten Abtheilungen Neu=Przim, als der linke Flügel derselben in dem Walde, welchen die österreichische Brigade hatte besetzen sollen, aber nicht besetzt hatte, auf die Preußen stieß. Das Unerwartete dieser Begegnung hatte zur Folge, daß die Sachsen sich zurückzogen.

Eine zweite, darauf folgende Attaque der Sachsen unter Mitwirkung einer anderen Brigade des VIII. Corps hatte denselben Ausgang und zwar dadurch, daß die Oesterreicher, welche auf dem linken Flügel Jener vorgingen, wiederum in Folge einer Attaque der Preußen aus demselben Walde in Verwirrung geriethen. Obwohl die Preußen in der Verfolgung von den Sachsen aufgehalten wurden, so war es doch auch für diese an der Zeit, an die Sicherung des Rückzuges zu denken, denn die Preußen gewannen immer mehr Terrain nach Osten hin. Daher wurde eine der sächsischen Brigaden zur Besetzung des Waldes beordert, welcher südöstlich von dem Dorfe Bor lag. Es war jetzt etwa 2 Uhr.

Zu dieser Zeit neigte sich der Kampf für die Oesterreicher auf den meisten Punkten, wenn er auch nicht von vollständigem Erfolge begleitet war, doch eher zum Vortheil, als zum Nachtheil. Den passiven Zweck, die Behauptung der Position, hatten sie vollkommen erreicht; bei Maslowjed waren sie sogar zum Angriffe übergegangen; aber dieser zeitweise Erfolg diente nur dazu, daß bie Niederlage für sie um so verderblicher und entscheidender ausfiel.

Anmarsch der Armee des Kronprinzen auf das Schlachtfeld und die darauf folgenden Kämpfe.

In Uebereinstimmung mit der Disposition, welche um 5 Uhr herumgeschickt worden war, brachen die Abtheilungen in der Nähe von Königinhof um 6 Uhr Morgens bei heftigem Regen auf. Das 6. Corps war etwas früher ausmarschirt zur Ausführung des noch am Tage vorher erhaltenen Befehles, eine Recognoscirung auf Jo=sephstabt zu machen, so daß die neue Disposition dasselbe antraf, als es schon zur Hälfte die Elbe überschritten hatte. Ebenso war die Avantgarde der 1. Garde=Division etwas früher aus Daubrowitz aufgebrochen unter dem Commando des Generals Alvensleben, wel=cher von Fransecky die Aufforderung erhalten hatte, ihn zu unter=stützen und nun auf den Donner der Kanonade losmarschirte, welche vor Benatek begonnen hatte. Das 1. Corps, als das entfernteste*), erhielt spät die Disposition und brach etwas später auf, als die anderen. Auch verzögerte sich der Abmarsch der 2. Garde=Division aus Rettendorf, da sie Befehl hatte, die im Bivouac hinter ihr liegende Reserve=Artillerie der Garde und die Garde=Cürassier=Brigade vor zu lassen.

Es stand der II. Armee ein sehr ermüdender Marsch bevor: der lehmige Boden war aufgeweicht, überall nur Feldwege, ja was noch mehr ist, mit einer beträchtlichen Zahl von Erhebungen und Senkungen.

Der Kronprinz ließ die 1. Garde=Division bei sich vorbei mar=schiren, überholte sie nachher mit seinem Stabe und ritt in der Rich=tung auf Choteborek vor, woselbst er um 10½ Uhr eintraf in dem Augenblick, als die Avantgarde Alvensleben's von der Höhe herab=marschirte, welche südwestlich dieses Punktes lag.

Bei Choteborek begann ein wellenförmiger Abhang nach dem Flusse Trotina und daher waren von den erwähnten Höhen deutlich die Höhen des gegenüber liegenden Ufers zu sehen — der Rücken von Horzenowes und auf demselben eine ziemlich starke Batterie; außerdem, da Choteborek sich gerade in der Verlängerung des Theiles

---

*) Von Ober=Prausnitz bis Königinhof ist 1 Meile.

der Bistritz befand, welcher die Position der Oesterreicher in der Front deckte, so war es auch möglich, sich Rechenschaft abzulegen von der Aufstellung der Schlachtlinien der Gegner nach der Masse des Feuers und Rauchs von der Kanonade und den brennenden Dörfern. Einige Zeit später schien es, als ob auf dem zunächst befindlichen Ende dieser Linie die preußische Seite sich rückwärts bewege: das war die 7. Division, welche, nachdem sie ihre letzten Anstrengungen erschöpft hatte, in der That in diesem Augenblick den Rückzug anzutreten begann. Von Choteborek war auch ganz deutlich zu sehen, daß die II. Armee gerade gegen die Flanke und sogar den Rücken der Oesterreicher vorrückte; es blieb nur übrig, sich zu überzeugen, ob die Corps auf den ihnen anbefohlenen Punkten angekommen wären, um den weiteren Vormarsch zu beginnen. Aber kaum waren in dieser Absicht Ordonnanz-Officiere abgeschickt, als General Mutius meldete, daß sein Corps bei Welchow angelangt sei und seinen Marsch auf den Geschützdonner los fortsetze; bald langte auch vom 5. Corps die Meldung an, daß es sich Choteborek nähere; es fehlte nur die Meldung vom 1. Corps, aber man wußte, daß es etwas zurück sein mußte in Folge des späteren Aufbruchs und des weiteren und schwierigeren Marsches.*)

Die Höhen von Horzenowes waren das erste Ziel, welches sich der II. Armee darbot. Bis zu denselben von Jerziczek war mehr, als eine halbe Meile vollkommen ungedeckter Weg, folglich konnten die Oesterreicher sich auf diesen Höhen früher festsetzen, als die preußische Armee sie zu erreichen im Stande war, und die Wegnahme derselben in hohem Grade erschweren. In der Erwartung eines solchen Widerstandes gab der Kronprinz allen Truppenkörpern die Richtung auf die Höhen von Horzenowes, indem er befahl, sich nach 2 vereinzelten, hohen Bäumen zu richten, welche sich auf dem Gipfel derselben befanden. Aber die Besorgniß, daß die Oesterreicher Zeit hatten, sich bei Horzenowes vor dem Eintreffen der Preußen festzusetzen, war ohne Grund: selbst die aufmerksamsten Beobachtungen mit Hülfe von Gläsern zeigten den Preußen auf dem Raume zwischen Jerziczek

---

*) Die rechte Colonne des 1. Corps hatte bis Bürglitz 2 Meilen, die linke — 1¼. Die 1. Garde-Division von Königinhof bis Jerziczek — 1½, das 5. Corps von Grablitz bis Choteborek — 1¼. Die hintersten Abtheilungen mußten dann noch die Elbe überschreiten und die sehr steilen Abhänge des rechten Ufers derselben erklettern.

und den Höhen von Horzenowes nicht eine einzige öster=
reichische Vedette; und die nächsten Truppen, welche ja in einer
Vertiefung stehen konnten (II. und IV. Corps), waren, wie wir
schon wissen, mit der Vernichtung Fransecky's beschäftigt, d. h. sie be=
merkten die Armee des Kronprinzen gar nicht, sondern blickten nach
einer ganz anderen Seite.

Nur die Batterie bei Horzenowes (40 Geschütze) mit ihrer Be=
deckung von einem Bataillon, der Posten bei Raczitz und südlicher
die Brigade Henriquez — das war Alles, was dem Angriffe der
preußischen Divisionen entgegentreten konnte, welche sich an der Tete
befanden (die 1. Garde=, 11. und 12. Division).

Der Vormarsch begann. Ungefähr um 11¼ Uhr bemerkten die
Preußen, daß die Batterie bei Horzenowes nach ihrer Seite herum=
schwenkte und um 11 Uhr 40 Minuten ertönte gegen sie der erste
Schuß; aber es war zu spät: die Avantgarde Alvensleben's, welche,
wie man weiß, früher ausgerückt war und sich zur Unterstützung
Fransecky's auf Zizelowes dirigirt hatte, debouchirte um 11¼ Uhr
aus diesem Dorfe und eröffnete etwas später ihr Feuer auf 3
Batterien, welche am Fuße der Höhe von Maslowjed standen, parallel
mit dem Wege -von Wrchownitz nach Maslowjed.

Hinter der Avantgarde folgte die 1. Garde=Division, welche bei
Jerziczek die Trotina überschritt und im Weitermarsch die Richtung
auf die Bäume hielt. Um 11 Uhr entwickelte sich neben ihr auch die
Reserve=Artillerie der Garde.

Zur Linken marschirte das 6. Corps in 2 Colonnen: die 11.
Division*) auf Raczitz, die 12.**) Prondzynski auf Habrzina und
Robow. Nur die Letztere derselben traf auf ihrem Wege österreichische
Cavallerie=Vedetten, welche, wie man sich erinnert, vom II. Corps
vorgesandt worden waren.

Die Garde placirte ihre Batterien bei Frantow, das 6. Corps
— auf der Höhe zwischen Raczitz und Robow***) und sie eröffneten
ein Kreuzfeuer gegen die Batterie, welche auf der Höhe bei den Bäu=

---

*) Zastrow: Brig. Hahnenfeldt — 10. und 50. Regt.; Brig. Hoffmann —
38., 51. Regt.; Dragoner Nr. 8; 4 Batterien.
**) 22., 23. Regt.; 6. Jägerbataillon, 6. Husaren=Regt., 2 Batterien. Die
andere Brig. war beim Beginn des Feldzuges abcommandirt: 1 Regt. zur Besetzung
von Reiffe, 1 zum Detachement Knobelsdorf.
***) Man nahm 30 Schritt Intervalle zwischen den Geschützen, zur Verringe=

men von Horzenowes stand; um 1 Uhr Nachmittags räumte dieselbe die Position und Horzenowes und Raczitz fielen nach kurzem Schützen=gefecht in die Hände der Avantgarden: das erstere — in die der Garde, das andere in die der 11. Division. Gleichzeitig näherte sich Pronbzynski*) Trotina und begann ein Feuergefecht mit dem Ba=taillon der Brigade Henriquez, welches dieses Dorf besetzt hatte. Die 1. Garde=Division ging nach der Wegnahme von Horze=nowes nach der Höhe von Maslowjeb vor, indem sie das Dorf dieses Namens rechts liegen ließ. Nicht ein einziger Schuß wurde bei die=sem Vormarsche gegen sie abgefeuert, denn das IV. Corps war an der nordwestlichen Lisiere des Waldes und die Brigaden des II. Corps waren schon ¼ Meile von Maslowjeb nach Rebelist zu. Erst nach=dem man ben Bergrücken erreicht hatte, bemerkte die 1. Garde=Di=vision diese Brigaden und sah auch, daß auf sie der Vorstoß des 6. Corps gerichtet war; daher beunruhigte sie sich nicht um ihre Flanke und setzte ihren Marsch fort gegen den folgenden, sich scharf am Ho=rizont markirenden Punkt**) — gegen die Höhe von Chlum, b. h. 2700 Schritt hinter der ehemaligen Position des IV. Corps (von Maslowjeb an gerechnet).

Auf ihrem Marsche stieß die 1. Garde=Division auf keinen Wider=stand; nur die Avantgarde wurde rechts vorgeschickt gegen eine österreichische Brigade, welche bei Cziftowes sich zeigte; das Gros passirte jedoch Chlum und erreichte gegen 2¼ Uhr Rosbjeritz.

Erst hier bemerkten die Preußen, wohin sie gerathen waren: 1700 Schritt südlich Wjeftar standen in Reserve 2 österreichische Corps, das I. und VI., b. h. nicht weniger als 40,000 Mann; öft=

rung der Verlufte durch das Feuer. Dieser vortreffliche Kunstgriff ist nicht neu, aber leider wird er oft im Gefecht vergessen, selbst wenn der Raum dazu vollkom-men ausreicht.

*) Die Division, oder richtiger Brigade Pronbzynski war bestimmt zur Be-obachtung von Josephstadt und folglich zur Deckung des Rückens der Armee gegen Ausfälle der Garnison dieser Festung; aber Pronbzynski marschirte dem Geschütz-bonner entgegen, indem er die Verantwortlichkeit für die Folgen auf sich nahm. Wenn die Befehlshaber von solcher Entschlossenheit beseelt sind, sich für das Allge-meine Gefahren auszusetzen, so kann eine Armee nur bei besonders unglücklichen Vorfällen eine Niederlage erleiden.

**) Nur das 2. Dragoner-Regiment (Division Manstein 3. Corps), welches sich bei der 1. Garde-Division befand, attaquirte die Queue der Brigade Saffran süd-öftlich von Maslowjeb, wurde aber abgewiesen.

lich von Wseſtar die Reſerve-Artillerie; weiter nach Swjeti die Maſſen der Reſerve-Cavallerie. Es war dringend nöthig, möglichſt bald die 1. Garde-Diviſion in ihrem ebenſo bedeutenden, als unerwarteten Er-folge zu unterſtützen. Die entſprechenden Befehle wurden abgeſchickt: es wurde ſogar dem 6. Corps vorgeſchrieben, wenn es nur irgend möglich ſei, nach Rosbjeritz zu Hülfe zu kommen. Aber Alles war ſo ſchnell ausgeführt worden, daß ſogar die 2. Garde-Diviſion min-deſtens um 1 Stunde zurück war; was das 1. und 5. Corps anbe-trifft, ſo konnten ſie, trotzdem ſie, beſonders das 5., mit der äußer-ſten Anſtrengung ihren Marſch beſchleunigten, nicht früher als 6 Uhr auf dem Schlachtfelde anlangen.

Bis zu welchem Grade dieſer Marſch ohne Hinderniß für die Preußen geweſen war, erhellt daraus, daß von Horzenowes, welches um 1 Uhr Nachmittags genommen wurde, bis Rosbjeritz über Chlum beinahe ⅞ Meilen ſind, welche in 1¾ Stunden durchſchritten wurden; folglich hatte die Garde-Diviſion, welche, in Schlachtordnung ent-wickelt, querſeldein marſchirte, dieſen Punkt mit derſelben Geſchwindig-keit erreicht, mit welcher eine Infanterie-Diviſion mit ermüdeten Truppen über Höhen und Senkungen und bei ſchlüpfrigem Wege marſchirt.

Seinerſeits rückte auch das 6. Corps vor, aber langſamer, denn es ſtieß auf ziemlich hartnäckigen Widerſtand.

Die 11. Diviſion (Zaſtrow), welche die Höhe von Horzenowes beſetzt hatte, begann ein Feuergefecht mit der Brigade Thom, welche den linken Flügel an die äußerſte Erdbatterie (1300 Schritt nördlich Nebeliſt) und den rechten an Sendraſitz anlehnte. Trotz der ungün-ſtigen Poſition, die von den überhöhenden Hügeln hinter Sendraſitz beſchoſſen werden konnte, hielt ſich dieſe Brigade daſelbſt bis 3 Uhr, d. h. ſo lange, bis die Brigaden Saffran und Prinz Württemberg hinter ihr Nebeliſt paſſirt hatten und auf Przebmjerzitz marſchirten.

Die 12. Diviſion (Prondzynski) marſchirte auf Trotina gegen die Brigade Henriquez. Dieſer ſollte um 11 Uhr aus ſeiner Poſi-tion bei Trotina auf Sendraſitz rücken, hatte aber unter Zurücklaſſung eines Jäger-Bataillons kaum dieſe Bewegung angetreten, als jenſeits der Trotina bei Habrzina das Feuergefecht mit den Vortruppen Prondzynski's begann. Deßwegen kehrte die Brigade wieder nach Trotina zurück und nahm folgende Aufſtellung: in erſter Linie, Front nach Robow, 4 Bataillone und die Batterie der Brigade, mit

14*

dem rechten Flügel Trotina besetzend und den Raum bis zur Elbe beobachtend; das 5. blieb in Reserve, das 6. wurde nach Lochenitz detachirt zur Sicherung der Brücke.

Pronbzynski, mit dem 23. Regiment im ersten Treffen und dem 22. in Reserve, nahm Robow, eröffnete eine Kanonade und machte auf einige Zeit Halt, da er fand, daß ihm überlegene Kräfte gegen= über standen. Aber sobald Zastrow vorging, also um 3 Uhr, beschloß auch er anzugreifen, indem er sich auf die Trotina=Mühle, nördlich des Dorfes gleichen Namens, warf.

Demnach nahmen um 3 Uhr Nachmittags die Gegner folgende Stellungen ein:

Oesterreicher: II. Corps — Trotina, Senbrasitz, Nebelist; IV. Corps — Benatek und Wald von Maslowjeb; III. Corps — Czisto= wes, Lipa und auf dem Raume zur Linken dieses Dorfes bis Langenhof; X. Corps — auf der Höhe vor Langenhof, Strzesetitz; die Sachsen und das VIII. Corps — auf dem Rückzuge auf Brzisa.

Preußen: Corps von Herwarth — in der Linie Problus=Stesirek; 2. und 4. Corps — in den Positionen, welche sie im Anfange des Kampfes besetzt hatten, außer der Division Fransecky, welche nach Sowjetitz und Hujaewczowes zurückgeworfen worden war; das 3. Corps wurde zum Theil zur Unterstützung des 2. und 4. Corps verwendet; das Cavallerie=Corps der I. Armee — auf den Höhen von Dub; die 1. Garde=Division — in Chlum und Roßbjeritz; die 2. Garde= Division — auf dem Marsche von Horzenowes in der Richtung rechts von Chlum; das 6. Corps — auf den Höhen von Horzeno= wes und Robow; das 1. und 5. Corps — auf dem Marsche nach Maslowjeb und Raczitz.

———

Benedek war auf dem Schlachtfelde etwa um 10 Uhr angelangt, hatte sich nach Lipa begeben und daselbst die Rolle des Commandeurs des III. Corps übernommen, indem er sich mit den Details der Truppen=Aufstellung in diesem Dorfe und dem Wäldchen zur Rechten desselben und ebenfalls mit der Verstärkung dieser Truppen bei den folgenden Angriffen der Preußen beschäftigte. So verging die Zeit bis 12 Uhr, als die schon bekannte Depesche des Commandanten von Josephstadt anlangte. Nachdem Benedek dieselbe an den Com= mandanten des II. Corps gesendet hatte, ritt er etwas später persön=

lich nach dem rechten Flügel und als er dort die Lage der Dinge befriedigend fand, kehrte er nach Lipa zurück, woselbst er um 3 Uhr die Meldung erhielt, **daß Chlum von den Preußen besetzt worden sei.** Gleichzeitig damit lief auch die zweite Meldung ein, daß die Sachsen ihre Position bei Problus und Przim geräumt hätten und fechtend sich in der Richtung auf Brzisa zurückzögen.

· Benedek jagte nach Chlum, da er der Meldung keinen Glauben schenkte, aber er wurde von Schüssen empfangen, nach welchen es schwer war, an der wahren Gestalt der Dinge zu zweifeln. Nachdem er nunmehr zur Reserve geeilt war und eine Brigade des I. Corps zur Unterstützung der Sachsen abgesandt hatte, bestimmte er zwei zur Verstärkung des Centrums*), eine vierte dazu, die Preußen aus Chlum herauszuwerfen; das VI. Corps erhielt Befehl, Rosbjeritz anzugreifen, und die Reserve=Artillerie nahm eine Aufstellung vor Swjeti und eröffnete eine starke Kanonade gegen Rosbjeritz und die Reserve=Artillerie der preußischen Garde, welche in diesem Augenblick östlich von Chlum in Position rückte.

Diese Anordnungen hatten den verzweifelten Kampf um Chlum zur Folge, in welchem die Oesterreicher den am meisten dominirenden Punkt ihrer eigenen Aufstellung angriffen, während derselbe von den Preußen vertheidigt wurde.

Kampf um Chlum und Rosbjeritz.

Das VI. Corps rückte gegen das schwach besetzte Rosbjeritz vor, warf die Preußen aus demselben heraus und setzte seinen Marsch gegen Chlum fort.

Die Lage der 1. Garde=Division gestaltete sich kritisch. Die nächste Unterstützung war noch ziemlich weit zurück; nur die Reserve=Artillerie kam zur rechten Zeit heran und eröffnete ungefähr um 3½ Uhr das Feuer gegen die dichten Massen der Oesterreicher, welche dessenungeachtet fortfuhren, in die Linie Lipa=Chlum vorzurücken und zum Theil die linke Flanke dieser Reserve umfaßten. Dieser Umstand bewog den Führer der Reserve=Artillerie der Garde, bei welcher sich keine hinreichende Bedeckung befand, sich zurückzuziehen.**)

---

*) Nach der Meinung Benedek's hatte, wie es scheint, das Centrum, d. h. das Dorf Lipa, bis zum Ende der Schlacht eine hervorragende Bedeutung.

**) Das Auftreten dieser Reserve erscheint hier nicht bestimmt genug,

Zu dieser Zeit begannen von Lipa und Cziftowes her die Maffen des III. und IV. Corps zu erscheinen, bis zu welchen endlich die Nachricht, daß die Preußen in ihrem Rücken sich befänden, gedrungen war. Wenn diese Truppen sich auch für umgangen hielten, so hätten sie doch in Verbindung mit dem I. und VI. Corps, welche vorher schon ihren Angriff begonnen hatten, wieder zum Stehen kommen können und würden dann die Preußen, welche Chlum befetzt hatten, mit ernster Gefahr bedroht haben. Aber die Sache verlief ungemein glücklich für die Preußen, mehr als man erwarten konnte. Die erwähnten Massen bewegten sich, nur ihrem eigenen Instincte folgend, ohne jegliche Führung seitens der Befehlshaber und dachten gar nicht daran, die Preußen anzugreifen, sondern nur daran, wie sie sich dem Angriffe derselben entzögen. Als sie daher auf die Preußen gestoßen waren, wandten sie sich rechts und traten zusammen mit dem X. Corps den Rückzug in der Richtung auf Königgrätz westlich der Chauffee an. Eine Abtheilung sogar scheint im Rücken der Preußen bei Chlum vorbei marschirt und nach Nebelist und den Brücken des II. Armeecorps geeilt zu sein. Das weitere Schicksal derselben ist unbekannt. Der Frontal-Angriff der Oesterreicher auf Chlum, welcher in dichten Maffen ausgeführt wurde, scheiterte an den Salven der Bataillone der 1. Garde-Division, welche auf beiden Seiten von Chlum entwickelt oder richtiger zerstreut aufgestellt worden waren. Darauf folgte eine kurze Gefechtspause, während welcher, etwa um 4 Uhr, endlich die Avantgarde der 2. Garde-Division herankam. Sie ging sofort zum Angriff auf das Wäldchen rechts von Chlum vor und warf die Oesterreicher aus demselben heraus.

Einige Zeit später, etwa um 4½ Uhr, langte auch das Gros der 2. Garde-Division an: General Bubritzki mit 5 Bataillonen, 1 Escabron und 1 Batterie, hinter ihm fast aufgeschloffen General Loën mit den übrigen Abtheilungen dieser Division. Das erste dieser Echelons nahm Lipa im erften Anlauf und griff darauf, mit dem zweiten

---

es trat deutlich die Unterordnung der preußischen Artilleristen unter das Vorurtheil, daß es wichtig sei, keine Geschütze zu verlieren, hervor.

(Auch hier dürften dem Herrn Verfasser nicht ausreichende Informationen zur Seite gestanden haben. Vielmehr hat das entschlossene Vorgehen und die Resultate, welche die Reserve-Artillerie dadurch erreichte, die allgemeinste Anerkennung gefunden. **Anm. d. Ueberf.)**

vereinigt, Langenhof an, welcher Ort um 5 Uhr ebenfalls in die Hände der Preußen fiel.

Unterdessen wogte in der Front bei Chlum ein wüthender Kampf. Ramming erneuerte mehrmals den Angriff, aber er gelangte nicht einmal nach Chlum hinein. Dennoch hatten diese Angriffe eine voll= ständige Erschöpfung der 1. Garde=Division zur Folge, — schon voll= ständig gelockert, vermochte sie zwar noch die Position zu halten, war aber nicht im Stande, weiter vorzugehen. Für die Oesterreicher waren die Angriffe Ramming's und der Abtheilungen des I. Corps insofern günstig, als es dadurch den Abtheilungen des III., IV. und X. Corps möglich wurde, sich zurückzuziehen.

Zu dieser Zeit traf die Avantgarde des 1. Corps*) ein. Als General=Lieutenant Hiller diese neue Hülfe heranrücken sah, wendete er Alles an, um die Abtheilungen seiner Division zu einer compacten Masse zu sammeln und mit den frischen, anrückenden Truppen vorzu= gehen. Aber ihm sollte es nicht beschieden sein, den endlichen Aus= gang der Sache zu sehen, für welche er, Dank sowohl den glücklichen Umständen, als seiner eigenen Energie, soviel gethan hatte: getroffen von einem Granatsplitter, fiel er auf derselben Stelle, durch deren Vertheidigung er sich und seinen Kriegskameraden glänzenden Ruhm erworben hatte. Die Avantgarde des 1. Corps passirte Chlum, schlug 200 Schritt vor demselben die letzten verzweifelten Angriffe des Gegners zurück und rückte weiter auf Rosbjeritz vor, während auch die Gros des 1. und 5. Corps sich Chlum näherten. Diese letzteren bildeten noch in der Hand des Kronprinzen eine intacte Re= serve von mindestens 50,000 Mann. Fast gleichzeitig mit der Avant= garde des 1. Corps näherte sich Rosbjeritz von Osten auch die 11. Division (6. Corps).

Wir hatten diese vor Senbrasitz etwa um 3 Uhr verlassen, als sie sich sammelte, um die Brigade Thom anzugreifen, welche letztere, nachdem sie ihren Auftrag erfüllt hatte, nun fechtend auf Nebelist abzog, heftig gedrängt von den Preußen. Besonders bei ihrer An= näherung an Nebelist waren diese hart auf. In diesem Augenblicke aber begagirte sie das Husaren=Regiment Palffy von der Division

---

*) Diese Avantgarde hatte ein Bataillon bei Maslowjed zurücklassen müssen, denn bei ihrem Durchmarsche durch dieses Dorf hatte sie einige Häuser von Oester= reichern besetzt gefunden, welche truppweise von Benatek und dem Wald von Mas= lowjed zurückgekommen waren.

Thurn und Taxis. Dasselbe warf sich mit Ungestüm auf das preußische 6. Husaren=Regiment, welches die linke Flanke der 11. Division deckte, brachte es in Verwirrung und wandte sich dann gegen
die Infanterie, aber es kam nicht bis heran: die Preußen hatten Halt
gemacht und durch einige Salven besäeten sie in einem Augenblicke
das Feld mit todten und verwundeten Pferden und Reitern. Nichts-
bestoweniger war der Hauptzweck der Attaque erreicht. Die Brigade
Thom war losgelöst und setzte nun ungehindert ihren Marsch auf
Przedmjerzitz fort, bei welchem Orte sie den Uebergang der übrigen
2 Brigaden und der Division Thurn und Taxis deckte und endlich
selbst um 4¼ Uhr überging.

Zastrow hatte Nebelist um 4 Uhr erreicht, setzte aber die Verfolgung der Oesterreicher nicht fort, denn damals hatte er schon den
Befehl erhalten, auf Rosbjeritz, Swjeti und Wsestar zur Unterstützung
der Garde zu marschiren.

Pronbzynski griff die Trotina=Mühle um 3½ Uhr an, nahm
dieselbe und verfolgte die Brigade Henriquez, welche sich fechtend auf
Lochenitz zurückzog und daselbst auf das andere Elbufer nicht ohne
erhebliche Schwierigkeiten und Verluste überging. Pronbzynski folgte
Henriquez auf den Fersen, gelangte nach Lochenitz, als der Uebergang noch nicht beendet war und griff dieses Dorf mit 2 Bataillonen
des 23. Regiments an, während das Füsilier=Bataillon desselben Regiments, bis zum Gürtel im Wasser, auf 500 Schritt die über
die Brücke abziehenden Truppen beschoß. Lochenitz wurde genommen
und ein Ponton=Train fiel in die Hände der Preußen.

So befanden sich um 4½ Uhr auf dem ganzen Raume
östlich von Chlum über Nebelist, Przedmjerzitz bis zur
Elbe keine österreichischen Truppen mehr; westlich von
Chlum befanden sie sich im vollen Rückzuge: das X. Corps — auf
Klazow und Placzitz, das III. und IV. — auf beiden Seiten der
Königgrätzer Chaussee, bewegten sich über Plotist und Ziegelschlag;
die Abtheilungen des I. und VI. Corps, welche bei Lipa und Chlum
abgewiesen waren, bemühten sich noch, bei Rosnitz, Wsestar und
Swjeti Stand zu halten.

Die Sachsen trafen schon bei Rosnitz auf die ihnen zugesandte
Brigade Piret (des I. Corps) und machten nun den Versuch, zum
Angriff überzugehen, wurden aber zurückgeworfen und setzten ihren
Rückzug in Ordnung fort, indem sie sich auf Placzła birigirten, um

dort über die Elbe zu gehen und auf den Weg nach Holitz zu ge=
langen. Edelsheim deckte die ganze Zeit über die linke Flanke der
Sachsen, indem er bei Techlowitz und Radikowitz sich zu halten be=
müht war; gegen Abend ging er nach Stösser zurück, woselbst er
die Nacht über blieb.

Um den Rückzug soviel als möglich in Ordnung zu bewerkstelli=
gen, schickte Benedek seine Reserve=Cavallerie links der Chaussee in
der Richtung auf Langenhof vor und befahl der Reserve=Artillerie,
bei Swjeti stehen zu bleiben.

Mit einer hohen Selbstverleugnung dieser Truppen endete der
für die Oesterreicher schwere Tag von Königgrätz.

Verfolgung der Oesterreicher.

Der König merkte die Erfolge der II. Armee an dem Schwächer=
werden des gegen die Truppen der I. Armee gerichteten Feuers bei
Lipa. Da gab er den Befehl, allgemein zum Angriff überzugehen
und eilte selbst an der Tete des Reserve=Cavallerie=Corps an
Lipa vorbei nach Langenhof. Die Cavallerie erreichte diesen Punkt,
als er schon durch die 2. Garde=Division genommen war und
von österreichischer Seite die Reserve=Cavallerie dagegen vorrückte.
Es folgten mehrere Attaquen, in welchen die österreichische Cavallerie
Thaten verzweifelter Tapferkeit und hoher Selbstverleugnung ver=
richtete, aber im Resultate ohne Erfolg. Die Attaquen, welche mit
wechselndem Glücke gegen die preußische Cavallerie geführt wurden,
scheiterten alle an der Infanterie, hinter welcher die Cavallerie einen
sichern Schutz fand. Der Rücken der österreichischen Cavallerie war
zu dieser Zeit *) bereits nicht mehr gedeckt. In keiner besseren Lage
befand sich die Reserve=Artillerie bei Swjeti. Ohne Bedeckung hielt
sie in ihrer Position und feuerte auf die preußischen Truppen, welche
von Norden und Osten anrückten, unaufhörlich. Ihre Thätigkeit
hörte erst dann auf, als fast sämmtliche Geschütze in die Hände der
11. Division gefallen waren. Durch ihre Ausdauer und Selbstver=
leugnung bewirkte die Artillerie, daß die Preußen voraussetzten, daß
hinter ihr eine starke Bedeckung stände, welche noch die Ordnung
erhalten hätte und zu energischem Widerstande bereit sei. Aber

----

*) Ungefähr um 6 Uhr.

nichts dem Aehnliches geschah. Im Rücken der Reserve-Batterien und der Reserve-Cavallerie entwickelte sich zu der Zeit, als diese sich dem Verderben weiheten, um ihre Infanterie gegen den Feind zu decken, ein Schauspiel, welches die Oesterreicher selbst mit dem Rück= zuge über die Beresina vergleichen. Nicht nur Abtheilungen, sondern sogar die Corps kamen durch einander: dichte Haufen, welche be= wußtlos der Chaussee gefolgt waren, drängten sich nach Königgräh; aber es öffneten sich ihnen die Thore der Festung nicht, denn für den Fall eines Rückzuges war bestimmt befohlen, Niemand durch die Festung zu lassen. Daher theilte sich der Haufen zur Rechten und zur Linken von Königgräh, und wogte fort, wohin nur das Auge blickte, bis er auf neue Haufen an den Uebergängen stieß, welche warteten, bis an sie die Reihe käme, auf die Brücken zu gelangen. Glücklicher waren allerdings Diejenigen, welche die Richtung füblich von Königgräh eingeschlagen hatten, aber deren waren nicht Viele.

Zur Vervollständigung des Elends stellten die Preußen nach der Weg= nahme der Batterien bei Swjeti dafelbst 42 Geschütze der Reserve= Artillerie des 6. Corps auf, welche durch ihr Feuer in der Richtung auf Plotist die Verwirrung und den Schrecken in den österreichischen Haufen noch vermehrten. Viele Leute und Pferde kamen in dem überschwemmten Terrain vor Königgräh um; viele Geschütze wurden stehen gelassen. Die Sachsen, welche noch einige Ordnung gehalten hatten, wurden, als sie sich Plotist näherten, von dem allgemeinen Strome mit fortgerissen und vergrößerten den Haufen.

Während des Rückzuges erhielten die Sachsen noch den Befehl, nach dem Uebergange bei Opatowih (füblich von Königgräh) zu mar= schiren; aber dies konnte nur noch die Queue derselben ausführen. Dieser Punkt erschien allerdings sehr günstig; aber an demselben war die Anhäufung des Trains so stark, daß die letzten sächsischen Abtheilungen erst am 4. Juli zwischen 6 und 7 Uhr Morgens über= gehen konnten.

Es ist schwer zu sagen, wie die Sache geendet haben würde, wenn die Preußen noch eine Viertelmeile weiter vor auf Königgräh gerückt wären: aber die heroische Ausdauer der Cavallerie und der Artillerie war der Grund, daß die Preußen, wie es scheint, auch gar nicht ahnten, was an der Elbe vorging. Es kann sein, daß sie auch die hergebrachte Besorgniß, unter das Feuer der Festung zu kommen, zurückhielt. Niemanden konnte es allerdings auch in den Sinn

kommen, daß diese, Dank den Anordnungen des österreichischen Haupt=
quartiers, statt zur Deckung, den Truppen zum Hinderniß wurde.

Das 6. Corps konnte, da es der Elbe nahe war, ganz leicht
auf Plotist marschiren; aber nachdem ihm die Richtung auf Wsestar
und Swjeti gegeben worden war, behielt es diese bis zum Ende der
Schlacht bei, nahm freilich viele Geschütze und machte viele Ge=
fangene, indessen gerade dadurch wurde es von dem Marsch nach der
Elbe abgelenkt, welcher allein zu einem noch viel verderblicheren Aus=
gange für die Oesterreicher führen konnte.

„Die Kraft der feindlichen Artillerie=Aufstellung und die Er=
„schöpfung der eigenen Truppen, dazu die hereinbrechende Dunkelheit
„hielten von einer weiteren Verfolgung ab."

Die Kanonade wurde bis 8½ Uhr fortgesetzt.

Die Truppen bivouakirten an den Stellen, wo sie sich geschla=
gen hatten; nur das 5. Corps marschirte vorwärts bis südlich von
Rosniß, die übrigen blieben: Herwarth bei Charbusiß; das 1. und
6. Corps*) — auf beiden Seiten von Rosniß; die Garde — zwi=
schen Langenhof und Rosbjeriß; die Cavallerie=Division der II. Ar=
mee — hinter Langenhof; das Hauptquartier der II. Armee. — in
Horzenowes.

Die I. Armee rückte etwas vor von den Stellen, wo sie in der
letzten Hälfte der Schlacht gekämpft hatte.

Die Resultate der Niederlage waren furchtbar. Die Oesterreicher
verloren: 16,230 Todte und Verwundete, 21,700 Mann an Gefan=
genen und Vermißten, 174 Geschütze. Aber dies übersah man bei
Weitem nicht sofort: am Abend des 3ten ahnten die Preußen nicht,
was sie geleistet hatten. In einer Depesche, welche an diesem Tage
nach Berlin gesandt wurde, sprach man von 20 eroberten Geschützen;
in einem Schreiben, welches man am folgenden Tage Morgens ab=
sendete — von 50 Geschützen.

Und so wunderbar sind die Umstände beim Zusammenstoß solcher
Menschenmassen, daß sogar unter den Siegern sich solche befanden,
welche am Abende ängstlich fragten: wer hat gesiegt — sie oder wir?
Es muß sein, daß ähnliche Zusammenstöße den Sieger nicht weniger
betäuben, als den Geschlagenen . . . .

In den preußischen Bivouacs wurde es endlich ganz still; es

---

*) Die Brigade Hahnenfeldt bei Brzifa und Klazow.

brach eine kalte Nacht an, aber den Oesterreichern brachte sie keine Ruhe: unzählige Haufen derselben, ergriffen von panischem Schrecken, drängten sich noch lange um die Flußübergänge und erst am Morgen des folgenden Tages gelangten, nicht ohne große Verluste durch Ertrinken, die Letzten auf das jenseitige Ufer.

Es brach ein düsterer, kalter Morgen an: der Commandant von Königgrätz, Weigl, gab Befehl zur Rettung einiger Dutzend Geschütze, welche im Schlamme stecken geblieben und vor der Festung stehen gelassen worden waren. Dies gelang ihm vollkommen, denn die Preußen dachten nicht daran, vorwärts zu gehen; im Hauptquartier hatte man einen Ruhetag zu geben beschlossen, und der Unternehmungsgeist der einzelnen Befehlshaber erlahmte vor dem fürchterlichen Schauspiele des Todes und der Verzweiflung, welches die preußischen Bivouacs umgab: verwundete und tobte Leute und Pferde, Freund und Feind, bedeckten den ganzen Raum, so weit nur das Auge reichte. Nach dem wüthenden Rausche des vorhergegangenen Tages begann nun das kalte, ernste Nachdenken, welches beim Anblick des Todes unvermeidlich eintritt bei jungen Truppen, welche die theuren Interessen der Heimath beschützen und noch nicht den Sinn für das Mitleid verloren haben. Dumpf war die Stimmung in der preußischen Armee: bei der Zählung fehlten Viele von den ihrigen. Nicht mit Unrecht sagt man, daß niemals eine siegreiche Armee so nahe an einer Niederlage ist, als am Tage nach dem Siege.... Zum Glück für den Sieger giebt es selten eine Armee, welche nach einer Niederlage noch fähig wäre, zum Angriff umzukehren.

Und daher muß man es als unbedingt nothwendige Maßregel anerkennen, nach einer glücklichen Schlacht, wenn es irgend möglich ist, die Truppen vorwärts zu schieben, fort von dem Schauplatz ihrer Thaten und ihres Verderbens....

Die Preußen verloren ungefähr 9,700 Mann, darunter etwa 1,800 Gefangene und Vermißte.

Benedek meldete telegraphisch aus Hohenmauth den 4. Juli um 3 Uhr Morgens:

„Nach einem glänzenden 5stündigen Kampfe der ganzen Armee „und der Sachsen in der zum Theil befestigten Position vor Königs-„grätz, mit dem Centrum bei Lipa, gelang es dem Feinde, sich „unbemerkt in Chlum festzusetzen. Der Regen hielt den Rauch „zur Erde nieder: es war unmöglich, etwas zu sehen. Daher ge-

„lang es dem Gegner, in unsere Position bei Chlum vorzubringen.
„Die unerwartet aus der Flanke und im Rücken beschossenen, nahe=
„stehenden Truppen wankten und trotz aller Anstrengungen war es
„unmöglich, ihren Rückzug aufzuhalten. Dieser letztere begann ohne
„Uebereilung, aber nach und nach wurde er schneller, je nachdem der
„Feind drängte, bis endlich Alles sich über die Elbbrücken oder nach
„Pardubitz zurückzog. Die Verluste sind noch nicht festgestellt; aber
„sicherlich sind sie erheblich." —

Betrachtungen.

Seit den Schlachten der Epoche Napoleon's ist diese die groß=
artigste sowohl in Hinsicht der schönen Combinationen, wie der Re=
sultate. Der Form nach erinnert sie an Bautzen und Waterloo;
nach den Resultaten – an das Letztere, denn abgesehen von der Ver=
schiedenartigkeit in anderen Zügen war die Anlage zu schneller De=
moralisation dieselbe in den österreichischen Truppen 1866, wie in
der französischen Armee 1815, wenn sie auch nicht auf denselben Ur=
sachen beruhte.

Die Preußen zeigten bei dieser Affaire: eine hervorragende Ein=
sicht in die Sachlage jedes Augenblicks bei den Oberen, eine bedeu=
tende Kühnheit und Selbstverleugnung in den Heerestheilen. Nicht
ein Bataillon ging verloren; Alles concentrirte sich auf dem Schlacht=
felde, Dank den Anordnungen von oben und der Initiative der ein=
zelnen Befehlshaber, welche die Verantwortlichkeit auf sich zu nehmen
hatten und beim Eintritt veränderter Umstände auch die erhaltenen
Befehle abänderten, wenn die allgemeine Sachlage zur Pflicht machte,
auf den Geschützdonner loszumarschiren. Eine That, wie der
verwegene Marsch der 1. Garde=Division in den Zwischenraum zwi=
schen den österreichischen Streitkräften auf eine Entfernung von bei=
nahe ½ Meile von den nächsten Unterstützungstruppen, wird ewig
lehrreich und der Nachahmung würdig bleiben, als glänzender
Beweis von ungeschwächter Energie und vollkommener Unab=
hängigkeit von jenem Schematismus, welcher, während er das Wag=
niß verkleinert, gleichzeitig auch den zu erreichenden Erfolg verringert.
Nehmen wir an, daß die 1. Garde=Division auf der Höhe von Mas=
lowjed etwas Halt gemacht hätte, um die Ankunft der 2. Garde=
Division abzuwarten und sich nicht der Gefahr von den Flanken her

ausſetzen zu müſſen: ſo hätte man vermöge dieſes Halts ſie be=
merken und durch Heranziehung eines Corps aus der Reſerve nach
Chlum entweder ſie gänzlich aufhalten oder doch ihren folgenden An=
griff beträchtlich erſchweren können.

Man kann nicht annehmen, daß dieſer Angriff ſeitens der
Preußen auf vollſtändige Erkenntniß der Sachlage begründet war:
es iſt nicht wahrſcheinlich, daß ſie vermutheten, daß ſich in
Chlum Niemand oder faſt Niemand befand; aber dies iſt namentlich
ein Beweis für die Bedeutung der Kühnheit im Kriege. Marſchire
vorwärts, bis Du auf Widerſtand ſtößt — das muß der
Wahlſpruch jedes Kriegers ſein; und bietet ſich ein Widerſtand,
ſo ſuche ihn zu brechen; aber laſſe Dich nicht zurückhalten
dadurch, daß möglicher Weiſe der Feind Gegenmaßregeln ergreift.
In dieſem letzteren Falle zeigt ſich als der erſte und größte Feind
die eigene Einbildungskraft, welcher man nicht viel Boden einräumen
muß, denn man merkt ſelbſt nicht, daß man ihre Truggebilde für
die Wirklichkeit nimmt.

Während man den Preußen volle Gerechtigkeit widerfahren läßt
in Bezug auf ihre Geſchicklichkeit, die Gunſt der Verhältniſſe zu be=
nutzen und zwar nicht vermöge einer beſonderen Gabe, Alles vorher=
zuſehen, ſondern beſonders durch ihre große Kühnheit, ſo darf man
auch nicht verkennen, daß auf ihr Loos ſowohl in der Schlacht, wie
im Laufe des ganzen Feldzuges ein Glück fiel, wie es ſelten
ſelbſt ſiegreiche Truppen begleitet, ſelbſt wenn ſie durch geniale
Feldherrn befehligt werden. Auf dem Marſche von Königinhof
weder auf ein beſetztes Bewegungshinderniß, noch auf feindliche
Beobachtungspoſten zu ſtoßen; den Hauptpunkt der Poſition gänz=
lich entblößt zu finden gerade im Augenblick, als man an den=
ſelben gelangte — nicht vorher und nicht nachher; dadurch begünſtigt
ungehindert hinter der feindlichen Schlachtlinie fort zu marſchiren
und beinahe bis zu den Reſerven derſelben zu gelangen: das kann
keine Kunſt hervorbringen, wenn nicht günſtige Zufälle dabei helfen,
welche ſich aus der Art und Weiſe der Anordnungen des Gegners
ergeben. Welche Opfer und welche Anſtrengungen des Geiſtes koſtete
es gewöhnlich Napoleon, das feindliche Centrum zu durchbrechen:
Hunderte von Geſchützen wurden concentrirt, Tauſende von Köpfen
eilten herbei, um endlich dieſes Ziel zu erreichen. Vor Königgrätz
koſtete der erſte Einbruch in das Centrum verhältnißmäßig nichts.

Einige machen den Preußen Vorwürfe wegen des Wagnisses, die Armeen gegen die feindliche Position in solchen Abständen marschiren zu lassen, daß es nicht möglich war, zwischen denselben die Verbindung und daher auch die Einheit der Anordnungen und Wirkung aufrecht zu erhalten. Dieser Vorwurf kann kaum als gerechtfertigt anerkannt werden, denn:

1) war die österreichische Armee moralisch erschüttert, während die preußische in dieser Beziehung nichts zu wünschen übrig ließ, was sie den vorangegangenen Erfolgen verdankte;

2) ist das Wagniß bei einer solchen Verwendung der Kräfte nicht so groß, wenn man überzeugt ist, daß das Heer, von dem Gefühle unbedingter Pflichterfüllung durchdrungen, ungeachtet jeglichen Widerstandes sich, der befohlenen Richtung folgend, vorwärts stürzt mit der idealen Vollkommenheit einer Kugel oder Granate, welche nur durch das aufgehalten werden können, was ihnen positiven und nicht einen eingebildeten Widerstand entgegensetzt;

3) kannten die Preußen die traditionelle Passivität der österreichischen Truppen und den Mangel an Unternehmungsgeist, welcher ihnen eigen ist: unter dieser Voraussetzung wird, in welcher Entfernung von der feindlichen Position man auch die Concentrirung der eigenen Truppen bewirkt, endlich der Moment eintreten, wo man den Feind umfaßt. Bei Zeiten die eigenen Massen gegen einen solchen Gegner concentriren, heißt unnöthig Zeit verlieren, indem man mit solcher Behutsamkeit zu Werke geht, wie sie die Theorie nur einem Feinde gegenüber empfiehlt, welcher fähig ist, durch wiederholte Angriffe die Berechnung eines solchen Marsches zu nichte zu machen.

Ein anderer Vorwurf, welchen man den Preußen machen kann, ist nach meiner Meinung weit mehr gerechtfertigt: der Vorwurf nämlich, daß die Verfolgung am Schlachttage nicht so weit fortgesetzt worden· ist, als es möglich war und geschehen mußte. Die geschlagene Armee treibt ihr eigenes Gefühl fort, und nicht eine bewaffnete Macht. Die Preußen vergaßen, daß Blücher nach der Schlacht bei Waterloo die Franzosen fast nur mit einigen Tambours und Trompetern vor sich her jagte; sie vergaßen auch, daß „an außergewöhnlichen Tagen man auch verstehen muß, außergewöhnliche Anstrengungen zu machen."

Auf Seiten der Oesterreicher lenkt die Aufmerksamkeit auf sich: der Mangel an Hartnäckigkeit bei den Truppen, bewiesen durch die Menge der Gefangenen; die Erschöpfung aus Mangel an Lebensmitteln; die Zündnadel-Panique; die vollständige Ungereimt= heit der Anordnungen, die besonders darin hervortritt, daß man nach der Seite der Armee des Kronprinzen weder Avantgarden, die dieselbe aufhalten konnten, vorgeschoben, noch Cavallerietrupps ausgesendet hatte, welche über sie doch hätten Meldung machen können, und daß auch nicht einmal die verschiedenen Uebergänge zerstört worden waren. Eine Leitung in dem all= gemeinen Gange der Schlacht existirte nicht: Benedek, welcher zum ersten Male seit dem Beginne des Feldzuges zum Gefechte hinaus= geritten war, blieb in demselben, was er war — ein guter Corps= Commandant. Und in diesem Sinne erlangte er auch einen Erfolg: an dem Punkte, bei welchem er commandirte, nämlich bei Lipa, hielt er in der That die Preußen auf. Man sagt, daß bei der allmäli= gen Schwächung der Aufstellung bei Chlum Ramming 3 Mal ange= boten habe, sein Corps dorthin zu führen, aber er erhielt keinen Be= scheid; man sagt ferner, daß Edelsheim bestimmt verboten worden sei, etwas ohne Befehl zu unternehmen. Die österreichische Armee vor Königgrätz stellte einen Körper ohne Seele dar: bei solcher Sachlage konnte der Ausgang nur mehr oder weniger unglücklich sein, aber glücklich niemals.

Zum Schlusse dieser schwachen Beschreibung des Tages, der so voller Leiden für die Oesterreicher war, und wovon die Nachricht wie ein Donnerschlag das ganze westliche Europa traf, halten wir es für nothwendig, noch einige Worte über die Disposition zu sagen. Daß dieselbe eine unklare Erkenntniß der relativen Wichtigkeit der Punkte der Position erweist, ist schon erwähnt worden. Eine andere Besonderheit derselben ist nicht weniger lehrreich im negativen Sinne. Ich meine den Paragraphen, welcher den Rückzug über Holitz auf Hohenmauth bestimmt. Abgesehen davon, daß es nicht ganz ge= schickt ist, vom Rückzuge in einem Document zu sprechen, welches für bestimmte Unterbefehlshaber, mindestens bis zum Regiments=Comman= deur einschließlich, gegeben wird, so frappirt in diesem Paragra= phen auch ein anderer Umstand: zur Bezeichnung der Rückzugsrich= tung wird nämlich ein Punkt gewählt, welcher nicht näher als 2½ Meile hinter Königgrätz und jenseits der Elbe liegt.

Es fragt sich: wem kann eine solche Bezeichnung von Nutzen sein? Mit gleicher Berechtigung und gleichem Vortheile hätte man auch Olmütz wählen können. Bei der Aufstellung einer Masse von wenigstens 180,000 Mann in einer Position war es wichtig zu wissen nicht die allgemeine Rückzugsrichtung, sondern diejenigen Wege, welche jedes Corps unmittelbar bei der Räumung der Position im Falle einer Niederlage einzuschlagen hatte. Die Unterbefehlshaber brauchten auch von diesen Wegen nichts zu wissen: es genügte, wenn es die Corps-Commandanten erfuhren, denn man mußte Gott danken, wenn sich für jedes der 8 Corps ein besonderer Weg fand. Auf diese Weise brachte der Passus über den Rückzug, dadurch, daß er in die Disposition gesetzt und in solcher Fassung geschrieben worden war, mehr Nachtheil, als Vortheil hervor: auf Diejenigen, welche davon nichts zu wissen brauchten, konnte er nur wie eine trübe Vorbedeutung wirken; und Denjenigen, welche es wissen mußten, gab er keine nutzbare Anweisung. Dem muß noch hinzugefügt werden, daß selbst die befohlenen Anordnungen nicht gehörig ausgeführt wurden: so stand die Bagage der Reserve-Cavallerie noch auf dem Schlachtfelde seit dem Beginn des Tages, sperrte die Uebergänge und trug nicht wenig dazu bei, die Noth beim Rückzuge zu vergrößern.

15

IX.

Von Königgrätz bis Wien.

Die Schlacht bei Königgrätz brachte im Westen Europa's einen um so stärkeren Eindruck hervor, da man darauf nicht vorbereitet war. Den ersten Erfolgen der Preußen hatte man nur oberflächlichen Glauben beigemessen, veranlaßt durch die österreichischen und süddeutschen Zeitungen, welche die Thaten der Armee Benedek's in glänzenden Farben ausmalten. Es war freilich auch schwer, daran zu glauben, wenn man in Betracht zieht, daß die Gegner in Bezug auf Kriegserfahrung sich sehr unterschieden. Vermöge eines jener seltsamen Widersprüche, welche der menschliche Verstand unergründlicher Weise in sich faßt, hatten sogar die eifrigsten Anhänger im Frieden erlangter, militairischer Routine, welche in ruhigen Zeiten so ermüdend ist, nicht gehofft, daß die preußische Armee, die ja anscheinend außer dieser Routine nichts besaß, die österreichische schlagen könnte, welche noch frische, wenn auch nicht ganz glückliche, aber doch gründliche Kriegserfahrung von 1859 her aufzuweisen hatte. Darauf aber, daß die preußische Friedens-Routine sich nicht sehr von den Forderungen des Krieges*) entfernte, daß unter den preußischen Heerführern sich so kraftvolle Persönlichkeiten befanden, welche sogar ohne Kriegspraxis leicht auf den Standpunkt der Logik des Krieges sich stellten und unverzüglich allem Dem ein Ende machten, was in den preußischen Vorschriften für den Krieg untauglich war; darauf end=

---

*) Mit Berücksichtigung des National-Characters.

lich, daß Preußen keinen Mangel an Geld*) hatte — auf alles Dies hatte man freilich seine Aufmerksamkeit nicht gerichtet.

Die erste Folge der Niederlage war, daß Oesterreich endgültig der Provinz Venetien zu Gunsten des Kaisers Napoleon entsagte. Durch dieses diplomatische Manoeuvre gedachte man vermuthlich, zwei Ziele zu erreichen, nämlich: sich die Vermittelung Napoleon's bei den Friedensunterhandlungen und seinen Einfluß auf Italien in dem Sinne zu sichern, daß er es bewog, sich von dem Bündnisse mit Preußen loszusagen.

Zu gleicher Zeit wurden in Wien Maßregeln ergriffen, welche bewiesen, daß man dort nicht an ein Aufgeben des Kampfes dachte, folglich noch keinen klaren Begriff von dem Zustande der Nord-Armee hatte. Der Finanzminister wurde zur Ausgabe von Banknoten für 200 Millionen Gulden ermächtigt; am 7. Juli wandte man sich an die Ungarn mit einem Manifest, welches die Ueberzeugung aussprach, daß sie mit der alten Ergebenheit (?) freiwillig zu den Fahnen eilen würden zur Vertheidigung ihres Vaterlandes, welches von Gefahren bedroht sei. Am 10. Juli wurde ein ähnliches Manifest auch an die übrigen Völker gerichtet, welche zum österreichischen Staate gehören.

Aber diese Maßregeln, mit Ausschluß der ersten, hatten nicht den gehofften Erfolg. Kaiser Napoleon übernahm zwar die Vermittelung; aber sie wirkte in der ersten Zeit nicht so, wie man es berechnet haben mochte. Der Vorschlag zur Beendigung des Krieges, welcher seitens des Kaisers der Franzosen dem Könige Victor Emanuel gemacht wurde, führte nach der Beurtheilung im Ministerrathe zu dem Entschlusse, den Krieg fortzusetzen, als wenn keine Veränderung in den Beziehungen zwischen Oesterreich und Italien eingetreten wäre. Die Ungarn entsprachen dem Aufrufe träge und antworteten gleichzeitig auf denselben mit einer Bitte um Bestätigung der Grundgesetze, welche ihre Beziehungen zum Hause Habsburg festsetzen; nicht minder lässig kamen auch die übrigen Völkerschaften dem Aufrufe nach.

Der Antrag zu einem Waffenstillstand, welchen am 4. Juli Gablenz unmittelbar aus dem österreichischen Hauptquartier über-

---

*) Montecuculi sagte, daß zum Kriege drei Sachen nothwendig wären: Geld, Geld und nochmals Geld .... Damit muß man übereinstimmen, wenn man freilich die moralischen und vernünftigen Eigenschaften der Truppen und Heerführer voraussetzt, welche den Anforderungen des Gefechtes, wie des Krieges genügen.

brachte, wurde von den Preußen ebenfalls abgelehnt: sowohl des=
wegen, weil sie durch die bekannten Verpflichtungen gegen Italien
gebunden waren, als auch, weil durch Bewilligung eines Waffenstill=
standes den Oesterreichern Zeit gelassen worden wäre, Kräfte zur
Wiederaufnahme der Feindseligkeiten zu sammeln, für deren Ausgang
Niemand bürgen konnte, so viel Chancen man auch auf seiner Seite
hatte.

Verfolgung der Oesterreicher.

Der Mangel an Beharrlichkeit in der Verfolgung am Tage der
Schlacht und der Verlust des ganzen 4. Juli waren für die Oester=
reicher von großem Vortheil. In diesen 24 Stunden waren sie,
trotz der vollständigen Auflösung, so weit fortgekommen, daß, als
am 5ten die Preußen die Verfolgung wieder aufnahmen, es zunächst
nothwendig war, zu erforschen, in welcher Richtung hauptsächlich der
Rückzug erfolgt war.

Gegenstand der ferneren Operationen der Preußen konnte ent=
weder Olmütz oder Wien sein; aber das Erstere war nicht zu fürchten,
da die österreichische Operations=Armee für lange Zeit außer Stand
gesetzt war, zum Angriff überzugehen — die einzige Bedingung, durch
welche ein verschanztes Lager active Kraft erlangt. Dessenungeachtet
wurde, weil die Richtung, in welcher Benedek sich zurückzog, un=
bekannt war, und man trotz der verlorenen Zeit nicht die Hoff=
nung aufgab, die Auflösung seiner Armee durch die Verfolgung zu
vermehren, beschlossen, den preußischen Streitkräften eine solche Rich=
tung zu geben, daß es ebenso leicht war, die Front gegen Wien wie
gegen Olmütz zu nehmen.

In Folge dessen wurde am 5. Juli die **II.** Armee, nachdem sie
die Elbe bei und nördlich von Pardubitz überschritten hatte, auf
Olmütz dirigirt, wobei sie jedoch das 6. Corps zur Cernirung von
Königgrätz zurückließ, welche Festung man am 5ten vergeblich durch
ein Bombardement aus Feldgeschützen zur Uebergabe zu zwingen ver=
sucht hatte; die **I.** Armee marschirte nach Ueberschreitung der Elbe
bei Przelaucz auf Brünn; die Elb=Armee passirte die Elbe bei Elb=
Teinitz und ging auf Iglau.

Auf diese Weise schlugen die drei preußischen Heerkörper hinter
der Elbe auseinandergehende Richtungen ein; aber diese Trennung

der Streitkräfte, trotzdem, daß sie ungefähr am 15ten die Gefechts-front der Preußen bis auf 20 Meilen vergrößert hatte (Proßnitz-Lunbenburg-Znaim), war eine vortreffliche Maßregel, denn, da keine Gefahr drohte, erleichterte sie die Bewegung der Truppen, ihre Ver-pflegung und folglich auch ihre Erhaltung. In der Kunst, zeitweise die Truppen zu concentriren und zeitweise dieselben auseinanderzu-ziehen, beruht eines der sichersten Unterpfänder für den Erfolg im Kriege.

An demselben Tage, b. h. am 5ten, wurde die Garde-Landwehr-Division, welche am Abend des 3ten zur preußischen Armee gestoßen war, zur Besetzung von Prag entsandt und langte daselbst am 8. Juli an. Dahin marschirte auch das Reserve-Corps des Generals Mülbe, welches am 11. Juli aus Dresden ausmarschirte. Mit der Besetzung von Prag gewannen die Preußen die Möglichkeit, die Eisenbahn-Verbindung mit Berlin wiederherzustellen über Parbubitz, Prag, Kra-lup, Turnau und Reichenberg.

Rückzug der Oesterreicher.

Am 4. Juli zogen sich die durcheinandergewirrten Abtheilungen der Oesterreicher und Sachsen in der Richtung auf Hohenmauth zurück; die 2. leichte Cavallerie-Division, das II. Corps, welches weniger als die anderen gelitten hatte, und vor ihm das IV. Corps, marschirten nördlich der Hauptmasse, der Disposition gemäß, ebenfalls auf Hohen-mauth. Erst am 5ten Abends wurde wieder vom Hauptquartier ein Befehl ausgegeben, und zwar nicht schriftlich, auf Grund dessen das Gros auf der Straße über Hohenmauth, Zittau und Mährisch-Trübau nach Olmütz marschiren sollte, das II. und IV. Corps eben dahin, aber nördlich des Gros, in Bezug auf welches sie daher eine rechte Seiten-Colonne bilden sollten.

In der Nacht vom 11ten zum 12ten erreichte diese Letztere endlich Olmütz nach sieben Märschen, da sie auf dem Wege nur einen Ruhetag gehabt hatte. Der Marsch dieser, wie der Haupt-Colonne wurde nicht durch die Verfolgung beeinträchtigt, Dank dem bekannten Zeitverlust der Preußen.

Die Anweisung für die Haupt-Colonne, der befohlenen Richtung zu folgen, erlitt nur darin eine Abänderung, daß man bei Erreichung der Eisenbahn am 7. Juli beschloß, das X. Corps auf dieser nach

der Donau zu befördern. Dahin wurden auch die 3 Reserve= und
die 1. leichte Cavallerie=Division instrabirt; die letztere bildete auf die=
sem Marsche den äußersten linken Flügel und marschirte auf Iglau.
Ungefähr am 12ten erreichten auch die Abtheilungen der Haupt=
Colonne das Olmützer Lager.

Die Preußen marschirten in den befohlenen Richtungen so schnell
vorwärts, als es die großen Massen gestatteten und die Nothwendig=
keit, jede derselben in mehrere Colonnen zu theilen, von denen nur
sehr wenige die Chausseen benutzen konnten. Der Marsch wurde
ohne Aufenthalt fortgesetzt. Erst am 7ten holten endlich preußische
Cavallerie=Abtheilungen die Oesterreicher ein, und am 9ten fanden
bei der Avantgarde der II. Armee einige unbedeutende Cavallerie=
Scharmützel statt.

Am 6ten kam das Hauptquartier des Königs nach Parbubitz
und blieb daselbst bis zum 9ten. Am 8ten langte dort zum zweiten
Male Gablenz an, um über einen Waffenstillstand von 8 Wochen bis
3 Monat zu unterhandeln mit der Bedingung, daß die Heere an
den Orten, welche sie inne hatten, bleiben und daß Josephstadt und
Königgrätz den Preußen übergeben werden sollten, mit Ausnahme
ihrer Garnisonen und Kriegsvorräthe. Dieser Antrag wurde eben=
falls abgewiesen.

Am 9ten wurde das Hauptquartier des Königs nach Hohen=
mauth verlegt, die II. Armee erreichte Mährisch=Trübau und Zwit=
tau; die I. stand drei Märsche von Brünn; die Herwarth'sche Armee
— einen Marsch vor Iglau. An diesem Tage fingen die Preußen
in Mährisch=Trübau die Post auf, in welcher sie die Anordnungen
Benedek's fanden und aus diesen zuerst ersahen, daß auf Brünn nur
das X. Corps und 4 Cavallerie=Divisionen dirigirt worden waren,
die übrigen Streitkräfte sich aber auf Olmütz bewegten.

Dieser Umstand mußte bewirken und bewirkte in der That den
Versuch, die Hauptkräfte der österreichischen Armee von Wien abzu=
schneiden, und demgemäß wurden die folgenden Bewegungen der
preußischen Armeen verabredet. Es wurde zunächst festgesetzt, in
möglichst kurzer Zeit die I. und II. Armee in den Zwischenraum
zwischen Olmütz und Wien vorzuschieben. In Folge dessen erhielt
die II. Armee den Befehl, auf Proßnitz zu marschiren, mit Um=
gehung von Olmütz im Süden; die I. Armee sollte nach der Be=
setzung von Brünn eine Schwenkung nach Südosten machen und so

schnell als möglich Göding und Lundenburg zu erreichen suchen. Die Elb-Armee erhielt den Befehl, nachdem sie Znaim erreicht hätte, sich nach Osten zu wenden und längs des Flusses Thaya zur Unterstützung des Prinzen Friedrich Carl bei der Wegnahme von Lundenburg nachzurücken.

Am 10. Juli wurde das Hauptquartier nach Zwittau verlegt, woselbst es auch den nächsten Tag in Folge der Ankunft des französischen Botschafters Benedetti blieb, welcher mit dem Vermittelungs-Vorschlage des Kaisers Napoleon in Bezug auf Friedens-Unterhandlungen erschien.

Unterdessen wurden die schon bekannten Befehle ausgeführt, die I. Armee erreichte Brünn am 13ten, indem sie Avantgarden in der Richtung auf Göding und Lundenburg vor sich hatte; an diesem Tage kam auch das Hauptquartier des Königs nach Brünn. Die Avantgarde der II. Armee rückte am 14ten bis Proßnitz vor; die Elb-Armee blieb im Marsche auf Znaim, welches sie am 15. Juli erreichte.

Da nun die Unterstützung der I. Armee durch Herwarth nicht mehr nöthig schien, so wurde sein Corps von Znaim direct auf Wien dirigirt über Hollabrunn und Stockerau*). Nur die Division Etzel wurde westlich auf Krems betachirt.

Lage der Oesterreicher in Olmütz und Rückzug auf Wien.

Der größte Theil der österreichischen Armee = Corps erreichte Olmütz in sehr jämmerlicher Verfassung: außer dem II. hatte jedes derselben eine Stärke von nicht mehr als 10—15,000 Mann. Benedek legte energisch Hand an, ihre Ordnung wiederherzustellen; aber dazu war es nöthig, wenn auch nur einige Tage, in Ruhe zu bleiben, was sehr üble Folgen hatte.

Unmittelbar auf die Nachricht von der Niederlage bei Königgrätz wurde von Wien Graf Mensdorf abgesendet zur Erforschung der Ursachen des Unglücks. Es ist unbekannt, ob der Graf irgend einen entscheidenden Punkt zur Anklage gegen Benedek entdeckt hat, aber man setzte diesen Letzteren ab, forderte ihn nach Wien und übergab ihn dort einem Kriegsgericht.

---

*) An der Donau, fast 3 Meilen oberhalb Wien.

Zum Höchst=Commandirenden aller österreichischen Streitkräfte
wurde Erzherzog Albrecht ernannt, zum Chef des Generalstabes —
General John. Gleichzeitig wurden einige schon früher bestimmte
Ernennungen bestätigt: Gonbrecourt — zum Commandanten des
I. Corps, Weber — zum Commandanten des VIII., Zaitsek — zum
Commandanten des Vten.

Am 13. Juli machte Erzherzog Albrecht den Antritt seines
Commando's über alle Landtruppen bekannt, indem er unter Anderem
hinzufügte: „Stärker als früher sammelt sich eine Armee, bewährt
„im Kampfe und aus Truppen zusammengesetzt, welche durch Tapfer=
„keit und Ausdauer sich mit Ruhm bedeckt haben; diese Armee, er=
„muthigt durch einen vor Kurzem errungenen Sieg *) und beseelt von
„dem Wunsche, die unverdiente Niederlage zu rächen, wartet nur auf
„eine Gelegenheit, um der Vermessenheit des Feindes ein Ziel zu setzen.
„— Laßt uns nun einig und einmüthig diese hohe Aufgabe erfüllen,
„eingedenk, daß der Erfolg auf Seiten Desjenigen ist, wel=
„cher Kopf und Herz auf dem rechten Flecke hat, welcher
„mit Kaltblütigkeit überlegt und mit Entschlossenheit
„handelt, und daß nur Der unterliegt, welcher sich selbst
„nicht vertraut und am Erfolge verzweifelt."

Worte von tiefer Wahrheit; aber Worte werden da zu Thaten,
wo man sich ihrer nicht nur in der Zeit der Noth erinnert, sondern
auch bei der Friedens=Ausbildung der Armee .... Im Kriege ist
es unmöglich, energisch und zähe zu werden, wenn man in Friedens=
zeiten ganz Entgegengesetztes angestrebt hatte.

Eine der ersten Maßregeln des Erzherzogs Albrecht war der
Befehl an Benedek, unverzüglich auf der Eisenbahn und den gewöhn=
lichen Wegen die ganze Nord=Armee nach Wien zu dirigiren. In
Folge dessen wurden ein Theil des sächsischen (außer der Cavallerie)
und das III. österreichische Corps zur Eisenbahn=Beförderung be=
stimmt und für die übrigen Truppen durch den Generalstab der
Nord=Armee eine Marschroute ausgegeben zum Marsche über Krem=
sier, Göding, Stampffen und Preßburg nach der Umgegend von
Wien, wo sie am 24. und 25. Juli eintreffen sollten. Als erstes
Echelon sollten das IV. und II. Corps am 16. Juli abmarschiren;
dahinter als zweites Echelon — das VIII. und I. Corps am 17ten;

---

*) In Italien.

das VI. Corps wurde von Olmütz nach Osten auf Weißkirch gesendet, um von dort längs der kleinen Karpathen im Thale der Waag nach Preßburg zu marschiren. Aber in Folge der Meldung vom Anrücken des Feindes trat man diesen Marsch 2 Tage früher, als bestimmt war, an.

Auf der Eisenbahn hatten nicht mehr als 40 Züge befördert werden können, als die Avantgarde der I. preußischen Armee durch die Besetzung von Göding und Lundenburg den Oesterreichern diese Verbindung verlegte. Wie wir schon wissen, wurde der erstere dieser Punkte am 15. Juli durch Horn besetzt, welcher auch am folgenden Tage nach Lundenburg marschirte und sich desselben ohne Widerstand bemächtigte; eine Abtheilung der Brigade Mondl, welche sich an diesem Orte befand, bestieg bei der Annäherung der Preußen noch bei Zeiten den bereitstehenden Zug und fuhr nach Preßburg.

Am 16ten wurde ein großer Theil der I. Armee über Göding und Lundenburg an die March vorgeschoben, am 17ten ging man auf das andere Ufer über und unterbrach die Verbindung mit Olmütz auch auf den gewöhnlichen Wegen.

Gefechte bei Tobitschau.

Während dessen waren auch die Vortruppen der II. preußischen Armee auf diejenigen Heerestheile gestoßen, welche von Olmütz abmarschirt waren.

Am 14. Juli trat das erste Echelon (das II. und IV. Corps und 16 Escadrons sächsischer Cavallerie) von Olmütz den Marsch an.

An diesem Tage sollte das IV. Corps Kojetein*) erreichen, das II. Tobitschau. Beiden Corps war befohlen, auf dem rechten Ufer der March zu marschiren, je eine Brigade als Seitenbedeckung rechts hinauszuschieben und die schwere Bagage auf dem linken March-Ufer zu belassen.

Das IV. Corps, welches vorn marschirte, erreichte ohne jeglichen Unfall Kojetein.

Das II. Corps passirte Olmütz und erreichte Tobitschau, wo es ein Bivouac bezog. Die Brigade Saffran, welche mit 2 sächsischen Escadrons die rechte Flanke des Marsches gedeckt hatte, gelangte bis

*) 1 Meile nördlich Kremsier.

Biskupitz, wo sie in der Eigenschaft einer Avantgarde verblieb und Vorposten nach der Seite des Feindes ausstellte.

Noch vor Mittag wurde gemeldet, daß Proßnitz besetzt sei und daß in der Umgegend dieses Ortes beträchtliche feindliche Streitkräfte sich concentrirt hätten. Dies waren die vordersten Abtheilungen der II. preußischen Armee.

Die Cavallerie=Division derselben befand sich als Avantgarde auf dem Marsche von Mährisch=Trübau nach Proßnitz und hatte zur eigenen Sicherung das 1. Husaren=Regiment vorgeschickt. Sie hatte außer der Aufklärung noch die Aufgabe, die Eisenbahn und den Telegraphen zwischen Olmütz und Wien zu zerstören. Der Commandeur des 1. Huf.=Regts., welcher Proßnitz am 14ten erreicht hatte, war eben im Begriff, Vorposten auszustellen und ein Bivouac zu beziehen, als ihm gemeldet wurde, daß bei Wrahowitz sich einige feindliche Schwadronen zeigten. Die Husaren rückten sofort aus, trafen die 2 sächsischen Schwadronen der Brigade Saffran, welche als Vorposten vorgeschoben worden waren, warfen sie über den Haufen und verfolgten sie bis Biskupitz, wo sie auf die Brigade selbst stießen und gezwungen wurden, sich zurückzuziehen. Die Sachsen bildeten die vorderste Vorpostenkette, zu ihrer Unterstützung wurde ein Bataillon vorgeschoben, welches sich dahinter in Divisions=Colonnen aufstellte.

An demselben Tage, etwa um 2 Uhr Nachmittags, drängte das 1. preußische Cürassier=Regiment, welches auf Tobitschau und Prerau zur Zerstörung der Eisenbahn und des Telegraphen vorgeschickt worden war, die Vorposten zurück, stieß auf jenes österreichische Bataillon, sprengte eines seiner Divisions=Carrees, wurde aber aufgehalten und zog sich auf Proßnitz zurück, ohne seine Aufgabe zu erfüllen.

Ueber alles Dieses wurde vom Stabe des II. Corps eine Meldung nach Olmütz gesendet, mit der Bemerkung, daß der Weitermarsch längs der March kaum möglich sein werde.

Dies hatte eine vollständige Aenderung der Marschroute zur Folge: dem II. und IV. Corps wurde befohlen, links zu schwenken, die kleinen Karpathen zu überschreiten und im Thale der Waag auf Preßburg zu marschiren; das I. und VIII. Corps, die noch in Olmütz waren, erhielten Befehl, über Prerau in's Thal der Waag zu folgen und ebenfalls nach Preßburg zu gehen.

Am folgenden Tage setzten das IV. und dahinter das II. Corps ihren Marsch in der früheren Richtung fort. Das Letztere hörte, als es sich Kremsier näherte, in seinem Rücken von Tobitschau her eine Kanonade: dort waren Abtheilungen des zweiten österreichischen Eche= lons von preußischen Truppen der Cavallerie = Division und des 1. Corps angegriffen worden.

Am 15. Juli erhielt nämlich Generalmajor Malotki, Comman= deur der 3. preußischen Brigade*), den Befehl, mit Tagesanbruch über Proßnitz und Hrubschitz auf Tobitschau und Traubeck zu mar= schiren, diese Orte und die Fluß=Uebergänge zu besetzen und so lange zu halten, bis die Cavallerie=Division die Eisenbahn bei Prerau zer= stört haben würde. Von Hrubschitz aus übersah man den Marsch starker Colonnen bei Bub in der Richtung Olmütz=Tobitschau; daher kamen die Preußen gerade in die Flanke dieser Colonne, welche aus Truppen des VIII. Corps bestand. Das Seiten=Detachement dieser Letzteren (die Brigade Rothkirch: 25. und 71. Regt., 1 Jäger=Bat., 1 Escabron und 4 Batterien) besetzte die Position bei Rakodau und Tobitschau zur Vertheidigung der Brücken über den Blatta = Bach, welche bei Biskupitz, Klopotowitz und am Wicklitzer Hof sich befanden.

Tobitschau wurde mit 3 Compagnien besetzt, das Wäldchen nörd= lich dieses Ortes mit zweien; 1000 Schritt nördlicher auf der Ol= mützer Chaussee stand eine Batterie. Die übrigen Theile der Brigade und 3 Batterien standen vor Rakodau.

Die Brigade Malotki entwickelte sich, nachdem sie Hrubschitz pas= sirt hatte, in 2 Treffen**), Front gegen Tobitschau, die Batterie auf dem linken Flügel; links von der Letzteren marschirte eine gerade recht= zeitig eintreffende Cürassier=Brigade der Division Hartmann auf.

Für den Angriff des Feindes wurden folgende Befehle ausge= geben: das 2. Bataillon 44. Regiments marschirt auf den Wicklitzer Hof; das 3te auf Klopotowitz; das 1te bleibt hinter der Mitte bei= der und etwas zurück, um, je nach Bedürfniß, eines der vorderen Bataillone zu unterstützen.

Die Cürassiere sollten gegen Rakodau vorgehen, wenn es ge= länge, bei Biskupitz einen Uebergang zu finden; die Batterie, die bald darauf durch 12 reitende Geschütze verstärkt wurde, placirte sich auf dem diesseitigen hohen Ufer der Blatta zwischen Biskupitz und

---

*) 4. und 44. Regiment, eine 4pfünd. Batterie.
**) 44. Regiment im 1. Treffen in Compagnie-Colonnen, das 4. — im 2ten,

Klopotowitz und unterstützte durch ihr Feuer den Angriff der Infan=
terie und Cavallerie. Die Oesterreicher stellten vor Nakobau 3 Batterien auf und er=
öffneten das Feuer gegen die preußische Artillerie auf eine Entfernung
von fast einer halben Meile. Unterdessen hatte das 5. preußische
Cürassier=Regiment die Brücke bei Biskupitz zerstört gefunden, es
rückte daher auf Klopotowitz und ging auf das östliche Ufer der
Blatta über; das 1. Cürassier=Regiment wurde diesseits der Blatta
bei Biskupitz gelassen; fast zu derselben Zeit überschritten das 3. und
1. Bataillon des 44. Regts bei dem Wiklitzer Hofe den Bach auf zwei
dort befindlichen Brücken; auch das 2. Bataillon von Klopotowitz
wurde herangezogen und besetzte nach dem Uebergange den Raum
zwischen den beiden ersteren, indem es, wie jene, sich in 2 Treffen
in Compagnie=Colonnen entwickelte, die hinteren Compagnien ge=
schlossen. Hinter dem 44sten bewerkstelligte auch das 4. Regiment
den Uebergang zu der Zeit, als das erstere zur Attaque gegen das
Wäldchen im Norden von Tobitschau vorging. Die Batterie, welche
nördlich des Wäldchens stand, verursachte dem linken Flügel dieses
Regiments ziemlich starke Verluste. Aber dies nutzte den Oester=
reichern nicht viel: das schwache Detachement derselben wurde aus
dem Walde geworfen, zog sich nach der Chaussee zurück und setzte
sich im Graben derselben fest, indem es sich mit den Preußen herum=
schoß und Verstärkung erwartete. Beim Eintreffen dieser Letzteren
machten die Oesterreicher den Versuch, den Preußen das Wäldchen
wieder zu entreißen, hatten aber keinen Erfolg, und nachdem sie sich
hinter die Chaussee zurückgezogen hatten, begannen sie von Neuem
das Feuergefecht.

Darauf zogen die Preußen die Batterie bis an das westliche
Ufer der Blatta heran, beschossen die Oesterreicher und gingen dann
ihrerseits zum Angriffe vor; die Oesterreicher wichen demselben aus,
und traten in der Richtung der Chaussee nach Wierowann den Rück=
zug an. Unterdessen wurde im Rücken der Oesterreicher Tobitschau von
2 Compagnien des 4. Regiments, welche die Oesterreicher daraus
verjagt hatten, besetzt. Gleichzeitig führte auch das 5. Cürassier=
Regiment einen Angriff aus — gegen die Position bei Nakobau,
wo das Gros der Brigade Rothkirch stand. Auf dem Plateau
vor diesem Orte standen, wie schon erwähnt, 3 Batterien. Oberst
Bredow ließ die Escabrons seines Regiments echelonweise aufmar=

schiren, hielt im 2. Treffen ein Landwehr=Ulanen=Regiment mit einer
reitenden Batterie und rückte auf Rakobau vor, durch das wellen=
förmige Terrain so gedeckt, daß die Oesterreicher seinen An=
marsch nicht bemerkten, sondern ihr Feuer gegen das 1. Cüraffier=
Regiment, welches jenseits der Blatta zurückgeblieben war, zu richten
fortfuhren. Durch diese Umstände begünstigt und noch mehr dadurch,
daß der Commandeur der nächsten Bedeckung der österreichischen Bat=
terien, die preußischen Cüraffiere für eigene haltend, den Artilleristen
zurief, nicht zu feuern*), ritten die Preußen gegen sie an, ohne einen

---

*) Diese Thatsache wurde etwa 3 Stunden nach dem Gefecht, als die genom=
menen Geschüße in Proßniß angelangt waren, von dem Batterie=Commandanten selbst
erzählt, welcher das Opfer der allzu großen Geschäftigkeit des Führers der Bedeckung
geworden war. Es ist schwer, die Verzweiflung und die unterdrückte Wuth dieses
unglücklichen Batterie=Chefs zu beschreiben, welcher durch fremde Schuld schwer
büßen mußte. Der Stab des Generals Steinmetz saß gerade beim Mittagessen, als
man ihn hereinbrachte. Er trat ein und blieb an der Thür stehen: eine kalte Ver=
beugung, zusammengebissene Zähne, Thränen in den Augen. Man fühlte instinct=
mäßig, daß dies ein Unglück war, der Achtung werth. „Meine Herren Artilleristen,"
sagte Gen. Steinmetz, „laden Sie Ihren österreichischen Kameraden ein, an unserem
„Mahle Theil zu nehmen." Diese umringten ihn, luden ihn zum Sitzen ein, lenkten
das Gespräch darauf, wie gut die österreichische Artillerie schieße, und erinnerten an
die Kanonade von Grablitz: es schien, als ob die eroberten Batterien an derselben
Theil genommen hatten. Man fragte, welchen Aufsatz man nehmen müsse, um auf
so bedeutende Entfernung zu schießen. Aber Alles war vergeblich: der Oesterreicher
kam wiederholentlich darauf zurück, daß, wenn er nicht auf den Commandeur der
Bedeckung gehört, man ihn nicht so leicht gefangen genommen hätte: „und ich hatte
„schon „Feuer" kommandirt — da rief er heransprengend: „„Nicht schießen! nicht
„schießen! Das sind die Unsrigen!"" Ich mußte gehorchen, und da bin ich nun ..."
Die Preußen schwiegen bei diesen Klagen und wandten sich an ihn mit solchem
Zartgefühl, wie es Gott immer dem Sieger geben möge. Noch war man nicht mit
dem Essen fertig, als der Oesterreicher sich erhob und sagte, daß er nicht wage, den
Transportführer länger aufzuhalten; aber man nöthigte ihn, wieder Platz zu nehmen,
und bat ihn, sich nicht zu beunruhigen, denn auch der Transportführer sei noch da
und müsse selbst noch speisen. — Allerdings ist dies nur ein einzelner Fall, aber er
kennzeichnet hinlänglich den Geist des österreichischen Artillerie=Corps. Wir wissen
nicht, welchen Rufes dieser Officier sich zu Hause erfreut, aber ich kann dreist
und ohne Uebertreibung behaupten, daß es schwer ist, sich würdiger zu be=
nehmen, als er es that. Und daher erlaube ich mir ohne Bedenken, ihn hier nach
seinem Familiennamen zu nennen: es war der Hauptmann Krämer. Wir zweifeln,
daß unsere Erzählung zu ihm gelangt; sollte dies aber der Fall sein, so möge sie
ihm eine, wenn auch schwache, Genugthuung sein für das Unglück, welchem jeder
Artillerist um so leichter ausgesetzt ist, je redlicher er seine Pflicht erfüllt.

Schuß zu bekommen, umfaßten sie in der Front und Flanke und nah=
men 18 Geschütze, fast ganz complet, d. h. mit Pferden und Bedie=
nungsmannschaften; außerdem fielen den Preußen 7 Munitionswagen,
ebenfalls mit vollständiger Bespannung, in die Hände. Es gelang
nur 2 Geschützen und einigen Munitionswagen, davonzugaloppiren.
Die Cürassiere vernagelten die Geschütze. Zu dieser Zeit ritt gegen
ihre linke Flanke von Renakowitz her eine Schwadron an; Oberst
Bredow warf sich ihr mit einer Escadron entgegen und jagte sie nach
Renakowitz hinein. Darauf zogen sich die Cürassiere, ihre Beute mit=
nehmend, nach Klopotowitz ab, als südlich bei Wierowann öster=
reichische Infanterie zum Vorschein kan, welche zur Befreiung der
Geschütze heranrücken konnte; aber dazu kam es nicht: 4 Bataillone
der Brigade Malotki, welche die Oesterreicher verfolgten, erreichten
Wierowann und bemächtigten sich bald ohne besondere Anstrengungen
und Verluste dieses Ortes und Rakobau's. Die preußische Batterie
eilte unverzüglich in eine Position auf der Höhe links von Wiero=
wann und beschoß die Oesterreicher auf ihrem Rückzuge nach Bub.
Die übrigen 2 Bataillone (des 4. Regts.) operirten mit nicht gerin=
gerem Erfolge in der Richtung Tobitschau=Traubeck. Die Compagnien,
welche die Oesterreicher aus Tobitschau geworfen hatten, verfolgten,
unterstützt von den übrigen 6 Compagnien, den Gegner bis Traubeck,
welcher Ort ohne Schwierigkeit genommen wurde. Die Besitznahme
dieses Punktes war sehr wichtig, denn sie verschaffte den Preußen
gesicherte Uebergänge über die March und Beczwa, auf welchen man
die Cavallerie nun vorführen konnte, um sie weiter auf Prerau zu
senden. Das Gefecht hörte für einige Zeit auf.

General Bonin, welcher sich bei der Brigade Malotki befand,
hatte beim Beginn des Gefechtes an die nächsten Abtheilungen seines
Corps den Befehl gesandt, auf Tobitschau zu marschiren. Aber die=
selben waren diesem Befehle zuvorgekommen, indem sie auf den Ge=
schützdonner losmarschirten, so daß nach 2 Stunden, als das Gefecht
wieder aufgenommen wurde, eine ganze Brigade*) bei Biskupitz an=
langte; sie nahm ihre Batterie vor und beschoß eine österreichische
Batterie, welche vor Bub zum Vorschein kam. Die Kanonade, wurde
so lange fortgesetzt, bis die Oesterreicher, nachdem sie die Queue der

---

*) Generalmajor Barneckow, 3. und 43. Regt., 1 Batterie.

Colonne heranzuziehen Zeit gehabt, die Position geräumt und den
Rückzug nach Olmütz angetreten hatten.

Zu derselben Zeit marschirte General Hartmann mit einem
Theile seiner Division*) und einer Compagnie Füsiliere, welche auf
Wagen gesetzt worden war, nach Wrbowetz, woselbst eine Furth
durch die Beczwa sich befand. Er überschritt die Beczwa, ließ die
Füsiliere zur Vertheidigung dieses Ueberganges und ein Commando
zur Zerstörung der Eisenbahn und des Telegraphen zurück und rückte
in den Zwischenraum zwischen Rokeinitz und Dluhonitz vor, indem
er 5 Escadrons in Linie aufmarschiren ließ, die 6te zur Deckung der
Batterie, welche auf dem rechten Flügel stand, verwendete und 2 Esc.
in Reserve hielt. Nach einer kurzen Kanonade ritt die Linie zur
Attaque an und sprengte ein österreichisches Bataillon. In dem
Augenblick bemerkte man, daß auf der Chaussee, welche von Rokeinitz
nach Prerau führt, eine Menge Fahrzeuge sich im Trabe zu retten
suchten. 3 Escadrons wurden gegen dieselben abgesandt und waren
dabei beschäftigt, die Wagen in den Graben zu werfen, als nördlich
von Rokeinitz eine österreichische Batterie abprotzte und gegen sie zu
feuern begann; im Westen von Rokeinitz erschienen österreichische
Cürassiere, von Prerau her kamen Husaren. Nach einem glücklichen
Scharmützel nach der Seite von Prerau zogen sich die Preußen hinter
die Beczwa zurück, indem sie einem Kampfe mit überlegenen Kräften
auswichen.

Dieses Arrieregarden-Gesecht vollendete die Trennung von Olmütz
und Wien; die Truppen, welche diesen ersten Punkt noch nicht verlassen hatten, waren abgeschnitten. Am 17. Juli nahmen die Preußen
Prerau; am 15ten war Göding, wie man sich erinnern wird, durch die
Truppen des Prinzen Friedrich Carl genommen worden, am 16ten Lun-
benburg; am 17ten stand das ganze 2. Corps schon in der Umgegend
von Dürnkrut, d. h. nicht mehr 6 Meilen von Wien; das 4. Corps
näherte sich Stampfen; das 3te war hinter diesen in Reserve bei
Nicolsburg und Feldsberg; Herwarth näherte sich Hollabrunn.
Gleichzeitig war der II. Armee befohlen worden, von Proßnitz und
Prerau als Reserve der I. Armee in die Linie Brünn-Holitsch vorzurücken.

---

*) 3 Schwadronen 2. Hus.-Regts., 1 Landwehr-Hus.-Regt., 1 Schwabr. Ulanen,
½ Schwabr. Landwehr-Ulanen, 1 Batterie.

Am 18. Juli wurde das Hauptquartier des Königs von Brünn nach Nicolsburg verlegt.

—

Lage der Dinge in Wien.

Die schnelle Annäherung der Preußen an Wien brachte daselbst einen mächtigen Eindruck hervor. Die Florisdorfer Befestigungen, welche auf dem linken Donau=Ufer zum Schutze der Hauptstadt an= gelegt wurden, waren noch nicht vollendet; ein beträchtlicher Theil der Streitkräfte befand sich noch in den kleinen Karpathen; jener Mangel an Ausdauer und Kaltblütigkeit, welcher in der Oberleitung der Armee sich gezeigt hatte, trat jetzt auch in der oberen Leitung des Staates hervor und mußte durch Alles, was darauf Bezug hatte, beweisen, daß dies ein allgemeiner Fehler und nicht bloß die aus= schließliche Eigenthümlichkeit einiger Persönlichkeiten sei.

Die Florisdorfer Befestigungen waren ein sichtbares Zeichen da= von, was Wien erwarten konnte: der geängstigten Einbildungskraft der Bürger dieser Hauptstadt stellten sich die Schrecken eines etwaigen Bombardements, einer feindlichen Eroberung als unvermeidlich dar; einige Anzeichen in der Hauptstadt selbst und in den Regierungs= kreisen deuteten klar darauf hin, daß diese Noth nicht abgewendet werden könne. Die Ministerien bereiteten sich vor, die Stadt zu verlassen; die Bank, Archive, das Arsenal wurden nach Pesth trans= portirt.

Bei so bewandten Umständen konnte man trotz aller Ergebenheit und Unterthänigkeit nicht umhin, die Stimme zu erheben. Die Furcht der Einwohner der Hauptstadt sprach sich in folgender Adresse des städtischen Rathes an die Regierung aus:

„Ganze Provinzen des Reiches sind vom Feinde erobert. Gefahr „droht sogar der Wiege der Monarchie. Tausende unserer Brüder „und Söhne haben umsonst ihr Blut auf den Schlachtfeldern ver= „gossen. In so schweren Zeiten wünschen die Vertreter der Stadt „Wien nicht in die Betrachtung der Gründe einzugehen, welche die „gegenwärtige ernste Lage der Dinge herbeigeführt haben: sie können „nur aussprechen, daß diese Lage nicht so sehr die Folge der Nieder= „lage im Kampfe ist, als der unglücklichen äußeren und inneren „Politik, welche seit so langer Zeit verfolgt wird. Jetzt heißt es, „vorwärts schauen und sich des Wortes würdig zeigen, daß „die

„Völker Oesterreichs sich stets besser im Unglück erweisen". Die Ver-
„treter der getreuen Hauptstadt sind überzeugt, daß die Völker Oester-
„reichs dies erfüllen werden; sie werden zeigen, daß sie noch dieselben
„sind, die schon öfter Angesichts zahlreicher, glücklicher Gegner nicht
„das Selbstvertrauen verloren haben und mit voller Hingebung sich
„Alle opferten zum Heile des Vaterlandes. Aber sie glauben mit
„Recht die Hoffnung hegen zu dürfen, daß, in Uebereinstimmung mit
„den Grundprincipien, welche in den leitenden Ideen der Verfassung
„dargethan sind, eine wahrhaft liberale Politik eingeschlagen wird
„unter der Mitwirkung von Räthen, welche in der Volksvertretung
„eine dauerhafte Stütze für das Wohlbefinden des österreichischen
„Kaiserstaates erblicken. Auch würden sie als heilsam anerkennen,
„die Armee einer glücklicheren Führung anzuvertrauen. Gott gebe
„ferner, daß man zu dem glücklichen Entschluß gelange, die Leitung
„des Staates solchen Leuten anzuvertrauen, deren Festigkeit und
„politische Ueberzeugungen dem Volke zum Unterpfande einer besseren
„Zukunft dienen. Dadurch würde in uns jene Energie und jenes
„Selbstvertrauen erweckt werden, welche uns die Kraft verleihen wür-
„den, selbst gegen das entsetzlichste Unglück anzukämpfen und schnell
„die schweren Wunden dieses blutigen Krieges zu heilen u. s. w." —
Die größte Besorgniß erregte ein Aufruf des Statthalters
von Nieder=Oesterreich, welcher seine ganze Provinz zu den Waffen rief, während ein beträchtlicher Theil derselben schon von den
Preußen besetzt*) war. Derjenigen, welche dem Aufrufe nachkamen,
waren Wenige, aber die Gährung war so groß, daß die Regierung
sich genöthigt sah, zu erklären, daß der Aufruf nur die Sammlung von Freiwilligen bezweckte. Sei dem, wie ihm wolle, auf Kräfte
einer zur Hälfte vom Feinde besetzten Provinz zu rechnen, war mindestens übertrieben. Einige Hoffnung setzte man auf Ungarn; aber
seit 1849 hatte dieses Land einen Grad von Apathie und Gleich=
gültigkeit gegen die Interessen des Reiches angenommen, welchen man
einen Aufruhr auf den Knieen nennen kann. Dasselbe benutzte allerdings die schwierige Lage der Regierung nicht, sich zu erheben**),
aber es zeigte auch nicht die geringste Neigung, die österreichischen In-

---

*) Das heißt, Eifer entwickeln . . . . .

**) Der Versuch eines Einfalles in den nordwestlichen Winkel von Ungarn,
welchen General Klapka mit der ungarischen Legion machte, stieß auf die voll=
kommenste Gleichgültigkeit.

tereffen zu ben feinigen zu machen. Die in Ungarn angeorbnete ver=
ftärfte*) Refrutirung ftieß auf folche Schwierigfeiten, baß man fich
genöthigt fah, fie in eine Sammlung von Freiwilligen umzuänbern.

Marfch ber öfterreichifchen Corps im Thale ber Waag.

Am 16. Juli mußte bas erfte Truppen=Echelon, welches von
Olmüß nach Wien marfchirte, auf einem fchwierigen Gebirgswege
feinen Marfch nach bem Thale ber Waag ausführen; am 18ten er=
reichte baffelbe biefen Fluß bei Waag=Neuftabtl nach entfeßlichen
Befchwerden. „Der vortreffliche Geift ber Truppen half alle Schwie=
„rigfeiten überwinden; ohne Murren nahmen fie bie leßten Kräfte
„zufammen unb Viele ber Tapferen ergaben auf bem Marfche
„felbft Gott ihre Seele." Der Aufenthalt bei Olmüß brachte
feine Früchte .... Aber bas war noch nicht Alles.

In Waag=Neuftabtl traf ber Befehl vom Stabe ber Norb=Armee
ein, vom 17ten an Preßburg in fünf Märfchen unb einem Ruhetage,
folglich am 24ften zu erreichen. Wir wiffen aber fchon, baß am
18ten, b. h. am Tage bes Eintreffens biefes Befehls, ber größte
Theil ber I. preußifchen Armee von Preßburg nicht weiter entfernt
war, als 1½ ober 2 ftarfe Märfche, während ihr nur eine Brigabe
bes II. Corps (Monbl) in ber Stellung bei Kaltenbrunn unb Blu=
menau gegenüber ftanb; folglich fonnte bas Teten=Echelon ber von
Olmüß im Marfche befinblichen Truppen nach ber vorgefchriebenen
Marfchroute erft viel fpäter, als bie Preußen bahin gelangen.

Zum Glück für bie Oefterreicher traf gleichzeitig mit biefem Be=
fehle aus Olmüß ein anberer — aus Wien — ein, welcher vorfchrieb,
fo balb als möglich bie Brigabe Monbl zu unterftüßen. Dazu
wurde bas II. Corps beorbert. Man ftellte eine neue Marfchroute
auf, wobei man barauf rechnete, bei Preßburg am 22ften einzutreffen.
Es wurde bie Anordnung getroffen, auf bem Wege Fuhrwerf bereit
zu halten; aber bies gelang nicht früher, als bei Tyrnau, wo bas
Corps am 20ften eintraf. Die an ber Tete beffelben marfchirende
Brigabe Henriquez wurde auf Wagen fogleich nach Preßburg be=
förbert unb langte bort an bemfelben Tage Abends 8 Uhr an.

---

*) Welche man auch eine gewaltfame nennen fann.

Ihr folgten in forcirten Märschen zwei Cavallerie-Batterien unter Bedeckung von 2 sächsischen Schwadronen.

Am folgenden Tage wurden auf der Pferde-Eisenbahn von Tyrnau 2 Jäger-Bataillone detachirt mit dem Befehle, die Gebirgspässe zu beobachten, welche von der March nach Sanct Georgen führen; das ebenfalls eingetroffene 9. Ulanen-Regiment wurde zu demselben Zwecke detachirt und in der Umgegend von Ratzersdorf aufgestellt.

Am 21sten wurde noch 1 Infanterie-Regiment auf Wagen nach Preßburg befördert, während das Gros des II. Corps sich auf dem Marsche von Tyrnau nach Wartberg befand. In der Nacht vom 21sten zum 22sten und am Morgen des 22sten wurden auf der Eisenbahn von diesem letzteren Punkte die Brigaden Württemberg und Thom befördert. Die übrigen*) Abtheilungen des Corps marschirten um 2 Uhr nach Mitternacht von Wartberg aus und gelangten endlich um 8 Uhr, d. h. beim Beginn des Kampfes, nach Preßburg, nachdem sie von Waag-Neustadtl im Laufe von dreimal 24 Stunden gegen 13 Meilen, und von Olmütz in einer Woche (15ten bis 22sten) — beinahe 29 Meilen zurückgelegt hatten. Ein solcher Marsch, welcher aller Wahrscheinlichkeit nach mehreren Hundert Leuten das Leben kostete und welcher nicht ohne furchtbare Entbehrungen und moralische Beunruhigungen gemacht werden konnte, beweist besser, als alles Andere, was im Kriege Zeitverlust zu bedeuten hat.

Bewegungen der Preußen in dieser Zeit und Gefecht bei Preßburg.

Am 21. Juli erreichte die 8. Division Stampfen, die Avantgarde derselben Bisterniz, die 7. Division befand sich rechts von Stampfen vor Marchegg. Hinter diesen beiden, auf dem rechten Ufer der March, standen die übrigen Abtheilungen der I. Armee; die Vorposten derselben nach Wien zu, auf dem Schlachtfelde von Wagram, hielten die Linie des Rußbaches besetzt. Die II. Armee besetzte Nicolsburg, Feldsberg und Holicz, Herwarth stand concentrirt bei Stockerau. Der größte Theil der Streitkräfte konnte an einem der äußersten Punkte der Aufstellung in 2 Märschen concentrirt werden.

---

*) Die Brigade Saffran, Geschütz-Reserve, 2 Schwadronen Sachsen.

Prinz Friedrich Carl, der wohl wußte, daß die Waffenstillstands=
Verhandlungen beträchtlich fortschritten und sich dem Ende näherten,
befahl am 22ſten nur eine kräftige Recognoscirung gegen Preßburg
auszuführen und geſtattete einen weiteren Angriff nur für den Fall,
daß ſich für denſelben beſonders günſtige Umſtände darböten. Zu
dieſer Recognoscirung wurden beſtimmt: die 7. und 8. Inf.=Diviſion
und die Cavallerie=Diviſion des Generals Hann von Weyhern unter
Commando des Generals Franſecky. Es iſt unbekannt, was man
durch dieſe Recognoscirung beſonders zu erreichen beabſichtigte,
aber die Richtung derſelben auf Preßburg war ungemein günſtig
gewählt.

Preßburg mit ſeinen Umgebungen iſt in tactiſcher und ſtra=
tegiſcher Beziehung von großer Bedeutung. Dort lehnen ſich die
kleinen Karpathen an die Donau, und gewähren daher vortreff=
liche Poſitionen zur Forcirung des Ueberganges auf das ſübliche
Ufer dieſes Fluſſes. Kaum eine halbe Meile nördlich von der
Donau, parallel mit ihrem Laufe, führt von der March nach
Preßburg einer der günſtigſten Päſſe über die kleinen Karpathen,
ſo daß derſelbe und daher auch Preßburg ein Knotenpunkt aller
Wege iſt, welche von der Hauptſtadt nach dem nördlichen Theile
Ungarns führen. Wenn daher die Preußen ſich deſſelben bemäch=
tigten, ſo ſchnitten ſie den größten Theil Ungarns von Wien ab
und erlangten die Möglichkeit, die Hülfsmittel deſſelben für ſich
zu benutzen; wenigſtens hinderten ſie die Vereinigung von 4*) oder
5 Corps, welche auf dem Marſche von Olmütz nach Preßburg be=
griffen waren, mit den übrigen um Wien concentrirten Streitkräften
Oeſterreichs.

Aber dazu war es nöthig, gegen Preßburg nicht am 22ſten,
ſondern am 19ten oder 20ſten zu rücken, wozu ſich, ſo weit man
nach dem äußeren Anſcheine urtheilen kann, vollkommen die Mög=
lichkeit darbot. Bei Preßburg befand ſich bis zum 20ſten nur die
Brigade Monbl mit 9 Escadrons und zwei 8pfündigen Batterien.
Am 21ſten ſtellte in Folge einer Meldung über das Erſcheinen der
Preußen bei Stampfen, Marienthal und Ballenſtein Oberſt Monbl
ſeine Truppen zwiſchen Kaltenbrunn und Blumenau auf. Am Mor=
gen des 22ſten gegen 7 Uhr entſandte er 2 Escadrons Ulanen zur

---

*) Das I., IV., VI. und VIII. Corps und mit dem II. — 5.

Recognoscirung in der Richtung auf Neudorf. Sie warfen die preu= ßischen Vorposten, stießen aber auf 4 preuß. Escabrons und wurden von diesen zurückgeworfen; dann schickte Monbl seine ganze Cavallerie vor: und damit begann das Gefecht.

Monbl stellte 3 Bataillone auf die Höhen vor Blumenau, ein Bataillon auf die Höhen bei Kaltenbrunn; 1500 Schritte vor dem rechten Flügel stand noch ein Bataillon als vorgeschobener Posten; die übrigen zwei standen in Reserve bei Blumenau.

In dem offenen Zwischenraum zwischen Kaltenbrunn und Blu= menau wurden 2 Batterien aufgestellt und hinter ihnen in angemes= sener Entfernung 2 Ulanen=Regimenter.

Die rechte Flanke am Gamsen=Berge und nördlicher sicherten 3 Bataillone der Brigade Henriquez. Die übrigen Theile dieser Bri= gade standen als nächste Reserve für die Brig. Monbl 3000 Schritt hinter Blumenau. Die Brigade Württemberg stand bei Ratzersdorf und vor diesem Orte; die Brig. Thom — bei Preßburg; das Jäger= Bataillon dieser Brigade — auf dem äußersten rechten Flügel, bei St. Georgen; die Brig. Saffran und die Geschütz=Reserve — nörd= lich von Preßburg. So nahm die österreichische Aufstellung in gerader Linie von Georgen bis Kaltenbrunn gerechnet, mehr als 2 Meilen ein. Die Position bei Blumenau selbst hatte eine Ausdehnung von höchstens einer halben Meile.

Fransecky disponirte den Angriff auf diese Position nach dem allgemeinen Typus, welchen die Mehrzahl der Treffen bei den Preußen in dieser Campagne darbieten: die 13te und 14te und ein Theil der 16. Brigade erhielten den Befehl, gegen die Front der Position zu marschiren und eine kräftige Kanonade zu eröffnen, wäh= rend die 15. Brigade um 5 Uhr Morgens zur Umgehung der rechten österreichischen Flanke von Bisternitz über den Gamsen=Berg auf Preßburg gesandt wurde. Erst, wenn der Einfluß dieser Um= gehung sich zeigte, wollte man zum Angriff in der Front über= gehen.

General Bose (Commandeur der 15. Brigade) griff in Bisternitz einige Landleute als Wegweiser auf und marschirte um 5 Uhr in der ihm vorgeschriebenen Richtung in das Gebirge hinein, konnte aber auf den äußerst schwierigen Wegen nur sehr langsam fortkommen. Um 6½ Uhr stieß seine Teten=Abtheilung auf österreichische Vedetten. Unterdessen hatte eine sehr heftige Kanonade in der Front begonnen.

Fransecky erhielt ungefähr um 7½ Uhr die Nachricht, daß um 12 Uhr der Waffenstillstand beginnen solle; da er aber glaubte, daß es ihm möglicher Weise gelingen würde, bis zu dieser Zeit Preßburg in seine Hand zu bekommen, so beschloß er, das Gefecht fortzusetzen. Die Preußen hatten 6 Batterien der Divisions = Artillerie vorge= zogen und verstärkten sie bald durch 4 Batterien aus der Reserve= Artillerie. Ihrerseits verstärkten die Oesterreicher die im Anfange aufgestellten 2 Batterien durch noch 3. Aber die Kanonade, welche auf sehr große Entfernung eröffnet und sehr eifrig unterhalten wurde, führte nur zu einem großen Munitions=Verbrauch, ohne daß sie den Gegnern besonderen Schaden verursachte. Die Preußen hinderte die vorspringende Lage der Höhen vor Blumenau und Kaltenbrunn, welche von den Oesterreichern besetzt waren, weiter vorzugehen.

Fransecky befahl daher, dieselben anzugreifen. Gegen Kalten= brunn wurde ein Bataillon gesendet, gegen Blumenau ein zweites, welchem letzteren 2 Bataillone als Reserve beigegeben wurden. Die Höhen vor Blumenau wurden ohne besondere Schwierigkeit genommen und die Truppen, welche sich ihrer bemächtigt hatten, setzten ihren Marsch auf Blumenau fort. Kaltenbrunn wurde um 11¾ Uhr in Brand gesteckt und gegen dasselbe rückte auf den Höhen das dorthin gesendete preußische Bataillon vor, indem es den linken österreichischen Flügel umging.

Während dessen gelangte ungefähr um 11 Uhr Bose endlich an den Gamsen=Berg. Ein österreichisches Bataillon, welches denselben besetzt hatte, wurde übergerannt und der Marsch auf Preßburg fortgesetzt, trotzdem daß die Oesterreicher gegen die linke Flanke einige Bataillone vorrücken ließen. Aber dieser Marsch war ohne Nutzen: um 12 Uhr erschien ein österreichischer Parlamentair mit der Anzeige, daß ein Waffenstillstand auf 5 Tage abgeschlossen sei. Der Kampf wurde eingestellt. Es ist schwer zu sagen, auf wessen Seite der Sieg gewesen sein würde. Die Preußen behaupten, daß sie die Abtheilungen des II. Corps von Preßburg abgeschnitten hätten; aber mit demselben Rechte können die Oesterreicher sagen, daß die Brigade Bose abgeschnitten war, denn ihr gegenüber waren nicht weniger, als 14 Bataillone bei Preßburg und westlich davon aufgestellt; außerdem war im Norden die Hälfte der Brigade Württemberg zur Um= gehung auf Marienthal dirigirt, und die andere Hälfte stand bei Ratzersdorf.

Während der Waffenruhe kam ein Telegramm an, welches die Demarcationslinie bestimmte. Die preußischen Truppen, welche vorwärts derselben sich befanden, sollten dahinter zurückgehen. Nur der Brigade Bose wurde durch Graf Thun zugestanden, zur Nacht an der Stelle zu bleiben, bis zu welcher sie gelangt war.

Während des Waffenstillstandes vom 23sten bis 27sten trafen das I., IV., VI., VIII. Corps und die 2. leichte Cavallerie=Division in Preßburg ein und überschritten die Donau; darauf ging auch das II. Corps über und zerstörte hinter sich die Floßbrücke. Am Mittage des 27sten besetzte das II. Corps auf die Nachricht von der Verlängerung des Waffenstillstandes auf weitere 5 Tage Preßburg von Neuem.

———

Es ist schon erwähnt, daß der französische Botschafter beim Berliner Hofe, Benedetti, in Zwittau angelangt war. Von dort begleitete er das Hauptquartier des Königs nach Brünn und Nicolsburg und machte alle Anstrengungen, um den Sieger, wie den Besiegten zum Frieden geneigt zu machen. Zu demselben Zwecke hatte sich auch der Prinz Napoleon nach Italien begeben.

Preußen stellte als unerläßliche Bedingungen die Einverleibung der Elb=Herzogthümer, den Ausschluß Oesterreichs aus dem deutschen Bunde und die Aufhebung der Trennung der preußischen Gebiete. Gleichzeitig forderte es für die Zeit des Waffenstillstandes eine Demarcationslinie, welche für die Oesterreicher sehr drückend gewesen wäre, weshalb diese Letzteren sie nicht zugestanden. Am 15ten hatte sich Benedetti nach Wien begeben, wohin gleichzeitig aus Paris die Waffenstillstands=Bedingungen gesandt worden waren, auf welche, nach der Meinung des französischen Kaisers, Oesterreich eingehen konnte.

Die Lage Preußens war insbesondere deswegen kritisch, weil man eine bewaffnete Einmischung Frankreichs fürchten konnte. Deshalb war es nothwendig, zum Vortheil der Sache Einiges, wenn auch wenig, von den Forderungen abzulassen. Gleichzeitig schwanden auch die Hoffnungen Oesterreichs auf eine bewaffnete Intervention der Franzosen; und unterdessen drohte der Angriff der preußischen Armee auf Wien als sehr nahe Gefahr. Durch das Zusammenwirken dieser Umstände gelang es Benedetti endlich, den schon bekannten fünftägigen Waffenstillstand herzustellen, welcher seitens der Preußen besonders dazu gewährt wurde, um ihn zu Friedensunterhandlungen zu benutzen. Am 22sten trafen in Nicolsburg die österreichischen Bevollmächtigten zu diesem Zwecke ein, es begannen Unterhandlungen und führten endlich zum Frieden unter Bedingungen, welche für die Preußen sehr günstig waren und als Grundlage für die weiteren Verhandlungen angenommen wurden, die in Prag eröffnet werden sollten. Diese Bedingungen waren:

1) Ueberlassung von Venetien an Italien;

2) Austritt Oesterreichs aus dem deutschen Bunde und Anerkennung der Verfassung, welche der König von Preußen für gut finden würde, dem nördlich vom Main gelegenen Territorium zu geben;

3) Abtretung der Elb-Herzogthümer;

4) Zahlung von 40 Millionen Contribution (unter Abrechnung von 15 Millionen für die Elb-Herzogthümer und 5 Mill. für den Aufenthalt der preußischen Truppen in den österreichischen Provinzen bis zur vollständigen Erfüllung der Friedens-Bedingungen);

5) Preußen garantirt Sachsen die Unverletzlichkeit seines Gebiets.

Die letzte Bedingung war bei Weitem nicht nach dem Sinne der Preußen, welche stark Lust hatten, ganz Sachsen, als erobertes Land einzuverleiben; aber gern oder ungern mußte man sie anerkennen. Diese Concession war aller Wahrscheinlichkeit nach besonders durch einen Druck von Seiten Frankreichs hervorgerufen worden.

Die einige Zeit später in Prag zusammengetretenen Conferenzen setzten am 23. August die Detail-Bestimmungen des Friedens fest; der Vertrag über dieselben wurde am 30sten ratificirt. Sachsen bewahrte äußerlich seine Unabhängigkeit, mußte aber preußische Garnisonen nach Dresden und Königstein nehmen. Im allgemeinen Resultate erwarb Preußen, außer einer Contribution von ungefähr 60 Mill. Thalern, gegen 1300 Quadratmeilen mit mehr, als 4 Mill. Einwohnern und that einen sehr entscheidenden Schritt zur Einigung Deutschlands.

X.

Schluß.

Nachdem ich meinen Kräften angemessen diesen Abriß des öster=
reichisch=preußischen Krieges dargestellt habe, sei mir die Erörterung der
Frage erlaubt: worin die Gründe eines so schnellen und mächtigen Er=
folges der Preußen lagen und wie groß an demselben der Antheil des
Zündnadelgewehrs ist, welches nach der Einbildung Vieler Alles gemacht
haben soll? Wenn man sich vergegenwärtigt: einerseits die in der
preußischen Armee bestehende Gleichartigkeit und das hohe Maß ver=
nunftgemäßer und insbesondere moralischer Entwickelung in militai=
rischem Sinne; andererseits — den Mangel alles Dessen in der öster=
reichischen Armee, so kann man, wie mich dünkt, mit voller Ueber=
zeugung sagen, daß nicht das Zündnadelgewehr der Grund der
Niederlage der letzteren gewesen ist, sondern die Menschen,
welche dasselbe in den Händen hatten, und hauptsächlich die=
jenigen, welchen die Leitung der preußischen Armee oblag.

Der Mensch ist ein sehr seltsames Wesen in seinem unaufhalt=
samen Streben, sich bei jedem glücklichen Ereigniß irgend ein Götzen=
bild vorzustellen, welchem er das zuschreibt, was er selbst geleistet
hat. Zur näheren Erläuterung dessen sei es mir erlaubt, folgendes
Gleichniß zu brauchen: es schlugen sich einst zwei Menschen, der eine
war mit einem rothen, der andere mit einem weißen Hembe bekleidet;
der rothe überwand den weißen und ein müßiger Zuschauer kommt
zu dem Schluß, daß zum größten Theile dieses Ereigniß nicht da=
durch herbeigeführt wurde, daß der Sieger tapferer, gewandter und

stärker war, sondern dadurch, daß er ein rothes Hemd trug . . . . .
Alle Welt verbreitet sich über die Wirksamkeit der preußischen Waffe,
aber sehr Wenigen kommt es in den Sinn, die Ruhe, die Intelligenz, die Selbstverleugnung und das Pflichtgefühl des preußischen
Soldaten zu schildern: ist das wirklich von untergeordneter Bedeutung, oder ist es die Hauptsache? Kann wirklich Jemand im Ernst
die seltsame Folgerung aufstellen, daß es hinreichend gewesen wäre,
den Oesterreichern Hinterladungsgewehre zu geben und dann würden
sie die Preußen besiegt haben? Man kann wohl sagen, daß diese
schöne Waffe dadurch, daß sie dem Soldaten mehr und mehr Vertrauen in sie einflößte, auch gleichzeitig ihn selbst moralisch gehoben
hat. Ganz recht, — auch ich werde mich natürlich nicht so ganz
gegen diesen Einfluß erklären; aber darin liegt gar nicht die Frage,
sondern vielmehr darin: ob ein niedergedrückter Mensch, der
vor allen Dingen kein Selbstvertrauen besitzt, dieses
auf einmal gewinnt vermittelst eines vortrefflichen Gewehres? Ich
glaube, Niemand wird bestreiten, daß eine solche Waffe wohl
das vorhandene Selbstgefühl des Soldaten stärken kann,
aber sie kann dasselbe nicht mit einem Schlage da hervorrufen, wo es fehlt. Mich dünkt, bevor man sich bemüht,
dem Soldaten den Gedanken beizubringen, daß seine Waffe besser,
als die des Feindes ist, ist es vernünftiger, dahin zu streben, daß
er sich selbst höher achte, als den Gegner: wenn dieses Letztere nicht
der Fall ist, dann hilft auch die vollkommenste Waffe nichts.

Betrachten wir nun von diesem Gesichtspunkte aus die Gründe
der Niederlage der Oesterreicher, so erscheinen sie uns in ganz anderem Lichte. Im Kriege muß Derjenige geschlagen werden, welcher
schon im Frieden geschlagen war. Im Kriege kann Niemand Selbstvertrauen gewinnen, wenn dasselbe im Frieden durch Maßregeln,
welche auf Willkür und nicht auf Gesetze gegründet sind, systematisch
in ihm erstickt worden ist, — wenn daher weder sein Pflichtgefühl
besonders entwickelt, noch die Neigung hervorgebracht worden ist,
die allgemeine Sache bis zu dem Grabe zu der seinigen zu machen,
daß er ohne Grübelei sein Leben dafür einsetzt. Folglich ist es nutzlos, nur nach einer Vervollkommnung der Waffen zu streben und seltsam,
dieser Alles zuzuschreiben; es ist nützlicher, dahin zu streben, daß der Mann
so vollkommen als möglich gemacht wird. Und — seltsame Thatsache! —

alle Leute, welche ein wenig militairische Abhandlungen gelesen haben oder
dieselben vom Hörensagen kennen, wiederholen mit Vorliebe den be=
rühmten Grundsatz: der Sieg ist zu ³/₄ von moralischen Elementen
abhängig und nur zu ¹/₄ von materiellen. Aber kommt es zu der
Anwendung desselben in einem bestimmten Falle, so wird die mora=
lische Seite übersehen und ganz unbefangen behauptet man, daß der
Erfolg abgehangen hat von den Waffen, vom Haarpuder, vom Zopf,
von den Gamaschen — kurz vom rothen Hemd. Das ist immer so
gewesen und leider ist es auch noch so. Man erinnere sich, was man
hervorhob und nachahmte an dem Systeme Friedrich's; man sehe,
worin man jetzt sich bemüht, die Preußen nachzuahmen, und man
muß sich von der traurigen Unumstößlichkeit dieser Thatsache über=
zeugen. Sehen wir uns einmal die Reformen an, welche die Oester=
reicher jetzt eifrig betreiben. Bei den Preußen hat man 4 Com=
pagnien und sie heben daher ihre Eintheilung des Bataillons in 6
Compagnien auf, ungeachtet, daß bei der gegenwärtigen Complicirt=
heit der Ausbildung des Soldaten die Compagnien schwächer werden
müssen, es daher also nöthig ist, deren mehr und nicht weniger im
Bataillon zu haben. In dem preußischen Heere existirt die Einthei=
lung in Divisionen und sie stellen diese wieder her, nachdem sie die=
selbe nach dem Feldzuge von 1859 abgeschafft haben. In der preu=
ßischen Armee sind die Officiere gebildet und sie möchten die ihrigen
womöglich Alle in die Schule schicken, indem sie nicht einsehen, daß
der Mensch nur dann sich beschäftigt, wenn es ihm Nutzen bringt,
und das innere Gefühl ihn treibt, ein gebildeter Mensch zu
werden, wenn sich ihm dadurch eine Carriere eröffnen kann, welche so=
wohl sein materielles Wohlergehen verbessert, als auch ihm eine
höhere und ehrenvollere Stellung verschafft. Man wird vielleicht sagen,
daß man dies im Auge hat: mit Worten allerdings, aber kaum der
That nach; denn die Gründe, welche das Avancement durch Protec=
tion bedingen, sind in Oesterreich doch stärker, als die Erkenntniß der
Interessen der Armee. Allerdings mögen einige glückliche Ausnahmen
vorkommen, besonders in der ersten Zeit, so lange die blutigen und
erniedrigenden Niederlagen noch frisch im Gedächtnisse sind; aber ohne
Zweifel widerlegen Ausnahmen nicht die Regel, sondern bestätigen
sie. Und wer sind denn die Lehrer bei dieser vom Staate angeord=
neten Erziehung? Stabs=Officiere, welche selbst nicht viel wissen

ober selbst in der Ansicht erzogen sind, daß man Bildung ent=
behren könne.

Die Preußen verdienen in der That Nachahmung, aber nicht
in der äußeren Organisation, nicht in dem äußeren
Formenwesen, nicht in der Pebanterie, welche immer nur
Producte einer bestimmten Nationalität sind und, als
solche, nicht bei einer anderen Nation angewendet wer=
den können: sie sind vielmehr der Nachahmung würdig
in den Ideen, welche hinter diesem Formenwesen, hinter
der Pebanterie und der Organisation verborgen lie=
gen. Denn nur diese Letzteren, d. h. die Ideen, sind ewig wahr
und unbedingt anwendbar für alle Nationalitäten, aber bei jeder
derselben müssen sie in einer Form verwirklicht werden, welche mit
der Besonderheit dieser Nationalität übereinstimmt. Giebt es wohl
auf der ganzen Welt einen Menschen, welcher nicht zugiebt, daß
Jedermann verpflichtet ist, sich zu opfern, um die Interessen des
Vaterlandes zu schützen, daß nur Derjenige, welcher als gemeiner Soldat
in den Dienst tritt, den Mechanismus des Dienstes begreift und lernt,
Andere zu leiten, welche in den feierlichen Augenblicken Seinesgleichen
sind, wann vom Manne das höchste und muthvollste Opfer ver=
langt wird — das Opfer des Lebens? Giebt es nur einen Men=
schen, welcher nicht anerkennt, daß im Heere Alles auf die strengste
Gerechtigkeit begründet sein muß: das Verhältniß zwischen den ver=
schiedenen Graden der militairischen Hierarchie, das Avancement
u. s. w. u. s. w.; daß, wenn man wünscht, daß die Truppen, wie
es sich gehört, ihr Kriegshandwerk ausüben sollen, es unerläßlich ist,
auch im Frieden sie dieses zu lehren und nicht Nebensächliches, was
mit den Vorkommnissen und Forderungen des Kampfes nichts gemein
hat; daß Prügel die Energie des Mannes abschwächen und ihrer
Entwickelung nicht förderlich sind; daß nur der gesättigte Soldat sich
schlagen kann, wie es sich gehört u. s. w. u. s. w.? . . . . Nein,
einen Solchen giebt es kaum. Man versuche also nur die Anwen=
dung dieser Ideen — und die Wirkung wird nicht ausbleiben.
Während dies in Preußen geschah, unterließ man es in Oesterreich . . .
Als ob es eine Logik gäbe, für jede Nationalität verschieden; als ob
ein Oesterreicher, wenn man ihn einer körperlichen Züchtigung unter=
wirft, weniger leidet, als ein Preuße bei einer derartigen Ope=
ration.

Und umgekehrt: wenn es sich um Entlehnung irgend einer Form handelt, d. h. der äußeren Verwirklichung eines dieser Gedanken, so vergißt man vollkommen, daß die preußische Form nur Sinn hat, wenn sie bei dem preußischen Manne zur Anwendung kommt, und man beginnt zu biegen und zu brechen — wozu denn? nur um äußerlich den Preußen ähnlich zu erscheinen. Bisweilen erlangt man dieses — durch Aufopferung des Wesens der Sache. Man übersieht dabei Eines: daß nämlich der Mann nur dann mit Bereitwilligkeit kämpft, nur dann sich · des Zweckes seiner Aufgabe bewußt bleibt, wenn bei der Erfüllung derselben ihn nichts bedrückt, weder materiell, noch moralisch. Und dies erreicht man nur durch strenge Berücksichtigung der moralischen und physischen Eigenthümlichkeiten desselben.*)

Wenn wir uns zu dem befehlsführenden Theile dieser und jener Armee wenden, so tritt uns ganz dieselbe Erscheinung entgegen, welche beim Soldaten schon hervorgehoben wurde. In der preußischen Armee waren keine genialen Befehlshaber: es wurden im Laufe des Feldzuges sehr große Fehler gemacht, wie die langsame Annäherung der I. Armee, der Aufenthalt nach Königgrätz u. s. w., aber dabei waren alle Befehlshaber durchdrungen von unbedingter Liebe für ihren Beruf — d. h. in Bezug auf den Geist, nicht auf die

---

*) Wie schwer sich das machen läßt, dazu möge als Beispiel dienen eine vor Kurzem erschienene, ausgezeichnete Brochüre: „l'armée française en 1867“, welche der Feder eines der besten, französischen Generale zugeschrieben wird. An einer Stelle klagt er darüber, daß der französische Soldat nicht sehr pünktlich die Vorschriften des militairischen Anstandes beobachte, und bedenkt dabei nicht, daß der mit einem mehr oder weniger lebhaften Character begabte Mann — und dies ist die Mehrzahl der Franzosen — nicht besonders geeignet ist, diese Formalitäten zu beobachten, und daß man für solche Naturen dieselben in möglichst liberaler und wenig drückender Weise einzurichten suchen muß. Wenn man dies außer Acht läßt, dann entsteht ein kleinliches Formenwesen und die Sache leidet. Victor Emanuel gab einmal, als ein französischer Soldat ihm keine Ehrenbezeugung machte und ein französischer General entschuldigend sagte: „que le soldat français ne sait pas saluer son officier“, — die vortreffliche Antwort: „Oui, mais il sait mourir pour lui.“ Die Gegenüberstellung dieser beiden Punkte ist ungemein characteristisch, und wenn bei ihrer Abhängigkeit vom Character einer Nation Eines das Andere mehr oder weniger ausschließt, so ist es, dünkt mich, nicht schwer zu begreifen, welchem man den Vorzug geben muß. Es ist merkwürdig, daß der Autor der erwähnten Brochüre trotzdem hervorhebt, daß in jeder Armee Alles mit den nationalen Besonderheiten übereinstimmen muß.

Form desselben; alle widmen die Muße des Friedens der theoreti=
schen Erlernung desselben; alle sind durchdrungen von Pflichtgefühl
und der unbedingten Pflichterfüllung und zeichnen sich durch voll=
kommene Unabhängigkeit von der Furcht vor Verantwortlichkeit aus.
Diese Eigenschaften hatten ein Resultat zur Folge, welches sogar
nicht ganz tadellose Anordnungen mit einem mächtigen Erfolge krönte.
Noch mehr: die Ausdauer bei der Arbeit und bei der allseitigen
Durchführung jeder Sache führte dazu, daß die Preußen in jeder
Beziehung kriegsbereit in den Krieg ausrückten: die Truppenkörper
waren complet; alle Vorräthe im Ueberfluß; die materiellen Ange=
legenheiten in vollkommener Ordnung. Die Preußen begreifen eben
die große Wahrheit des römischen Spruchs: „Si vis pacem, para
bellum!", und sie unvorbereitet zu treffen, ist schwierig, vielleicht so=
gar unmöglich. Wenn man sagt, daß Oesterreich zuerst zum Kriege
zu rüsten begann, so ist dies nicht wahr: der Krieg traf es unvor=
bereitet, und mit mehr Wahrheit muß man sagen, daß es zuerst
Veranlassung gegeben hat, daß es der Kriegsbereitschaft beschuldigt
werden konnte.

Von den österreichischen Befehlshabern läßt sich mit ge=
ringen Ausnahmen alles Dies bei Weitem nicht sagen; man
kann ihnen indessen die Schuld nicht beimessen, daß sie die
aufgeführten Eigenschaften nicht aufweisen, denn die Friedens=
Einrichtungen Oesterreichs begünstigen keineswegs, ja sie hindern so=
gar die Entwickelung dieser Eigenschaften und in Folge dessen treten
sie nur bei solchen Persönlichkeiten hervor, welche vermöge ihrer an=
geborenen Kraft nicht ganz durch das System verdorben werden
können. Mit einem Worte, diese Leute sind nicht durch das System
vorzüglich, sondern, so zu sagen, trotz desselben. Zu der Zahl dieser
muß unstreitig vor Allen Gablenz gerechnet werden, welcher so hand=
greiflich bewies, daß, wenn die Preußen die Gegner schlugen, sie
dies nicht dem Zündnadelgewehr verdanken. Außerdem würden wahr=
scheinlich Leute vom Schlage Edelsheim's sich anders gezeigt haben,
wenn man sie nicht an Händen und Füßen gebunden hätte. Kurz
auch hier tritt die sehr große Wichtigkeit des Friedenssystems in der
Ausbildung der Truppen — dieses Wort im weitesten Sinne genom=
men — hervor. Bei dem einen Systeme entwickeln sich die ange=
borenen Fähigkeiten, sie kräftigen sich und wachsen empor; bei dem
anderen vertrocknen sie und werden bisweilen sogar geflissentlich vernichtet.

Und diesem Allen muß man noch hinzufügen, daß einer der einflußreichsten Factoren im Kriege — nämlich der Zufall — beständig die Preußen begünstigte. Allerdings boten ihre Thatkraft und der kühne Drang nach vorwärts sehr große Chancen für die Ueberwindung widerwärtiger Zufälligkeiten und für die Benutzung günstiger Umstände; aber bisweilen geräth man auch mit dem kühnsten Elan in Verlegenheit und wenn dies nicht ein einziges Mal passirte, so ist dies nicht den Eigenschaften der preußischen Armee allein zu verdanken, sondern besonders ihrem unglaublichen Glücke.

Der österreichisch=preußische Krieg führt auch noch zu einer anderen Frage: — nämlich welche Aenderungen in der Kriegskunst daraus hervorgehen müssen. Es zerfällt dieselbe in folgende zwei Theile:

1) In welchem Verhältniß stehen jetzt die blanke und die Feuerwaffe?

2) In welchem Maße hat jetzt die Bedeutung der Cavallerie auf dem Schlachtfelde abgenommen?

In heutiger Zeit sprechen Viele aus, daß das Bayonnet seine Bedeutung fast ganz verloren habe; daß ein schnellfeuerndes Gewehr die Möglichkeit gewährt, das aus der Ferne zu erreichen, was man früher nur durch einen Bayonnetangriff zu erlangen im Stande war. Man begründet diese Meinung dadurch, daß „so oft auch die Oesterreicher unternahmen, zum Bayonnetangriff vorzugehen, es ihnen nicht ein einziges Mal geglückt ist." Darauf bemerke ich Folgendes: es ist mindestens sonderbar, zu glauben, daß es möglich ist, auf vollkommen gefechtsfähige Truppen sich mit dem Bayonnet zu werfen, ohne diesen Angriff durch Feuer vorbereitet zu haben — wie es die Oesterreicher machten; — und einen Angriff machen oder den thatsächlichen Wunsch haben, mit dem Bayonnet drauf zu gehen — ist himmelweit von einander verschieden.

Nicht eine einzige österreichische Abtheilung wurde gänzlich durch die preußischen Salven vernichtet: was hinderte denn Diejenigen, welche übrig geblieben waren, das Gefecht bis zur Bayonnetattaque durchzuführen? Nur der Mangel an Energie und nicht die Wirkung des preußischen Gewehrs; nur der Umstand, daß es in der österreichischen Armee nicht Leute von solcher Entschlossenheit giebt, daß sie eine Attaque zu Ende führen. Ich weiß nicht, ob die Preußen im Stande gewesen sein würden, dem Bayonnet

das Bayonnet entgegenzusetzen; aber aussprechen muß ich, daß sie
Alle mehr, als die Oesterreicher die Neigung gezeigt haben, mit dem
Bayonnet drauf zu gehen, denn in den meisten Fällen waren sie die
Angreifer und nicht die Angegriffenen.

Feuer und Bayonnet schließen sich gegenseitig nicht aus, sondern
ergänzen sich: das erstere bahnt dem zweiten den Weg, und zu
glauben, daß man ohne Vorbereitung durch Feuer angreifen kann,
ist ebenso fehlerhaft, als sich einzubilden, daß man mit dem Feuer
allein einen Gegner aus einer Position werfen wird.

In dieser Auffassung bietet also die Wirksamkeit des preußischen
Feuers nichts Neues dar und wenn dasselbe in so unerwarteter Weise
consternirte, so war hies nicht die Folge der Neuheit, sondern der
Leichtigkeit, mit welcher der Mensch vorher gegebene Lehren vergißt.

Wem ist die furchtbare Wirkung der englischen Salven mit folgen=
den Bayonnetattaquen gegen die französische Armee*) unbekannt,
welche durch die Schule der Revolutionskriege gegangen war, deren
Generale die großen Feldzüge von 1796, 1800, 1805 mitge=
macht hatten, und welche folglich eine weit sicherere Bürgschaft
für den Erfolg bot, als die österreichische Armee im Jahre 1866?
Bis jetzt aber ist diese Thatsache Niemanden in den Sinn gekommen,
troß ihrer Analogie mit den Ereignissen des Jahres 1866. Hier muß
man noch hinzufügen, daß sogar damals ein Unterschied in der Be=
waffnung nicht herrschte; aber andere Unterschiede fanden
statt: in dem Verständniß für das Schießen nämlich, in
dem Grade der Ruhe und Unerschrockenheit in den Reihen
der Gegner. Daher liegt der Erfolg mehr in der Ausbildung
der Leute, als in der Waffe.

Man kann aber um so weniger irgend welche Folgerungen in
Bezug auf die vermeintliche Ueberlegenheit des Feuers über das
Bayonnet aus dem letzten Feldzuge ziehen, als die Gegner nicht gleich=
mäßig bewaffnet waren. Setzt man nun aber diese Gleichmäßigkeit
voraus, so wird klar, daß man zu dem Schlusse gelangt, daß es
bleiben wird, wie es war, d. h. nach der Feuerwirkung, wie schnell
und mörderisch dieselbe auch sein mag, muß der Bayonnetangriff
folgen, wenn der Gegner nur ein wenig Hartnäckigkeit besißt und
wenn man wünscht, seine Absicht durchzusetzen.

---

*) Im Kriege auf der pyrenäischen Halbinsel.

Es kann demnach die Vervollkommnung der Feuerwaffe die blanke keineswegs überflüssig machen, jene wird sogar ihre frühere Rolle nicht verändern — nämlich die einer vorbereitenden Waffe.

Diese größere Vollkommenheit wird aber in anderen Dingen von Einfluß sein: sie wird eine größere Geschmeidigkeit der Formationen verlangen und die Unzulänglichkeit steifer Normen in Beziehung auf diese barthun; sie wird möglichst große Entwickelung des Scharf= blicks und der Findigkeit jedes einzelnen Militairs bis zum ge= meinen Manne bedingen*); und auch, daß es nothwendig ist, selten zu schießen, aber mit Sicherheit — selten nicht im buchstäb= lichen Sinne, sondern derart, daß man den richtigen Augenblick für den Schuß abwartet; sie wird endlich die ganze Wichtigkeit der Munitions = Ersparniß und eines solchen Unterrichts im Schießen hervortreten lassen, daß auch nicht der Gedanke an Unruhe aufkommt und das Feuer geschlossener Truppentheile in der Hand des Führers bleibt. Es ist nämlich gänzlich irrig, zu glauben, daß die Preu= ßen viel geschossen haben; sie schossen mit Ueberlegung, d. h. sie gaben viele Schüsse ab gegen nahe und große Ziele und schossen überhaupt gar nicht, wenn es den betreffenden Umständen nach un= nöthig war, zu schießen: das war es, worin ihre Stärke bestand. Und zum Beweise, daß sie nicht viel schossen, dient, daß sie in der ganzen Campagne durchschnittlich nicht mehr als 7 Patronen pro Mann verbraucht haben! Darin zeigt sich, was die Ruhe der Leute zu bedeuten hat, welche man durch rationelle Ausbildung und Erziehung im Frieden erreicht. Die Oesterreicher haben aller Wahrscheinlichkeit nach viel mehr Patronen verschossen, d. h. sie schossen schneller, als die Preußen und thaten ihnen weniger. Wie dies zu erklären, ist, wie mich dünkt, nicht schwer einzusehen für Jemand, der die Sache ein wenig versteht.

Das über die vermeintliche Abnahme der Bedeutung des Bayon= nets Gesagte ist vollkommen zu vergleichen mit der scheinbaren Ver= minderung der Bedeutung der Cavallerie auf dem Schlachtfelde, oder, wie Einige es ausdrücken, damit, daß jetzt die Tactik der Cavallerie „in der Luft" schwebt.

Nur das Verkennen der Bedingungen des Kampfes kann einen

---

*) Denn bei den Mitteln, schnell Schaden hervorzubringen, muß man fähig sein, schnell auch Gegenmittel zu finden.

solchen Gedanken einflößen. Man behauptet, daß gegenwärtig die Cavallerie nicht mehr in die Infanterie einbringen könne. In dieser Beziehung muß man sich nur klar machen, welche Art von Infanterie gemeint ist. Denkt man sich vollständig formirte Infanterie, welche ihre Kaltblütigkeit bewahrt hat und dem Gefühle der Furcht, welches durch den Choc der Cavallerie verursacht wird, nicht zugänglich ist, dann ist dies ja früher schon der Fall gewesen. Denn man wird sich erinnern, daß auch zur Zeit der glattläufigen Gewehre die Cavallerie niemals oder fast niemals unter solchen Umständen als Siegerin hervorgegangen ist, während sie damals unglaubliche Erfolge gegen erschütterte Infanterie = Abtheilungen erreicht hat. Demnach stellt sich die Frage so: kann die Cavallerie es jetzt noch mit erschütterter Infanterie aufnehmen oder nicht; mit anderen Worten: hat eine schnellfeuernde Waffe die moralische Spannkraft der Infanterie so weit gestärkt, daß sie in Zukunft niemals in Unordnung gebracht werden wird, daß sie nie aus der Fassung kommen oder bestürzt werden wird? Stellt man die Frage in dieser Weise, so trägt sie die Antwort in sich: eine vervollkommnete Waffe wird den Menschen einigermaßen heben, aber sie wird niemals seine Natur verändern, und in der Hand eines unruhigen oder leicht zu verblüffenden Mannes wird sie mehr Nachtheil, als Vortheil bringen, denn während ein ängstlicher Mann mit dem früheren Gewehr zehn Patronen, so schießt er mit dem gegenwärtigen in derselben Zeit 30, 40 in's Blaue.

Wer wird denn unter diesen Umständen den einfachen Satz bestreiten, daß die Cavallerie=Attaque gegen erschütterte Infanterie= Abtheilungen jetzt ebenso große Chancen haben wird, als sie früher gehabt hat; folglich führt uns Alles wieder zurück auf die ewige und sehr wichtige Regel der cavalleristischen Kunst — von der Wahl des richtigen Augenblicks zur Attaque. Sind Leute da, die mit dieser Fähigkeit begabt sind, — dann thut die Cavallerie Wunder; sind ihre Führer nicht derartig — dann geht sie ohne Ruhm und Nutzen zu Grunde. Und da solche Leute ungemein selten sind, so wird die Cavallerie auch selten eine ansehnliche Rolle spielen. Es liegt also auch hier in den Menschen, und nicht in der Waffe.

Alles dies ist vielleicht so, sagt man, aber die Cavallerie wird niemals wieder Roßbach, Hohen=Friedberg, Prag erreichen. Wenn in ihr

wieder einmal die Seydlitz, die Ziethen, die Warnery zum
Vorschein kommen, dann werden auch glänzende Thaten wieder voll=
bracht werden. Ueber diese Gefechte wird viel gesprochen, während
man sie nur mehr dem Namen nach kennt, als ihrem Wesen nach.
Es lohnt sich, dieselben mit einiger Aufmerksamkeit zu betrachten,
und man wird sehen, daß auch in ihnen die Cavallerie ihren Erfolg
ausschließlich der Erfassung des richtigen Augenblicks und solchen
Umständen verdankte, daß kein vervollkommnetes Gewehr denselben
zu hindern vermocht hätte. Denn in der That war es: bei Roß=
bach eine Attaque auf eine Marsch=Colonne; bei Prag — eine
Attaque in die Flanke und den Rücken; bei Hohen=Friedberg —
gegen Bataillone, welche im Begriff waren, ihre Front zu verändern.

Und dann thut eine Infanterie übel daran, wenn sie sich auf
ihre vervollkommnete Waffe verläßt und dabei vergißt, daß sie sich
früher nur auf sich selbst verlassen mußte. Stellen wir uns eine
Infanterie=Abtheilung vor, welche sich gewöhnt hat, zu glauben, daß
sie vermöge ihres Gewehrs nie von Cavallerie gesprengt werden kann;
denken wir uns dagegen eine attaquirende Cavallerie=Abtheilung,
welche entschlossen ist, einzubrechen, ohne den Verlust zu be=
achten: welchen Eindruck wird es auf die Infanterie hervorbringen,
wenn sie sieht, daß die Kugeln den Feind nicht aufhalten? Ge=
wiß den der furchtbarsten, lähmenden Ueberraschung, welche nichts
als Verderben im Gefolge haben wird. Wie vollkommen nun auch
das Feuergewehr sein mag, die Infanterie darf nicht vergessen, daß
sie wie der Infanterie, so auch der Cavallerie mit dem Bayonnet
entgegenzutreten bereit sein muß und nur eine solche Infanterie
kann der Cavallerie wirklich furchtbar sein.

Das beste Mittel, in dieser Hinsicht die Infanterie und die Ca=
vallerie einzuüben, ist die durchgeführte Suworow'sche*) Attaque;
und wenn es möglich war, dies bei der früheren Waffe außer Acht
zu lassen, so möchte dies bei der gegenwärtigen kaum rathsam und
gefahrlos sein.

Nichtsdestoweniger ist es vollkommen wahr, daß jetzt die Ca=

---

*) Suworow ließ bei den Friedensübungen die Cavallerie durch die Inter=
vallen der aufgestellten Infanterie, während dieselbe feuerte, hindurchreiten oder auch
durch feuernde Schützenketten. So gewöhnten sich Reiter und Pferde an das Feuer
der Infanterie, diese gleichzeitig an den Choc.

Anm. d. Uebers.

vallerie bei der geringsten Ungeschicklichkeit der Führer viel größeren
Verlusten ausgesetzt werden kann, als dies früher der Fall war, daß
dies übrigens aber viel mehr von den Zügen der Gewehre abhängt,
als von der Hinterladung. Aber dies beweist nur, daß die Führer
geschickter*) sein müssen und daß die Grundeigenschaft der Cavallerie
— schnelle Beweglichkeit — im höchstmöglichen Grade ausgebildet
sein muß. Denn nur die Schnelligkeit der Bewegung kann der Cavallerie die Möglichkeit geben, den Einfluß des Raumes zu vernichten,
welcher ihr durch das Feuer verderblich wird, und auf diejenigen
Entfernungen heranzukommen, in welchen die Chancen gleich sind —
auf die günstige Entfernung für den Säbel, für die Lanze. Demnach wird also der Einfluß der Vervollkommnung der Gewehre auf
die Cavallerie, wenn man mit Vernunft die Sache durchdenkt, nur
von der Art sein, wie er immer und in Bezug auf alle Waffengattungen gewesen ist: er wird zur größeren Entfaltung ihrer Eigenschaften führen, aber nicht zur Vernichtung oder Verminderung ihrer
Bedeutung. Im Kriege, wie in allem Anderen ist nur das Element
nichtig, welches schwach ist, nicht sich selbst vertraut und bis zu einem solchen Grade von der eigenen Nichtigkeit durchdrungen ist, daß es sogar,
noch ehe es die Gefahr gesucht hat, von der Furcht vor derselben
ergriffen wird, und sie für unüberwindlich hält, kurz — in der
eigenen Einbildung sich selbst schon dann geschlagen glaubt, wenn der
Feind noch nicht daran denkt zu schlagen. Die Gefahr durch Feuer
hat sich für die Cavallerie vergrößert, aber sie hat sich ja auch für
die Infanterie vergrößert: folgt denn daraus, daß auch die Infanterie
auf den Schlachtfeldern keine Stelle mehr findet? Die Infanterie
wird den Schaden, welcher ihr zugefügt worden ist, ersetzen; aber
wird sie etwa nicht auch dadurch die eigene Cavallerie beschützen?
Also: Ausbildung tollkühner Unerschrockenheit in den
Leuten; Ausbildung der Schnelligkeit der Pferde und
Erleichterung des Gepäcks bis zur äußersten Grenze;
vollständige Befreiung des Unterrichts der Leute, des
Zureitens der Pferde und der vorgeschriebenen Anforde-

---

*) Man erzählt von dem Commandeur eines österreichischen Cavallerie-Regi-
ments, welches den größten Theil des Tages von Königgrätz dem Feuer ausgesetzt
war und fast keinen Verlust erlitt, weil derselbe, sowie er bemerkte, daß die Geschosse in der Nähe seiner Truppe einzuschlagen begannen, sogleich hundert Schritt
vor oder zurück ging.

rungen von aller Pedanterie; erhöhte Ausbildung des
einzelnen Mannes in der Gewandtheit und der Fertigkeit,
sicher und kräftig einzuhauen und zu stechen*) — das ist
es, was die vervollkommnete Feuerwaffe hervorrufen wird und wehe
der Cavallerie, welche dieses Alles nicht anstrebt. ...

In Bezug auf die Artillerie hat der Feldzug von 1866 die Be=
deutung, daß er den unbestrittenen Vorzug des gezogenen Systems
bestätigt, wenn man nämlich die ganze Summe der Eigenschaften in
Betracht zieht und nicht nur einige. Die Kartätschwirkung der ge=
zogenen Artillerie ist schwach; aber außer dieser bieten die bedeutendere
Schußweite und Wirkung der Granaten und Shrapnels so große
Vortheile vor den entsprechenden Schußarten aus glatten Geschützen,
daß Letztere fast keine Chancen auf einen erfolgreichen Kampf gegen
Erstere haben.

Was die Feld=Artillerie betrifft, so tritt auch noch ein anderer
Punkt hervor: sie hat endlich die Möglichkeit erlangt,
gleichförmig zu werden. So weit man urtheilen kann, ist dies
nach der Vergrößerung der Schußweite und Schußwirkung der be=
deutendste Schritt, welcher von der Artillerie zugleich mit der Ein=
führung des gezogenen Geschützsystems gemacht worden ist.

Die Ereignisse des letzten Krieges haben keinen Unterschied in
der Wirkung des 4= und 6pfdg. Kalibers bei der preußischen und
des 4= und 8pfdg. bei der österreichischen Artillerie herausgestellt.
Daher kann und muß man im Interesse der Beweglichkeit, der
Gleichförmigkeit der Theile des Materials und der Munitionsver=
sorgung sich bei der Feldartillerie auf das 4pfdg. Kaliber allein be=
schränken.

Anders konnte es auch nicht sein, denn bei dem gezogenen
Geschütze führt die Verstärkung des Kalibers nicht eine
größere Schußweite oder Schußwirkung in erheblichem

**) Fast keine der regulairen Cavallerien hat einen Begriff von diesen Fertigkeiten,
es ist unmöglich, ihr dieselben beizubringen durch Fechtübungen oder durch Lusthiebe,
sondern ausschließlich nur durch Hauen nach einer ausgestopften Puppe; und noch
dazu in einem vorgezeichneten Strich, und durch Stechen mit der Lanze nach einem
im Voraus bestimmten Punkte.

Einige der preußischen Dragonerregimenter bemühten sich, vor der Attaque sich
mit Schießen vom Pferde zu beschäftigen; dies hatte aber nur den Erfolg, den
Schießen vom Pferde immer haben wird: — die Kugeln flogen in den Wind.

Maße herbei.*) Dies kommt daher, daß es durch die längliche Gestalt der Geschosse möglich ist, ein bei Weitem günstigeres Verhältniß zwischen Geschoß-Oberfläche und seinem Gewichte herzustellen, als es bei sphärischen Geschossen denkbar ist. Es genügt zu erwähnen, daß unsere 4pfbg. gezogene Granate im Verhältniß zur Oberfläche so viel Metall enthält, als das 140pfbg. sphärische Geschoß.

Die Vertheidiger der Nothwendigkeit, schwere gezogene Geschütze zu haben, stützen sich insbesondere auf deren kräftige Sprengwirkung, welche zur Zerstörung von Erdwerken nothwendig werden kann. Dies ist aber das Urtheil von Friedenssoldaten, die nicht einsehen, daß Schnelligkeit und Ueberraschung auf jedem Schritte die Haupt-Characterzüge des heutigen Feldkrieges sind; die erstere fordert mög= lichste Beweglichkeit aller Theile des Materials (und kann man zum Beispiel ein Geschütz beweglich nennen, welches 40 Pud wiegt, im Vergleich zum 4pfünder, der im Ganzen nur 20 wiegt?); die zweite, d. h. die Ueberraschung, setzt uns auf jedem Schritte in die Nothwendigkeit, nicht das zu gebrauchen, was besser ist, son= dern, was zur Hand ist. Demgemäß wird das Gesetz der Ein= fachheit in allen Heereseinrichtungen auch zu den Grundgesetzen gerechnet; daher ist auch das französische Sprüchwort: „Das Bessere ist der Feind des Guten" von tiefer Wahrheit bei seiner Anwendung nicht allein auf militairische, sondern auf alle practischen Gegen= stände. Leider werden dies wahrscheinlich die Friedens-Organisatoren nicht begreifen, und indem sie der Armee durch Vervielfältigung des Materials Gutes zu thun meinen, dasselbe zu schwer machen und daher Schaden bereiten.

Man sagt, daß schwere gezogene Geschütze sogar Brustwehren zerstören können: dies ist wiederum eine Friedens-Ansicht, denn man verliert dabei aus den Augen, daß Zeitgewinn im Kriege das Wich= tigste ist, und daß es besser ist, eine Schanze mit Sturm zu nehmen, als sie in solcher Weise zu zerstören. Es ist dies auch in jeder Be= ziehung günstiger: es geht nicht nur schneller, sondern der Verlust an Leuten wird auch geringer sein. Auf Grund der Beweismittel, welche zum Vortheil schwerer gezogener Artillerie vorgebracht werden, könnte man verlangen, daß Geschütze aller Kaliber bei der Armee

---

*) Natürlich unter den Verhältnissen, unter welchen man in der Schlacht schießt, und nicht gegen Friedens-Polygone.

mitgeführt werden: dies wäre noch besser; aber es wäre nicht gut, so daß zuletzt der Trieb nach Vervielfältigung der Kaliber in der Feldartillerie in gegenwärtiger Zeit sich nicht so sehr aus der Er= kenntniß des Nutzens und Vortheils für die Armee, als aus dem hergebrachten Wunsche erklärt, die gewohnte Eintheilung der Artillerie in schwere und leichte, was auch immer daraus werden mag, aufrecht zu erhalten.

Die Gefahr eines größeren Munitions=Verbrauchs gegen früher in Folge der vergrößerten Schußweite ist gänzlich unbegründet: während des ganzen Feldzuges hat die preußische Ar= tillerie nicht einmal die Completirung an Munition ver= braucht, welche sie unmittelbar bei den Batterien mit= führt.*) Daß eine solche Gefahr entstehen könnte, lag nur in der Meinung Derjenigen, welche nicht wissen, daß ein größerer Munitions= verbrauch nicht sowohl zusammenhängt mit der Schußweite, welche die Geschütze erreichen können, als mit dem unruhigen Seelenzustande der Bedienung und der Officiere.

Besondere Unterschiede in der Wirkung sind zwischen der öster= reichischen und preußischen Artillerie nicht bemerkt worden, was sich wiederum dadurch erklärt, daß man nicht auf vorher abgemessene Entfernungen schoß, wie es in dem größten Theile der Friedens= Versuche und Uebungen geschieht.

In Bezug auf die Organisation der Artillerie wird wahrschein= lich die Einführung der gezogenen Geschütze den Einfluß haben, daß sie eine Verstärkung des Pferdestandes und der Zahl der Mannschaft, besonders des ersteren, nothwendig macht. In Bezug auf die Aus= bildung influirt das gezogene System dahin, daß wahrscheinlich das Feuern auf abgemessene Entfernungen bei den jährlichen Schießübun= gen gänzlich abgeschafft werden wird, da bei der Genauigkeit des Schusses aus gezogenen Geschützen ein solches nicht mehr nothwendig ist, und es andererseits bei der Anwendung von Percussionszündern für die Granaten von großer Bedeutung ist, die Entfernung schätzen zu lernen, in welcher

---

*) In der ganzen Campagne wurden aus jedem Geschütz durchschnittlich abge= geben

bei der I. Armee 4pfdg. 87, 6pfdg. 50, 12pfdg. 9 Schuß,
bei der II. Armee „ 44, „ 24, „ 17 „

das Geschoß vom Ziele aufgeschlagen hat. Bei abgemessenen Ent=
fernungen wird das Bedürfniß, den ersten Aufschlag zu beobachten,
bei Weitem nicht in dem Maße angeregt, als bei dem Schießen auf
unbekannte Entfernungen.

Die Preußen waren nicht ganz zufrieden mit ihrer Artillerie.
Darin haben sie theilweise Recht, aber bedeutend weniger, als es
auf den ersten Blick scheinen kann. Sie haben behauptet, daß die
Artillerie nicht so sicher geschossen habe, als man erwartete: erstens
aber mußte sie gewöhnlich aus zu entfernten Positionen schießen, wie
es z. B. beim Angriff auf die Höhen*) meistentheils der Fall war; zwei=
tens auch auf unbekannte Entfernungen. Ein anderer Vorwurf würde
mehr begründet sein: die preußische Artillerie bekümmerte sich zu
sehr um ihre Bedeckung und fürchtete, in Gefangenschaft zu gerathen.
Ihrerseits beklagen sich die Artilleristen, daß die Infanterie ihnen
nicht hinreichend Zeit gelassen hat, zu schießen, indem sie nach der
Meinung derselben sofort zum Angriff stürzte: gebe Gott, daß jede
Infanterie eines solchen Vorwurfs sich würdig machte.

Die Angriffe der preußischen Infanterie glückten überall — der
beste Beweis, daß sie der Artillerie so lange Zeit gelassen hatte,
dieselben vorzubereiten, als für das Gefecht nöthig war. Eine
länger ausgedehnte Vorbereitung konnte nur dazu führen, die
Verluste der Infanterie durch feindliches Geschützfeuer zu ver=
größern.

Die Bedeutung der Ingenieurtruppen trat hinreichend hervor,
obwohl nicht in großen Thaten: die Batterien bei Chlum und Lipa
brachten den Oesterreichern merklichen Vortheil, und wenn trotz der
einigermaßen nachtheiligen Anlage der Nutzen der Batterien östlich
von Chlum nicht hervortrat, so hatte dies den Grund, daß sie gar
nicht besetzt worden waren, indem man vom Anfange des Kampfes an
von der Disposition abwich. Außerdem war den Ingenieurtruppen eine
sehr beschränkte Anwendung zu Theil geworden: die österreichischen Be=
fehlshaber schienen vergessen zu haben, daß die Aufgabe dieser Truppen
nicht nur bauen, sondern auch zerstören ist. Es ist schon bekannt, daß in

---

*) Denn je näher man an die dominirenden Höhen heranging, um so schlechter
wurde die Lage in Bezug auf die feindliche Artillerie; zuweilen wurde dann sogar
die Möglichkeit, etwas zu wirken, ausgeschlossen.

diesem letzteren Sinne die Ingenieure und Pioniere von den Oester=
reichern gar nicht gebraucht wurden. Die Sachsen verstanden dies
besser, und Maßregeln, wie die Zerstörung der Brücke bei Nechanitz,
waren ihnen sehr vortheilhaft.

Die heutige Kriegführung erweist scheinbar die Nutzlosigkeit nicht
nur schwacher, sondern sogar auch stark befestigter Punkte, aber nur
scheinbar. Indem man diese Folgerung macht, vergißt man wie=
derum den einfachen Umstand, daß der Werth jedes unbelebten Gegen=
standes sich nicht sowohl durch die ihm innewohnenden Eigenthümlich=
keiten bestimmt, als nach den Eigenschaften des Mannes, welcher
diesen Gegenstand benutzt. Keine Festung, kein Kriegstheater kann
sich selbst vertheidigen: es ist sonderbar auszusprechen, daß sie nichts
nutzen, wenn man nicht versteht, sie zu benutzen. Aber sogar trotz
dieses letzteren Umstandes muß man annehmen, daß, wenn die Preu=
ßen die Verfolgung am 4. Juli unterließen, dies wahrscheinlich
wegen Königgrätz geschah; daß, wenn sie so spät die Eisenbahn=
verbindung mit Berlin herstellten, auch dies wiederum Königgrätz zu
verdanken war.

Wenn eine Festung umgangen wird, so beweist dies nicht ihre
vollkommene Werthlosigkeit, denn es steht in engem Zusammenhange
mit den Kräften der umgehenden Armee und mit der Zahl günstiger
Wege, welche bei der Festung vorüberführen. Es ist selbstverständ=
lich, daß eine Armee von 200,000 Mann nicht ihre ganze Aufmerksamkeit
auf eine Festung mit einer Garnison von 10,000 Mann richten
kann; es ist auch selbstverständlich, daß der Werth dieser Festung
sich verringert mit der Zunahme der Zahl der Wege, welche an ihr
vorüber nach einem Operationsobject führen, welches viel wichtiger
ist, als die Festung selbst; es ist endlich selbstverständlich, daß sogar
ein verschanztes Lager nicht einen großen Werth haben kann, wenn
man aus demselben nicht eine Offensive zu erwarten hat. Alles
dieses beweist nicht die Werthlosigkeit der Festungen, sondern ihre
Abhängigkeit, wie alles Andere im Kriege, von den lebenden Fac=
toren allein, d. h. von der Armee und von den leitenden Persönlich=
keiten. Ist die Armee unerschüttert, die leitenden Persönlichkeiten
hartnäckig und unternehmend — dann wird jedes materielle Hinder=
niß zu einem unüberwindlichen werden; ist die Armee moralisch ge=
brochen, die Führer unter dem Einfluß der Furcht vor Verantwortlich=

keit — so bedeuten materielle Hindernisse nichts, ja noch schlimmer, sie nutzen nicht uns, sondern dem Feinde*).

Aber trotzdem, daß die österreichische Armee aufgelöst war, kann man dennoch behaupten, daß die Festungen nicht ohne Einfluß auf die kriegerischen Operationen gewesen sind. Insbesondere zeigte sich derselbe in Beziehung auf diejenigen Wege, welche in unserer Zeit so selten sind, wie es gewöhnliche gute Wege im 18. Jahrhundert**) waren: ich meine die Eisenbahnen auf dem Kriegstheater.

Eisenbahnen.

Die Eisenbahnen haben in diesem Feldzuge auf dem Kriegs= Theater durchaus die Wichtigkeit behalten, welche man ihnen schon lange zuerkannte: sie blieben nur Communications=, aber wur= den nicht Operations=Linien, d. h. solche, auf welchen nach der Armee hin und von ihr weg alles Das transportirt wurde, was un= fähig war zu fechten***), aber keineswegs solche, auf welchen bewaff= nete Truppen an den Feind gebracht werden konnten.

In Bezug auf die Concentrirung der Truppen leisteten sie be= deutende Dienste bis zu Anfange des Krieges, d. h. so lange die Gegner innerhalb ihrer eigenen Grenzen sich befanden; aber nachher mußten fast in der ganzen Campagne die Truppen nicht nur mar= schiren, sondern sie erhielten auch alle Bedürfnisse auf den gewöhn= lichen Wegen. Erst am Ende des Feldzuges gelang es den Preußen, die mit Umwegen verbundene Eisenbahn=Verbindung Reichenberg= Turnau=Prag=Pardubitz=Brünn herzustellen. Aber bis zu welchem Grade auch diese unsicher war, beweist ein Ereigniß, welches mit dieser Verbindung nach Abschluß des Waffenstillstandes passirte: der Commandant von Theresienstadt, der im Laufe des Feldzuges sich still verhalten hatte, machte, als schon der Waffenstillstand abge= schlossen war, einen Ausfall und zerstörte eine der Brücken zwischen

---

*) Wie es auch mit Königgrätz am 3. Juli der Fall war, wo es nicht zum Schutzmittel, sondern zum Hinderniß für die österreichische Armee wurde.
**) Diese Seltenheit und dabei die Armeen von nicht bedeutender Stärkezahl waren auch die Hauptgründe der großen Wichtigkeit selbst kleiner Festungen im 18. Jahrhundert.
***) D. h. Vorräthe aller Art, Rekruten u. s. w.; auch transportirte man Ge= fangene, eroberte Geschütze zc.

Kralup und Turnau, wonach an eine Wiederherstellung der Verbindung nicht vor einer oder zwei Wochen zu denken gewesen wäre, wenn man die Fortsetzung der kriegerischen Operationen voraussetzt. Dieser Fall zeigt durchaus die Hauptschwäche der Eisenbahnen: nämlich die, daß sie, während sie die Regelmäßigkeit der Verbindung bis zu einem gewissen Grade gegen Zufälligkeiten sicher stellen, doch selbst Zufälligkeiten ausgesetzt sind.

Und daher werden in Europa wenigstens die Eisenbahnen nur Communicationen sein können, aber nicht Operationslinien. Das Beispiel Amerika's in dieser Hinsicht thut nichts zur Sache, sowohl wegen der großen Zahl der dort vorhandenen Eisenbahnen, als auch besonders deswegen, weil im Innern des Gebietes der Vereinigten Staaten dieselben nicht durch Festungen gesperrt sind.

Es giebt Leute, welche sich darauf stützen, daß die Eisenbahnen als Wege zu Flanken- oder Rückzugs-Bewegungen dienen können*), und daher behaupten, daß in diesen Fällen dieselben sich in Operationslinien verwandeln. Dies ist aber kaum richtig, denn die erwähnten Bewegungen haben, wenigstens im Augenblicke ihrer Ausführung, nicht den Kampf zum Ziele, sondern die Vermeidung desselben, folglich behalten die Wege, auf welchen dieselben ausgeführt werden, durchaus den Character von Communicationslinien.

Wenn wir wieder auf den Transport von Truppen auf Eisenbahnen im eigenen Lande zurückkommen, so muß hervorgehoben werden, daß dieses Beförderungsmittel von bedeutender Wichtigkeit und es dauernd nothwendig ist, die Truppen so genau, als möglich damit bekannt zu machen. Daraus ergiebt sich eine doppelte Folgerung: 1) die Nothwendigkeit eines schnellen Transportes wird die Truppen nicht unvorbereitet treffen; 2) sie erlangen einen richtigen, aber nicht übertriebenen Begriff von dem Grade der zu erreichenden Beschleunigung der Märsche. — In heutiger Zeit erwarten sehr viele Leute von den Eisenbahnen weit mehr, als sie zu leisten vermögen: daraus folgen später viele irrthümliche Berechnungen und bittere Enttäuschungen.

Wie dem auch sei, unbedingte Berechnungen zur Anwendung auf alle Eisenbahnlinien überhaupt sind gänzlich unmöglich: wenn Frost

---

*) Für Truppen, die sich nicht im unmittelbaren Bereich des Feindes befinden.

eintritt — mögen scheinbar alle Mittel zum ununterbrochenen Trans=
port vorhanden sein (ausreichende Transportmittel und Personal,
zwei Schienenstränge 2c.), aber es giebt auf dem Wege nicht Wasser
genug — so werden alle Berechnungen zu nichte. Daher ist es
auch unerläßlich nothwendig, sich mit dem Transport bedeutender
Truppenmassen in der Praxis zu beschäftigen und nicht unbedingt
auf eine theoretische Berechnung sich zu verlassen. Der Transport
des preußischen Garde=Corps liefert dazu einen hinreichend treffenden
Beweis: auf eine Entfernung von 57 Meilen erforderte derselbe nicht
weniger als 10 Tage, d. h. die Bewegung war nicht mehr beschleu=
nigt, als um 2½ Mal gegen einen gewöhnlichen Fußmarsch auf die
angegebene Entfernung. Dieses Resultat ist sehr entfernt von den
theoretischen Schlüssen in Bezug auf die Möglichkeit, Märsche beträcht=
licher Massen mit Hülfe der Eisenbahnen zu beschleunigen.

Dieses Beispiel führt auch noch zu einem anderen Schluß: durch
Eisenbahn=Transporte erreicht man besonders die Con=
centrirung bedeutender Infanterie=Massen; für Caval=
lerie und Artillerie ist wegen der größeren Schwierigkeit
der gewöhnliche Marsch vorzuziehen, besonders, wenn die
Entfernungen nicht sehr groß sind.

Telegraphen.

Von den militairischen Feld=Telegraphen kann man dasselbe
sagen, was von den Eisenbahnen gesagt wurde: in Beziehung auf
die Beförderung von Befehlen waren sie mehr Verkehrsmittel, als
Operationsmittel, denn sie dienten auf den hergestellten*) Linien
weit mehr zur Verbindung der Hauptquartiere, als zur Beförderung
von Befehlen an die Truppen. Und dies ist wiederum selbstverständ=
lich eine Folge der Eigenschaften, welche den Telegraphen sogar in
höherem Maße innewohnen, als den Eisenbahnen: während sie die
Entfernungen verkürzen und die Mittheilungen über Vorkommnisse
erleichtern, unterliegen sie selbst in hohem Maße den Zufälligkeiten.
Im Kriege ist es schwer, sich auf ein Mittel zu verlassen, welches so
empfindlich ist, daß der erste beste, nicht einmal böswillige, sondern nur
einfach unachtsame Mensch dasselbe leicht verderben kann. Daher zog

---

*) D. h. im Rücken der Armee.

man in der preußischen Armee in Betreff der Beförderung von Ope=
rationsbefehlen vor, sich an das alte, vergleichsweise langsame, aber
sichere Mittel — durch Ordonnanz=Officiere zu halten.

Und so hat in dieser Beziehung der Krieg die Eigenthümlich=
keiten der aufgeführten Elemente nicht verändert, obwohl er zeigte,
welchen mächtigen Nutzen sie hervorbringen in der Hand von Leuten,
welche bei Zeiten darauf bedacht waren, daß die Truppen sich die=
selben zu eigen .machten.

Wir haben nur einen geringen Theil derjenigen Vervollkomm=
nungen aufgeführt, welche in den verschiedenen Waffengattungen durch
den schnellen Erfolg der Feuerwirkung hervorgerufen werden, aber
mich dünkt, wir haben hinlänglich dargethan, daß diese Erfolge den
Werth des Mannes, gleichsam des Instruments im Kriege, nicht ver=
ringert, sondern vergrößert haben: denn große Schwierigkeiten im
Kampfe werden nur durch den Verstand ersonnen, wie sie ebenfalls
nur überwunden werden durch Verstand, Zähigkeit, Energie, und durch
nichts Anderes. In heutiger Zeit beginnt leider zu stark der Ge=
danke sich zu verbreiten, daß der Mensch durch Maschinen sich ersetzen
lasse *— ein gefährlicher Gedanke, welcher dahin führen kann, wohin
er schon einmal zur Zeit des Falles des Römischen Reiches ge=
führt hat ..... Eine Maschine ergänzt den Mann, kann ihn aber
nicht ersetzen: ja noch mehr: sie kann ihren ganzen Nutzen nur ent=
falten in den Händen eines Mannes, der Kopf und Herz auf dem
rechten Flecke hat.

Es wird daher ein großer Fehler sein, wenn man, verführt durch
die Vervollkommnung der Waffen, vergißt, daß die bessere Waffe
auch einen besseren Mann verlangt, d. h. einen mehr ausgebildeten,
gewandteren, welcher materiell möglichst gut gestellt ist in Bezug auf
seinen Unterhalt und seine Ausrüstung. Die letztere ist entschieden
schwer in allen europäischen Armeen: die Thatsache allein, daß
jetzt fast immer zur Regel geworden ist, vor dem Angriff die
Tornister abzulegen, ist dafür ein deutlicher Beweis. Das Gewicht
des Gepäcks ist insbesondere jetzt von empfindlichem Einfluß, wo die
Schnelligkeit, welche früher die Besonderheit der Operationen genialer
Feldherren (Napoleon, Suworow 2c.) ausmachte, gleichsam zur Regel
zu werden beginnt, denn Alle erkennen die mächtigen Vorzüge an,

welche burch sie geboten werben, unb beftreben sich, ihre Zuflucht zu ihr zu nehmen.

Daher muß auf die Erleichterung der Last des Soldaten eine besondere Aufmerksamkeit verwendet werden. Einige preußische Offi= ciere neigten sich nach dem Feldzuge der Ansicht zu, daß man die Tornister abschaffen könne, und kaum möchte es erlaubt sein, diese Ansicht ohne Weiteres in die Zahl der Paradoxen zu verweisen. Zu ihren Gunsten spricht die Thatsache, daß einige Regimenter, welche ihre Tornister bei Trautenau verloren hatten, durch die Abwesenheit der= selben während des übrigen Theiles des Feldzuges keine besondere Entbehrung empfanden. So weit man urtheilen kann, müßten über- haupt bei der Ausrüstung des Soldaten Gegenstände vermieden wer= den, welche, ohne demselben irgend welchen unmittelbaren Nutzen zu gewähren, nur eine Rolle spielen — nämlich die Rolle eines Ueber= zuges für seine dürftigen Habseligkeiten. Zu Gunsten des Versuchs, die Tornister abzuschaffen, bieten auch unsere letzten Operationen im Westen des Landes ein gutes Zeugniß dar, während welcher die Detachements ohne Tornister marschirten, obwohl sie bisweilen zu Expeditionen von ziemlich langer Dauer abgesendet wurden. Mich bünkt, daß ein zweites Paar Stiefel, Zwieback, ein oder zwei Hemden und noch einige Kleinigkeiten — immerhin nicht so schwer zu trans= portirenbe und kostbare Gegenstände sind, daß für dieselben ein be= sonderes Behältniß nothwendig wäre, welches an und für sich schon ziemlich schwer wiegt*) und hauptsächlich zur Vervielfältigung der Ausrüstung des Soldaten durch Zugabe von Sachen verleitet, welche nach dem Friedens=Urtheil förmlich unerläßlich sind, aber im Kriegs= Verhältniß nirgend Nutzen gewähren. Die Abschaffung des Tornisters würde auch den Soldaten in die Unmöglichkeit versetzen, jede nutzlose Kleinigkeit mit sich zu schleppen, wozu er in sehr starkem Grade neigt — eine Thatsache, welche Jedem bekannt ist, der sich näher darum gekümmert hat.

Wir wenden uns nun zu der preußischen Armee und wollen einige Eigenthümlichkeiten derselben besprechen, welche in der vor= stehenden Erörterung noch nicht hervorgehoben wurden. Im Anfange ist gesagt worden, daß der preußische Soldat Entbehrungen mit

*) Bei einer Last, welche bisweilen 6 Meilen pro Tag geschleppt werden muß, ist jedes Quentchen von großer Bedeutung.

Standhaftigkeit und Selbstverleugnung erträgt: aber seine Jugend und Ungewohntheit in lang andauernden Märschen äußerten ihren Einfluß, was sich auch in den bedeutenden Procenten des Ausfalles abspiegelt. Bei der II. Armee zum Beispiel erreichten von 125,000 Mann, welche beim Beginn des Krieges ihre Stärke ausmachten, die Donau ungefähr 95,000. Da der Verlust dieser Armee in den Gefechten nicht 9000 Mann überstieg, so beweist dies, daß 21,000 M. zurückgeblieben sind .... Der ganze Feldzug dauerte vom 27. Juni bis zum 22. Juli, d. h. beinahe einen Monat. Wenn man sogar zugiebt, daß ein Theil dieser Ziffer auf die Sicherungstruppen des Rückens abging, so bildet der Rest immer noch ein ziemlich starkes Procent.

Ein hervorragender Zug in der Kampfweise der Preußen bestand in diesem Feldzuge in der Neigung zu Umgehungen, sowohl strategischen, wie tactischen. Dieselben waren bis zu einem solchen Grade zahlreich, daß man zu dem Gedanken veranlaßt wird, ob nicht dieses Verfahren bei den Preußen auf die Stufe des Besseren, welches der Feind des Guten, erhoben worden ist. Gegen die Oesterreicher war es freilich das Beste; es ist nur die Frage, ob es sich ändern wird mit dem Wechsel des Gegners. Es ist wahr, die preußischen Heerführer verstehen vortrefflich, daß „es nöthig ist, alle zehn Jahre die Tactik zu ändern" *): aber der Mensch ist so geneigt, das für das Beste zu halten, was ihm einmal geglückt ist ....

Die preußische Armee ist nicht an das Bivouacsleben gewöhnt, liebt dasselbe auch nicht. Bei der geringsten Möglichkeit zog sie Quartiere vor; es kam vor, daß Abtheilungen, welche aus dem Quartiere in der Erwartung des Feindes auf zwei Meilen in eine Stellung gerückt waren, zur Nacht wieder nach denselben Quartieren zurückkehrten. Kunstgriffe für die Bivouacs in der Art der Erbauung von Hütten sind den Preußen nicht geläufig; erst am Ende des Feldzuges begannen sie einige Fertigkeit in denselben zu erlangen. Die Oesterreicher dagegen sind ungemein geschickt in derartigen Einrichtungen: auf den von ihnen verlassenen Bivouacsplätzen fand man beinahe immer ganze Strohdörfer, welche mit bemerkenswerther

---

*) Ein Ausspruch Napoleon's I., welcher dies zuerst hinstellte, aber doch zuließ, daß die Tactik seiner Truppen zur Routine wurde, wofür er auch von den Engländern auf der pyrenäischen Halbinsel und im Jahre 1815 bestraft wurde.

Kunstfertigkeit angelegt waren. Ihre Hütten, gewöhnlich für eine ganze Abtheilung, bisweilen 30 bis 40 Schritt lang, waren Schutz= dächer von 1¼ Ellen Höhe und bestanden entweder aus einer geneigten Wand, welche durch Stützen gehalten wurde, oder aus einer vertikalen Wand und einem Dache. Einige Stangen dienten diesen Bauwerken als Gerippe. Das Stroh ist das einzige Ma= terial: damit verbinden sie die Stangen und bekleiden sie, auch ersetzt es die Thür=Charniere an den Hütten der Officiere. Wie schön auch solche Einrichtungen sein mögen, so sind sie, abgesehen schon von der Vernichtung des Getreides, auch darum nicht leicht herzustellen, weil sie zu viel Zeit von der Ruhe des Soldaten wegnehmen, folglich kaum möglich sind bei nur ein wenig anbauern= den, geschweige denn forcirten Märschen. Dies erweist gerade den großen Vortheil und die Nothwendigkeit der transportablen Zelte nach französischem Muster für die Truppen, durch welche der Soldat nach der Ankunft am Nachtlager in 2 bis 3 Minuten ein Dach er= hält. Ihre Einführung wird eine der bedeutendsten hygienischen Ver= besserungen werden*).

Die Anordnung des Wachtdienstes bietet bei den Preußen eine besondere Eigenthümlichkeit dar, welche Nachahmung verdient. Un= mittelbar hinter der Vorpostenkette auf jedem Wege, der nach der feindlichen Seite hinführt, wird ein Examinirtrupp von 4 oder 5 Mann aufgestellt, welche der Reihe nach unverzüglich alle einzelnen Leute zum Piquet geleiten, die von der Seite des Feindes her= kommen. Die Doppelposten vorn, die nicht auf den Wegen stehen, lassen Niemand durch und weisen Jeden zum Examinirtrupp. Ver= möge dieses Mittels kann nicht so leicht vor der Vorpostenkette die gefährliche Anhäufung von feindlich gesinnten Leuten eintreten, welche bisweilen absichtlich herbeigeführt wird, um unvermuthet die Posten= kette zu durchbrechen.

In der Geschmeidigkeit der reglementarischen Formation waren die beiden Gegner ganz gleich: die Truppen verloren nicht die Be= sonnenheit, wenn z. B. das 3. Bataillon rechts von dem 1. oder 2. sich befand, oder wenn in einem und demselben Bataillon sogar die Compagnien nicht nach der Nummer geordnet waren: sie verloren sie deswegen nicht, weil sie im Frieden so eingeübt waren.

---

*) Bei uns sind sie eingeführt.

Ich schließe diesen Abriß des Feldzuges, indem ich nochmals die Ansicht wiederhole, welche ich wahrscheinlich noch öfter auszusprechen genöthigt sein werde: die vervollkommnete Bewaffnung, der vortreffliche Operationsplan, die Kenntniß der militairischen Kriegstechnik bedeuten freilich sehr viel, aber sie haben keine größere Bedeutung, als Nullen, wenn sie links von der Eins stehen: sie vermehren quantitativ, aber nicht qualitativ den Werth derselben; an und für sich haben sie keinen Werth. Diese Eins in militairischen Verhältnissen, wie in allen und immer, ist der Mensch. Da, wo er energisch ist, wo er nicht unter dem moralischen Drucke einer gewissen Verkettung von Umständen oder unter dem übersinnlichen — gewisser Theorien sich befindet, wird Alles gut gehen; wenn die Technik und eine vorzügliche Waffe vorhanden sind — wird es noch dazu auch leicht gehen; wenn eines oder das andere nicht in befriedigendem Maße vorhanden ist — wird es schwerer gehen, mit größeren Verlusten, aber immerhin wird es gehen.

Da aber, wo der Mensch gewöhnt ist, Alles zu fürchten, wo seine Energie abgestumpft ist, die moralische Selbständigkeit verfolgt wird, als etwas Schädliches, da wird er nothwendiger Weise sich auch vor dem Feinde fürchten: nicht so sehr vielleicht, daß er beim ersten Zusammentreffen vor ihm fortläuft, sondern so, daß er fortwährend in seinem Innern den Stachel der moralischen Ueberzeugung trägt, daß es unmöglich ist, ihn zu besiegen.

Bei solchem Zustande der moralischen Seite wird keine Verbesserung der Waffen oder der Technik etwas nutzen, denn Beides bringt wohl dahin, Hindernisse auf dem Wege nach dem gegebenen Ziele zu überwinden, aber lehrt nicht, auf dieses Letztere mit Entschlossenheit und unwiderruflich loszugehen. Dies aber kann nicht gelehrt werden: man gelangt dahin nur durch Herausarbeitung der persönlichen Energie des Soldaten und der Führer; ohne diese wird die vollkommenste Waffe mehr schaden, als nützen, denn sie verführt nur zur Munitionsvergeudung, welche schneller eintritt und ungeschickter ist, als bei dem früheren Gewehr; eine Vervollkommnung der Kriegs-Technik wird dann ebenfalls von schädlichem Einflusse sein, denn sie lehrt zwar die Ueberwindung von Schwierigkeiten, aber gleichzeitig zeigt sie auch deren ganze Kraft, d. h. sie verschafft unentschlossenen Leuten nur hübsche Vorwände zur Rechtfertigung ihrer Unentschlossenheit. Und noch mehr, sie führt zur

18

Erschöpfung der Kräfte einer Armee, denn die Uebungen in Gefechts=
formationen verleiten zur Ersinnung vollkommenerer Formen, d. h.
practisch=ungereimter*); der Begriff der Wichtigkeit eines gut durch=
dachten Planes — zur unaufhörlichen Aenderung des einmal ange=
nommenen, d. h. zur Unmöglichkeit, bei irgend einem zu bleiben**).
Die Oesterreicher hatten vorzügliche Vorbereitungen zum Kampfe ge=
troffen nach einigen Richtungen — und nicht eine nutzte ihnen etwas,
vorzüglich wegen des Mangels an Entschlossenheit, welcher eine so
günstige Rechtfertigung fand in dem Streben nach dem Besseren,
welches, wie schon erwähnt, immer der Feind des Guten ist. Die
Preußen faßten bisweilen auch nicht geschickte Entschlüsse, aber sie
faßten sie, ohne zu schwanken — und vorzugsweise dadurch blieben sie
Sieger.

---

*) Die Brigade=Treffenformation mit unaufhörlichem Wechsel der Treffen war
bei den Oesterreichern zu einer solchen Form geworden.
**) Im Beginne des Feldzuges haben alle Entschlüsse besonders diesen Cha=
racter.